信念的世界

The World of Faith

张帆 著

中国社会科学出版社

图书在版编目（CIP）数据

信念的世界 / 张帆著. —北京：中国社会科学出版社，2020.4（2020.8 重印）

ISBN 978-7-5203-6006-7

Ⅰ.①信… Ⅱ.①张… Ⅲ.①哲学理论—研究 Ⅳ.①B0

中国版本图书馆 CIP 数据核字（2020）第 026698 号

出 版 人	赵剑英
责任编辑	侯苗苗
责任校对	周晓东
责任印制	王 超
出　　版	中国社会科学出版社
社　　址	北京鼓楼西大街甲 158 号
邮　　编	100720
网　　址	http://www.csspw.cn
发 行 部	010-84083685
门 市 部	010-84029450
经　　销	新华书店及其他书店
印　　刷	北京明恒达印务有限公司
装　　订	廊坊市广阳区广增装订厂
版　　次	2020 年 4 月第 1 版
印　　次	2020 年 8 月第 2 次印刷
开　　本	710×1000 1/16
印　　张	21.5
插　　页	2
字　　数	351 千字
定　　价	99.00 元

凡购买中国社会科学出版社图书，如有质量问题请与本社营销中心联系调换
电话：010-84083683
版权所有　侵权必究

导　　言

　　说到信念，人们通常最先联想到的便是与理想、信仰、价值观和人生观等相关联的信念。其实，与上述问题相关的信念尽管非常重要，但只是信念的大家族中很小的一部分。

　　本书中所讨论的信念是就最一般意义而言的信念，它可以理解为由"信"与"信什么"两者构成的、具有相对独立意义的"信"的单元、单位，这一意义单元或单位通常以特定的意象特别是特定的言语陈述为载体和依托；凡满足上述条件的对象便是一个信念。

　　就上述意义而言的信念，与我们通常所说的认识有着密切的关联，但又有所不同。"认识"通常既可以指认识活动，又可以指认识活动的成果、产物。本书将上述两者分别用认识 V 和认识 N 加以区分。认识 V 指动词性的"认识"，即认识活动；认识 N 指名词性的"认识"，即认识活动的成果、产物。认识 V 实则可以看成是一种特殊的实践活动，其本身并无所谓真伪之分（但通常却可以有对错之分），而认识 N 则通常通过特定的言语陈述来呈现，如果该陈述确实承载和表达了我们的某种认识的话，那么它便是有真伪之分的，或者说，存在一个真伪的问题。就真伪意义而言，认识 N 可以看成是一种信念，甚至可以说认识 N 从本质上看就是一种信念，但并非所有的信念都可以说是认识 N。"认识"这个词，在我国学界通常将其理解为对客观事物及其规律的反映、能动的反映，而许多信念比如预言、预断、推断式的信念等很难通过"反映"一词对其给出合理的、令人满意的解释和说明。我们发现，如果某个陈述语句是一个表达了特定认识和信念的陈述的话，那么通常可以通过两个标志性的语词来表明这种情况，这两个标志性的语词便是"相信"和"认为"。如果说，凡是可以在特定的陈述句前面加上"相信"和"认为"这两个前缀的（通常还需要有一个主体，如我、我们、某人等），都可以说是一个特定的认识 N 的话，这样的认识 N 便与信念基本等价（就真伪意义而言)。故在这种意义上两个语词可以通用、交替使用乃至并列使用。实际上,本书在大多数情况下正是在这种意义上经常交替和并列使用"认识(N)"和"信念"这两个语词的。

我们发现,"相信"和"认为"这两个语词几乎可以作为所有的陈述语句的前缀(如果该陈述是一个表达了特定的认识和信念的陈述的话)。比如陈述语句"A桌子上有一个苹果",如果是一个承载了特别是表达了特定认识和信念的陈述,那么就可以说"我(我们、某人等)认为(相信)A桌子上有一个苹果"。我们进一步发现,"相信"和"认为"是两个非常特殊的动词,在汉语中这样的动词非常之少,除此之外还有"知道""以为""认定""看来""觉得"等。在现代汉语中按特定标准通常可以将动词区分为及物动词和不及物动词,而"相信""认为"和"知道"等的特殊之处在于其所及的不是特定的物,而是特定的事。故我们可以将其称为"及事动词"。这些及事动词虽然数量非常少,但是却具有其他动词无法与之比拟的普适性、普适价值。我们通常认为陈述语句所表达、所述的实则是一些特定的事,正因如此,在这样的陈述语句之前通常都可以加上上述前缀。相比较而言,在上述及事动词中适用范围最广的就是"认为"和"相信"。这一点也表明陈述语句的最基本功能就是可以作为认识和信念的载体和依托,或者说可以承载或表达特定的认识和信念。故如果我(我们、某人)有某种特定的信念,也就是说我(我们、某人)认为如何如何、相信如何如何;只要可以说"我(我们、某人)认为或相信……"我便有了一个特定的信念。显然,上述的省略号和"如何如何"原则上可以换成任意一个陈述语句,也就是说,作为"及事动词"的"相信"和"认为"原则上可以涉及任何事情。

由于"相信"和"认为"可以涉及任何事情,可以成为任何具有真伪问题的陈述语句的前缀,故"信念"可以说是一个无所不"涉"、无所不"及"的概念。显然,这里的无所不"涉"、无所不"及"是相对于整个世界而言的,是相对于世界中存在的所有的事而言的,故就此意义而言,可以说我们所面对的世界首先是一个信念的世界,是一个我们相信的世界(包括本陈述在内)。这是一个与人们可能提出的所有问题的回答相关联的世界,是一个有真有假、真真假假的世界。

由于有多少种不同类型的问题就可以有多少种不同类型的信念,有多少种不同类型的事就可以有多少种不同类型的信念,故可以依据对问题和事情的基本类型的区分，将信念划分为各种不同的、基本的类型。于是便有了关于"是什么""有（存在）什么""为什么""像什么""可能如何""应该如何"等信念；如果从信念所指涉的对象的角度看，还可以有关于内心世界和外在世界的信念，关于现实世界与虚拟世界的信念等；此外还可以按照其他的标准将信念区分为关于具体事物和现象的信念与关于抽象的共性、本质和规律的信念，关涉普遍的、一般的、基本的、全局的、整体的问题的信念和关涉特殊的、个别的、枝节的、局部的、个别的问题的信念等。如果我们通过哲学的视窗窥探特定的信念，我们所关注的显然首先是那些涉及普遍的、一般的、基本的、全局的、整体的问题的信念以及关于共性、本质和规律的信念；如果我们要探究关于信念本身的哲学问题，那自然应关注各种信念所共有的、一般的、普遍的、广泛存在的问题。显然，对这些问题的回答又构成了我们的另一些普遍的、一般的、基本的信念。可以看出，上述两类问题既有联系又有明显的区别，前者是相对于信念所指涉的对象而言的，后者是相对于信念家族本身而言的。它们都是本书所要讨论的主要内容。

我们在前面提到，认识（N）可以看成是一种信念，甚至可以说认识（N）从本质上看就是一种信念，并说到在真伪意义上，"认识（N）"与"信念"两个语词通常可以通用、交替使用乃至并列使用。但是，这并不表明两者总是可以互换使用。比如，在一开始我们提到的与理想、信仰、价值观和人生观等相关联且经常连在一起说的"信念"通常就不能够将其换成"认识（N）"；也就是说，就此意义而言，认识（N）与信念是有着明显不同的，两者并不等价。这是因为，在此种信念中更多强调的是"信"，强调的是"信"本身的作用和功能，而在认识 N 中虽然也具有必不可少的"信"的成分，但是人们更多关注的是认识的内容和对象的问题特别是认识的真伪的问题。在信念中，除了涉及信念的内容和指涉的对象以及真伪问题之外，还可以有更加侧重于"信"的信念。这种更加强调"信"的信念主要是相对于信念的功用价值而言的，是相对于信念与成功、与预期的实践活动的结果的关系而言的，而不仅仅是指其所具有的一般意义上的指导实践活动的功能和作用。此类信念多涉及那些是否能够成功、是否能够达到我们所希望获得的实践结果主要取决于努力的程度的事情。此类事情通常都不是可以轻而易举做成或者经过一定的努力就能做成的事，要做成此事（成功）往往需要有非凡的毅力、百折不挠的勇气、坚持不懈的努力、不达目的誓不罢休的决心、顽强的意志、矢志不渝的恒心、永不言败的甚至越挫越勇的斗志、坚持到底永不放弃的坚守等；而上述这一切又都首先取决于坚定的信念，取决于坚信能够做成、一定能够成功的信念。如果没有这样的信念，如果对能够做成、能够成功产生了怀疑特别是否定，那么上面所说的毅力、勇气、努力、决心、意志、恒心、斗志、坚守等皆无从说起。由此可见，是否具有对能够做成此事、能够成功的坚定不移的信念，是上述各项的前提和支撑。如果失去了坚定信念的支撑，上述各项皆瞬间瓦解，从而最终的成功也将变成不可能，将化为泡影。

可以看出，此类信念所涉及的事通常具有以下特点：一是不可能轻而易举地完成的事，二是其结果对我们来说是具有重要价值的事，三是在特定条件下有可能做到的事。显然，此类事越是需要耗费更多的精力和时间，难度越大、困难越多、在做的过程中遇到的失败和挫折越多，越容易使人对其是否真的能够做成产生怀疑，特别是在面对不断的失败和挫折时越容易使人灰心丧气、使人沮丧，越容易出现半途而废甚至功败垂成的情况，因此也越需要更加坚定的信念的支撑。显然，能够使我们不惜花费巨大代价也要完成的事，对我们而言的价值也是非同一般的；我们愿意为其付出得越多，它对我们而言价值就越大。由此可见，需要坚定信念的支撑才可能完成的事主要是一些对人甚至是人的一生能够产生重要的、重大的影响并具有重要价值的事（特别是其结果），而其中最主要的则通常直接体现为人生的根本追求。当然，这里的主体并不仅仅是个人，还可以是某个特定的群体、民族乃至国家等；故相对于特定的群体、民族乃至国家而言，具有上述特点的事及其结果也体现为该特定的群体、民族乃至国家的根本追求。这种根本的追求通常也与特定主体（包括个人以及特定群体、民族和国家等）的理想直接相关，就个人而言，则与其人生理想直接挂钩。正因如此，此种意义上的信念才有了我们一开始所说的与理想、信仰、价值观和人生观等相关联且经常连在一起说的情况。需要特别指出的是，尽管它们可以连在一起说，但这并不表明它们就是一些基本相同的概念，而只是表明它们是一些有着内在关联的概念罢了。我们发现，在人们的日常言谈中经常会出现将信念与决心、意志、追求、信仰甚至价值观和人生观等混同的情况，显然，它们之间有着密切关联，但是不能因此而混为一谈。

由上可见,"认识(N)"与"信念"并不是两个完全等价的概念和语词,它们只是就真伪意义而言基本等价,就其他意义而言则可以有明显区别。这里所说的"其他意义"除了指上面我们所谈及的意义之外,还包括与迷信、轻信乃至宗教信仰等相关的意义(此类意义大多与价值相关),就与上述这些方面直接相关的信念而言,显然与认识(N)有明显区别,故本书也只是在主要涉及真伪问题时经常将上述两个语词交替或并列使用。

本书并不打算对与信念直接相关的所有问题逐一进行考察,凡是作者认为没有太大讨论价值的东西(包括众多的枝节问题和学界没有太大异议的观点和论述等),能省略的尽量省略。本书是一部直述自己在哲学基础理论方面基本观点的学术论著,不求完美和面面俱到,力求开拓和创新,并力戒堆积资料和综述各家等"注水"行为(这只是本书写作的重要前提和必要准备,但还不足以成为本书内容的构成部分)。本书以问题为导向,通过对信念及与信念直接相关的哲学基础理论方面各种重大的疑难问题,特别是本人认为很有必要或必须解决但现今还未较好解决的疑难问题的依次解答而形成基本架构和理路,故明显有异于绝大多数哲学专著。

本书力图构建出一个信念的世界,并将整个哲学建立在信念的基础之上。之所以要通过信念来统合整个哲学,不仅是因为信念与哲学的各个方面(包括本体论、方法论、认识论、价值论、逻辑与语言以及各种部门和分支哲学等)皆存在直接的、内在的关联,更因为信念实则是一个哲学研究永远跳不出的怪圈,哲学研究自始至终不过是在各种不同的内容和形式、类型和层次的信念中兜来兜去罢了。

任何学科(包括哲学)领域里的重大进展和突破,首先来自其基础理论层面的突破和进展;然而,哲学基础理论的原创性和开拓性的系统研究却历来是我国哲学研究的弱项。希望本书的出版能够有助于当今哲学研究特别是哲学基础理论研究的拓展和深化。

张帆
2019年6月于交大一村

目 录

第一章 信念问题概述 1

    第一节 关于信念的界说 1

    第二节 作为一种特殊的精神心理事态的信念 4

    第三节 信念的存在基础与表述方式 8

    第四节 信念的产生、存储、遗忘和改变 12

    第五节 信念的载体依托和客观化的信念 15

        一 信念的载体依托 15

        二 客观化的信念 22

    第六节 关于两个世界的信念 24

    第七节 关于两个世界中的具体对象的信念 26

第二章 认识与信念 30

    第一节 对认识的本质的概述 30

    第二节 摹写与摹本 31

    第三节 认识是信念及建立信念的活动的统一 33

    第四节 猜测与认识、信念 35

    第五节 作为认识活动的目标和结果的信念 37

    第六节 摹写和预断——认识、信念的两项基本内容 38

第三章 与信念的内容相关的问题 44

    第一节 概述 44

    第二节 与"是什么"相关的信念 45

    第三节 关涉其他基本关系的信念 52

        一 关于为什么 52

二　关于可能与必然 …………………………………… 54
　　三　关于应该与可以 …………………………………… 58
　　四　关于像什么 ………………………………………… 59
　第四节　与事件、系统相关的信念 ………………………… 62
　　一　关于内心世界及身心事态 ………………………… 62
　　二　关于外在世界及外在事物 ………………………… 66
　　三　关于物质、客观实在 ……………………………… 70

第四章　信念的对错与真伪 …………………………………… 78

　第一节　规定、应该与对错 ………………………………… 79
　第二节　真伪的含义与信念的真伪 ………………………… 84
　第三节　所信对象的坐标系、世界与真伪 ………………… 92
　第四节　关于所指的坐标系、存在域的排序问题 ………… 96
　第五节　建立在为伪的信念的基础之上的信念及其真伪 … 97
　第六节　对错与真伪的关联 ………………………………… 99

第五章　与语言、逻辑规定相关的对错与真伪 ……………… 104

　第一节　规定与语言规定 …………………………………… 104
　第二节　语义与对错、真伪 ………………………………… 106
　第三节　与本质属性相关的言语规定和信念及其对错、真伪 … 110
　第四节　与逻辑规定相关的信念、陈述及其对错与真伪 …… 120
　　一　"A且非A"与矛盾 ……………………………… 121
　　二　并不违反形式逻辑规定的A且非A式说法、陈述 …… 123
　　三　真正对形式逻辑构成诘难的A且非A式说法、陈述 … 125
　　四　牵强度 ……………………………………………… 128

第六章　信念、真理与事实 …………………………………… 132

　第一节　为真的信念与为真的陈述 ………………………… 132
　第二节　真理是正确的认识吗? ……………………………… 134
　第三节　真理的存在 ………………………………………… 139
　　一　真理的存在方式、类型或层次 …………………… 139
　　二　真理本身的存在 …………………………………… 141

三　与陈述的语义不同时确定的真理 …………………… 143
　第四节　真假陈述与为真为假的陈述及其真度 …………………… 148
　第五节　确信一陈述为真为伪的凭证与标准 …………………… 151
　　　一　凭证与标准的关系 …………………… 151
　　　二　含义、意思与证实、证伪 …………………… 152
　第六节　为真的陈述与事实 …………………… 154
　　　一　事实的种类与陈述的类型 …………………… 154
　　　二　事实的共性与特征 …………………… 155
　　　三　同数学、逻辑相关的陈述与事实 …………………… 158

第七章　与信念等相关的实践问题 …………………… 164

　第一节　对实践概念的全面理解 …………………… 164
　　　一　问题的提出 …………………… 164
　　　二　实践的社会性与私人性 …………………… 165
　　　三　关于实践的能动性 …………………… 166
　　　四　关于实践的客观性 …………………… 166
　第二节　对实践概念的重点考察 …………………… 171
　第三节　对实践的本质特性的理解 …………………… 173
　第四节　与不同的决定、承诺、指令相关的实践活动 …………………… 177

第八章　关于认识、信念、陈述的真伪的检验问题 …………………… 181

　第一节　检验、判明什么 …………………… 182
　第二节　能否检验、判明 …………………… 185
　第三节　与可能性的类型相关的能否检验判明问题 …………………… 192
　第四节　怎样检验、判明 …………………… 202

第九章　信仰、宗教与迷信 …………………… 209

　第一节　信仰与信念 …………………… 209
　第二节　宗教是什么 …………………… 211
　第三节　宗教的各种历史形态 …………………… 215
　第四节　迷信 …………………… 221
　第五节　对几种常见的"迷信"的剖析 …………………… 224

一　与手相、面相相关的信念及迷信 …………………… 224
　　　二　几种常见的与"迷信"相关的活动及信念 ………… 228
　　　三　梦与释梦 …………………………………………… 230
　第六节　迷信与科学 ………………………………………… 232

第十章　信与知 …………………………………………………… 237
　第一节　相信、认为与知道 ………………………………… 237
　第二节　"知"的滥用 ……………………………………… 240
　第三节　知道与凭据 ………………………………………… 245
　　　一　知道与证明 ………………………………………… 245
　　　二　概率与知道 ………………………………………… 247
　第四节　知道是一种以经历为前提条件的相信 …………… 249
　　　一　经历与知道 ………………………………………… 249
　　　二　实例分析 …………………………………………… 250
　第五节　与经历相关的几个问题 …………………………… 253
　　　一　经历与经验 ………………………………………… 253
　　　二　经历、知与真、事实等的关系 …………………… 255
　　　三　直接经历和间接经历及与之相应的知道 ………… 258
　第六节　在何种条件下可以说"我知道" ………………… 261
　　　一　两种意义上的对知、知道的认可和接受 ………… 261
　　　二　就真假义而言的对"我知道T"的认可、接受 … 262
　　　三　认可、接受的依据、凭证与理由 ………………… 264

第十一章　信念与价值 …………………………………………… 269
　第一节　评价与关于价值的认识、信念 …………………… 269
　第二节　关于真理的价值及价值真理 ……………………… 271
　第三节　与参照系相关的信念 ……………………………… 272
　第四节　参照系与坐标系、立场 …………………………… 275
　第五节　真理、信念与功用 ………………………………… 278
　　　一　观念、信念与效用 ………………………………… 278
　　　二　好的、有用的真理 ………………………………… 280
　　　三　好的、有用的信念、观念 ………………………… 285

第六节　信念与当真	287
第七节　信念的价值	291
第八节　涉及自我状况的信念的价值	294
第九节　信念与人生	298

第十二章　信念与世界 ... 302

第一节　作为世界观的信念	302
第二节　信念是哲学建构的前提基础和最终归宿	308
第三节　与世界的三种基本的质相关的信念	317
第四节　我们真正面对的是一个信念的世界	322

后　记 ... 328

第一章 信念问题概述

信念问题是一个异常复杂的问题，对信念问题的探讨涉及诸多的层次和方面，在对这些问题进行探讨时，首先面临的问题便是：什么是信念？故我们的探讨也就由此开始。

第一节 关于信念的界说

什么是信念？对此的回答很难取得一致，就以往常见的看法、说法而言，较有代表性的至少有以下几种：一是将信念等同于信仰，在许多地方我们可以看到"信念"与"信仰"这两个词语通用的情况；二是将信念视为一种非理性的、低层次的心理事态，与武断、成见等类似；三是将信念看成是一种其正误、真伪未经或未得到证实、证明的看法；四是将信念看成是一种价值判断，看成是与评价、价值观类似的东西。此外，还有人将信念视为一种与情感、欲望、意志、决心、行为指向或目标等相关的东西，乃至将信念的表达看成是一种对欲望、意志、决心等的表达。

就信念的特征而言，有人认为信念涉及的是一些与整体的、普遍的、根本的东西相关的看法，不包括对那些局部的、特殊和个别的、非根本性的事件、东西的看法；有人则认为信念关涉的只是未来的事件、事态，不包括对过去的、现有的事态的看法，它涉及的是"将如何""将会如何""能怎样""会怎样"等问题；还有人将信念与科学命题、观点、见解对立起来，将后者排除在信念之外，或者将信念排除在科学之外。

实际上，上述各种见解皆可看成是对信念的狭义理解，信念就其广义而言，不仅包括信仰在内，也涉及低层次的心理事态，包括武断、成见；不仅涉及普遍的、根本性的东西，也涉及特殊的、个别的、非根本性的东西；不仅有非理性的信念，也有理性的、合理的信念；不仅包括价值判断、评价、价值观，也包括"事实"判断和关于"事实"的看法、认定。是不是信念不能以其真伪、正误是否得到证实、证明为判定标准，也不能将对过去、现在的事件、状况的看法、认定排除在外，更不能将科学的观点、见解与信念对立起来。科学的观点、见解也属于信念的范畴，被视为科学的观点、见解的信念与其他的信念相比较而言，对理由、依据、证据等有着更高的要求，但这只是各种不同的信念的内在的差异。实际上，信念的产生、形成通常都有一定的理由、依据和证据，没有任何理由、依据的信念是很难找到的，故问题主要不在于是否有理由、依据、凭据等，而在于有怎样的理由、依据、凭据。

是否为信念，关键要看是否有"信"和是否真有所信，而不管具体信的是什么，其所信的东西本身有什么不同；由所信的东西的类型的不同可以将信念分为不同的类型，而不是分为信念和非信念。是否为信念，也不在于一种观点、见解、看法的产生形成是否有和有怎样的理由、依据、凭据、证据，即不管为什么"信"、是否应该"信"、是否有理由或有充分的理由"信"等。比如，你可以有充分的理由相信某件事，也可以在说不出任何令人信服的理由、拿不出任何使人满意的、被人们认为是可靠证据的情况下相信它，两者的区别也只是信念家族内部的区别，这种区别只是区分了不同的信念，而不是信念与非信念的区别。

一个人如果相信什么，有所信，他也就有了一个特定的信念。所谓信念就是一个有意义的"信"的单元、单位。比如，某人相信、认为《西游记》是吴承恩所作，他也就有了一个关于《西游记》作者究竟是谁的信念；某人相信、认为A桌子上有一个玻璃杯，他也就有了一个"A桌子上有一个玻璃杯"的信念；某人相信、认为诚信善良才是人最重要的品格，他也就有了一个关于人的最重要的品格是什么的信念；某同学相信、认为某某女生是学校最漂亮的女生，他也就有了一个关于校内最漂亮的女生是谁的信念。

显然，信念是有层次之分的，有些信念的形成是建立在另一些信念的基础之上的。也就是说，某些信念的存在同时意味着另一些信念的存在，某些信念是以另一些信念的存在为其存在的前提条件的。可见，一信念的产生、形成、存在并不是孤立的事件，一信念通常总是作为一个信念系列组合、一个信念群体的一个成员而存在的。一个信念只是一个相对独立的有意义的"信"的单元，在这些信念组合中，显然有些信念比另一些信念更为基本，是构成另一些信念的必要条件；而作为后一类信念存在、形成的必要条件的信念又往往是建立在比它更为基本的一些信念的基础之上的。一特定的信念总是位于特定的层次、层级上的信念，故只具有相对的独立性。比如，前述的"A桌子上有一个玻璃杯"这一信念的存在，便是建立在"桌子是存在的""A桌子是存在的""存在有玻璃""存在有玻璃杯"等信念的基础之上的；"桌子是存在的"这一信念又是建立在"构成桌子的材料是存在的""构成桌子的特定形式是存在的""使某东西成为桌子的基本性能等是存在的"等信念的基础之上的。尽管一信念的存在往往依赖于另一些信念的存在，但它本身并不能完全还原为另一些信念，也不能完全还原为另一些信念的简单的加合，它本身的存在是具有相对的独立性的，是一个相对独立的"在者"、相对独立的意义单元。

"信"本身是不能孤立存在的，它是与信念密不可分的，不能脱离信念而独立存在。"信"总是首先以信念的方式存在，总是存在于信念之中，是作为信念的构成因素而存在的；正因为只有信念才是一个具有相对独立的意义的"信"的单元、单位，故我们不能脱离信念而抽象地谈"信"。真正可以相对独立地存在的是"信念"，而不是"信"。至于其他的一些涉及"信"的东西，如"信仰""信心""信任""信条""信赖""信服""信从""信崇"等，要么是一些特殊的信念，要么是信念与其他东西的有机组合，且在这种组合中又通常都是以信念为前提基础的。

在此，我们之所以以"信念"而不是以"信"为立论的基点、为讨论的核心内容，除上述原因外，还出于以下考虑，即"信"这一词语除了具有我们在前面提及的、作为信念的构成因素这一含义之外，它还有其他的含义、意义。"信"的其他含义、意义与"信"这一词语的通常用法、对其的通常的理解方式密切相关。比如，在"信函""信件""信息""信托""信义""信用""信誉"乃至"信口开河""信马由缰""信誓旦旦"当中的"信"，与包含在"信念"中的"信"的含义、涵义、意义便有不小的区别，甚至有很大的差异（不排除有一定程度的关联）。上述这些与"信"相关的东西中，其"信"有多种不同的含义，如"信用""信义""信誉"等中的"信"与"诚"有着密切的关联，与言行一致、言出必行、有承诺必兑现密切相关（注意！"真"这一词语也有与此种意义上的"信"相关联的另一种含义、意义）；至于"信口开河""信马由缰""信天游"等中的"信"，其义则与"任意""任由"等相当，与包含在"信念"之中的"信"的含义、意义相去甚远；而"信函""信件""信息"等中的"信"则与如实地、可靠地传播、传递讯息等相关（此义与"诚"也有一定的联系），与"信念"中的"信"的含义也相差较远。故在此，我们不是一般地探讨"信"的问题，而是探讨"信念"问题，并在与"信念"相应的意义上谈"信"。也正是在此意义上，我们才真正能说"信"本身是不能脱离"信什么"而独立存在的。

总之，在此书中所谈及的"信念"可以说是对上述的各种关于"信念"的界说、看法的进一步的抽象概括和综合协调，它可以理解为是由"信"与"信什么"两者构成的相对独立的意义单元、单位，这一意义单元或单位与判断、判定、认定相应，并通常由陈述语句来表达；凡满足上述条件的对象便是一个信念。确立了这一点，并由此开始起步，我们便踏上了深入探究信念的布满荆棘的思维之旅，并去造访、追究与"信念"密切相关的种种至今仍令人困惑的哲学基础理论问题。

第二节　作为一种特殊的精神心理事态的信念

信念不可能凭空存在，它首先存在于人的精神心理世界之中，是人的一种特殊的精神心理事态。信念这种精神心理事态通常由两个方面构成，即信与所信的内容、东西。所谓信念总存在上述两个相关联的方面，这两个方面也可说是"信不信"与"信什么"；前者是人的一种态度，而后者则区分了不同的信念。

任何信念总是有内容的，总存在一个信什么的问题，总是对某种事件、状况的存在与否等的判定、断定、认定。"信什么"指的就是信念的内容，或者说是所信的东西、事情。不存在没有所信的东西、事情的信念，也不存在无"信"之信念。一个人若有某种以 S 为内容的信念，也就是说，他相信 S、认为 S。这里的 S 通常可用特定的陈述语句表达。设 S 为"A 桌子上有一个苹果"。如果此人认为或相信 A 桌子上有一个苹果，那么"A 桌子上有一个苹果"便成为该人所相信的东西、事情，他也就有了这样一个特定的信念。该人的这一特定的信念的内容或所信的东西、事情也可以简略地说是该人之所信。当一个人有某种特定的所信时，他便具有了某种特定的信念。显然，"A桌子上有一个苹果"可以成为某人的某个特定的信念的内容，但并不一定非要成为信念的内容；只有当某人信它时，它才成为该人的信念的内容，否则便不是该人的信念的内容、不是该人之所信。可见，"A桌子上有一个苹果"与所信、信念的内容并不是完全一致的。显然，一个人可以有多得数不清的所信的东西、事情，或者说，可以有不计其数的信念。所信的东西不同导致了信念的不同，有多少所信的东西就有多少信念，所信的东西有多少种，信念就有多少种。

信念虽然是人的一种精神心理事态，但却不是纯粹由主观自生的、孤立存在的。它通常与它之外的世界密切相关，且总是关于某事实、对象的信念。信念的内容与事实密切相关，但并不等于事实。信念总是关于事实的信念，当我们认为存在有某种事实时，我们便有了一种特定的信念。信念的内容也就是被我们认为、相信是事实的特定的东西、事情。当我们认为、相信A桌子上有一个苹果时，也就是认为、相信"A桌子上有一个苹果"陈述了一个特定的事实，或认为、相信事实上A桌子上有一个苹果。这里的"A桌子上有一个苹果"便是该信念的内容，或者说是此时我们之所信。相信S，也就是相信S是事实，相信事实上是S。但相信、认为S是事实，并不意味着S就是事实。S究竟是不是事实，并不依赖于我们是否相信、认为它是一个事实。

相信S是事实也可说相信、认为我们所信的是一个事实。我们所信的内容通常涉及不是一个或一种特定的物，而是一种特定的事态、事件、一种特定的关系或联系。如前述的"A桌子上有一个苹果"本身首先只是一种特定的精神心理事态，是一种呈现在脑中的言语陈述或特定的形象化的意象。当我们相信"A桌子上有一个苹果"时，通常并不是仅仅相信这种特定的意象的存在是一个事实，而更主要的是相信该意象、言语存在与之相对应的其他事件，相信该事件是一个事实，相信存在有这种对应项，相信这种对应项的存在是事实。如果说，作为信念内容的S是一种特定的精神心理事态，是一种存在或映现于我们头脑中的关于某言语陈述的意象或其他意象，而其对应项为S′，那么，相信S是一个事实，更确切地说，便是相信存在有一个与S相对应的S′是一个事实，即相信"与 S 对应的 S′是存在的"这是一个事实,或者说相信其对应项 S′事实上是存在的及相信这种对应是存在的。这里至少涉及以下几个信念:一是相信 S 存在是一个事实这一信念;二是相信还存在与 S 相对应的 S′,相信 S′是外在于 S 的这一信念;三是相信 S′在所规定的条件下是存在的,相信 S′是存在于特定的世界之中的。

信念作为一种特殊的精神心理事态,通常可以有两种基本的态势、趋向,即信与不信。不信并不意味着某人没有关于某特定的对象 S 的信念,而是意味着该人持有对 S 的一种否定性的信念。信与不信可以看成是信念的两个侧面,可以将其看成是正负两种不同的信念,或者说,相信 S 为正,不相信 S 则为负。无论信还是不信,都意味着我们持有一种信念,区别只在于正负号上,不能将不信与没有信念混同。

与信念的存在相悖的不是不信,而是没有信念,或简称"无信"。显然,存在有大量的无信的状况。信"S"还意味着相信"S"为真,不信"S"则意味着相信"S"为伪,或者说,相信"非 S"为真,相信"S"的否定式为真。而没有关于 S 的信念,则既不意味相信"S"为真,也不意味着相信"S"为伪。没有信念,即无信有两种情况:一是"S"本身是真是伪还未作为一个问题被提出来,S 本身还未进入我们的视野之内,此时,我们当然没有关于 S 的信念;二是"S"本身是真是伪对某人而言确实已成为一个问题,但此人却不能断定"S"究竟是真还是伪。此时,此人处在一种拿不定主意的状态,其究竟是真是伪对他来说还是一个悬而未决的问题。这第二种"无信"与怀疑密切相关。该人之所以拿不定主意,通常是由于他认为、相信无论说"S"为真,还是说"S"为伪,其可靠性都是值得怀疑的。"无信"、不置可否是怀疑的一种结果,是对该问题的一种暂时的悬置,这种悬置并不是不打算回答这一问题,而是暂时还不清楚该如何回答,故只好暂时对此保持沉默,暂不作答。怀疑的另一种结果是促使人去探索、寻找该问题的答案,最终导致一种信念的产生。怀疑更多的是针对已有的某种确定的信念而言的,而不是对问题而言的,因为对某种确定的信念的可靠性提出疑问本身就是对它的怀疑。怀疑与信念的产生、确立是两种相反的运动趋向。一种信念的确立意味着不确定性的减少或消除,是由不确定性走向确定性,而对某原有的信念产生了怀疑则意味着由确定性走向不确定性。可见,信念的确立与怀疑的关系类似于信息与熵的关系。对一个人来说,所拥有的信念越多，其行为越具有确定性、有序性；怀疑越多，其行为越具有不确定性、随意性。怀疑和信构成一个矛盾，由怀疑走向信与由信走向怀疑是矛盾双方相互转化的两种基本的形式。怀疑在某种意义上也可以看成是一种特殊的信念，即是关于可能性的信念（正负信念可以说是关于现实的信念）。对于认为可能真也可能伪的情况，如果依然不能通过某种方式直接确定其究竟是真还是伪的话，那么无论说其为真还是为伪都是值得怀疑的。

作为一种特定的精神心理事态的信念还存在一个主体的问题。信念并不是只有人才有的，其他的动物也存在一个信念的问题，只不过其信念通常以比较低级的、简单的、感性心理的方式而存在，而人的信念则要高级得多、复杂得多，不仅可以采取感性心理的方式而存在，而且可以以理性精神的方式存在。在此我们主要讨论人的信念。

信念的主体，或者说持有某种或者某些信念的主体的问题，首先便是一个"谁的信念"的问题。每个人都有众多的自己独特的信念，除此之外，还有不少信念并非只是个人独有的，而是许多人共有的，甚至是绝大多数人共有的信念。显然，持有共同的、一致的信念的人数越多，此种共同的、一致的信念的数量也就越少，我们几乎找不到对所有的人而言皆拥有的共同的、一致的信念，但是，确实也存在相当数量的绝大多数人所共有的、基本一致的信念。显然，除了这些为绝大多数人所共有的、基本一致的信念之外，还存在数量更加庞大的为一部分人、少数人、某个特定的群体所共有的、基本一致的信念，这些信念可以看成是一些相对于人类或者绝大多数人而言具有特殊性的信念。除此之外，还有不计其数的相对于每一个具体的人类成员而言的带有鲜明的个性色彩的信念。因此，说到某种信念的时候，通常还需要说明这究竟是谁的信念？这里所说的"谁"，就人而言包括不同的层次，由大到小分别有整个人类、绝大多数人、多数人、某个群体和社团（可以是由具有某种共性的一部分人、少数人、极少数人乃至很少的几个人构成）以及某个特定的、具体的个人等。特别是当人们的信念出现分歧和冲突时，更应该明确到底是谁的信念？

由上可见，信念不仅存在一个构成的问题，即信不信和信什么的问题，还存在一个谁的信念的问题、信者的问题。当讨论信念问题时，不仅要涉及信不信和信什么的问题，通常还要涉及信念的主体（信者）、谁的信念的问题。

第三节 信念的存在基础与表述方式

信念首先是一种动物特别是人的特定的精神心理事态、事件。任何精神心理事态、事件都是以特定的生理的、物理的东西为基础的。两种不同的感觉映象、意想之象必定以人的生理上、物理上、身体状态上所形成的某种差别为前提。只是纯粹心理精神上的差异，而不伴随有生理、物理上的差异是不可思议的。这里所说的"物理"是广义的物理，而不是仅仅指物理学中所说的那种"物理"，它包含机体的除精神心理之外的一切事态及变化等，是相对于精神心理而言的，是就心物相对的意义而言的，故这种广义"物理"也包括"生理"等在内。精神心理活动事态是建立在生理、物理事态的基础之上的，尽管我们现今对这种生理、物理上的与特定的精神心理事态的差异相应的差异还不太清楚，但这并不意味着我们永远也不可能搞清楚与特定的精神心理活动相应的生理、物理事态究竟是怎样的。

实际上，我们对上述情况并不是一点也不清楚。我们早已确信精神心理活动与神经电活动有关；记忆，特别是长期记忆与脑神经中特定的化学成分、化学反应有关等。尽管我们并不清楚一个特定的精神心理活动事态，如一种特定的意象与另一种特定的意象在人的生理、物理上的各自的对应项为何，并有哪些差别，但这种对应和差别的存在却是几乎无法怀疑的。某人关于一匹马的意象与关于一棵树的意象显然是两种不同的、有着很大差别的意象。但这两种不同意象在人的生理、物理方面究竟能显出哪些不同呢？如果我们能够找出上述两种不同意象的生理、物理上的各自不同的对应项，那么，我们也就能通过后者而获悉此人此时正在想些什么。也就是说，我们可以通过这些生理、物理上的对应项来洞察一个人的心灵。看来，人们最终会做到这一点，这完全是有可能的。显然，人们在这一方面的探索并不是毫无进展的，但要想通过观察这些对应项而洞悉人的复杂的精神心理活动事态还不是近期便能做到的事。

信念作为一种特定的精神心理事态，看来也存在上述所说的对应项。

当我们形成一种信念时，我们的头脑或身体中必定发生了某些我们至今还难以觉察的特别是难以将两者对应起来的生理、物理变化，它们必定在某种程度和范围内改变了我们的头脑或身体的原有的组成、结构和状态。正如前述，在人脑神经系统及机体的组成和结构层次及其状态等完全相同的情况下，我们却可以在持有的信念上有所不同，或有很大差异这是不可思议的。

信念存在于头脑之中，虽然我们还不太清楚它究竟是以何种方式存在的，但却不能否认它是以某种方式存在。信念通常可取二值，即信与不信（信与其相反的东西）。比如说，我听到或读到下面一句话，"你要找的东西在A处"。我既可以相信此话，也可以不信，或者说可以信其真也可以信其伪（也可说信其否定句为真）。相信"S"真与相信其否定句"非S"为真显然是两个相悖的信念。我们可以设想，我们的头脑中存在有一种分管两条线路的开关装置，或者说有一个"铁路扳道工"。当我相信上例中的话时，道叉被扳向一方，当不信或信其否定句（"并非我要找的东西在A处"，"我要找的东西并不在A处"等）为真时，道叉便被扳向另一方，从而分别与两条不同的"铁轨"或不同的部位相连接、连通。信与不信是两种相反的事态、状态，"道叉"被扳到不同的方向则表明了不同的态度。该信念与头脑中的何部位及以何种方式相连通则意味着该信念在整体信念中的位置，并由此区分出不同的信念。

信念作为一种特定的精神心理事态，总是相对于人等而言的、相对于"信者"而言的。这个问题在前面我们曾经有所提及，在此有必要从另一个侧面对其进行进一步的说明。显然，任何信念都是依赖于特定的信者而存在的，如果没有信者，如果谁也不信或无人有某种特定的信念，那么就不存在此类信念。可见，任何信念都存在一个信者的问题（或者说"谁信"的问题），不存在没有信者的信念。信念作为一种特定的精神心理事态，其信者首先是人、是特定的人，但又并不仅仅局限于人。尽管如此，我们所讨论的信念显然首先是对人而言。

就人而言，"谁信"的问题、信者的问题正如前述，首先可以区分为不同的范围和层面，如一般、特殊和个别，整体和局部等。一种信念可以为众多的人所持有，可以是一种大家所共有的信念，此类信念可以称为"公信"。这种"公信"与我们通常所说的"常识""共识"往往是一致的。显然，要找到一些人们无一例外地共同持有的信念是很困难的事，但要找出一些大多数或绝大多数人都持有的信念，都相信的事情却是比较容易的。"公信""共识"并不排除有反例的存在，而只要求大多数人相信即可。除此之外，还存在不少为一些人所信而另一些人却无信或不信的东西。此类信念的持有者只是一部分人，是一些特定的群体，是一定范围内的人群所共有的信念。信者也可以是某个特定的人。有些信念可能只由极个别的人所持有，而绝大多数人对此不是无信便是不信。此类信念可以说是一些私下的信念，可称为"私信"。更进一步，同一个人也可以在不同的时期持有不同的信念，比如在某一时期内有某种信念，而在此时期前后皆无此信念，或有与之相反、相悖的信念。

"谁信"的问题，就信者的多寡而言，可以从个别人到大小不等的各种群体；就信念本身而言，可以有"公"与"私"等之分。显然，不同历史时期的群体也可以有与特定的历史时期相关的信念。比如，某些信念对古人而言是一种普遍和广泛持有的信念，对今人而言可能已变成一种私下的信念、一种只有极少数的人仍旧持有的信念。

就信者而言，不仅存在一个人数多寡的问题，还存在一个信者究竟是怎样的人的问题。一种信念不仅要看信者有多少，还要看究竟信者是谁，是哪一类人、哪个人。比如，某些信念只为少数的科学家、深思熟虑的哲学家或某些特定领域（如政治、军事、宗教等）中的首领、权威等持有；而另一些信念虽然信者较多，但信的人大多是一些愚昧盲从或没有文化的人。此问题可以说是一个信者的"身份"问题。

一种信念并不以其信者的身份和多寡的不同而影响其真伪；但却因此直接影响到该信念的功效和价值。"公信""常识"不一定就是正确的、为真的，权威的说法也不一定就是为真的，真理完全可以掌握在少数人手中，且这些少数人也不一定就是权威人物，这是显而易见的。然而，某些权威人物相信什么，特别是绝大多数人相信什么，无论这种信念是真还是伪，从价值特别是社会功效、影响的角度看这种信念本身都是非常值得关注的。一种信念即使是为真的，且是关涉国计民生的，但如果信者寥寥，其社会功效也就发挥不出来，其重要的社会价值也就无法兑现。由此可见，与其信者相关的问题主要是信念的价值问题、功效问题，特别是社会价值与功效的问题，当涉及此类问题时，"谁信"是不能不认真考虑的问题；而对与信念的真伪相关的问题的探讨，"谁信"的问题、信者的问题则显得并不是很重要，甚至在许多情况下是不必在意、可有可无的或可以暂时悬置起来的。

与信者相关的还有一个信的程度的问题。一些人虽可以持有同样的信念，但信的程度却可以有别。有些人可以坚信某事，甚至达到痴迷的程度，而另一些人则可能并没有这样坚定，只是觉得信比不信要合理些或更好些罢了。

信念不仅有一个存在与否、如何存在的问题，还有一个表述、表达及其方式的问题。信念一般是通过言语、陈述来表述、表达的；而通过言语、陈述表述、表达的信念又可以有许多不同的表述、表达方式（在此着重讨论表达方式问题）。一般说来，对信念的表达可以采取两种基本方式：一种是显性的方式，另一种是隐性的方式。就显性而言，通常标明信者（如我、他、A人等），并有表达信念的标志性词语，如"感觉到""感到""觉得""看""看来""想""意识到""断定""肯定""认为""相信""认定""确信""坚信""知道"等。比如"我感觉（到）我的四肢无力""我（或他）感到有点儿冷""我觉得他缺少诚意""我看（或'在我看来'）他病得并没有所说的那样严重""我意识到有人故意与我为敌""我断定他在说谎""我（可以）肯定弥尔顿并没有见过伽利略""我想孔子曾向其求教的那个老子，并不是《道德经》的作者""我知道你（或他）口袋里不会装这么多钱""我（某个权威专家）认定这个瓷碗儿是宋朝建窑的兔毫盏"等。显然，上述的某些词语并不总是表达信念，或并不只是表达信念的，但至少是可以在特定的条件下表达信念的。故从本质上说，它们与"认为""相信"等是一致的，可以看成是与"认为""相信"同族的概念。它们都是表达信念的标志性词语，而其中的"认为""相信"不仅是表达信念的最常见的两个标志性的词语，而且是对信念的最一般的解释性词语；即某人如果有一种特定的信念，一种关于特定的事件的信念，如他持有"地球是太阳的一颗行星"这一信念，我们便可以将其解释为：他认为地球是太阳的一颗行星，他相信地球是太阳的一颗行星等。上述例句中的各种标志性词语，比如"觉得""意识到""断定"等通常都可以由"认为""相信"替代，但相反的替代却大多并不合适，或比较牵强。这一点表明，"认为""相信"是比其他标志性词语和解释性词语更为一般的词语（其所表达的是更为一般的概念），是表达信念的一般性的标志性词语和关于信念的一般性解释性词语。

一种信念的表达往往采取隐性的方式，即既不直接标明信者，又无上述的表达信念的标志性词语，而采取直陈的方式。如"A桌子上有一个苹果""地球是太阳的一颗行星""人之初，性本善""任何事情的发生都是有原因的"等。这些表达在特定的语境等条件下其言说者、信者一般是比较容易识别的，但相比较而言，言说者要比信者更容易识别。这是因为，言说是显性的，而"信"则是隐性的；说上述话的人并不一定就相信它。如果言说者相信他所说的话，那么，他也就有了上述的信念，也就是说，他认为、相信地球是太阳的一颗行星，认为、相信任何事情的发生都是有原因的等。

第四节 信念的产生、存储、遗忘和改变

信念除了有上述的存在、表达及其方式等问题，还有许多其他的与之相关的问题，如信念的产生、存储、遗忘、改变等问题，下面作一简略的考察。

信念的产生既与人的外在的实践活动密切相关，又有其特定的内在的机制。实践是信念产生的基本途径，此外还有遭遇、际遇等，对此无须多说，在此主要谈谈信念产生的内在机制。

信与不信也可以说是信念通常所采取的两种基本的存在形式，即肯定的形式和否定的形式。上述的"道叉"之说只是一个形象的比喻，对与某种意象有可能相关的事态给予肯定或否定，这里涉及一个选择和操作的问题。对S事件的存在给出一种肯定或一种否定，便产生了一个新的信念。但任何信念的存在都不是孤立的，它往往与其他的心理、生理、物理事态相关联。上述所说的选择和操作不仅导致一个新信念的产生，也导致与其他的特定心理、生理、物理事态的、特定的、关联的产生。

一个新的信念的形成及与之相关的其他的心理、生理、物理事态、事件的产生、存在既可以是有意识的也可以是下意识、潜意识的；可以是自觉的也可以是自发的；可以是受意识自觉控制的，也可以是自动地形成产生的。这一点表明，在我们的头脑、机体中存在有一种自动化或半自动化的活动程序、步骤、调节机制等。我们的有些信念及相关事态、事件的产生、形成可以带有自发的、自动的、潜意识的性质。有些信念

的形成在当时并未引起我们的充分注意,我们在不知不觉中形成了许多信念,只是在我们后来的有意识、有目的的回忆中才注意到我们曾经形成过某些信念。显然,并非所有这类在不知不觉中形成的信念都会在以后的某一特定的时期被我们意识到或重新浮现出来,进入意识领域。这意味着,至少有相当一部分信念连我们自己也不知道曾经为我们所具有,并通过一定的方式被储存。

并非每一个信念的产生、确立,都需要进行一番对信与不信的有意识的抉择、决断,都需要经过严格的论证及周密的、合乎逻辑的思考。实际上,在大多数情况下,信念的确立与我们大脑所呈现的特定的心理定式、态势密切相关。当我们保持一种与"信"相关、相应的心理的定式、态势时,与这种定式、态势相关的东西都成为我们所信的内容、所信的东西。这种定式、态势通常是习惯性的,或者说是一种心理习惯、惯性。即使与之相关的东西当时并未引起我们的注意,它们也可以在这种心理定式、态势的影响下潜意识地构成我们信念的内容。一旦我们对某些事态产生了怀疑,拿不定主意,一时不能确定是否应相信它时,上述所说的定式便会被暂时打破,直到我们重新确定应持有怎样的信念后其定式、态势方得以恢复。但是,这种定式、态势往往并不是原先的定式、态势的简单的重复,而是有所改变,是一种在原先的定式、态势的基础上有所改变或增加了新内涵的新的定式、态势。一般说来,一旦形成与"信"相应的心理的定式、态势,只有靠有意识的、自觉的、积极主动的思考才能打破原有的局面。这也表明,一个处于不断的、自觉的、批判性的思考中的人,才能够较少地受到习惯、惯性的左右。

信念还可以被存储起来。存储即"记",被存储起来的便是"被记""所记"。通常我们总认为过去的经验映象、信念等都是被记在脑子里,其实并不尽然,我们的身体也参与了某些"记"的工作。不少过去的经验映象、信念不仅被记在脑子里,还被记在我们身体的其他部位。现已有大量的证据表明我们的身体也参与了"记",且那些被记在身体中的东西往往是最难被遗忘的东西。如许多器官被移植之后,在被移植到的人身上往往表现出与该器官原属的那人的相似的某些行为、反映方式等。这一点进一步说明,我们的回忆不仅仅是从脑中提取原有的信息的活动,这种信息也可能是从我们的身体的其他部分或身体的一种特殊的状态中提取出来的。

我们对过去的经验映象的记忆，也是对一系列的信念的记忆。如我记得曾到过 A 处，见过 B 人（"记得"意味着不仅记住了，而且还能够回忆出来），那么也相信我到过 A 处，见过 B 人。如果我不仅仅"记住"此事，而且"忆出"此事，那么便说明，不仅过去某时相信我到过 A 处，见过 B 人，而且现在仍相信我曾到过 A 处，见过 B 人。如果过去某时相信我到过 A 处，见过 B 人，现在却不再相信我曾到过 A 处，见过 B 人，那么，我便或者是将过去的信念遗忘了，或者改变了原有的信念，这些都是常有的事。

这里存在一个问题，即"记"和"忆"并不总是连在一起的。被记住的东西并非总能被忆出来，或者说，被贮存在某处的东西并非总能被提取出来，于是便有了失记与失忆之分。失记即将原先记住的东西给抹掉、毁掉了，就像磁盘上所录的东西被洗掉一样。失记自然不可能再被忆出来，但记的东西并没有被抹掉并不意味着就一定能被提取出来，这一点也表明，回想不起来的东西并非就没有了，只有原先被记住、储存于某处的东西被毁掉后才是真正的没有了。问题在于，当某人实际上曾到过 A 处、见过 B 人，但他现在却不能断定他是否曾到过 A 处、见过 B 人等时，我们往往很难分清楚到底发生的是上述两种情况中的哪一种，即到底他仅仅是失忆了呢还是同时也失记？

显然，不仅存在暂时记忆、永久记忆之分，还有暂时遗忘与永久遗忘，但两者并不能说就是一个问题的两个方面。由于对过去的经验映象、信念的存储可有暂时的和永久的之分，并非所有的经验映象都会被永久地记下来、存下来，故与之相关的信念也不是一劳永逸地被保留的。记存的东西可以被抹去，即遗忘；信念也同样可以被遗忘。实际上，大多数经验映象、信念只是暂时地而不是永久地被记存下来，也就是说，它们很快就会被遗忘了。但遗忘也有暂时与永久之分。暂时遗忘并不排除事后会想起来的情况，而永久遗忘则不可能再被回想起来。"失记"显然是永久遗忘，但单纯"失忆"通常只是暂时的，尽管不排除此人以后再也未曾忆起过此事的情况，但至少存在忆起此事的可能性（只要不是同时也"失记"）。

一种信念被遗忘和被改变并不相同，我们可以改变某种信念，但在改变之时我们通常是记得原有的信念的。比如，我曾相信 A 桌子上有一个苹果，后来发现那并不是一个真正的苹果，而只是一个腊制的像苹果的东西、工艺品等，这样便改变了我原有的信念，或者说，原有的信念被有意识地、自觉地淘汰了、删除了。改变信念通常是用一种信念取代另一种信念，它通常意味着对原有的信念的自觉否定，而信念的遗忘则不存在这种有意识地、自觉地取代和否定的问题。我们可以在某种情况下改变我们原有的信念，但我们也发现这种改变并不是任意的，其改变通常总要有一定的根据、依据。我们发现，有些信念在特定的条件下是几乎无法改变的，当我们有充分的依据相信（如看到或刚刚使用过等）我面前的 A 桌子上只有一支钢笔时，要我不再相信这一点（改变原有的信念，变成相信 A 桌子上没有钢笔等）在当时这几乎是件不可能的事，无论我如何迫使我改为相信 A 桌子上没有钢笔，我还是改变不了刚才形成的信念。即使我口口声声说 A 桌子上没有钢笔，但在我的内心深处仍然相信 A 桌子上有一支钢笔。显然，对于一个我并无直接证据的信念来说，要改变它则较容易些。某时的一个坚定不移的信念在当时要改变它需克服难以想象的困难，但随着时间的流逝，它却很可能被遗忘甚至被彻底地遗忘。

第五节　信念的载体依托和客观化的信念

一　信念的载体依托

信念还存在一个载体依托的问题、存在方式的问题。信念的载体依托和信念的主体有着密切的关联，但又有明显的不同。信念的主体问题，也就是我们通常所说的"谁信"的问题，信者的问题。从某种意义上说，信念的主体也可以说是信念的一种独特的载体，但是，这种说法实在过于笼统和宽泛。信念确实通常存在于特定的主体之中，是特定的主体的信念，或者说，依托于特定的主体而存在，但是，严格地说，这个主体只不过是构成了诸多信念的一个可以明确识别的存在域，它并不直接涉及信念究竟是以什么方式存在的问题、信念的存在方式问题。

信念总是依托于特定的载体、媒介而存在的，离开了这些载体、媒介就无信念可言。信念的载体媒介主要有两类，即意象与言语。故可以说有两种存在形式、方式不同的信念，即以意象为载体依托的信念及以言语为载体依托的信念。这两种信念与我们通常所说的感性认识和理性认识有密切的关联，但又有所不同。

以意象为载体、依托的信念，可以包括我们通常所说的感性认识的各种类型，如感觉、知觉、表象等，但又不局限于此。感觉、知觉的存在依赖于感觉映象、知觉意象，如果没有这些映象、意象又如何能谈得上我们对某些对象有感觉、知觉呢？无论是感觉映象还是知觉映象都可以看成是一种特定的意象；表象则涉及另一种意象，即对过去经验的回忆而产生的忆象。除此之外，意象至少还包括由想而生的想象、意想之象及梦象等。它们一起构成我们在此所说的意象。这些意象的不同之处除了有产生的方式的差别外，还有所涉及的对象、内容的不同以及复杂程度等的不同。以意象为载体依托的信念，更确切地说，应是指通过意象这一媒介、中介来把握特定的对象的信念，它不必借助于言语（但也不排斥言语的介入），而是直接通过对某意象究竟是怎样的意象以及对该意象是否有现实的对应项的肯定所形成的信念，或者说是通过直接肯定该意象的对应项是否存在而形成的信念。这里存在两种不同的但又密切相关的信念，一种是关于意象的内容的信念，另一种是关于该意象的对应项的信念。前一种信念涉及的问题主要是一个这究竟是一个怎么样的意象的问题，后一种信念涉及的问题主要是一个该种意象是否具有外在的对应项的问题。

以意象为载体、依托的信念并非人所独有，其他的动物特别是一些高级动物皆有此类信念（它们的信念基本上是以特定的意象为依托而建立起来的）。动物的行为与其信念密切相关，信念是动物活动的重要的前提条件，由于信念的不同将导致不同的行为。比如，某动物相信某东西是可以食用的，它在饥饿时就会去寻找或捕捉它并吃掉它，如果它不相信某东西是可以食用的，它也就无上述的寻找、捕捉、吃它等行为。对于如何躲避特定的危险、如何找到特定的食物或捕捉住特定的可食的动物等，动物们都可以有与之相关的信念。更进一步，动物也可以开始有某种信念（如认为某东西对它构成危险等），但后来经过长期接触而改变了原有的信念的情况。

总之，信念并不是人的专利，但动物的信念与人相比显然是有所不同的。动物的信念要比人的简单得多、单纯得多；这是因为人所面对的大多数问题对它们而言是不构成问题的，人想的事情要比动物多得多且复杂得多。人与动物的信念的主要差异还在于动物的信念的建立通常是借助于特定的意象的,由于我们通常认为动物一般没有自己的语言,或至少没有比较发达的语言,故借助于特定的意象便是动物建立其信念的基本方式。显然,这是一种层次较低的信念,尽管如此,它还是有其优越之处的,其优越之处便在于这些信念通常比较形象、比较具体,且与所信的对象之间有着较为直接的关联。

以意象为载体、依托的信念,其意象与所相信的东西、事情之间有着物理上的相似、对应关系。就视觉意象而言,被相信存在的对应项与该意象的关系就像实物与其画像、照片、录像等之间的关系一样。我们只要在头脑中浮现出这些意象,并对是否有与该意象具有物理上的对应、相似的东西这一点进行肯定,我们就可以形成这一类信念(显然,其他动物也是一样的)。这一类信念是比较直观化、形象化的信念。所谓直观,是说它与对应项的对应是直接的、一目了然的,无须借助于其他的媒介转换、转型便能把握、了解的;所谓形象,是指这些信念的载体与其对象项之间通常有物理的、自然的相似、对应关系。

以意象为依托的信念,其意象包括各种可能的意象,自然也包括关于语言、言语的外在形式的意象。以这种意象为依托的信念与以语言、言语为依托的信念虽有关联,但并不相同。这种信念只是关于这些言语等的外在形式即特定的音形组合是否存在有与之具有物理上的对应、相似的其他的音形组合等的信念,故不能将其与以语言、言语为依托的信念混为一谈。

以语言、言语为依托的信念属于高层次的信念,这一类信念主要属于人。虽然我们并不排除其他的动物特别是一些较高级的动物也会有语言,但即使它们也有语言,其语言与人类的语言也是不可同日而语的。前者即使有也是极其简单的,而后者无论就其质还是其复杂、宽泛程度而言都是地球上独一无二的。因而,以语言、言语为依托的信念可以说是人的信念与其他动物的信念的显著的区别特征之一。

以语言为载体、依托的信念严格地说,应是以特定的言语、特定的陈述为依托的信念,是通过特定的言语、陈述来把握特定的对象并通过特定的言语陈述而得以形成、确立的信念。语言是一个符号系统、一种工具,而言语则是按一定规则运用符号的行为及其结果;其结果就外在的存在方式而言也就是所说之话、所写之文等。具有完整的意思的言语通常被认为是语句,而语句则通常又有陈述句、疑问句、祈使句、感叹句等之分；其中可直接作为信念之依托的主要是陈述句。陈述句不仅是以语言、言语为依托的信念得以建立的直接依托，还是表达信念的基本形式，我们的各种信念通常是通过特定的陈述语句表达的。

以言语、陈述为依托的信念不仅与以意象为依托的信念的依托形式、载体、媒介不同，而且还有另一些重要的区别、差异：

首先，以言语、陈述为依托的信念其所依托的言语陈述与其对应项的对应通常是一种人为的对应，而不是自然的、物理的对应。不同的语种与同一对象构成对应的言语陈述通常是一些不同的音形组合，其符号形式是不一样的，且这些符号组合式与其对应项之间的对应之处通常也不能直观地看出，或者说，两者之间一般并无物理上的相似、一致之处。陈述一般有书面语与口语两种基本的类型，或者说，具有可视与可听两种类型，它们分别由特定的可视的形和可听的音作为其符号形式。这种可视的形与可听的音如果是外在于人的，通常可以作为各种信念的表达形式；但它们也可以内在于人，存在于人的头脑之中，此时，它们通常可成为信念存在的依托。这种特定的音形并不是一概与其对应项之间无物理上的相似对应关系的，其中有一些构成言语陈述的成分（如某些特定的语词）与其对应项多少有些物理上的类似、相似。如可听语中的象声词、可视语中的象形文字等，但这些与关于特定对象的意象及该对象的画像、照片、录音等与其对象的那种物理相似、对应相去甚远，而且不带有普遍性。陈述语句与其对应项的对应之所以是一种人为的对应，还在于这些特定的音形通常也是通过人的特定的活动产生的；就外显而言，通常是通过说、写等产生的，就内在于人的而言则通常是通过意象想出来的。这些特定的音形组合一般很难自然地或非人为地形成，也就是说，它们与自然形成的东西看起来或听起来通常都有较大的差异，故我们也可以较容易地将其从自然事件中识别出来。虽然这些特定的音形很难自然地形成，但并不排除自然生成或由非人的活动而产生的可能性，只是这种可能性很小而已。比如，某块石头上的纹理恰好构成了一个"大"字或"日"字等。实际上，任何人为形成的东西都是在自然界允许的范围内产生形成的。

其次，以陈述语句为依托的信念、认识虽也可以是一些关于具体的、个别的东西、事件的信念，但它还包括有不少与对象的一般特征、共性、普遍规律等相关的信念，而这后一部分信念通常是无法依托意象而建立起来的。这后一部分信念通常是一些抽象的信念,具有理性色彩的信念,是与事物的本质相关联的信念。是否具有这些信念也是人的信念与其他动物的信念的本质区别之一。

最后,以陈述为依托的信念与以意象为依托的信念的不同还在于,前者与对应项的关系要比后者间接得多。要知道构成该陈述的特定的音形究竟与何对应、其对应项为何,必须借助于某种工具、媒介;而这些工具、媒介首先便是人为的规定。只有我们掌握了这些人为的规定,并通过这些人为的规定才能将上述的特定的音形与其对应项联系起来。换句话说,只有掌握了某种语言,掌握了该语言的规则、规定的人,才能形成以该语言为依托的信念,也才能知道某陈述的对应项究竟是什么,并进而确定该对象是否存在,确定该陈述是否有其现实的对应项。一个不懂汉语的人就算可以通过其特殊的音形肯定它是汉语,但却对用汉语写成的文章或说出的一段话究竟是什么意思一无所知;而对一个懂汉语的人来说,要知道这些则通常是一件很容易的事。以言语陈述为依托的信念,或者说通过言语这一媒介来把握对象的信念,其间接性主要是由于构成一陈述的特定的音形及其组合式与其对应相关项之间是通过人为规定和理解即通过一种人为的意义相互关联的。知道了一特定的音形组合有哪些人为的关联、关联项,也就知道了这些特定的符号形式的人为意义(由于意义问题非常复杂,在此暂不展开详述)。这也正是我们所说的以言语、陈述为依托的信念具有间接性的原因之一。这类信念的间接性还体现在它们往往不能完全地还原、转换为以意象为依托的信念。对关于个别的、具体的、对象的这类信念,通常可以有一个以意象为依托的信念与之对应,并通过还原、转化为后者而把握其对应项;但那些涉及对象的普遍性、共性、一般规律等的信念则最多只能将以意象为依托的信念作为一种对其的举例说明,而不能完全还原、转换为后者。尽管这种还原、转换往往只是一种举例说明,但对以言语陈述为依托、媒介的信念的理解,对其意义的理解,对其应有怎样的对应项、对应项为何等的理解则通常要依赖于这种举例说明,依赖于以意象为依托的信念、认识。换句话说,以意象为依托的信念通常是以言语陈述为依托的信念把握特定的对象的中介、媒介。正是由于有这种中介的存在,故以言语陈述为依托的信念、认识与所信的、所认识的对象的关系才是间接的,从而这些信念、认识也就带有了间接性。

抽象性、间接性、所依托的言语陈述与其相关的对象的对应关系的人为性可以说是以语言、陈述为依托的信念的三个基本特征，也是与以意象为依托的信念、认识相比较而言的三个重要的区别。

以意象为依托的信念与以语言、言语为依托的信念两者虽有重要的区别但又是相互关联的。首先，以语言、言语、陈述为依托的信念其语言、言语、陈述等也是以意象的形式出现在人的头脑中的，它们本身就可以视为一种特殊的意象。这种意象与我们通常所说的意象的不同之处主要在于我们前述的三点区别，即它比较抽象，更确切地说，是更侧重于形式而不是形象；它与其对应项之间的关联通常是一种间接的关联、人为的关联，而不像后者那样是一种自然的关联（它与对应项之间通常并无物理上的相似而后者的自然的关联正是基于这种物理上的相似对应）；故就广义上而言，以言语陈述为依托的信念只是一种以特殊的意象为依托的信念。其次，以意象为依托的信念一般都可以在此基础上形成与之一致的以言语、陈述为依托的信念。也就是说，这些意象通常都是可说的，可以用特定的言语陈述或描述的。通过这种陈述、描述可以建立起与意象有着共同的对应项的以言语陈述为依托的信念，且这两种信念本身也因此而互为对应项。以意象为依托的信念一般都可以有以言语陈述为依托的信念与之相应，虽然后者未必都有与之相应的前者，但仍旧可以有与之相关的前者。比如说，那些涉及一般性、共性、普遍规律等的以言语陈述为依托的信念，其陈述虽通常无法找到与之完全对应的意象，但某些意象却可以成为关于该陈述的一些例证，或者说，可看成是对其的一种举例说明（两者之间有一种普遍与特殊、一般与个别的关系）。以意象为依托的信念可以通过以言语陈述为依托的信念使其形式化、系统化、规范化，并通过特定的言语陈述表达出来；而以言语陈述为依托的认识、信念则可通过以意象为依托的认识或信念使其形象化、具体化、直观化。可见，前述的两者之间是互相促进的、通过对方而彰显自身的。

一般说来，以意象为依托的信念更为基本，无论是以言语陈述为依托的信念的产生、形成还是对其的把握、理解，通常都要借助于以意象为依托的信念。就以言语陈述为依托的信念的产生、形成而言，往往要先有特定的意象及对该意象的肯定。确切地说，我们要对某特定的事物、现象等进行描述、陈述，通常要有关于该特定的事物、现象的意象（主要是映象、印象等），并肯定这些意象是存在的，然后在此基础上才能形成特定的陈述及对该陈述的肯定。设我们的某个特定的陈述为"A桌子上有一张报纸"，且我们相信、认为该陈述是为真的，也就是说，我们有以这样一个特定的陈述为依托的信念；那么，这样的信念是如何产生形成的呢？我们发现，这种信念的形成、产生是依赖于特定的意象和对该特定的意象的存在及其对应项的存在的肯定的。也就是说，我们通常是先产生某种特定的意象，如特定的视觉映象、触觉映象等，并相信我们确实产生了这样的映象、印象，且相信这些特定的映象、印象是关于某特定的事物、现象、状况的意象（在此主要是映象、印象），再进一步相信这些特定的意象、映象是可以用下述语句描述的，即"A桌子上有一张报纸"，于是，我们说："A桌子上有一张报纸"，并相信该陈述是为真的，从而产生、形成这一特定的以言语陈述为依托的信念。从历史发展的角度看，也是先有以意象为依托的信念，然后才从中发展出以言语陈述为依托的信念的。由于信念、认识并不是人的专利，其他动物也有信念、认识，从自然史的角度考察，远在人和人类社会产生之前，就有了多种动物的存在，就地球而言，至少在数亿年前便有了比较高等的动物，从而也有了比较完整的以意象为依托的认识、信念。这种情况持续了亿万年直到人类产生之后，才有了相对完整的、系统的以言语为依托的信念、认识。可见，从自然历史的角度看，以意象为依托的信念也是以言语、陈述为依托的信念的前提基础，后者是从前者中生发出来的。

以意象为依托的信念与以言语陈述为依托的信念的区别是有其生理基础的。我们知道，大脑可以区分为左右两个半球，而左半球主要与言语相关、与逻辑思维相关；右半球则主要与意象等相关。也就是说，以言语陈述为依托的信念主要存在于人的左半脑，而以意象为依托的信念则一般位于大脑的右半侧。这两类信念形成于大脑的不同区域，并通过两者的结合部相互贯通、相互联结、相互作用、相互印证、相互诠释。可见，关于信念的两种载体依托之说是建立在大脑的特定的生理结构的基础之上的，是与大脑的两种不同的功能区密切相关的。由于这两种不同的载体依托分别对应于左右两脑，故我们也可以说这两种类型的信念的生理层面的载体依托是左右两脑，这两种类型的信念分别是依托左脑的信念和依托右脑的信念，是以左脑为载体的信念和以右脑为载体的信念。信念就其载体而言因此有左右之分，或者说，可以有"左派"的信念与"右派"的信念之分。从生物器官进化的角度看，右脑也远比左脑原始、基本。故以意象为依托的信念也远比以言语陈述为依托的信念更为基本。

尽管以意象为依托的信念更为基本，但这并不表明它就一定比以言语陈述为依托的信念更为重要。实际上，以言语、陈述为依托的信念之所以能够产生，之所以在人类社会大行其道，正是由于其具有单纯以意象为依托的认识、信念所不具有的优越性能，人类正是借助于它而在智力上将其他动物远远地抛在后面，借助于它而使人类的智慧与其他动物的智力相比犹如鹤立鸡群，而它也因此成为人和动物相区别的主要标志之一。故对人的信念而言，其与其他动物的信念的本质差别，正是在于人有相对成熟的、系统化的以言语、陈述为依托的信念的体系。

二 客观化的信念

以言语、陈述为载体依托的信念还有一个非常重要的特性，这一点决定了以言语、陈述为载体依托的信念与以意象为载体依托的信念相比较而言具有不可同日而语的优越性。这就是，以言语、陈述为载体依托的信念可以借助于言语、陈述成为一种客观化的信念。

前面我们所说的存在于主体、信者之中的信念，只是内在于人心中（头脑中）的信念，这种信念依托于意象和言语而存在。内在于人的言语通常与思维有关，借助于言语的思维和其他精神活动通常可以看成是一种内心独白或者不发出明显的声音的自言自语，或者是一种默读（当一个人看书、看报、看文章等时）。这种不发出明显的声音的自言自语其实并非总是不发声的，而通常只是不发出明显的声音罢了。在人的机体中特别是大脑中存在一种调控机制，在通常情况下，当我们看书、看报、看文章，或者从事借助于言语而进行的思维和精神活动时，通常大脑会有意识地控制从事此类活动的活动者尽可能地不发出声音来，但是，这并不排除一时失控的情况。可以肯定，几乎所有的人都曾经不止一次地有过这种一时失控的经历。默读时有时会偶然发出声音来，借助于特定的言语想问题时，一不留神儿变成了发出声音的自言自语。这种一时失控的情况通常在情绪出现较大的波动时、过分专注时等最容易出现。这一点表明，大脑的控制系统并不总是控制得恰到好处的，它可能会受到某种干扰，当受到较大的、突发的干扰时，很可能会出现一时失控的情况。这一点表明，借助、依托于特定的言语想问题、思考问题的思维活动与发出声音的自言自语活动两者之间并不存在本质的区别，区别主要在于大脑的控制系统是否能够恰当地控制住这种思维活动使其不发出明显的声音来。只要我们想一想我们借助和依托语言的思维活动便会发现，这种活动即使没有发出明显的声音来，我们也能够感到我们的发音部位存在可以察觉的与特定的言说活动相应的动势。默读和朗读的区别与上述情况类似，其主要区别在于是否发出了明显的声音。

以意象为载体依托的信念，由于这种意象只存在于信者的头脑之中，因而只能是主观的；以言语为载体依托的信念，如果不发出明显的声音来，通常也只能存在于机体内部，只能被信者自身察觉到，故也是主观的；但是，以言语为载体依托的思维和构建信念的活动是可以发出声音来的，不仅如此，言语还可以有口语和书面语之分，这种通过口语和书面语表达、表现出来的信念借助于口语和书面语，于是便具有了客观性，成为客观化的信念。

在前面曾经提到过信念的表述、表达的问题，并提到信念通常是通过言语陈述来表达的，但只是对信念的显性表达和隐性表达问题做了简略的讨论，对于其他问题并未做深入说明。在此有必要进一步对与表述、表达相关的其他一些问题进行说明。

就信念的表达、表现活动而言，这种活动过程同时也是一个信念的客观化的过程。某个人的信念可以通过口语和书面语表达、表现出来，从而使别人可以知道该人持有一种怎样的信念。进一步，人们还可以通过这种方式互相了解别人所持有的信念，并对此做出相应的反应或者回应，从而形成一种思想、信念的交流沟通。一般说来，在过去没有电话、录音等技术的情况下，通过口语交流沟通通常只能采取现场面谈的形式，这种交流的优越之处在于具有直接性、即时性、现场性等，而不足之处主要在于传播的时空范围十分有限。相比较而言，书面语的传播的时空范围显然要大得多，不受现场性的限制，但在直接性和即时性上则不如口语，因此，当面交流时通常主要采取口语的方式。书面语的表达和交流不像口语，说出来的话音转瞬即逝，在过去没有录音技术的情况下，口语只能用于即时的表达和交流，如果一句话没有听清楚，有时候可以直接要求对方再说一遍，如果不能要求对方再说一遍或者对方并没有答应你的要求再重复一遍，他刚才所说的话语便随着话音的消逝而消失了，如果该人刚才表达的是某种信念，那么这种客观化的信念只能是一种即时的客观化，这种客观化在没有录音技术的过去是不能够持续存在的。就此而言，以书面语表达、表现的信念的客观化的存在则通常可以持续较长的时间，有的甚至可以持续数千年。比如，散氏盘和西周石鼓上的书面语所表达和表现的某些信念的客观化的存在至今已有数千年，后人只要看到其上面的书面语，甚至是其拓本和传抄本等，就可以了解到其中所蕴含的信念。正因如此，古代的客观化的信念通常是以书面语的形式呈现，并集中体现和呈现在古代传下来的各种经典、典籍之中。

客观化的信念还可以克服主观的信念的前面提到的许多不足和遗憾：例如，我们在上一节中曾经提到过主观的信念的贮存和遗忘的问题，记和忆的问题；然而，让人遗憾的是，尽管人脑具有强大的记忆能力，但是随着时间的流逝，很多东西和事情还是会被遗忘。而以言语、陈述为载体依托的信念却可以通过口语和书面语被客观地记录下来。比如记载在录音带中、书籍和笔记中等，即使持有这些信念的主体已经过世，这些以言语、陈述为载体依托的客观化的信念，仍旧可以以录音和文字的形式被保留下来，长久流传。显然，录音只是近现代才有的事，它使客观化的信念可以通过口语的方式得到保存。不仅如此，随着照相、录像技术的出现，与视觉意象具有物理相似的图景也可以得到客观化的保存。我们可以通过录像将与我们所看到的图景、所形成的视觉映象和印象相类似的图像记录并保留下来，尽管这不是我们的头脑中的视觉式的意象的直接的客观化，但却与这些视觉式的意象有着高度的物理相似性。就意象的客观化而言，绘画和音乐等艺术创作活动更有资格说成是一种将特定的意象客观化的活动，而其成果（作品）更有资格看成是某种意象的客观化的产物。

第六节 关于两个世界的信念

我们通常认为、相信至少存在两个世界，即内心世界与外在世界。而这两个世界的划分的主要依据是与之相关的两种不同的精神心理事态、事件，即意象与感官经验映象。关于这两个世界存在的信念主要是依据关于意象与感知的存在及关于两者的区别的信念而确立的。这两个信念所涉及的直接对象都是意象及其变化。我们发现，有两类具有很大差别的意象，即由想而生之象与由感而生之象。这两种象的区别主要在于是否可由我们的意念、意志直接调控。一般说来，意想之象是可以由意念直接调控的，我们可以在想出某象时，直接通过意念力而改变呈现在我们心中的这种象，或将其加以改造而换成另一种象。但由感而生之象则不然，我们一般不能通过意志直接改变呈现在我们面前的此类象，要改变它则要借助于某些其他的活动行为，如闭上眼睛、转过头、塞上耳朵，或借助于手脚等的活动，如调节电视机的各种功能键、关闭开关等。如果我们产生了某种感官意象后不借助于上述的其他行为是很难改变这种意象的，当这些呈现于我们面前的象发生改变时，我们通常会认为其改变并不是直接由我的意念、意志的变化所导致的，而是另有其原因。换句话说，我们通常会倾向于相信这些感官意象及其变化在我的意念、意志的直接调控范围之外，不以我们的意念、意志为转移，或者说，它们是受精神心理世界之外的另一个世界中的东西所控制的。也就是说，我们通常倾向于承认存在有一个心灵世界之外的外部世界，倾向于将我们的意象分为两类：一类是由想而生的；另一类是与感相关的。后一种象通常被认为是由外部世界作用于我们的感官而生的。故由对这两种象的划分、由对两种象产生的根源的差异的信念而导致了关于存在两个世界的信念，即导致相信存在有心灵世界和外在世界这两个世界的信念。显然，上述两个世界更加确切地说应该是由想而生的世界和由感而生的世界。

为了区分这两种不同的意象，我们将可由意念直接调控的意象称为意想之象、想象或想象之象，而将另一类称为映象、印象。意想之象本身的特殊之处在于这些象是由想而生的，而不是由外在世界作用于我们的感官而直接生成的，是内源性的；而映象、印象则是外源性的。

由感而生的象被认为是源于一个外在的世界，由想而生的象则直接源于内心，源于内心深处的一个神秘的点（或者区域）、"黑洞"，诸象皆由此"点"生发出来。然而，我们通常很难相信它是一个最终的"源"，而宁可认为外在世界才是最终的源，认为内源不过是一个外在作用的聚焦点罢了。但有一点在唯物主义看来则是清楚的，即这些意想之象是借助于意念力或意识流而生的，但它不能无中生有，其象的构成材料是外来的，意想的作用在此不过是对那些由感而生的被储存于身心某处的映象的提取和加工改造并将某加工改造后的产品呈现出来，呈现在心灵世界之中罢了。对于意想出来的东西，我们通常将其区分为两类：一类是我们认为仅存在于心灵世界之中的东西、象；另一类则被认为是在外在世界中还存在与之对应的东西，即被认为同时存在于心灵世界和外在世界这两个世界之中的东西，或者说，认为这些意想之象是一些具有外在对应项的象，是一些有可能通过感官而获得与之对应的映象的意想之象。换句话说，意想之象可分为被认为有外在世界的对应项与无外在世界的对应项的两类意想之象，前者通过这种对应而与外在世界相关联。被认为、相信有或无外在对应项的意想之象，显然只是按信念来划分的意想之象。实际上，被认为、相信有外在对应项的意想之象，并非一定就有这种对应项，被认为无此类对应项的意想之象，也不一定就没有这种对应项。因而，意想之象还可以按实际上是否存在这种对应项来划分。由此可见，不仅感官映象直接预设了一个外在世界的存在，而且意想之象也间接地预设了一个外在世界的存在。

第七节　关于两个世界中的具体对象的信念

虽然感官映象和意想之象直接或间接地预设了一个外在世界的存在，但具体的感官映象和意想之象所预设的首先是存在于外在世界中的具体东西。对于外在世界而言，我们通常认为这是一个事物的世界，"象"不过是事物在我们的头脑中特定的呈现方式而已。象与事物、事件既相关又有区别。实际上，"象"可以看成是直接与最简单的事物、事件相关的，而通常我们所说的事物、事件则涉及众多的象的综合，涉及其有序的集结，即涉及各种象构成的系统、整体。但事物本身并不是象的综合、集结、象的系统，而是一组象产生之源。这一组"象"规定了一种事物或事件，是判定一特定的事物、事件的根据、依据，而不是事物、事件本身。换句话说，事物并不是感觉的复合、感觉要素的综合，而是这一复合、综合的根源、产生之"源"。显然，这样一来，事物本身似乎也成了一个与心源相类似的外在的"黑洞"。这是因为，我们无法相信这个"洞"除了能产生如上所说的那些特定的象的组合之外便一无所有了。尽管如此，我们至少还是可以说，一特定的事物也就是能产生某种特定的感觉映象的组合的东西，尽管它可能还能产生其他的东西，但我们通常则是通过这些特定的象的组合来把握事物的，或者说，我们是通过我们的心灵世界来把握外在世界的。

在哲学上有一种传统的看法，即认为事物有现象与本质两个方面，我们通过感官等只能把握事物的现象，而只有通过理性才能把握事物的本质。然而，在现代西方哲学中，反本质似乎成了一件很流行的事。比如，在现代西方科学哲学中，反本质、摒弃形而上学之风在逻辑经验（实证）主义那里发展到一个极端，但在此之后的科学哲学如证伪主义特别是历史主义那里则对"本质""形而上学"等的态度要宽容得多。有的人不仅将"形而上学"又请了回来，而且将其置于科学理论的核心位置，将其视为不可轻易动摇的坚硬的内核。而在人本主义哲学中，"本质""形而上学"等更是不可缺少的重要的概念、范畴。可见，认为事物有现象和本质两个方面，这种传统的看法并不是可以轻易动摇的，问题只在于如何理解现象和本质。

对事物的现象可以有许多不同的理解，故也有许多不同的与之相关的信念。一般说来，可以从主观与客观两个方面来理解现象，故也有两类基本的关于现象的信念。至于本质，也存在两个不同的层面：一是指特定的事物的现象中的普遍的、一般的、共性的方面；二是指既不能通过感官直接把握，又不能通过对现象的分析、综合等把握的东西。与之相应的也有两类基本的关于本质的信念。

我们除了有关于外在世界及其中的事物、事件的信念外，还有大量的关于心灵世界及其中的存在者的信念。在这些信念中首先要谈及的便是关于感觉的信念。与我们的感觉相关的信念是最初级的一种信念。不可能有感觉而无信念。当我形成一种关于蓝色的感觉映象时，我也就相信我此时有一种关于蓝色的特定的感觉映象（但这种信念却可以在当时并未引起我们的充分注意）。关于感觉的信念与现实的感觉在大多数情况下是相互一致的。这种关于当下感觉的信念可以说是一种最直接的，也通常被认为是最可靠的信念，我们的这一类信念通常被认为都是真实的，但实际上关于感觉的信念与现实的感觉并不是完全一致的。一般说来，我们很难设想当我闻到一股香味，即形成关于特定的香味的感觉映象之时我却不相信我闻到了一股香味，不相信我产生了这样的感觉映象；但当我相信此时我闻到了一股香味时，却有可能我实际上此时并未真正闻到一股香味。同样，当我相信我看到一种特定的形色时，而我实际上并未看到该种特定的形色，这是完全可能的。这里至少存在一个幻觉的问题。我们不能排除幻觉的存在，幻觉实则是一种为伪的关于涉外感觉的信念。但这种"觉"看来并不是不存在的，幻觉通常是将由机体内部生发出的某些象误认为是由外界事物作用于我们的涉外感官而引发的、形成的感觉映象、印象。

　　感觉总是随着与之相关的信念，但关于感觉的信念并不等于感觉本身。我们尽管可以设想感觉是可靠的，但我们真正能够谈及的则是关于特定的感觉的信念。我们是否真正看到了一种特定的颜色，如蓝色，或者说产生了一种关于蓝色的感觉映象这一点并不是毫无疑问的，但我相信、认为我看到了一种蓝色，产生一种关于蓝色的感觉映象则可以是无疑的。我们真正探讨的感觉，谈论我有如此这般的感觉实则首先谈论的是关于这种感觉的信念，即我相信、认为有什么样的感觉。尽管在大多数的情况下，我相信、认为有什么样的感觉，我也确实有这种感觉，但并非在所有的情况下两者都是一致的，因而不能将关于感觉的这种最初级的信念与现实的感觉本身混为一谈。

　　我们不仅有关于感觉的信念，还有关于知觉的信念。关于知觉的信念与知觉本身也是有不一致之处的，这种不一致与错觉有关。我们通常认为知觉往往会包含着错觉，也就是说，知觉也不是绝对可靠的，有正确的知觉与错误的知觉之分。实际上，这种说法并不严格。确切地说，这种区分更主要是关于知觉的信念的区分。关于知觉的信念有对也有错，而知觉本身则很难说对错，尽管我们认为知觉在一定条件下改变、扭曲了某些事态，如一样长的线段有些则看起来长一些，一样大的圆有的则看起来小一些等。但这并不能说明知觉本身有错，只有当我们因此便相信、认为实际上其中的某一线段要长些，某个圆要小些，这才产生了错误。这种错误显然是来自我们关于知觉对象的状况的信念。显然，如果我们此时仅仅认为、相信上述的线段、圆中的某些看起来要长些或小些，而不是"实际上"（或更确切地说，用某种精确的度量工具量起来）要长些、小些时，我们的这种信念并不是错误的、假的。如果我们将上述所说的"改变""扭曲"本身称为错觉的话，那么近大远小等又何尝不能说是错觉？故我更倾向于认为知觉本身无所谓对错、真伪（正如感觉一样），这种对错、真伪实则来自关于特定的感觉、知觉的信念。

　　除了感知外，我们还可以有关于表象、忆象、想象等的信念。我可以相信、认为我的头脑中形成了某种特定的表象，我正在回忆某事，现在我想到的是过去某时我曾感知到的事，相信、认为我此时正在想象、呈现在我脑海中的某种象是我构想出来的等。显然，我的这些信念也不是绝对可靠的，必真无疑的。但相比较而言，关于那些直接呈现在我头脑之中的事件、东西的信念显然要比由这些信念引申出的较间接的信念其可靠程度要大得多（至少人们大都相信这一点）。

显然，我不仅可以有上述关于具体形象的信念，还可以有关于概念、陈述、判断、推理等较抽象的事件的信念。我们既可以相信、认为我们形成了某种概念，相信、认为我给出了一个特定的陈述、判断或做出了一种推理等。此外，我还可以有关于我们的机体内部的其他精神心理事态的信念，如关于意志、情感等的信念。这些信念与关于机体的生理、物理事态及机体之外的其他物理对象的信念一起构成了信念的大家族。信念的触角伸向我们可以感到、想到、说到的世界的任一个角落，与我们可以感到、想到、说到的世界中的所有对象都相关联。

第二章 认识与信念

认识论问题是现当代哲学界争论的焦点之一，而"认识"的概念更是认识论中的核心概念。认识的本质是什么？理论界对此有过大量的讨论，已往的论述虽然提出了许多有意义的见解，但是，还存在不少问题。在本章中，我们将通过对认识的深入考察而说明认识与信念的内在关联，着重阐明认识的本质即是信念这一问题，并在此基础上对认识、信念的一些基本特性加以考察。

第一节 对认识的本质的概述

认识是什么？对这个问题的回答有多种，主要有：认识是人们对客观事物及其规律的能动反映，认识是反映，是有选择的反映，是重建、构建、猜测等。

要搞清楚认识是什么，首先应该考察人们通常是在什么意义上使用"认识"一词的。显然，具体的说法有多种，且有着不少的分歧，但是在下述看法上基本上是一致的，即认识是人的一种特殊的活动及其结果；区别只在于这是一种怎样的活动、怎样的结果。在此，我们不妨把前者称为认识 V，后者称为认识 N。认识 V 是形成、产生认识 N 的活动，认识 N 是认识 V 的结果、成果、产物。

可以看出，上面所说的选择、重建、构建等只是涉及活动的性质和方式问题，并不直接涉及活动的结果、成果；或者说，只是在讨论认识 N 是怎样形成、产生的问题，而没有真正涉及认识 N 本身。认识 V 不过是"认识活动"的省略表达，活动本身并不存在真伪的问题，真伪的问题是相对于认识 N 而言的。由于认识可分为认识 V 和认识 N，而选择、重建、构建等只与认识 V 直接相关，或者说只与如何理解"能动性"有关，因此，把认识看成是选择、重建、构建等是不妥当的，至少是片面的。

在上述见解中"反映论"则不同，这是由于反映既可看成是一种活动，又可看成是一种活动的结果（反映 V 与反映 N）。"反映"与"摹写""复写""摄影"是同等程度的概念，说认识是对客观事物及其规律的反映，也可以说认识是对客观事物及其规律的摹写。显然，摹写也既可以看成是一种活动又可以看成是该活动的结果（摹写 V 与摹写 N）。当然，对于该活动的结果我们可以用一个更确切的词来表达，以便与前者区分开来，这个词便是"摹本"。由于"摄影""复写"这两个词更广泛地被用于其他的场合，因而往往使许多人联想到死板的、机械式的操作及其结果，相比较而言，说"摹写""反映"要更为妥当些，可以避免一些不必要的误解。而后两者相比较而言，"摹写"比"反映"又能更好地避免使许多人联想到"消极被动"，因而"摹写"比"反映"更为妥当些，故我们以下更多地使用"摹写"一词。

第二节 摹写与摹本

摹写、反映是能动的，摹写并不是把作为摹写对象的客观事物的所有方面、细节都原封不动地照搬而来，而是有一定的选择性的，摹写（在不特别指明时主指一种活动、摹写 V）本身就包含着选择。显然，摹写离不开摹写的对象，摹写 N（摹本）也依赖于原本、原型，依赖于摹写 V。摹本与原本、原型之间有着两种重要的关系：一是前者以后者为其存在的前提条件，依赖于后者；二是摹本与原本、原型之间具有一定程度的相似的关系、对应的关系；摹本之所以是摹本，就在于它是按照后者的样式进行构建的，而按照后者的样式构建，就不能不与后者具有程度不等的相似之处、对应之处。

摹本不一定与原本非常相似、完全对应。比如说，我们画一幅人像写生，即使画得一点儿也不像（对应的部分远不及不对应的部分），但仍旧是此人的画像；而一只蚯蚓在泥地上爬出的轨迹构成的图形即使与该人很像，仍旧不能说它是该人的画像。值得注意的是，我们虽然不能说后者是该人的画像，但却可以说这个图形很像该人，或者说，该人的形象与该图像很相似、很像等。设有三幅图形，分别为 A、B、C，设 A、B

分别为两幅 S 人的写生画，其中 A 与 S 的形象很相似，B 则一点也不像，C 为上面所说的蚯蚓爬出的轨迹构成的图像、图形，且很像 S。当我们说到与 S 的形象酷似的、基本对应的图形、图像时，显然指的是 A 和 C，而不包括 B；而说到 S 的画像时，显然指的是 A 和 B，而不包括 C。

上述例子同样适用于语言、言语。相似、对应并不仅仅是指物理相似。我们知道，现今经常谈及物理模型、数学模型、语言模型等，这里的"模型"与"摹本"是同等性质的概念（尽管两者在使用上有着一些差异），因此，我们也可以说物理摹本、数学摹本、语言摹本等。显然，上述的写生画便是一个物理摹本的例子。摹本并不要求一定要是对原本、原型的物理摹写的结果，摹本可以是一些特定的语句、陈述句。比如，我们可以对上面所说的 S 人的形象进行言语摹写（描述、陈述），也可以对其他的对象进行言语摹写。设 a 人对某客观对象的摹写的结果 A 为"在 m 时 n 处有一匹马，没有狮子"；b 人的摹本 B 为"在 m 时 n 处有一个狮子，没有马"；一只蚯蚓爬过的痕迹恰好构成下面的图形 C："在 m 时 n 处有一匹马，没有狮子"。设 a 人的摹本 A 与原本（客观事实）是基本对应的，摹本 B 是基本不对应的，由于图形 C 与图形 A 是同样的，所以，当我们说到与客观事物对应、近似的图形（书面语）时，显然指的是 A 和 C，不包括 B；当我们说到对客观事物的摹写的结果、摹本时，显然指的是 A 和 B，而不包括 C 在内。

摹写一定要有摹写的对象，摹本一定是摹写的结果、产品；同样，反映一定要有反映的对象，映象（反映 N）一定是反映 V 的结果、产物。摹本依赖于原本、原型，摹本不可能出现在原本、原型之前；同样，摹本也依赖于摹写，没有摹写也就根本无所谓摹本。达·芬奇不可能临摹一位我们现时代画家的画，达·芬奇的画也不可能是我们现代的某位画家的画的摹本，而我们现代的某位画家的某幅画则有可能是达·芬奇的某幅画的摹本；只要该幅画是对达·芬奇的某幅画的临摹的结果便可这样说（显然，言语摹本也是一样的）。没有摹写的对象便无所谓摹写，没有摹写便无所谓摹本。这一点表明，后来出现的东西虽可以在某种程度上与前面出现的东西构成对应，但却不一定是前者的摹本。比如说，后人说了一句与前人一样的话，这并不说明后人所说的话是前人的摹本（物理摹本），只有后人在引用、模仿前人的这句话时，后人所说的话才是前人所说的那句话的摹本。很可能在大多数情况下后人根本不知道前人也曾说过这句话,因此,大多数情况下我们根本没有必要给后人的话寻找历史上的出处,他们不过是说了同样的、类似的话罢了,这里并不存在摹写、模仿的问题,因而也不存在摹本。

B 若是 A 的摹本,至少应满足下面两个条件:一是 B 相对 A 而言是时间上在后的;二是 B 是对 A 摹写的结果。或者说,摹写的对象在时间上先于摹写,摹写在时间上先于摹本,即使两者的时间差短得几乎同时发生,也绝不可能把这个序倒转过来。我们只要现实地考察一下我们的各种认识,便会发现,我们的许多认识、陈述涉及的是未来的东西,在此说前者是后者的言语摹本、反映,便意味着摹本可出现在原本之前。同样,虽然有不少的客观事物与某人所给出的陈述相比较而言是时间上先在的,它们两者之间有着某种程度的对应,但是并不存在摹写,因而后者也不是前者的摹本(就像我们前面举的蚯蚓的例子一样)。没有摹写便没有摹本,但没有摹写仍可以有对应、相似。说与将来的事物构成对应的陈述是这些事物的摹本、反映,说非摹写的活动的产物是摹本都是很不妥当的。"超前反映"的说法逻辑不通。摹写、反映无论怎样强调它的能动性,也不可能能动到摹写出现在摹写的对象之前,摹本出现在原本、原型之前(除非我们承认达·芬奇可以临摹某位现代画家的画,其画可以是后者的摹本)。

第三节　认识是信念及建立信念的活动的统一

通过上述的讨论,是否可以得出下述结论,即认识可分为两类:一类是摹写、反映及其结果;另一类是非摹写、反映,或者是建立在摹写、反映之上且包括摹写、反映在内的某种特殊的构建、创造活动及其结果呢?我们发现,事实并非如此,不论是摹写、反映,还是建立在其基础之上包括摹写、反映在内的构建言语、陈述、意象(包括印象、映象、想象、忆象、表象等)的活动都不等于认识 V(但可看成是认识 V 的一部分),其结果也不等于认识 N。认识就其本质而言实则是对特定的事物的存在与否的信念及形成、构建、建立该信念的活动的统一。信念既不是摹本、反映 N,也不是非摹本言语、陈述、意象等。有了某种言语、陈述、意象,并不等于我们对客观事物就有了某种认识。我们对某种客观事物有了认识，也就是有了关于该事物的客观存在的信念，或者说，有了客观存在的究竟是什么样的事物的信念。我们认识事物，对某事物进行认识，也就是通过某种活动而确立关于它的某些信念。说我们产生了某种信念，也就是说，A 人认为如何如何，B 类人相信如何如何等，比如说，A 人认为在 m 时 n 处有一张桌子，桌子上放着一个黄色的茶杯；B 类人相信西安有秦始皇的兵马俑坑等。

"西安有一个兵马俑坑"，这未必就是我们的认识；在此，它首先是一个陈述。当确实存在有一个西安，且确实西安有秦始皇的兵马俑时，该陈述便是一个为真的陈述。而"西安有一个秦始皇的兵马俑坑"既可以是客观存在的事物的一个言语摹本，也可以是一个与客观存在的事物构成对应的非摹本的语句、陈述（这要看这句话是如何构建、产生出来的）。在此，显然摹本是陈述，非摹本也是陈述。这个摹本，或者更一般地说，这个陈述语句本身并不就是认识，它只是认识的构成部分、要素（特别是对理性认识而言）；认识除了要构成这个言语摹本或陈述语句之外，还有人对它的态度、看法。一般来说，与认识直接相关的态度、看法有两种：一种是肯定，另一种是否定。显然，肯定和否定不可能凭空存在，它总是对某些东西、事件的肯定和否定。这种肯定或否定及其肯定或否定的内容一起构成我们的现实的信念。任何信念都是对某些事物的信念，都是有内容的，都有一个信什么、不信什么的问题。"信"与"不信"，"认为"与"不认为"是一种特殊的精神心理事态，这种特殊的精神心理事态存在于人的头脑之中，是内在于人的，它不可能跑到人的头脑之外。能够跑到我们头脑之外的是语言、言语。语言、言语虽然可以在某种程度上表达我们的信念，但也可以不表达我们的信念，且其本身并不等同于信念。言语是具体地使用语言的活动及结果，它不仅可以有口语、书面语等存在方式，也可以具有内心独白、意象等存在方式。只有当一个陈述句出现在我们的头脑之中且被我们肯定为真等时，才能构成我们的特定的信念；如果它出现在头脑之外，那只是言语，而不是信念。即使某陈述出现在某人的头脑之中、思想之中，虽然它本身具有肯定或否定的形式，但是只要该人没有对其真进行肯定或否定，没有表态，那么就不能看成是该人的认识。比如说，某人看到或想出了这样一段言语："m 时 n 处有一张上面放着一个花瓶的桌子"，此时在他的头脑中便产生了上述映象或意象（书面符号图像），但是只要他没有对其真伪表任何态，那么就不能说该人认为、相信 m 时 n 处有一张上面放着一个花瓶的桌子，此时，他所产生的认识至多只有：他认为他看到了或想出了上述那种图像；他认为他所看到或想出的是一串文字、一个语句、一个陈述句；他认为他没有看错；认为这可能表达了构建者某种认识等。只有当他认为这句话是真的的时候，才能说他认为或相信在 m 时 n 处有一张上面放着一个花瓶的桌子，他也因此才有了这种认识。由此可见，认识既是关于特定的客观事物或事物的客观实在、存在的信念，又是关于陈述、意象等的真伪的信念，两者在本质上是一致的。

第四节 猜测与认识、信念

那么能不能说认识是猜测呢？看来我们还需要认真讨论。笔者认为，猜测本身并不等于认识。当各种可能出现的事态不清楚哪一种是现实的时，我们可以进行猜测。比如说，掷一枚色子，六个面中的任一面朝上的概率是一样的，如果不看掷的结果，而要我们说出哪一面朝上的话，我们的这种说法通常并不表达自己的信念；这是因为，在此我们只有"六个面朝上的概率是同等的"这个信念，我们不可能为断定 A 面朝上的断言提供比断定 B 面或 C 面朝上的断言更充足的论据。如果非要我猜的话，我可以选其中之一，但是我为什么选这个而不选那个呢？这也许是由于我的一种偏好、期望，或者是由于一种并不成为理由的理由、奇怪的念头、瞬间的闪念、随机的选择等。显然，这是一种非理性的猜测，假定我选了"C"，并不说明我就认为、相信是 C 面朝上，不说明我便有此认识。如果可能出现的事态的各种可能性的大小不等，此时，我们的猜测便有了一些根据。比如说，我们要找一个人，我们认为该人可能在 A、B、C、D 其中的一处（我们有该人在上述处所之一的信念），但并不能肯定他到底去了何处。假定说，我们认为在上述四处的可能性的大小不一，其顺序依次为 A、B、C、D，如果不考虑其他的因素，而非要我们猜一猜该人在何处的话，那么我们大多首先会猜 A，因为只有这种猜测才是相比较而言理由最充分的。虽然我们猜的是 A，但我们心里并不能肯定就是 A，即使我们说："该人在 A 处"，但是，我们并没有肯定这句话一定是真的，我们内心中对此话仍持怀疑态度。此时严格地说，我们不能说我认为该人在 A 处,而只能说我猜想该人在 A 处,或者说我认为该人在 A 处的可能性最大。猜想具有不确定性,并没有消除这种不确定性,该人在 A 处还是不在 A 处这仍旧是一个问题,而认识、信念则是不确定性的消除。当然,这并不是说我们要找某个人便一定要有关于该人在某处的认识、信念,也不一定非要先去我们认为该人所在的可能性最大的地方去找他。比如,虽然该人在 C 处的可能性没有在 A 处的大,但是,到 C 处最方便,所以我们可能会先到 C 处去找。可见,指导我们行动、实践的未必一定都是确定的信念、认识。

猜测和认识、信念一样都存在一个"真"的问题,但是猜测并不等于认识、信念。猜测是一种貌似认识、信念的东西,其表达方式与认识、信念往往相同,但态度却是不同的。与猜测直接相关的是怀疑的态度,更确切地说,是肯定(或否定)中有怀疑,信心不足;虽然在日常语言中我们对此并没有严格地加以区分,但这种区别是存在的。在此,我们可以用下述形式来分别表达陈述、认识、猜测和问题。如给一个陈述的结尾部分的右上角分别加上下述符号(单纯的陈述句本身不用加):表达认识的陈述的右上角加一个"+"号,表达猜测的加一个"!?"号,表达问题的加一个"?"号。如:"色子的 A 面朝上。"是一个陈述;"色子的 A 面朝上$^+$。"是一个表达认识的陈述;"色子的 A 面朝上$^{!?}$。"是一个表达猜测的陈述句,而"色子的 A 面朝上$^?$。"则是一个表达疑问的陈述句。最后一项实际上是一个具有陈述句形式的疑问句。当然,在日常交流中我们并没有必要一定要给每一句话的结尾的右上角都加上上述的注角符号,但是,我们所遇到的陈述语句确实存在上述的区别。实际上,区别还不仅仅有上述几种,除此之外还有表达想象、梦幻等的陈述(如小说等),这类陈述并没有表达认识,我们可以用"i"这个符号来表示(数学中的虚数符号)。如:"大仲马乘着一本大书在天空飞来飞去^i"。如果细分的话,还应该有许多其他的注角,这里不一一论述了。总之,陈述句虽然未必一定要注上这些符号,但是它们却隐含着这些区别。一个陈述句可以什么也不表达,但仍旧可以是一个陈述句。这是因为,表达总是对人而言的,是人的某种有目的的活动。一个陈述语句完全可以无目的地产生出来。比如,我们可以(或者让一个不识字的幼儿)毫无目的地按动打字键盘,就可能碰巧组合出某个陈述语句(书面语),但是它什么也没有表达。然而不管它是否表达了什么,这种特定的图像组合系统在某种意义上与客观事物以及特定的对象或者构成对应或者不对应，这一点通常是确定的。不仅认识、猜测有真伪问题，而且陈述也有真伪问题，且认识、猜测的真伪依赖于陈述的真伪。

猜测与认识、信念的区别主要在于其态度的不同，当然，这种态度的不同的背后隐含着产生方式的不同、依据的不同等。肯定和否定的态度与怀疑的态度虽是两种不同的态度，但又没有截然分明的界限。怀疑大多都不是不偏不倚的，它虽然介于肯定与否定、信与不信之间，但大多会倾向于其中的一方，偏向于肯定、信，或偏向于否定、不信（更确切地说是对其非的信），因而多少带有认识、信念的成分。但猜测与信念、认识还是不能画等号的，不能混为一谈。显然，猜测也不同于关于可能性及其大小的信念，它不是针对可能性而言的，而是对现实状况而言的。

由上可见，说认识是反映、选择、重建、构建、创造或其中的几个方面的结合及说认识是猜测等都是不妥的。认识通常包含着反映在内，但不能等同于反映。认识就其本质而言是建立信念的活动及其结果（信念），或者说认识是信念（认识 N）与建立信念的活动（认识 V）两者的统一。

第五节　作为认识活动的目标和结果的信念

认识就其本质而言是建立信念的活动及其结果、成果的统一，是信念（认识 N）与建立信念的活动（认识 V）两者的统一，这种说法主要是就认识活动的结果、成果而言的。认识活动无论是怎样的，其现实的结果（认识 N）都是形成特定的信念。然而，认识活动不仅存在一个现实的结果、产物的问题，还存在一个活动的目的、目标的问题。就认识活动的目标而言，很难说，其目标仅仅是为了建立一种信念，而不管该信念究竟是怎样的，只要是形成了一种信念就行了。看来，认识活动的目标和结果是有所不同的，但两者也存在一致之处。

认识活动就其目标而言，不是要建立任意一种信念，而是要建立、形成为真的信念。我们很难设想认识活动会以建立、形成为伪的信念为目标。但就其结果、就其所形成的信念而言则总是既有为真的也有为伪的。无论是为真的信念还是为伪的信念都是信念，都是认识 N，其区别只在于真伪之上，而不在于是否为信念。显然，我们可以将为真的信念视为信念的一部分，或者说，是一种特定的认识 N。这样一来，我们便可以将认识 N、信念分为作为认识活动的目标的认识 N 与作为认识活动的结果的认识 N 或信念。

作为目标的认识 N 与作为结果的认识 N，或者说，作为目标的信念与作为结果的信念两者之间的关系不仅仅是一种从属关系，不仅仅是前者属于后者，是后者的一部分的关系。它们两者之间的关系主要的是一种动机与结果、愿望与现实的关系。我们总想获得为真的信念，但现实结果却与我们的愿望、动机、目标等存在偏差，我们所获得的实际上总是有真有伪的信念。但无论实际上是真还是伪，在当时我们却认为它们都是真的，否则便不会形成信念。尽管我们实际上并未真正达到认识活动的目标，但在当时我们却会认为、相信我们已经达到了某特定的认识活动的目标。显然，不能排除在后来我们又发现原先形成的信念是错误的、伪的情况，此时我们又会重新开始或继续进行这一实际上还未达到目的的认识活动。

通过上述分析，我们可以对认识的本质给出更为完备的说明。即认识是认识活动、认识 V 与认识活动的目标与结果（两种不同认识 N 或者说信念）的统一，认识是以获取为真的信念为目标，以获得特定的信念为结果的活动（从认识 V 的角度说），或者说认识是通过特定的活动而想获得和实际获得的信念；是上述两个方面，即活动与目标、结果的统一。就这两个方面而言，虽然认识 N、信念的产生依赖于特定的活动（认识 V），但在日常活动中我们所谈论的则主要是认识 N，即信念。由上可见，"认识""信念"如果就认识 N 而言，两个词语可以通用，故在后面的论述中我们会并列或交替使用这两个词语，而不再特别说明。

第六节 摹写和预断

——认识、信念的两项基本内容

我们的认识、信念通常关涉到摹写和预见（似乎说"预言""预断"要更为严格些）两个方面，我们可以依此将认识、信念分为两大类，即涉及摹写问题的认识、信念与涉及预见、预断方面的认识、信念；并可不太严格地将其简称为摹写式信念、认识与预断式信念、认识。

摹写式认识、信念是以摹本为依托的认识、信念，其摹本主要包括意象式与言语式两大类；预见式认识、信念则是以非摹本的东西为依托的信念，其非摹本的东西也可以分为意象式与言语式两大类。一般说来，摹本式的意象主要包括感知映象、表象或忆象等；而非摹本的意象则主要指创构性的想象之象、意想之象。摹本式的言语陈述通常是建立在摹本式的意象的基础上的，是对其的言语概括、描述，并间接地成为作为原型的东西的摹本。可见，作为原型的东西通常可以有两类摹本，即意象式摹本和言语式摹本。前者与原型之间通常有一种物理上的对应相似关系，而后者则是一种人为的对应（如果这两类摹本没有被扭曲的话）。非摹本式的言语陈述主要是给出某种断言或预见。以摹写式与预见式的意象和言语为依托分别形成摹写式认识、信念与预见式认识、信念。这两类认识信念有一些明显的不同，但人们却经常将两者混淆或不加区分。

摹写式认识、信念其原本、原型通常是确定的，而摹本则具有不确定性或是待定的；预见式认识、信念则恰好相反，通常其预见、预言是确定的、既定的，而所预见、预言的东西、事件是否存在等则是具有不确定性的或是待定的。

以摹本为依托的认识、信念所涉及的主要是一个辨识、识别的问题；而以非摹本的意象、言语为载体、依托的认识、信念则主要涉及的是一个断言、预见及随后的检验、验证的问题。前一类认识、信念与之相关的对象是客观存在的，对于我们来说，所要做的事便是确定存在的究竟是什么东西、什么事件等，即将其辨认为、认定为、识别为特定的东西、事件。如果辨认、识别错了，即是说我们将我们要辨认、识别的对象辨认为、认定为、识别为其他对象，我们需要对该对象进行重新辨认、认定、识别。我们要辨认、认定、识别的对象的存在是不成问题的，毫无疑问的，否则便不存在辨认、认定、识别的问题。不可能存在没有辨认、认定、识别的对象的辨认和识别，也不存在没有辨认、认定和识别的辨认、认定、识别的结果、结论。这与我们前述的没有原本、原型便没有摹本是一致的。更进一步，没有摹本（意象式的和言语式的）也就没有以摹本为载体、依托的认识、信念，即没有通过摹本这一媒介来把握特定的对象的认识、信念。以非摹本的意象、言语陈述为载体、依托的认识、信念，或者说通过非摹本的意象、言语来把握对象的认识、信念其对象（与特定的意象、言语构成对应的东西，特定的意象、言语的对应项）是否真的存在则是一个问题。我们断定、断言、预见、预言与某意象、言语陈述构成对应的东西、事件是存在的，是在特定条件下存在的，或者说，认为、相信某意象、陈述的对应项是存在的，这并不表明该对应项便一定是存在的，它完全可能是不存在的。该对应项究竟存在与否在当时对我们来说并不是直接确定的，故要直接确定这一点还需要随后的检验和验证。而摹写式认识、信念则不然，其对象即原型、原本的存在通常是直接确定了的，直接呈现于我们面前的（过去或现在），否则就不存在摹写的问题，不存在辨认、识别的问题。

在此需要说明的是，可以存在一个接一个的链式摹写的情况，如某人画了一幅山水写生画，另一个人又照着此画描摹出另一幅画等。对第一个人来说，现实的山水是原本、原型，对第二个人来说，第一个人的画是原型、原本。但由于第一个人的画是现实的山水的摹本，故第二个人的画又可以看成是摹本的摹本，故也可以说它是现实的山水的一个间接的摹本。此时，现实的山水这一最初的原型对第二个人来说显然是间接呈现的，但这至多只表明，一种摹写、一个摹本还有可能存在一些间接的原型、原本，而一种摹写、一个摹本必须有一个直接呈现的原本、原型这一点则是可以肯定的。实际上，意象式摹本与言语式摹本之间通常也存在上述关系，言语摹本通常都是意象式摹本的摹本，即是对特定的意象进行辨认、认定、识别后而给出的言语概括、描述。也就是说，言语摹本的直接原型通常是作为客观对象的摹本的特定的意象；正因如此，才有了前述的以意象为依托的认识、信念更为基本，以言语陈述为依托的认识、信念的产生、形成等通常要依赖于特定的意象等说法。显然，这种说法主要是对意象式摹本和言语式摹本（前者又通常可看成是后者的直接的原本）及与之相关的认识、信念而言的。

以非摹本的意象、言语为依托的认识、信念通常是断言式的、预见式的。其所断言、预见的东西、事件未必是真正存在的，或者说，该断言、预见并不以其所断言、预见的对象的存在为先决条件，它可以不依赖于后者的存在而存在（摹写式认识、信念则必须依赖于摹写的对象的存在而存在）。断言式、预言式的认识、信念之所以说是非摹写式的认识、信念，主要是对其所断言、预言的对象而言的。实际上，非摹本的言语陈述相对于非摹本的意象来说，往往也具有摹写的性质。也就是说，非摹本的言语陈述虽不能说是对其所断言、预言的对象的摹写的结果，但它却往往是对非摹本的意象的摹写的结果。或者说，非摹本的意象（如构建式的想象、意想之象）往往可以成为上述的言语陈述摹写的对象，成为其原型。但是，与前述的意象式摹本与言语式摹本（指对特定的客观对象的摹本）的关系不同的是，非摹本的意象与非摹本的言语陈述并不是只能后者摹写前者，而是可以互为摹写对象（原型、原本）并互为摹本，关键在于两者产生的先后顺序、谁摹谁。非摹本的意象与言语陈述两者并无固定不变的先后，既可以先产生的是特定的言语陈述，也可以先产生的是特定的非言语的其他意象。就摹写而言，如果是言语摹写意象，通常可看成是对该意象的言语描述、概括或说明；如果是意象摹写言语，则可看成是对该言语、陈述的具体理解、解释，对其意义的具体地、形象地把握、举例说明等。

非摹本的意象、言语及以其为依托的认识、信念所关涉的对象可以分为两类：一类是在特定的条件下确实存在的对象，或者说，该意象、言语及相关的认识的对应项构成的集合是至少有一个元素的集合；另一类是并非实际存在的对象，或者说，该意象、言语陈述及相关的认识、信念的对应项所构成的集合是一个空集。需要说明的是，这里所说的空集是对该意象或陈述的其他对应项而言的。如果考虑到意象与言语陈述之间的对应关系，那么，某意象通常至少可以有一个言语式的对应项，某陈述至少可以有一个意象式的对应项。如果将这种对应项也算在内的话，那么，很难说对应项构成的集合可以是一个空集（不过，在通常情况下，我们所说的对应项指的并不是这种对应项，而是除此之外的其他对应项，如某个特定的客观存在的事件等）。就这种意象与言语陈述的对应而言，与一陈述构成对应的意象可以看成是对我们通常所说的该陈述的对应项究竟是一个怎样的东西、事件等的具体形象的规定、说明，或者说，它具体形象地规定和说明了究竟满足怎样的条件的东西、事件等才算是该陈述的一个对应项。反过来说，与一意象对应的陈述可以看成是对我们通常所说的该意象的对应项究竟是一个怎样的东西、事件等的一般的、抽象的规定、界说，或者说，它抽象地、形式化地规定了可成为该意象的其他对应项应满足的条件。

就前述的第一类对象而言，又大致可分为两种：一种是曾存在或现在已经存在的对象；另一种是将来才能存在的对象。对于第一种对象，其完全有可能成为我们摹写的对象，完全有可能作为原本、原型而存在，并且对某些人而言不仅是可能，而且是现实地成为其摹写的原本；但对另一些人而言则不然，它们并没有现实地成为其摹写的原本，甚至已丧失了成为这些人摹写的对象的可能性。如远古时发生的某件事，甚至远在人类产生之前所发生的某件事，对现在的人而言已经丧失了直接接触它的可能性；但这些东西、事件至少满足原本存在于摹写、摹本之前这一条件。还有一些对象即使我们有可能对其进行摹写、有可能形成其摹本，甚至有些人也确实这样做了，但这并不表明另一些人也这样做了。对某些人而言，完全可能在有可能进行摹写的情况下却并没有从事这种摹写活动，故也并未形成其摹本。正如前述，没有摹写、摹本并不表示就不可产生与之对应的意象、言语陈述。我们完全可能通过想象、意想而形成与之对应的意象、言语陈述及与之相关的认识、信念，即形成非摹写的意象，形成断言、预见式的意象和言语陈述及相关的认识、信念。至于第二种对象，与第一种不同的是，我们根本不可能产生与之相关的摹本式意象和言语陈述，因为，该对象在将来才会存在。将来存在的东西、事件根本不可能成为从古至今的人摹写的对象，成为摹写的原本、原型。而没有原本、原型，也就没有摹写，没有摹写也就没有摹本。正如前述，"超前反映""超前摹写"之说只能造成语言和思想的混乱。

　　实际上，这里还存在一个空间的问题，现已存在的许多东西、事件之所以难以成为我们摹写的对象，空间距离的存在是其最重要的原因之一。空间距离大大地限制了我们复写、摹写的范围，限制了现实的可摹写的对象的数量、种类。但相比较而言，从时间上划分具有更为重要的哲学意义，故在此我们主要谈按时间顺序的划分。上述对第一类对象的划分，即将其划分为前面所说的两种，主要是依据对象存在的时间所进行的划分。其中的第一种非摹写的、断定、预见式的意象与言语陈述及相关的认识、信念与第二种的区别主要是就时间顺序而言的，前者并不排除可以有与之相应的摹写式的意象、陈述及相关的认识、信念的同时的存在，而后者则排除了这种同时存在的可能。正是由于第一种非摹本的、预见式的意象与言语陈述及相关的认识、信念可与摹写式意象、陈述及相关的认识、信念同时存在，故人们往往会将两者混为一谈，不加区分；但也正是由于第二种非摹写式的、预见式的意象、言语陈述及相关的认识、信念排除了这种同时存在的可能，才使我们清楚地看到两者的不同，从而使我们无法将认识、信念仅仅看成是与摹写、反映、摹本有关的东西。

第三章 与信念的内容相关的问题

第一节 概述

认识、信念除了有前述的所依托的载体及产生方式等方面的差别外，还可以有众多的内在差别，其中最主要的便是在"信什么"这一问题上的差别。"信什么"的问题是一个与信念的内容相关的问题。任何信念都存在一个"信什么"的问题，信的东西不一样，信念也就不同；如相信、认为明天是个大晴天与相信、认为地球是太阳系中的一颗行星这两个信念显然是内容不同的信念，或者说是有着不同内容的信念。

与信念的内容相关的问题很多，这些问题可以有普遍、特殊与个别之分。就以言语陈述为载体依托的信念而言，可以说，几乎所有的疑问句都与之相关。我们知道，语句可以有陈述句、疑问句、祈使句、感叹句之分，而信念则主要是依托陈述句而存在，并通过陈述句来表达的。陈述句与疑问句密切相关，每一个陈述句都有与之相关的疑问句（这是因为，在每一个陈述句的后面都可以打一个问号，从而使其变成一个具有陈述句形式的疑问句），或者说，一特定的陈述句可以看成是对特定的问题的一种可供选择的回答方式，而对这种回答的肯定便构成一个特定的信念。就此而言，我们能提出多少不同的问题，或者说给出多少内容不同的疑问句，就可能有多少种与之相关的内容不同的信念；反过来说，我们有多少种具有不同内容的信念，就可能有多少与之相关的问题。显然，我们没有必要，也根本不可能对所有这些与信念的内容相关的问题进行讨论，在此，我们主要就与信念的内容相关的一些普遍的问题、一般的问题做一番探讨。显然，由这些不同的带有普遍性、一般性的问题也可以将与之相关的信念区分成一些一般的、普遍的、基本的类型。

综观我们所能提出的问题及所能形成的信念，大致可以将与信念的内容相关的问题划分为两类。这两类问题的差异主要在于其侧重点不同，其中一类侧重于关系、联系，另一类则侧重于要素、子系统或部分。我们知道，几乎所有的陈述都可以看成是由特定的语词或句子成分以特定的方式组合成的相对独立的整体、系统，或者说，是由具有特定的关系的特定的词语构成的整体、系统（独语句可视为特例）。这些特定的词语通常都是具有特定的含义，并通过这些特定的含义与某些特定的东西相关的；而这些语词的特定的组合方式又往往与某些特定的关系、联系相应。也就是说，一陈述通常包括语词与组合方式两个方面，而这两个方面又通常对应着另一事件的构成要素、部分与关系、联系这两个方面。故可以说，与信念的内容相关的最一般、普遍的问题便是要素、部分与关系、联系的问题。由于要素、部分与关系、联系实际上是不可分割的，它们一起构成一特定的整体、系统，故在讨论这些问题时至多只存在侧重点上的不同。

与信念的内容相关的关系问题主要包括是什么、像什么、为什么、应该是什么（或应如何）、可能是什么（或可能如何）等问题。而与信念的内容相关的要素、部分、子系统主要包括内心世界与外在世界及其中的事物、事件等。我们可以以此来将信念划分为不同的类型，如关于"是什么"的信念，关于"为什么"的信念，关于内心及外在世界的存在和存在者的信念等。接下来我们来分别讨论之。

第二节 与"是什么"相关的信念

关于"是什么"的信念是最常见的一类信念，其主要是关于一事件的两个以上的构成要素、成分之间是否存在对等或从属关系的信念，及是否存在特定的事件的信念。"是什么"的问题从广义上讲，应包括其反面在内，即应包括"不是什么"在内。此问题说得更全面些应是"是什么或不是什么"的问题。"是"的最基本的含义有两种：一是等价于；二是从属于。其他的涉及"什么"的信念大多都可以转化为一种特殊的"是什么"的信念，或其中都包含着"是什么"的信念。如前所述，"不是什么"可看成是一种特殊的"是什么"。如果考虑到"不是什么"，那么，广义的"是什么"就不仅仅涉及的是等价（或同一）关系和从属关系，还涉及去反面，即不等价于、不属于的问题。例如，A 是 B 且 B 也是 A，意味着 A 与 B 两者有等价或同一关系；而 A 是 B 但 B 不是 A，或 B 是 A 但 A 不是 B，则是说 A 与 B 两者之间有从属关系，前一式意味着 A 属于 B，后一式意味着 B 属于 A，或者说，前式与后式具有相反的真蕴含关系。看来，广义的"是什么"还应包括 A 不是 B 且 B 也不是 A，A 的对立面是 B 且 B 的对立面是 A，A 的否定是 B 且 B 的否定是 A，部分 A 是 B 部分 A 不是 B 且部分 B 是 A 部分 B 不是 A 等。也就是说，"是什么"这种关系从广义上讲，包括各种基本的同异关系，不仅包括同一关系、从属关系，还包括交叉关系、对立或矛盾关系等；即包括与逻辑学中所说的概念之间的基本关系相应的各种关系。由此可见，与"是什么"相关的信念也是一种最基本的信念类型。

与"是什么"相关的信念并不仅仅涉及逻辑关系，它还涉及语言规定关系。这两类关系不能混同，但又有密切的关联。当我们说"这是 B"或"A 是 B"且相信这种说法是正确的时（我们有此种信念），我们往往首先是相对于特定的语言规定而言的。这种语言规定是一种人为的规定，这种人为的规定一般有两类：一类是直指式规定；另一类是对某一语言成分（如一特定的词或词组等）给出的另一语言规定。就前者（直指式规定）而言，实则首先是一种直接的命名活动，其活动方式通常是某人指着某对象、东西、事物等而规定将其称为"B"，且规定以后应一直这样称呼下去，或承诺以后一直这样称呼。如果我们接受了这种规定，承诺一直这样称呼它，那么，当我看到某被我们认为是按某规定应称为"B"且我也承诺这样称呼的东西时，我便会说"这是 B"，并认为这个东西是 B。显然，认为我所指的那个东西是 B，更确切地说，应是认为该东西就是按某规定应称为"B"的东西；或者说，认为、相信说"这是 B"是符合某规定的。就第二类规定而言，其中所指的东西通常是另一些词语。这是一种关于两组词语之间的等价关系的直接规定。我们可以规定某词语"A"也可说成是"B"，规定"A"与"B"同义，确切地说，规定可以用"A"词语做的一些事（如表示某东西）同样也可以用"B"词语来做。

上述两种语言规定相比较而言前者更为直接，后者虽不比前者直接，但与其他规定相比仍可说是一种直接的规定。这些直接的规定往往同时也间接地规定了另一些关系。如不同的人分别规定某东西应称为"M"和"N",但一开始谁也不知道对方的规定;此时,人们实则也间接地规定了"M"和"N"这两个词语的逻辑上的等价关系。当我们后来发现这两个词语实则是同义时,我们可以说:"M 就是 N",即被我们按某规定称为"M"的东西也就是被其他人按另一规定称为"N"的东西。此时,我们还可以在这种发现的基础上再给出一个词语规定,即"M 就是 N",或严格地说,规定"M"就是"N"的意思。显然,当不同的人在互不相知的情况下规定用"M"和"N"来称谓同一东西时,已经在逻辑上间接规定了两者在特定方面的等价关系、一致关系,但这种关系却完全可以是双方在当时都未发现的。尽管在逻辑上已经确立了这种等价、一致关系,但这种关系还未在认识、信念中确立,也没有通过直接的词语规定而确立。上述的"M 就是 N"的发现实则是对一种间接的逻辑关系的认识。由上可见,言语规定关系比逻辑关系更为直接、更具本源性。我们对"这是什么""A 是什么"的认识首先涉及的是对与之相关的语言规定的认识。

关于"是什么"的问题除了上述的语词规定关系和与之相应的逻辑关系外,还有一些更高层次的语言规定和相关的逻辑关系。如对一特定的词组或短语 T,我们通常也有一些与之相关的语言规定,但这些规定往往直接规定的是一种组合方式,而很少直接规定"这是 T""A 是 T"等。由于词组和短语主要规定的是其一般的组合方式,故当我们说,"这是 T""A 是 T"时,通常并不意味着与一种命名活动相关,它所涉及的主要是各种单词的构成词组、短语的组合规定。

关于"是什么"的问题还有一种更常见的语言规定,这就是关于语句的构成规定。这一类规定主要是一些形式规定,一般不太考虑这一表达式的内容,故与命名活动相去甚远。一般说来,我们的陈述通常都是表明某种特定的事件的,而这些特定的事件也存在一个"是什么"的问题,与之相应也存在一种用"是"连接的两方至少有一方是一个语句(特别是陈述语句)的情况。显然,这种包含另一个陈述在内的与"是什么"相关的陈述语句的种类非常之少,但是其涵盖面却极其广泛,比如,"A 桌子上有一个苹果是一个事实","宇宙中只有地球上存在高级动物是令人难以置信的事","'所有天鹅都是白的'这一陈述是伪的","'色子朝上的一面是 6'是我的猜想"等。如果深入考察上述说法,便可看出其中的一些表述是不太规范的。如前述的第二例，看来至少有两点不规范，一是在"是"之前似乎应加一个"这"，即为"这是"；其中的"这"显然是指代其前所提到的事的。二是其前的表达方式看来应加单引号，应看成是一种说法或一种认识、信念的表达；因为，"宇宙中只有地球上存在高级动物"若不加单引号，则通常意味着这是一个事实，而其究竟是否是事实还是一个问题。故第二例确切地说，应表述为"'只有地球上存在高等动物'这是令人难以置信的"，或"'只有地球上存在高等动物'这种说法是令人难以置信的"。由此可见，与此类"是什么"直接相关的主项通常并不是某种外在的事件，而是特定的陈述、说法、认识、信念等；它只是通过这些陈述、认识等间接地与外在的其他事件等相关。但这也表明关于"是什么"的信念、认识至少间接地与存在于世界中的各种事件相关联。

我们前面讨论的"是什么"的问题，及与"是什么"相关的信念，主要是就"是"的第一种基本含义而言的，即就"等价于""一致"等而言的，其所涉及的主要是等价、一致关系。就此义而言，还存在一种特殊的"是什么"的问题，即定义问题。定义与一般的关于语词的使用规定的一个显著的区别是，定义通常直接采取"A 是 B"的形式。而它与一般的表达认识、信念的陈述的区别则在于它实际上具有规定的性质。它是一种直接采取 A 是 B 这种形式的规定。如"人是有理性的动物""人是能制造并使用工具从事实践活动的动物"等。这些说法如果是一种定义，那么存在的便是恰当与否的问题，如果表达的是一种信念、认识，则存在一个真伪的问题。由于其形式是完全相同的，故仅通过上述表达式我们几乎无法将两者区分开来。而一般的词语使用规定则不然，其表达方式是"我们规定用'人'这个词语来表示有理性的动物"等。

就"是什么"中的"是"的第二种基本含义而言，所涉及的是"属于"的关系。当我们说"人是动物"时，是说人和动物之间有归属关系，"人"和"动物"这两个概念之间有真蕴含关系。显然这种关于两种东西之间有归属关系、两概念之间有蕴含关系的信念既是关于特定的逻辑关系的信念也是关于特定的言说方式的信念，而后者又涉及关于特定的言语方式的规定。与上述的归属、蕴含关系相应的言说规定首先便是"可以说'人是动物'，但不能说'动物是人'"。关于上述关系的认识、信念可以有众多的层次不同的同一家族的成员。如 C 是 D、D 是 E、E 是 F

或 C 是 D、是 E 又是 F 等。通过对前一种关系的层层演进，我们可以将我们的信念推向两极，从而形成一环套一环的种属关系序列，最后导向关于上述关系序列中的其小无内和其大无外的关系项存在与否的信念；对于第二种关系（C 是 D、是 E 又是 F 等）的层层叠加，会使"C"的内涵不断增加，外延不断减小，而这也体现了对"C"所表示的东西（不带引号的 C）的认识的不断深入和充实。由此可见，与"是"的第二种基本含义相关的关于"是什么"的信念、认识还关涉到一个对象、世界的层次性和复杂性的问题，并以此而区分出不同层次的、深入程度不等的认识、信念。

关于"这（那、这些、那些等）是什么"与"A（哲学、美、善、价值、三叶虫、路由器、翡翠等）是什么"的问题除了前面提到的与规定相关的问题之外，还与许多重要的问题相关。"这（那、这些、那些等）是什么"首先涉及前面提到的规定问题。在这些规定中，最主要也是最重要的便是大家普遍认可的言语规定，即习惯和常规。虽然可以有大量的、个性化的私下的规定，但是，除了在特殊情况下，在通常的言语活动中我们所说的、默认的首先便是与习惯和常规相关的言语规定。当一个人向别人提出"这是什么？"的问题时，他通常的意思是想知道所指的这个东西按照通常的习惯和常规应该被称为什么，这个东西的名字叫什么、名称是什么、如何称谓等。此时，该人通常不知道该东西按照习惯和常规通常如何称谓，而从别人那里寻求答案，想让别人告诉他应该如何称呼、称谓该东西。当然，在特定情况下，他也可能知道正确的（合乎习惯和常规的）答案是什么，而只是想考考别人罢了，或者出于某种目的而明知故问。一个人向自己提出"这是什么？"的问题时，通常主要有两种情况：第一种是"这"东西本身是确定的，只是不知道它叫作什么，如何称谓等，此时要解决该问题，他可以像前面提到的那样求助于别人，也可以求助于自己，如翻阅相关书籍、查阅相关资料等；第二种是"这"东西本身由于某种原因而具有某种不确定性，如光线太暗看不清楚，一闪而过稍纵即逝，声音嘈杂难以分辨，外面包了一层皮壳、泥土等，由于对"这"东西的识别造成了种种干扰，一时难以分辨清楚，但却很可能是该人实际上知道其名称、称谓的东西。通过求助于翻阅相关书籍、查阅相关资料，该人终于给出了自己的回答："这是榴梿""这就是传说中的榴梿"等；通过排除各种干扰，该人终于给出了自己的回答:"这是一只八哥""这是一块和田玉籽料"等。前者可以说是一种确定"这"东西的名称的过程,涉及的是关于"这"东西的名称是什么的认识和信念;后者则可以看成是一种排除干扰进行深入识别的过程,涉及的是与分辨识别相关的认识和信念。两者的侧重点不同,前者侧重于名称,后者侧重于对"这"东西本身。虽然可以是同样的一句话,但是,却可以有两种不同的理解和解释,比如,"这是一只八哥",按照前者,可以理解为:"这个东西的名字叫作'八哥'",按照后者则可以理解为:"这是一只被叫作'八哥'的东西(鸟)"。与前者相关联的常见的情况是,某人经常见到或接触到该东西,但是却不知道它的正规的名字是什么;与后者相关联的常见的情况是,此人一时还没有认清该东西的真面目,有待于认真辨别这个东西等。如果对于一些熟知的东西,一个人可以迅速地做出一系列的判定,此时,可以大大简化言语呈现的方式。比如到一个新的环境、场合,一个人通常会迅速观察周围存在的东西和情况,他一般并不需要看到一个东西之后都要完整地问"这是什么?"然后再迅速地回答"这是桌子""那是冰箱"等,此程序甚至可以简化为连"这是什么?"之类的言语都不会出现,"这是桌子""那是冰箱"之类的自问后的自答也可以省略掉"这是""那是"等,而直接呈现出的只是一些单个的语词,比如"桌子""冰箱""柜子""盒子""沙发"等构成的独语句。注意,这些在头脑中蹦出来的单词,其实是一些独语句式的判断、认识和信念。

与"这是什么?""那是什么?"相关的认识、信念通常与直接呈现的东西的称谓和识别有关,而与"A(哲学、美、善、价值、三叶虫、路由器、翡翠等)是什么"相关的认识、信念则不然,这里的"A"通常是一个确定地表示或标示特定的概念的语词、词组等,要问它(如哲学、善、美、路由器、翡翠等)是什么,显然通常与称谓和辨认无关。如果这里的"是"是"等价于""等同于"的意思,通常是要求给出一个定义、界说,对其的回答具有定义的性质,因而与之相关的信念是关于定义的信念;如果这里的"是"是"属于"的意思,则对其的回答具有概括、归类的性质,与之相关的信念是关于如何归类等的信念。上述问题的回答可长可短,如果给出一个较长的回答来,那么相当于解释和说明。比如"哲学是什么?"这个问题简短的回答只需要给出一个定义来,如果这是一个讲座的标题,那么讲几个小时也不为过。

实际上，与"这是什么？""那是什么？"相关的也可以有一种特殊的解释说明式的回答。比如，当问"这是什么？"时，与之相对应的回答可以是：这是一个可以将小的影像放大的东西（放大镜和显微镜等），这是一个能够用来清理地面的东西（比如，扫帚、吸尘器等）。此时我们通常只需要给出上述的表述，而一般并不要求（或主要要求）直接给出括号里面的词语。

如果"A"不是一个特定的语词和概念，而是一个词组或短语，问题可能就更加复杂了，其中有些词组或短语回答起来可以比较简略，比如"司汤达的代表作是什么？"与之相关的回答可以非常简略，如直接回答"《红与黑》！"在特定的情况下甚至连"是"都可以省略。但是，有些问题就非常复杂了，比如"对于目前的国际形势你的看法是什么？""《红楼梦》的主题思想是什么？""《天龙八部》的主要故事情节是什么？""qs最新的世界大学排名前一百名的大学依次是什么（大学）？"等等。对这些疑问句的回答而构成了陈述显然具有解释说明的性质，既可以是简略说明，也可以是长篇大论，甚至是更为夸张的鸿篇巨制。

"是什么"的问题还有一个与之密切相关但又有所不同的姊妹问题，这就是"什么是"的问题。这两个问题经常还被混在一起，甚至混为一谈。比如"什么是哲学？"与"哲学是什么？""什么是美？"与"美是什么？"显然，最后一个问题，柏拉图曾经明确地表示过，以往的美学研究主要关注和讨论的是"什么东西是美的？"的问题，而不是"美是什么？"的问题，而从哲学上对美进行考察，需要重点讨论的首先是"美是什么？"的问题。实际上，这两个问题之所以容易混淆，主要是因为"是"有两种基本的含义所引起的（"是"是一个多义词，具有很多的含义，远不止我们前面提到的两种含义，只是这两种含义更为基本罢了）。实际上，"美是什么"的问题涉及对"美"的定义和解释、说明问题，其首先便是关于"美"的定义的问题。而就"美"的定义而言，如果就第一种含义，即"等价于""等同于"而言，"美是什么"和"什么是美"两者实际上是同一个问题，因为在此意义上，上述两种说法，满足交换律，即"是"的前后项交换意思不变。而如果就"是"的第二种基本意义即"属于"而言，两者便是明显不一致的，这显然是两个不同的问题。正是由于"是"同时存在这两种基本的含义，且上述两个问题在"是"的第一种含义下两者是等同的，所以，有时候可以不加区分地用一种说法替代另一种说法,然而,由于在"是"的第二种含义下两者是不等同的,故又在大多数情况下不能将其混为一谈。

关于"是什么"的问题还有一点需要说明,这就是由此构成的疑问句通常有两类,一类是一般疑问句,另一类是特殊疑问句。从前面的说明中可以看出,"是不是"的问题构成了最基本的一般疑问句类型,这一点在英语等语种中表现得尤为突出,对很多问题的回答,根本无须长篇大论,而只需要简单地回答"yes""no"就可以了。

"是什么"的问题就其广义而言还包括交叉、并列、对立、矛盾关系等在内,在此不再一一赘述。总之,"是什么"的问题主要涉及的是同异关系问题,或者说,涉及的是是否相容的问题。"是什么"的问题通常涉及三个层面,即事实层面、逻辑层面和言语层面。这三个层面虽密切相关,但也有不小的差别,不能将它们混为一谈。与之相应,认识、信念也可以分出三个层面来,即关于事实的信念、关于逻辑关系的信念与关于语言、言说关系的信念。在此我们主要讨论与"是什么"相关的信念所涉及的语言关系和逻辑关系,并着重阐述了语言规定关系。关于事实、关于实际存在的联系、关系或关联的信念由于还涉及许多其他的需要解决的问题,故在此暂不深究。

第三节 关涉其他基本关系的信念

除前述的与"是""是什么"相关的信念外,还有许多涉及其他关系的信念,如涉及因果关系、可能和必然的关系、应该是什么、像什么等关系的信念。这些信念与关于"是什么"的信念之间通常都有一定程度的关联,它们或者是建立在后者的基础上的,由后者引申出的,或者可视为一些特殊的关于"是什么"的信念,下面就几种重要的关系加以讨论。

一 关于为什么

关于"为什么"的信念是一种常见的涉及特定关系的信念。从某种角度上说,关于"为什么"的信念也可以看成是一种特殊的关于"是什么"的信念,即关于某事件发生、出现的原因、理由等的信念。如"为什么 A 事件会发生、出现?"这一问题通常也可以表述为"是什么导致了

A 事件的发生、出现?"或"A 事件产生的原因是什么?"等。

"为什么"与"因为什么"并不完全相同,"为什么"并不是仅指我们通常所说的原因。当某事件是与人的活动并不直接相关的事件时,"为什么"与"因为什么"基本相当;但当涉及人的活动时,"为什么"还可指一种理由、根据、目的、动机等,而这些看起来并不能严格地说就是我们从事某项活动、产生某种行为的原因。如我们可以问"为什么一年会有四季?""为什么会发生地震?"等等,此时,我们通常问的都是某事件的原因;而我们问"为什么你不救落水的那个小孩?""为什么张三总是晚上学习?""为什么李四会发火?"等,很难严格地说,这是在寻求其原因,此时,与其说是在寻求其原因,不如说是要求给出一种关于其理由的说明。但从广义上说,这种对其理由的说明也可以看成是在寻求一些类似于原因的东西,这些理由往往可看成是原因的一部分。

关于"为什么"的信念,最基本的便是关于因果关系的信念。因果关系是我们普遍关注的一种关系,特别是科学研究重点关注的关系、联系。科学通常不满足于对"是什么"的说明,它更喜欢问"为什么",并努力回答这一问题,即揭示出特定的因果关系。科学定理大多是阐明特定的因果联系的。在科学言语中最常见的形式便是"如果 P,则 Q""Q 是因为 P"等。对于前一种形式,我们通常将其视为揭示了一种条件关系,其实,条件关系与因果关系两者是可以相互过渡的。当 P 和 Q 还未成为现实时,我们可以说"如果 P,则 Q";当 P 成为现实时,我们可以说,"既然 P,那么 Q";当 Q 成为现实时,我们又可以说"Q,是因为 P"。可见,条件关系与因果关系可以从广义上看成是同一类关系的不同表现形态,这两种关系通常具有相反的指向;条件关系通常是展望式的,而因果关系则是回溯式的。关于条件关系的信念主要关注的是在某特定的条件下将会怎样;而关于因果关联的信念主要关注的是某特定的事件是由什么导致的。如果我们要问某特定事件(设为 P)将会导致什么结果,那实则是问"P 可以成为哪些事件产生的条件(特别是充分条件)?"正因如此,我们才说,因果关系与条件关系可看成是同一类关系的不同表现形态。需要说明的是,上述两种关系并不是完全对称的,能作为 Q 的产生、存在的充分条件的东西看来并不是一种,而现实地导致特定的 Q 产生的通常只是其中的某一个。就此而言,当我们问 Q 产生的原因时,往往是问到底是其中的哪一个导致了该特定的 Q 的产生,而不是仅仅问究竟有哪些东西可以成为Q产生的充分条件。

关于"为什么"的信念是信念的一个大类，与之相关的问题主要是对理由、原因的解释、说明问题。当我们在问"为什么"时，主要是在寻求对特定的事件的一种特定的解释、说明。就此而言，关于"为什么"的信念与关于"如果P，则Q"的信念要解决的是两类不同的问题，后者通常是一种"预见式"的信念。上述两种信念还有一个显著的区别，这就是关于理由、原因等的解释、说明通常很难甚至无法确切地验证其真伪（因为这种关于原因、理由等的解释、说明式的陈述通常都是一些普遍的、一般陈述，或是一些关于过去的事件、关于别人的内心状况等的陈述），故此类信念往往更多地涉及的是其解释、说明是否合理的问题（主要是是否合乎语言、逻辑规定）；而关于"如果P，则Q"式的预见式信念，其预见则通常涉及的是关于特殊、个别的陈述，此类陈述则更主要地涉及的是一个后来验证的问题，这种验证不仅是必要的，而且相对于前一类陈述而言通常是较容易的。

关于因果关系（或条件关系）的信念最基本的便是关于是否存在因果关系的信念。如果不承认、不认为有因果式联系，那么也便无各种具体的、特殊的关于因果联系的信念可言。这样一来，在我们的信念集合中便会少掉成员众多的一个大类。而如果认为先前的事件与后来的事件之间并无必然的关联，两者至多只是一种或然的关联，那么，也很难说"Q，是因为P"或"Q的原因是P"等。可见，否认因果联系的存在的基本方式便是否定前后两事件之间可以有必然的联系，而用或然性、偶然性取而代之；而这又涉及另一类基本的信念，即关于可能的和必然的联系的信念。

二　关于可能与必然

关于因果联系的信念是以关于必然联系的存在的信念为前提的；因与果之间通常被视为一种必然的联系。若两者之间并无必然的联系，那么，我们说"Q的原因是P"又是什么意思呢？看来，这至多只意味着在Q出现之前可能有P事件发生，或在P出现之后可能会出现Q等。然而，这还能叫因果联系吗？可能与必然通常被认为首先涉及的是一种逻辑上的关联，是逻辑上的不同摹态；特别是必然的联系，更是一般逻辑所讨论的基本内容；故与可能、必然相关的信念也首先是一些关于逻辑问题的信念（但却不能归结为关于逻辑关系的信念，因为，它们还涉及其他众多方面的问题)。

承认 A 和 B 之间可能存在联系，也就是承认 A 和 B 之间存在联系的可能性，两者只是说法和侧重点上有所不同，其意思是基本一致的。关于可能的联系的问题、联系的可能性问题严格地说应该是关于某种特定的可能性的问题。很难笼统地说是否可能的问题，"一切都是可能的"这种说法过于笼统，没有区分各种不同的可能性。实际上存在多种不同的可能性，这里所说的"多种不同的可能性"不是指某一具有不确定性的事件既可能这样，也可能那样，如掷一枚色子，六个面中的任一面都有朝上的可能性，也就是说，至少有六种可能性。这里所说的"多种不同的可能性"是就可能性本身的类型而言的。也就是说，可以有多种不同类型的可能性，当说到可能性时，应该区分到底是哪一种类型的可能性，而不是笼统地说可能还是不可能。可能性本身可以有各种不同的类型，而这些不同类型的可能性之间通常还有特定的关联，可以区分为不同的层次。

一般说来，可能性的问题包括以下几个不同的层次：范围最为宽广的可能性看来是言语和想象的可能性，其次是逻辑上的可能性，最后还有物理上的可能性、技术上的可能性、现实的可能性、当下的可能性等。故与之相应的信念也涉及上述各个层次，或者说，可以有关于上述的各种可能性的信念。言说、想象的可能性并不要求一定要合理、合乎逻辑，而逻辑上的可能性显然有这种要求。逻辑上的可能性介于逻辑上的必然与不可能之间，以两者为极限。比如，就形式逻辑而言，违反逻辑规律的说法虽具有言说的可能性，但在同样的条件下既承认 A 又承认非 A，认为两者可同时成立，便是被形式逻辑的基本规律所禁止的、排斥的。换言之，A 和非 A 同时成立、都为真不具有逻辑（形式逻辑）上的可能性。物理上的可能性是指某事件的出现是不违反被我们认为是自然规律的那些规定的。比如，一个苹果拿在手中，当松开手后，不是掉到地上而是飞到天上去之事，便被我们认为是在通常情况下不具有物理上的可能性的。显然，这里所说的"物理"指广义上的"物理"，或者说，是指被我们通常所认为、相信是客观规律的东西而言的。具有物理上的可能性，即不违反这些我们所谓的客观规律、不被其所禁止；而不具有物理上的可能性，则意味着违反了这些所谓的客观规律，被其所禁止。技术上的可能性是相对于人的活动而言的。比如，在古代要飞上月球显然在当时便是不具有技术上的可能性的，但做此事现在已经具备了技术上的可能性。就人的活动而言，通常是受特定的欲求、愿望驱使的，故还有一个欲求、愿望的问题，如果仅有技术上的可能性而无此欲求、愿望等，一特定的活动通常也不会产生，或者说，该活动还不具有现实的可能性；如果仅有某种欲求、愿望但无技术上的可能性，该特定的活动也不会产生，也不具有现实的可能性。由此可见，可以有各种不同类型的可能性；可能性的问题，可能的联系、关系、关联的问题并非仅仅是一个逻辑关系问题。

必然性、必然联系看来也不是只与逻辑相关，即并非只存在逻辑上的必然性。必然性与可能性的规定方式上有不小的差异。违反了逻辑规律、自然规律，便不具有逻辑上的和物理上的可能性，但不违反上述的某种规律并不意味着就具有逻辑上的、物理上的必然性，而通常只是意味着具有这种可能性。这是由于规律通常都是普遍的，而具体的事件、关联则是特殊的（这里的普遍与特殊是相对而言的）。必然性、必然的关联通常采取"如果P，则Q"，"因为P，所以Q"等形式。即与条件关系、因果关系密切相关。逻辑三段论实则也是上述形式的一种变形。如"所有A都是B；X是A；那么X是B"，也可以表述为，"因为所有A都是B且X是A（P），所以X是B（Q）"。这种情况对于规定式的关系而言也是适用的。实际上，正是因为我们规定用"A"来表示S，所以说"A是S"是符合规定的、是正确的。在此，我们的上述规定是（就此规定而言）"A是S"之说之所以正确的原因、理由。由于两者之间有一种因果联系，故我们的上述规定与"A是S"之说的正确性之间有一种必然的联系。再如，因为地球的公转平面与地球的自转轴保持一定的夹角，所以一年才有四季。在此，前项与后项之间也有必然的联系。显然，上述事例中的必然联系一是关于言语的，一是关于物理事件的，它们都不能说是逻辑上的必然性，而是言说的必然性和物理的必然性（尽管这种必然性与逻辑上的必然性密切相关）。值得注意的是，我们所说的特定的必然性、必然联系通常首先是我们所认为、相信存在的必然性、必然联系，故并不意味着其一定存在。也就是说，这些必然性首先存在于信念之中。实际上，要证明特定事件发生的必然性、证明特定的对象之间存在必然的联系是非常困难的，甚至是不可能的。就前述的"如果P，则Q""因为P所以Q"而言，其中的P的数量或出现次数往往是无限的，我们不可能对每一个特定的 P 或对 P 的每一次出现都进行检验。我们并没有绝对的把握肯定任何一个特定的 P 的出现或同一个 P 的每一次出现都必然随着 Q 或导致 Q。正因如此，才有不少人（包括休谟等）会认为并不存在必然的因果关系。显然，这些人的看法是成问题的，我们虽难以证明存在有必然性、必然联系，但也同样难以证明并不存在必然性、必然联系。难以证明或无法证明并不是否定必然联系存在的正当理由，虽然不能证明，但我们却完全可以相信存在观念、逻辑之外的必然关联。尽管有人可能不相信，但相比较而言，信其有要比信其无对我们来说要更为重要、更有意义和价值。

关于条件关系、因果关系及必然的和可能的联系等的信念也可看成是一些特殊的关于"是什么"的信念，但它们又有明显的不同。关于条件或因果关系的信念也可以说是关于一事件产生的条件是什么、原因是什么的信念。在上述各种关系中，可能性或者说可能的联系是较为特殊的，虽然关于可能的联系的信念通常也可以说是关于可能如何、可能是什么的信念，但这种信念与其他关于"是什么"的信念有一个明显的不同：当我们说 A 可能是 B，说 A 与 B 之间可能具有 R 式联系，或说 A 与 B 之间具有 R 式联系是可能的时，我们是对一种事件的发生或一种关系、关联的存在的不确定性的肯定、相信。A 可能是 B，但也可能不是 B；A 与 B 可能具有 R 式联系，但也可能不具有 R 式联系。可能的联系首先是在排除了不可能的情况下才存在的。但如前所述，排除了不可能并不意味着就是必然的。如果我们仅仅相信、认为 A 可能是 B 也可能不是 B，而不是认为、相信 A 是 B，或认为、相信 A 不是 B，那么我们将失去关于确定性的信念，或者说，最终将会导致只有一种类型的关于确定性的信念，即关于不确定性的确定性的信念。或者说，只有不确定性的存在是确定的。这种关于事件、关系等的不确定性的确定性的信念与关于事物、关系等的确定性的确定性的信念的最重要的区别便是在指导实践活动及对其他行为的影响上。如果我们相信、认为 A 是 B，相信、认为 A 与 B 之间存在 R 关联，或相信其反面，我们将会有与之相应的一些行为、活动等；而如果我们相信、认为 A 可能是 B 也可能不是 B，A 与 B 之间可能存在 R 式关联也可能不存在 R 式关联，那么，我们将会如何呢？还会有上述的与关于事件、关系的确定性的确定性的信念相应的行为、活动吗？即使我们还可以进一步相信虽然可能是这样，也可能是那样，但两种可能性的大小是不一样的，其对我们的行为的影响也是与前者有区别的。显然，单就可靠性而言，相信 A 可能是 B，A 与 B 可能具有 R 式关联等要比相信 A 是 B，A 与 B 具有 R 式关联看来要可靠得多，但考虑到信念的其他功能，显然我们更需要获得的是后一种类的信念。

三 关于应该与可以

我们还有一种关于可以、应该是什么或如何的信念。这类信念一般被认为是关涉价值、行为规范等的信念。实际上，关涉价值、行为规范等的信念只是这类信念中的一部分。关于可以、应该是什么或如何的信念还涉及能力、功能等；就人的行为活动而言，则涉及人的能力、权利、责任、义务等。例如，说某东西可以导电，煤是可以燃烧的物体，摆可以上下左右摆动等，这里的"可以"相当于"能够"，指某种特定的能力、性能；而说某人可以做 A 事也可以不做 A 事，则既意味着一种选择的能力，又往往意味着一种权利和自由。可见，"可以"并不是仅仅与行为规范、价值取向等相关的。

关于应该是什么、应该如何的信念往往涉及一种责任或义务，涉及一种价值取向。当我们认为、相信应该是什么、应该如何时，总是相对于特定的标准、特定的参照系而言的；而这种参照系则通常是由信者、说话者选定的。如果某人所选定的参照系是在一定的社会范围内被认可并被接受的社会行为规范等，这里的"应该"便意味着做符合上述的社会行为规范的事；是相对于社会行为规范而言的"应该"。这种"应该"主要涉及的是一种社会义务、社会责任。信者、说者所选定的参照系还可以是他个人的处世原则、行事准则；这些处世之道、行事准则可以部分地与社会的行为准则、规范相一致，但总有一些是不一致的。就不一致之处而言，显然很难说这种"应该"关涉到一种社会义务、社会责任。这种"应该"或"不应该"显然是自律性的。这里所说的"应该"主要是对人的行为活动准则而言的，这些"应该"或"不应该"首先是在这些行为活动准则、规范中规定了的。也就是说，"应该不应该"的问题首先是一个规定的问题；而关于应该是什么、应该如何的信念则主要是关于我们的这种类型的想法、说法是否符合特定的行为规范、准则的信念。

"应该是什么""应该如何"还可以相对于一种预设的状况的实现等而言。此时的"应该"实则表明的是实现这种状况的条件，而并不涉及特定的行为规范、准则等。这种"应该"与责任、义务、价值取向等并不直接相关,它即使涉及人的行为活动,这种行为活动也是作为实现特定的状况、达到特定的状态的条件而存在的。如"如果动物要生存,就应该有氧气、食物","如果一物体要脱离地球的引力范围,其运动速度就应该达到或超过第二宇宙速度(大于或等于 11.19 千米/秒)"等。这里的"应该"显然与行为规范、价值取向等无关。这种"应该是什么""应该如何"与我们前面所说的条件关系密切相关,是对条件的说明、表达,与之相关的信念是关于设定、预设的状况的实现条件的信念。该类信念是否为真要看其所认为、相信是达到某状况的条件的东西是否真的是达到该状况的条件。

应该是什么、应该如何的问题不仅仅与规范、规定、约定密切相关,还与欲求、愿望和意志等密切相关,因此不能仅相对于规范、规定、约定讨论应该的问题。而且"应该是什么?"与"应该如何?"的问题看来存在不小的差异,不能笼统而论。具体地说,"应该"的问题应该包括应该是什么? 应该做什么? 应该怎样做? 应该说什么? 应该追求什么? 应该避免什么? 应该赞成什么和反对什么? 应该坚持什么和放弃什么? 应该肯定什么否定什么? 等等。上述"应该"由于所涉及的问题并不相同,因而可以由此区分为不同的"应该",我们不应该笼统去谈"应该",而应该结合上述不同的问题对应该如何的问题进行深入的讨论和研究。

四 关于像什么

在关涉特定的关系的信念中,还有一类特殊的信念,即关于"像什么"的信念,关于相似关系的信念。这一类信念与前述的信念有很大的不同,这是由于"像""相似"通常缺乏公认的、严格的标准。虽然,"可以""应该"等就人的行为而言存在各种标准并存的现象(如相对于A 标准而言可以是真的,而相对于 B 标准而言又可以是假的),并无统一的、公认的标准,但我们至少可以选取特定的标准。而"像""相似"则不然,似乎每个人都有自己的标准,且对两个可能存在像、相似关系的对象而言,判定者都有权自己独立地做出判定,而不管别人是如何看的。但像、相似又似乎并不完全是主观的,而是主要依据于对两者可以辨别的特征所进行的比较。尽管两人可以有同样的证据,但仍可以得出不同甚至相反的结论,且这些不同或相反的结论看来通常还可以同时成立。

"像"或"相似"带有很浓的主观色彩。比如,同是一块石头,站在同一角度看,有人认为它像一只猴子,有人则认为它一点儿也不像猴子,还有人认为它像一只松鼠等。又如，同一个人，有人认为他像他母亲，有人认为他像他爷爷，也有人认为他像他的父亲，还有人认为他谁也不像，倒像某个与其无任何血缘关系的其他人等。显然，这里存在有不同的信念，但这些信念又如何能说其真或伪呢？这里存在一个究竟如何、究竟具备怎样的条件才能说A像B，或A与B相似的问题。A像B的问题通常涉及两个不同的东西之间的关系，这种关系不是"是"的关系，即两者通常既不是等价的，也不是前者可属于后者的关系，但也不同于交叉关系。A像B之中的A和B通常都是指某种具体的、特殊的对象。虽然A不是B，也不能说有些A是B，甚至不能说A的某些部分、方面是B，但这里的A和B之间也并非一点共同之处都没有；一点共同、一致之处都没有的东西是不存在的。但"像"中所涉及的共同、一致与"是"等是不同的。"像"主要涉及的是一种"接近"的关系，当A与B两者虽有不同但又相差不多，虽有相同之处但并不完全相同之时，我们可以说A像B。当我们可以说A像B时，通常也可以说B像A（有时两者不能互换）。

"像"与"是"所谈论的问题是有差异的，"是"主要是对A与B是否有一致之处而言的，或者说，"是"只看到A与B相同、一致的方面；而"像"则同时涉及相同与不同、一致与不一致这两个方面。更进一步，由"是"连接的A和B通常是一种同位关系，当我们说A是B时（就"是"的第一种基本意义而言），通常是说，A和B是同一个东西，或"A"和"B"表示的是同一个东西；而"像"则不然，"像"首先肯定的是A和B并不是同一个东西、对象。例如，狼的尾巴与狐狸的尾巴我们都可以说是尾巴（就"是"的第二种基本义，即"属于"而言），但既不能说狼的尾巴是狐狸的尾巴，也不能说A狼的尾巴是B狼的尾巴。尽管狼的尾巴不是狐狸的尾巴，A狼的尾巴也不是B狼的尾巴，但我们却可以说，狼的尾巴像狐狸的尾巴，A狼的尾巴像B狼的尾巴等。可见，"像"与"是"所谈论的问题是不同的。

"像"还存在一个量的问题、程度的问题。我们不仅可以谈论A像B，还可以说A的某些方面、部分像B的某些方面、部分。就程度而言，可以有极像、非常像、很像、基本上像、大体上像、较像、有点像、还算像、很难说像等区别。看来，这些说法并非没有一点标准可言，但这些标准通常是模糊的。在一定范围内既可以说像也可以说不像；既可以说像 M，也可以说像 N；还可以说既像又不像等。所谓"可以说"是对上述说法持一种宽容的态度。由于标准存在相当程度的模糊性，我们就没有必要也不太可能严格地区分出像还是不像、非常像还是比较像等。与其因标准的模糊性而放弃"像"这类说法，还不如宽容一些，允许在一定范围内各种说法的并存。

关于像什么的问题还涉及一个修辞式的说法的问题。在各种修辞方法中，比喻是其中最重要的一种。在我们通常列举各种修辞手法时，往往第一个说到的就是"比喻"。比喻通常被认为是用某一具体的、浅显、熟悉的事物或情境来说明另一种抽象的、深奥、生疏的事物或情境的一种修辞方法。比喻通常可以分为明喻、暗喻、借喻三种基本的形式，如果细分可以分出不下十种。其中明喻的形式通常可简略表示为：A 像 B；其中的"A"为本体，"像"（如、似、若、犹、好像、仿佛等）为喻词，B 为喻体。在暗喻和借喻中通常并不出现明喻中的那些喻词，故从形式上来看，与我们上面所谈到的像什么的问题直接相关的，主要是明喻，明喻在形式上体现了一种相似关系。这种修辞手法常见于文学作品中，但也不排除与之相关的陈述可以有一个真伪的问题。

说到真伪，有必要在此对修辞式的说法的真伪问题作一简略的说明。修辞式的说法很多，有六七十种，常用的修辞手法有：比喻、拟人、夸张、借代、排比、对偶、反复、设问、反问、对比、摹状（绘）、引用、双关、反语等。按照与之相关的陈述等是否明显地存在真伪问题，可以将其分为两大类。其中比喻、拟人（物）、夸张、摹状（绘）、借代、反语、双关、象征等分别从不同方面直接涉及所说的是否符合事实、是否与事实一致的问题，或者说存在一个真伪问题。反问则通常是一个只有疑问句形式的陈述句，不需要回答；与借代相关的说法如果搞不清楚特定的借代关系就很难理解与之相关的陈述的意思，甚至会被认为是胡说八道（比如，"眼镜正在打篮球""板凳正在公园散步"之类的说法）；谐音、摹状等修辞手法也都在不同程度上涉及陈述和信念的真伪问题。上述某些修辞手法（比如借代等）甚至包括两种不同意义上的真伪，即真的是（可以看成是）一个陈述、信念吗？如果是，它究竟是为真的还是为伪的呢？我们发现，我们通常接触到的大量的词句都涉及修辞问题，而修辞本身的种类又多得令人惊愕，正因如此，对于涉及修辞的陈述和信念必须予以特别的关注和重视！我们进一步发现，实际上，哲学讨论的很多重要问题也都和修辞有关，比如罗素的所谓摹状词，福柯的关系本体论中的隐喻理论，美学中的移情说等，都与修辞有关；令人遗憾的是，上述各种著名的说法通常都把纷繁复杂的修辞关系简单粗暴地归结为其中的某一种，显然难免有失偏颇。

第四节　与事件、系统相关的信念

与事件、系统相关的信念，就人与所信之事的关系的远近、直接或间接的程度可以将其区分为另一些次一级的类型。其中最主要的是关于自我精神心理事态、世界及外部世界、事件的信念。关于自我之外的世界、事件又大致可分为外界的事物、他人的心理、精神世界及符号的世界、事件等。此外，还可以从时间上将信念分为关于过去、现在和未来的信念等。关于两个世界的信念，我们在第一章中曾有所提及，但并未深入讨论，在此有必要作进一步的探究。

一　关于内心世界及身心事态

关于自我的精神心理事态的信念对自己而言是最直接的信念。或者说，自己的精神心理事态作为所信的对象与自我的关系是最直接的。比如，我相信、认为我正在从事想象活动，我想到什么，我想要什么，我有 A 种欲求、愿望，有 B 种感情、情绪及我打算做什么、害怕什么，想回避什么等都是一些与我所信的东西的关系最为直接的信念。这些精神心理事态是直接呈现于我自身的。不仅如此，信念本身就此而言也是对我直接呈现的一种精神心理事态，与其他精神心理事态、事件不同的是，它可以将其他的精神心理事态、事件统统纳入其所信的范围之中，而其他的现实的精神心理事态、事件正是通过它来把握的。当我说我有某种情感、欲求、想法、愿望及想到什么等时，如果我不是有意欺骗别人或者说自欺欺人的话，那么，通常便首先意味着我认为、相信我有某种情感、欲求、想法、愿望及我认为、相信我想到了什么。当然，我认为、相信如何如何与实际上如何如何并不总是一致的，我们的某些类型的信念出现这种偏差的概率很大，或者说可靠程度较小；有些则出现偏差的概率很小，或者说，其可靠程度较大。相比较而言，关于这些直接呈现在我们的意识之中的事件的信念其出偏的概率较小，可靠程度较大，或者说最为可靠。

上述的信念所关涉的精神心理事态还包括与外界的某种状况直接相关的一些事态，如涉外的即时的感觉映象、印象等。我们通常可以比较容易地区分与外界状况直接相关联的精神心理事态和与外界状况并不直接相关的精神心理事态。在此，我们有一个基本的信念，即关于内外事态、事件的信念；关于精神心理事态中哪些是直接并即时地与外界的刺激相关的信念，哪些不是直接、即时地与外界的刺激相关的信念。哪些是意想出来的，哪些是由外界的刺激引起或引发的，这涉及即时呈现于我们的精神心理事态的最重要的一种划分、归类。关于我们的精神心理事态究竟应归为上述的两类中的哪一类的信念是如此重要，正是由于它使我们可以超越自我而使我们不至于陷入唯我论。承认有些直接呈现于我们的精神心理事态与外界刺激有关，必然承认有一个外在于我的世界存在。有些人认为，只有关于自我存在的信念才是最可靠的信念，实际上，我们根本不可能在无关于内外的信念之前便有关于自我的信念。内外、自我与非我总是相对而言的，关于它们的信念总是同时产生的、确立的。在没有确立非我存在之前绝不可能确定、认为、相信我存在，反之亦然。因而，笛卡尔的"我思故我在"在确定何为我何为非我之前并非就是最明晰的东西，因为"我"不可能在区分出"我"与"非我"之前而变得明晰，"我"总是与"非我"同时确立的。

在我们的精神心理事态中，还有记忆、回忆。记忆、回忆这种心理事态就其忆象而言是对我们直接呈现的，但记忆、回忆的内容却是与过去的直接即时的呈现相应的；它实则是关于过去的事件的信念，从时间角度看，显然具有一定的间接性，是一种比前述的信念较为间接的信念。某意象是直接呈现于我的，但该意象是否就是一种对过去经验的忆象、是否为真正的忆象则是成问题的。由于记忆、回忆本身有可能出错，故被我们认为、相信是记忆、回忆的东西往往并非如实地再现了过去的情景，其中往往夹杂着想象、臆想的成分。因而，直接呈现于我们的这种意象往往是回忆与想象结合的产物，或者说是忆象与想象之象的结合。如实地再现过去的情景几乎是不可能的。可见，回忆中的过去对我们来说不能说是直接呈现的，尽管那些过去的经验等在当时是直接即时地呈现于我们的。当我们试图回忆某些过去经历过的事时，某些意象便会直接呈现于我的精神心理世界之中，但这些意象是否就是一种对过去所经历的事的忆象,是否为真正的忆象则是成问题的。

由于记忆有长期记忆与短期记忆之分,且绝大多数只是短期的记忆,这些短期记忆往往只能保持几秒钟甚至更短的时间,那么,在这几秒钟,甚至几十分之一秒内(如视暂留现象)能否说就是直接呈现呢?看来,这里存在一个由即时的感知向记忆的转化问题。然而,究竟何时便算是由直接转化为间接了呢?显然,这里仍旧存在一个模糊性的问题。记忆并不因与即时的感知所间隔的时间短便具有更高的保真度、保真性。有些记忆过了很长时间,甚至几十年后仍记忆犹新,有些记忆则很快便会失真、消解、消逝。这一点表明,时间的长短与保真度的大小并无必然的联系。虽然记忆会出现失真的情况,但对于过去情况的把握若没有其他的记录(文字、影像等)的话,那么只能靠记忆。在文字出现之前,对过去事件的把握则基本上是靠记忆、回忆,并靠传说来延续的(这种说法的前提是有口语的存在)。因此,这些靠记忆把握过去状况的信念其可靠性是远不及那些关于即时呈现的内心事态的信念的,与后者相比较而言也具有更多的间接性。

在关于自我精神心理事态的信念之外,还有关于自己的身体状况的信念。这一类信念通常有两类:一类是可以通过外在的观察确立的关于身体状况的信念;另一类是无法或通常很难通过外在的观察来确立的信念。后一类信念通常要通过内感或意识来把握,并在此基础上形成信念。比如,一个人的手脚活动、姿态、表情等可以通过自己的外在的观察而相信、认为其如何或怎样,这些状况主要是机体的一些外显的状况。此外,机体还有许多内隐的状况,这些内隐的状况通常可分为两种:一种是通过某些特殊的工具、手段在特殊的情况下可以将其转化为外显的并可直接或间接地外在地观察到的(如剖开身体、透视、做 CT 等);另一种是即使采取上述措施也是难以直接或间接地外在观察到的(如经络等),或至少至今为止我们还无法外在地观察到的。关于我们自身身体状况的信念的确立通常有两种途径:一种是通过体觉;另一种是通过直接或间接的外部观察。而体觉又往往与关于自己的身体状况的想象纠缠在一起。需要说明的是,这两种途径所获取的关于自己身体状况的信念往往是涉及不同的状况的信念,但也有涉及同一状况的信念。相比较而言,通过体觉等所确立的关于机体状况的信念要比通过外在观察及建立在其上的推论而获取的机体状况的信念涉及的范围(深度与广度等)通常要小，这是由于我们机体的许多状况是难以直接进入意识领域的（它们通常只是与人的植物性神经活动有关），比如，我们根本不可能通过体觉而发现我们体内的血液是怎样流的，发现我们的内部器官是怎样工作的，更不用说我们身体的许多状况及其变化通常是在体觉等的阈值之下，对这些状况而言，显然无法通过体觉来把握，也无法通过体觉建立与之相关的信念。尽管如此，至少有相当一部分状况可以同时通过体觉等及外在的观察而把握，可通过这两条途径建立起关于同一状况的信念。也就是说，这两种途径可以有一种对应关系，但这种对应的对应项却显得很不同。如一个人得了肺炎、肺结核、肺气肿、胸膜炎等疾病，我们可以通过外在的观察而断定肺上有毛病，但也可以通过体觉等发现或断定肺上有毛病，对后一种断定而言，最显著的特征是疼痛，是感到身上的特定部位痛。这种肺部的疼痛便与我们的某些外在的观察结果（如对拍的X光片的观察）有对应之处，但这种对应关系是很难把握的。对一个毫无此类经验的人来说，他很难通过体觉而断定、相信自己得的是肺炎而不是肺结核等。我们很难根据这种疼痛而将其与特定的疾病联系起来。这一点表明，我们对身体状况的内感具有很大的模糊性或不确定性，能由此而确立的信念通常是一些比较笼统的、不太具体的信念。换句话说，我们绝大多数的关于自身身体状况的信念是依赖于直接或间接的外部观察。

关于自己的身体的内隐或外显的状况、事态的信念要比关于自己的即时的精神心理状况、事态的信念间接得多。因为外显的身体状况、事态本身涉及一个外在的世界的问题，而内隐的身体状况、事态相对于内心世界、精神心理事态而言也是外在的。但外在于我们的精神心理事态、内心世界的我们的身体的其他方面（除精神心理事态、内心世界外）与外在于我们的身体的世界及其中的东西还是有区别的。这个区别主要在于，前者通常总是伴随着我们存在，并在一定程度上和范围内受我们的意识、意志的直接支配，而后者则不然。我可以通过向这个机体发出某种特定的活动指令而使这个机体发生相应的变化，使其状态发生相应的改变，但我却很难相信我可以通过在内心中发出一个指令而使我的身体之外的某东西直接发生相应的变化、改变。我们显然不能排除身外之物的变化与我们的内心发出的某种指令或内心的想象有一定程度的关联，但这种关联通常都是间接的关联，其最常见的关联是通过我的身体，特别是手脚与其发生特定方式的接触从而使其发生相应的变化、改变。也就是说，内心指令对身外之物的作用一般是以身体的特定的活动为媒介的一种间接的作用。而内心指令对自己的身体的许多活动的作用则是直接的，或至少比前者直接得多（如果将神经活动等也视为一种媒介的话）。我们关于自身与身外之物的差别的信念的确立，主要是基于上述的不同。

二 关于外在世界及外在事物

关于外在世界，特别是身外世界的信念与关于某些特定的精神心理事态的信念密切相关。绝大多数人会确信我们的许多精神心理意象是由外部世界的某些东西直接作用于我们的感官而产生的；我们把这一类意象通常称为映象、印象。这些映象可根据感官的不同而区分为不同的类型，如视觉映象、听觉、嗅觉、味觉、触觉映象等。这些不同的映象是由不同的感官获得的。眼与视觉、耳与听觉、舌与味觉、鼻与嗅觉、身与触觉等是相应的（严格地说，触觉只是体觉中的一种，还有大量的关于身体状况的体觉，但其中触觉与身外之物的关系更为密切）。这样，我们首先便有了关于各种感官的状况及其存在变化等的信念，关于各种感觉映象存在的信念及关于外在世界存在并能作用于我们感官而产生特定的感觉映象的信念等。而这些信念，特别是关于外在世界、身外世界作用于我们的感官而产生特定的感觉映象的信念是其他一切关于外在于我们的事态的信念的前提基础。如果我们不认为、不相信我们的精神心理事态，特别是意象有相当大的部分是与外在世界直接相关的，那么便很难再有关于外在世界中的东西的其他的具体的信念。这是由于我们通常正是通过这些特定的意象、映象来界定、区分外在的对象的。

我们通常认为、相信我们与外在世界的关系首先在于两者的相互作用，我们对外界的对象、事件、关系等的把握则依赖于这种相互作用，而我们的感官映象则是这种作用在我们的精神心理世界中的体现、反映。这样一来，便存在一个问题，即我们的特定的感觉映象究竟是外界的什么东西作用于我们之后而形成的呢？我们通常认为在外在世界中存在许多事物，且不少人认为、相信正是这些不同的事物与我们接触并作用于我们的感官后才形成各种不同的感觉映象。然而，仔细一想便会发现，真正与我们直接接触的事物除了与触觉、味觉映象直接相关外，其他的映象看来并不是我们所说的事物直接与我们接触的产物。显然，这种关于直接与间接的接触的信念依赖于关于时空的信念。只有那些在时空上与我们自身的时空相连接的东西才能与我们直接接触，而在我们看来，绝大多数的事物在时空上与我们自身的时空并非直接相连接的，它们与我们之间往往隔着一定的时空，特别是一定的空间间距，在其间往往存在其他的事物。就视觉、听觉映象而言，直接作用于我们的是光和声，尽管这些特定的光和声或者被认为是某物体自己发出的，或者是通过它折射、反射而来的，但直接作用于我们的并非这些物体，它们只是通过光、声等媒介、媒体作用于我们。这样一来，真正使我们形成特定的视觉、听觉映象的直接刺激只是特定的光或声的组合，而其他的与之相关的事物对我们的作用只是间接的。在此，我们直接肯定的是特定的光或声的组合的存在及它们与我们的感官的相互作用的存在。那么这些特定的光或声的组合又是如何形成的呢？对此，我们只有一个基本的但却是间接的信念，即这些特定的音、形色等（音为特定的声的组合，而特定的形色则与特定的光的组合有关）的形成与某些特定的事物相关。也就是说，其背后还有一种被我们称为"事物"的东西；而特定的音、形色等不过是这些事物通过光、声等媒介呈现于我们的象，即是这些事物的现象。在这些现象的背后还有一些并未直接显现出来的东西，即本质的东西。现象并非一定会直接地表现本质，它可以对其本质加以歪曲（现象有真相与假象之分）。也就是说，事物及其本质与其现象并不是一回事，它们与特定的感知映象的产生只有间接的关系、关联。

在关涉外在世界的信念中最主要的便是关于事物、关于特定的事物的存在的信念。通常我们认为事物由现象和本质两方面构成。现象是事物的外部形态、表现，而本质则是隐蔽的，它规定了事物的特性并将一事物与其他事物区分开来。人们通常认为，我们的感觉经验可以把握事物的现象，但事物的本质则不能用感觉经验来把握，而需要用理性来把握；或者说，感性只能把握事物的现象，理性才能把握事物的本质；但也有人认为事物的本质用理性也是不能把握的（如康德）。无论事物的现象与本质究竟能否把握和怎样把握，有一点是清楚的，即事物可以分为现象和本质两个方面。

就现象而言，有一个问题值得关注，这就是我们的感觉映象与现象的关系问题。我们通常认为，感觉映象是主观的心理事态，而现象则是事物的外在表现、表面特征。但事物究竟具有怎样的外在表现、表面特征呢？我们发现，我们正是通过特定的感觉映象来规定事物的外在表现、表面特征的。也就是说，事物具有与我们对其的感觉映象相应的表面特征。两者的区别主要在于，一种特定的表面特征并不是与某一特定的感觉映象相应，而是与一系列的感觉映象相应。比如，就一个鸡蛋的形状而言，从不同的角度观察可以获得不同的感觉映象，这些感觉映象或视觉映象的集合才确立了一个鸡蛋的外形。可见，一事物的外在表现、表面特征是由众多的可能获得的感觉映象共同确定、确立的。就与视觉相关的某物的外形而言，与之相应的感觉、视觉映象应包括从任一视角而获取的视觉映象。不过，我们也可以这样看上述问题，即将每一特定的感觉映象看成是与某物的某一侧面的现象、表面特征相应的；或者说，可以将某物的表面特征、外在表现分为许多不同的部分或侧面，其中的任一部分或侧面都有与之相应的感觉映象。这样一来，感觉映象便与事物的外在表现、表面特征取得了一致。实际上，我们所说的事物的表面特征、外在表现正是与我们对该事物的感觉映象及其组合一致的。要问某事物具有怎样的外在表现、表面特征，其回答便是具有如我们对它的感觉映象那样的外在表现、表面特征。这里显然有一个问题，即事物的现象、外在表现、表面特征为什么就一定与我们对其的感觉映象是一致的呢？难道它们不能是其他的样子吗？为什么不能说两者并不一样呢？我们完全可以设想事物的外在表现或表面特征与我们对该事物的感觉映象并不一样，事物本身并不是如我们对其的感觉映象那样的，只是当我们对其产生感觉时便形成这样的感觉映象。如果是这样的话，那么，我们便不能说事物本身具有什么颜色、什么气味、什么味道甚至什么形状等，这些不过是我们对其的感觉映象罢了。这样一来，事物的外在表现、表面特征等便成了神秘莫测的东西了，因为我们不能具体地说出除了它可能与我们的感觉映象一样外，还可能是其他的什么样子，即使我们可以设想出其表面特征如何，也无法证明其就是如此。尽管如此，有一点看来是可信的，即某种东西使我们形成特定的感觉映象，但它本身则完全可能与我们的感觉映象并不一样。这样一来，我们便有了两种对于事物的看法：一种是认为某特定的事物特别是物有某种特定的颜色、气味、味道、形状等，或者说，存在具有特定的颜色、气味、味道、形状等表面特征、外在表现的物；另一种是认为某特定的事物可以使人产生特定的颜色、气味、味道、形状等感觉映象，或者说，存在能使人等产生上述的感觉映象的事物。这两种说法相比较而言，前者将事物本身分为现象、表面特征、外在表现与本质两个方面，后者则将事物的功能分为能使人产生特定的感觉映象与不能使人产生特定的感觉映象两类，或者说，事物具有使人等产生特定的感觉映象的功能，此外还可能具有一些其他的功能。前者将事物视为如我们的特定的感觉映象那样的东西，或至少将其的某些构成部分视为这样的东西；后者则将事物视为至少能产生这些特定的感觉映象的东西，而并不认为事物本身会存在与我们的感觉映象一致的构成部分、表面特征等，或至少不肯定前者的说法。前者的神秘之处在于赋予了事物与感觉映象一致的所谓的外在表现、表面特征；后者的神秘之处在于使整个事物都成为无法想象的东西，因为事物本身既不存在形状、色彩，也不存在气味、味道等，此时的事物就像一个"黑洞"，但这个黑洞却具有产生我们的特定的感觉映象的功能。这些"黑洞"是不可想象的，但却是可以谈论的。

上述两种关于事物（特别是物）的看法、信念相比较而言，似乎前一种要更为可取些，这是由于，至少前一种看法还没有把事物弄到不可想象的地步。尽管将感觉映象的性状直接赋予事物本身想来不能不令人怀疑其可靠性和真实性，但这却是我们所能想出的最好的办法；我们实在无法想出比这更好的把握事物的方式了。如果某物既无形色又无气味、味道，既无重量又无硬度等那它还有些什么呢？显然，将感觉映象的性状直接赋予事物本身并不意味着事物就是感觉映象或感觉映象的组合，而是说，事物具有与感觉映象的性状相一致的性状。也正因如此，我们才可以通过特定的感觉映象来把握特定的事物。虽然在观念中我们将感觉映象的性状赋予了事物，但在实际上则是不同性状的感觉映象反映了事物的不同性状。这显然是唯物论的一个基本的信念。这个信念的神秘之处在于，我们根本无法理解不依赖于感官映象、意象的事物的形状、颜色、气味、重量、味道等；或者说，我们根本无法理解"不依赖于感官映象、意象的事物的形状、颜色、气味、味道、重量、硬度等"究竟是什么意思。我们也无法想象某东西（如月亮、桌子）在没有人看它时它是什么样的，因为当我想象月亮等在没有人看它时的样子时，我实则是在想我看它时的样子，故我想出的总是桌子、月亮等我所可能看出的或在想象中可能"看出"的样子，永远不可能想出桌子等在没有人看它时的样子、与看无关的样子。

我们通常认为，事物、客观实在的东西虽是人们可以通过感官感知的，但却是不依赖于我们的感官而存在的。对此，看来至少有两点需要说明。首先，这时所说的"不依赖于"涉及一个对该词语的理解问题。说我没有看见某个东西，如某座楼、某匹马等，该楼和马就是不存在的，这显然是不妥当的；但此时该楼或马至少可以在特定的范围内是不存在的，如在我们视野之中不存在，或者说不存在于我的视域之中，抑或说，它与我之间不存在现实的感知与被感知的关系，这种关系是不存在的等。但这并不意味着该楼或马不可能存在于其他的领域中，在任何时空范围内都不存在。这一点至少表明，一事物，如某座楼、某匹马等要作为我们现实的被感知的东西而存在，离开了现实的感觉、感觉映象等是不可能的。也就是说，至少在这一点上，事物、客观存在的东西不能说是一点也不依赖于我们的感觉、感觉映象的。另外，存在既可以是泛指的存在，也可以是特指的、具体的、在特定条件下的存在，且我们在通常情况下所说的"存在"更多的是指后一种存在。如果因不具备特定的条件而未感知到，这并不能说该楼或马就是不可以通过感官感知到的，因而也是不存在的（以现实世界为存在域）；但是，如果具备了这些条件（包括内外两方面的条件），而我们却不能通过感官感知到被称为楼或马的那种东西，那么，我们便可以说该楼或马是不存在的或至少是在特定的时空范围内是不存在的。就此而言，一事物是否客观存在与我们对其的感知并不是无关的。如果断言在特定的条件（A）下，我们可以感知到被认为是存在的那种东西、事物（B），那么，若在此条件下我们并未感知到被认为是存在的那种东西、事物，则只有两种情况可供选择：一是我们所认为是充分或充要的条件并不是充分、充要的；二是B实际上是不存在的，并非客观存在的，或至少说明在此条件下B不是客观存在的。换句话说，如果某东西、事物是可以被感知的，那么，"可被感知"本身至少是该东西、对象的基本的属性、特征之一，甚至可以说是其最基本的特征。

三 关于物质、客观实在

从哲学的角度看，客观存在的事物、东西皆可看成是物质的各种不同的具体的存在形态，故可感知性也是相对于物质而言的。我们通常认为，物质的唯一特性就是其客观实在性，那么，什么是客观实在性呢？最通常的解释便是可被感知性，但又认为客观实在是不依赖于我们对其的感知而存在的。那么，物质、客观实在与可被感知性之间到底是什么关系呢？看来，我们大致可以从以下四个方面来分析：其一，可感知性并非是必要的，但也不是充分条件；其二，可感知性是必要的，但不是充分的；其三，可感知性对物质、客观实在而言，既是必要的条件又是充分的条件；其四，是充分条件但不是必要条件。

第一，主要的问题是是否凡物质的、客观实在的东西及其任一方面、侧面、部分都具有可感知性，或者说，是否有些客观实在是不能被感知的？比如，某些共相、一般规律等看来并不是可直接感知的，那么，它们是客观实在的吗？此外还有，是否可感知的也未必都是客观实在的？

第二，可感知性是必要的，但不是充分的。也就是说，凡是不可感知的都不是客观实在的，但可感知的却未必就是客观实在的（此时主要涉及的问题是对精神心理事态等的感知问题）。

第三，可感知是客观实在的充要条件，即凡是可感知的必定是客观实在的，凡是客观实在的必定是可感知的。那么，不可感知的便不是客观实在的；反之亦然。这样，实则是承认可感知性与客观实在性、物质性是等价的。

第四，可感知性是客观实在的充分条件，但不是必要条件。意即，凡可感知的都是客观实在的，但并非客观实在的东西都是可感知的。

显然，针对这四种情况，可以有四种不同的关于可感知性与客观实在性、物质性的关系的信念。就这四种信念而言，看来第四种信念似乎更可信些。如果可感知性对客观实在性而言，既非必要的也非充分的条件，那么，就没有必要用可感知性说明客观实在性，或者说，这种说明本身也就是既非必要的也非充分的说明。这样，何为物质性、客观实在性仍旧是不清楚的、未被真正说明的。然而，我们发现，除了可以用"可感知性"来解释、说明客观实在性外，我们很难想出还能用其他东西来恰当地解释、说明客观实在性、物质性。由于第二种情况或与之相关的信念排除了可感知的东西之外还有其他客观实在的东西的可能，而我们又认为共相、一般规律等既可以是客观实在的又是不能直接通过感觉把握的，且我们又不愿放弃这种信念。这样便不得不放弃可感知性是客观实在的必要条件之说。第三种情况信念将客观性、物质性与可感知性等同，其困难也在于难以说明一般规律、普遍性、共性的客观存在问题（除非否定其客观实在性，但大多数人又愿放弃此信念）。第四种情况信念至少肯定了一点，即凡可感知的都是客观实在的，它并不排除不能直接感知的但却是客观实在的东西存在的可能。第四种情况信念所遇到的困难主要在于意识与感知的关系问题。其中所涉及的主要是个人的精神心理活动、事件、事态。一个人的精神心理活动状况、事态等的存在是我们的一个基本的信念。那么这些精神心理活动状况、事态是被我们感知到的还是被我们意识到的呢？我们通常认为它们是能被我们意识到的，但这种能被或已被我们意识到的东西、事态是否能说也是可以被我们感知到的呢？显然，对这些精神心理事态的把握与通过感官（眼、耳、鼻、舌等）对外在的对象的把握是不同的，但我们又不得不承认它们之间有一致之处。其一致之处便在于，我们对内心世界中的东西、事件等的意识的构成因素与感觉映象的构成因素是一致的，即对于精神心理事态的意识也分为视觉型、听觉型、味觉型、触觉型等。比如，我在借助于语言思考问题时，通常我可以察觉到在我的内心世界中有特定的音的组合，并能察觉到此时内心所呈现的是普通话还是某地方言等，就像我听到某人说话一样。再如，当我想到我在公园划船的情景时，我不仅能意识到我在想象，并能意识到我想的内容，如船的样子、水声、水草的气味等。这些东西可以分属视觉型、听觉型、嗅觉型等，就像我看到、听到、见到它们一样。我的心情抑郁，我通常会觉察到我有一种压抑感；我有一种强烈的欲求，我会意识到我心中有一种难以控制的冲动等。

正是由于意识与通过感官感知有众多的一致之处，故我们可以不太严格地将对自我精神心理状况、事态的意识看成是一种通过内在的感官而获得的感知，或者将通过外在感官的感知看成是一种意识。这样，感知便有涉内的感知与涉外的感知两种，意识也有涉外意识与涉内的意识之分。实际上，我们很难将涉内的意识与内感区分开来，但两者看来还是有些差异的。我们可以认为，内感包括对自我的身体内部的状况的感及对精神心理事态、状况的感。如我察觉到我的胃痛，既可以说我意识到我的胃痛，也可以说我感到胃痛，相比较而言，后一种说法更为普遍。但对精神心理事态来说，如说我意识到我在想象看来要比说我感到我在想象更恰当些，但也不尽然。如我可以说我意识到我有一种不良的心态、情绪也可以说我感到我的心态不好、感到情绪不佳。

看来，对精神心理事态的意识和感觉的主要区别在于所关涉的状况、事件的复杂程度等。对于复杂的精神心理事态、状况等的察觉似乎很难说这是一种感觉，但对简单的心理事态、状况的察觉说这是一种感觉通常要比说这是一种意识要好（但说是一种意识也是可以说得过去的）。这一点也可通过动物对其心理事态的察觉予以说明。我们通常认为动物只有心理活动而无意识活动，在此姑且不论这种说法是否正确，但有一点是清楚的，即之所以这样说，是由于我们通常认为动物的心理活动、状况是非常简单的、直接的、具体的，而人的意识活动、状况则是非常复杂的、间接的、抽象的，故我们认为不能说某动物意识到什么，如意识到自己的情绪不佳，意识到自己刚才在做梦等。这样一来，确实给我们带来了不小的困难，如前述的某动物发现自己刚才在做梦（这是有科学实验依据的），像这样的事说它感到自己在做梦显然远不如说意识到自己在做梦恰当。故我们没有必要也不应当在动物心理与人的意识之间划出一条截然分明的界限来。承认动物有一定程度的意识并没有因此而贬低了人类；相反，否认这一点则是一种典型的人类沙文主义。实际上，不管人的意识活动比动物的心理活动高级多少，它仍不过是一种高级的心理活动罢了，而我们通常所说的感知活动也可说是一种低级的意识活动；因为所有的感知最终还是在大脑中完成的，即使我们不愿将其称为意识，至少也应说是一种"心识""心觉"。无论是否可以将对自己的一切心理活动事态的把握都说成是一种感知，但至少有相当一部分心理事态、状况我们可以说我们能感觉到它或现实地感觉到它。于是便引出了这样一个问题，即它们是物质的吗？是客观实在的吗？如果我们否认它们是客观实在的，那么，可感知性便不能说是客观实在的充分条件。因为，按上述说法，至少有一部分东西是可感知的但却不是客观实在的。也就是说，"如果某东西是可感知的（P），则它是客观实在的、物质的（Q）"这种关系是不成立的。这里我们似乎面临一个两难的选择，或者承认这些心理活动事态、状况是客观实在的，或者承认并非所有的可感知的东西都是客观实在的。如果选择后者，那么我们就又回到了前述的可感知性与物质性或客观实在的四种可能的关系中的第一种，即前者既不是后者的充分条件也不是其必要条件，但我们在前面已经排除了这种说法；然而，承认心理意识活动、状况是客观实在的也是成问题的。这确实使我们陷入困惑之中。

其实，上述难题并非无法解决，我们可以另辟蹊径。比如，给客观实在性加一个限定，即它是可以被两个以上的人感知的。显然，我的心理活动状况、事态最多只能被我感知，别人是不能直接感知到我的心理活动状况、事态的；同样，别人的心理状况、事态等我也是不能直接感知的。换句话说，一个人的心理活动事态、状况至多只能自己感觉到，故它是主观的；而能被两个以上的人感知到，则可以说是客观的。实际上，这正是"主观"与"客观"最基本含义。许多人将主观的等同于内在于"我"的，将客观的等同于外在于"我"的，这显然是不妥的；因为外在于我的其他人的心理、精神活动事态、状况通常也被认为是主观的；它对我而言是外在的又是主观的。这样一来，我们可以将心理、精神活动事态或状况排除在可被两个以上的人感知（客观地感知）的范围之外。它们虽是存在的，但却是主观存在的，而不是客观存在的。如前所述，客观存在的东西、事物是物质的具体的、特殊的存在形态，都是具有物质性的、具有客观实在性的。这样一来，我们便仍可以不太严格地说可感知性是物质性、客观实在性的充分条件，只是这种可感知性指的是客观的可感知性罢了。

那么，客观精神又如何理解呢？在哲学上通常将唯心主义区分为主观唯心主义与客观唯心主义。所谓客观唯心主义，主要是指将某种"客观"的、精神性的东西视为世界的本源的一种哲学派别。显然，"客观精神"的存在是其成为世界的本源的逻辑前提。那么，"客观精神"之"客观"究竟应如何理解？看来，此处的"客观"主要是相对人而言的，主要是就"外在于人"的东西而言的。也就是说，外在于人的精神（无论是否真的存在，无论是仅存在于人的信念之中还是同时存在于信念之外）可以说是一种"客观的精神"。而"主观的"精神则是就人的精神而言的，其中包括两个基本的层面，即我与他人的精神。不仅我的精神是主观的，他人的精神也是主观的。这与我们通常对主观唯心主义的理解是一致的。因为人们通常把主观唯心主义理解为将人的精神、思想等视为宇宙的本源的哲学学说，而并不是将其仅仅理解为将我自己的精神、思想等视为宇宙的本源的哲学学说。主观唯心主义往往会导致"唯我论"，但并不等于"唯我论"。由此可见，人们对"客观精神"之"客观"的理解与对"客观事物""客观存在"之"客观"的理解并不完全一致，就后者而言，他人的物质性的存在等也是客观的，但他人的精神性的存在则是主观的。这种不一致看来是很不容易协调的，这是因为，如果说他人的精神只是相对于他自己而言是主观的，对别人而言则是客观的，故他人的精神既是主观的又是客观的；那么，我们同样可以说外在于人的其他的被认为是有精神的东西（如果它是存在的话），其精神对它而言也是主观的，而对人等而言则是客观的，故也既是主观的又是客观的。这样一来，我们就根本无法区分主观唯心主义与客观唯心主义了。更进一步，如果认为主观精神与客观精神的区别在于所谓的"客观精神"其实是不存在的，那么，所谓的"客观唯心主义"反倒更具有主观的色彩了。

显然，作为物质性、客观实在性或存在性的充分条件的客观的可感知性虽是客观实在性、物质性的一种有效的说明，但却不是一种完备的说明。因为我们大多认为，存在有不能直接地、客观地感知的客观实在的东西，或者说，客观事物有不可直接、客观地感知的但却是客观实在的部分、侧面、关系，这包括事物的本质、共性、一般规律等。一种完备的说明应包括对这些东西的说明。由于这些东西是不能直接客观地被感知的，那么，也就不能直接用客观的可感知性来说明它。但这些东西与可感知性也不是毫无关联的，对它们的把握正是建立在客观的感觉经验、观察的基础之上的，是在此基础上通过理性思维进行概括、归纳、综合的结果。这主要涉及一个逻辑推理的问题，而最主要的便是归纳推理。由于归纳推理本身具有不完备性，并不是绝对可靠的，故由此推出的所谓的事物的共性、本质、一般规律等实则首先是一些我们所认为、相信是事物的共性、本质、一般规律的东西。在这些信念中有不少可能是伪的。我们不能排除有不少被我们认为是事物的共性、一般规律的东西其实并不是事物的共性、一般规律的情况，但我们也无法否认至少有一些被我们认为、相信是一般规律、共性等的东西确实是事物本身所具有的；或者说，难以否认这类信念中至少有一部分是真的、正确的。故我们可以说，物质的、客观实在的就是可客观地感知的及以这些感知经验为基础通过理性思维正确地推出的、可被意识到的。

对于他人的内心的活动事态等的把握也具有间接性；这种把握通常借助于类比推理。如果仅就可直接观察到的人的活动事态、言行及其之间的关联而言，我们只能对别人的外显事态做出行为主义的断言，而无法涉及其内心。认为我们不能直接观察到别人的精神心理活动事态别人便没有心理、精神活动这种信念是很难站得住脚的，该信念对绝大多数人而言是不会接受的，或者说，绝大多数人是不会持这样的信念的。之所以如此，是由于我们对自己的精神心理活动状况、事态的存在是确信不疑的。联想到别人与我有极其相似的外表及外显的活动，并考虑到我自身的心理、精神事态、状况与我自己与他们类似的外显事态的关联，我无法拒绝接受别人也有与我类似的心理、精神活动及相关事态这一基本信念。但当涉及具体的信念时，情况则有所不同。如我认为、相信某人此时此刻有何心理事态、想些什么、对我是否有好感或怀有恶意等具体信念往往会出错。正所谓知人知面不知心，以己度人常常会犯错误。这一点表明，这些具体的信念是不太可靠的，但并不能因此就否认别人也有心理活动、精神活动及其特定的精神心理事态、状况等。

关于事物存在的信念虽与感觉密切相关，但此类信念的确立直接依靠的主要是知觉，或者说理智。我们的知觉本身是各种感觉的复合、综合。这种复合、综合中有部分是即时的感觉映象，还有更多的是对过去的感觉经验的回想、联想，它们一起构成了知觉映象。比如，我有了关于特定的词语形式如"马"的感觉映象，并由此马上联想到某个特定的对象、联想到被称为"马"的东西，联想到马的各种形态、颜色、大小、习性、叫声等，这样我也就懂得了这个词语的意思，对该词语有了知觉。又如，当我形成了老虎的某一侧面的感觉映象后，我马上便联想到有关它的另一些方面，如叫声、习性、其他侧面的视觉意象、气味、重量、力量的大小等，从而确认这是一只老虎，或者说对导致产生我的这种特定的感觉映象的事物、东西有了知觉。可见，知觉是即时感觉加对过去的与之相关的感觉经验的联想而形成的综合的结果，特定的事物正是通过这种综合的结果把握的。由于这种联想本身是有可能出错的，故知觉并非绝对可靠的。由于我们通常所说的知觉是由即时感觉映象与被我们认为是过去曾有过的感觉映象的综合；由于被我们认为是过去曾有过的感觉映象很可能实际上并没有或不是这样的；故与其说我们有一种知觉映象，倒不如说有一种知觉意象。因为我们不能保证知觉意象中出现的东西都是即时或过去曾有过的感觉映象。这一点表明，知觉是具有一定程度的间接性的。从而由此把握的客观存在的事物、东西也具有一定程度的间接性，与之相关的信念也是间接的。

如果对信念所关涉的内容、对象进一步考察，我们还可以划分出许多基本的信念类型来。而若要深入地考察各种具体的信念，那呈现于我们的将会是一个无限宽广的信念体系。我们既无能力也无必要在此对各种具体的信念加以考察。我们所要考察的只是一些基本的信念类型。在此我们已经对由关涉的内容、对象的不同而区分的一些基本的信念类型进行了讨论。显然，与信念的内容相关的还有一些必须讨论的基本问题，如信念的对错与真伪等。由于这些问题很复杂，故我们专辟一章来进行讨论。

第四章 信念的对错与真伪

谈及信念，我们就不能不讨论信念的真伪与对错的问题，这是两个既有关联又有区别的问题。这两个问题与前章所述的那些信念所关涉的问题不属于同一类型，前述的因信念所关涉的内容、对象的不同而对信念的划分与依据真伪、对错对信念的划分有很大的差异。信念的真伪、对错问题所涉及的是某信念是什么、如何的问题，涉及的是关于某信念是什么、如何的信念，或者说，涉及的是关于信念的信念。它与前一章所说的信念不仅是类型不同，更主要的是存在层次的差异。对错问题主要涉及的是一个规定的问题，而谈及真伪、谈及陈述或信念的真伪则涉及"何为真"的问题、真与真理的关系问题等；此外还需要说明为真的意象、为真的陈述和为真的认识、信念之间的关系，及真伪与对错的关系等。在本章中我们将对这些问题进行深入考察。

"对错"与"真伪"这两对术语经常被用来判定一陈述、信念等的特定的性状。我们经常对同一陈述、信念给予对错、真伪之判定，这两种判定经常交替出现或并列出现，且有不少人在不少情况下将两者混同使用，似乎"对错"与"真伪"是等价的，或者说是同义词。显然，对某一陈述、信念给予对错、真伪式的判定本身又可以构成关于该陈述、信念的真假或对错的信念，即我们可以认为、相信某陈述、信念是正确的或者是为真的，也可以认为、相信其是错误的、为伪的，而这种关于信念的信念本身又存在一个对错、真伪的问题。由于对（正确）与真、错与伪（假）在不少情况下确实存在一致之处，因而才会有人将这两对术语视为是同义的。然而，事实上，这两对术语还是有不小的差别的，这两种说法说的并不是一回事；尽管它们有一致、相应之处，但又有显著的区别，它们往往涉及的是同一对象（陈述、信念等）的不同的方面、侧面，但又不尽然。对此，我们应进行深入的分析。我们先来看对与错。

第一节　规定、应该与对错

　　对与错通常是相对于特定的规定而言的。这些规定涉及人的各种行为，它们通常告诉我们应该如何、应该如何做、应该是什么或是什么样等。这些规定显然是一些行为规定，相对于这些行为规定而言的对与错显然涉及的是人的行为，涉及的是人的行为与这些行为规定的关系。我们未必一定要接受、遵循某些规定，但无论我们是否认可、接受、遵循它，我们都可以谈及我们的行为及其结果相对于该规定而言是对还是错。区别主要在于，相对于被我们认可、接受、采纳、遵循的规定而言是对还是错与相对于不被我们认可、接受、采纳、遵循的规定而言是对还是错两者对我们的影响是不同的。如果我们发现相对于前一类规定而言我们的行为及其结果是错的，我们通常会力图改正它，若是对的，则会坚持它；而相对于后一类规定而言我们的行为或其结果如果是错的，我们往往并不理会它，不介意，不认为有必要加以"改正"，而若是对的，我们并非就会坚持，甚至正因为它相对于后者而言是对的，我们才应对我们的这种行为进行检讨，对其结果进行修改。可见，并非所有的正确的、对的都应该坚持，所有的错误都应该改正，关键是看这种对错是相对于什么规定而言的。

　　各种不同的规定之间存在一个相互冲突、相互制衡的问题。尽管我们的某些行为或其结果相对于我们并不认可、接受更不愿采纳、遵循的规定而言是对的或错的，而我们可以坚持这种"错误"，并力图修改相对于其而言的"对"，但我们却往往会受到认可、接受并认为应该执行、遵循这一规定的人的指责甚至制裁。如果我们的力量足够强大，对方对我方无可奈何，无法使我们就范，那么，我们便能够坚持相对于该规定而言的错误，并抛弃或修改相对于该规定而言的对的、正确的东西。如果我们势单力薄，意志不坚定，或考虑到这样做的后果对我们很不利，我们便有可能被迫就范，尽管我们内心很不情愿接受这种规定。

　　对接受、认可、遵循某些规定的人来说，显然存在一个如何保障该规定被遵循、执行的问题。然而，与各种不同规定相关的保障行为的力度是有很大区别的。这种"力度"主要涉及两种相关的因素：一是能力，二是意愿、意志。有能力做到的并非就是我们想做的、执意要做到的；想做到的未必就是能做到的。我们想使别人就范，但又无能为力，力不从心，那么即使我们尽了最大努力，采取了对我来说已是最强硬的、最有力的措施，其力度仍旧可能是不够的，结果仍是不能使别人就范；如果我们有能力使人就范，但却认为即使别人不遵守此规定甚至反其道而行之我们也不应使我们的保障行为的力度再加大，而只能将这种保障行为局限在一定的范围内，保持一定的力度，那么，其力度也是有限的。显然，上述两种情况是不同的，由能力而导致的力度的有限性是一种自然的限定，而由意愿导致的力度的有限性则是一种人为的限定。就后者而言，实则意味着如果采取了这些特定的力度和类型的措施后若别人仍不就范，那就由他去了，不再管他了。一般说来，保障某规定被执行、遵循的行为的力度的大小、强硬程度等主要与规定的重要程度有关。保障者认为其所要保障的规定越是重要、越是不愿见到被违反的情况，其保障的力度也就越大；反之则越小。我们没有必要不惜任何代价去保障某个相比较而言并不算重要的规定的执行，使别人就范；也不应任由别人去违反、破坏某些十分重要的规定而不加大力度去制止它。由于规定本身有重要程度上的差异，而执行、遵循该规定相对于该规定而言便意味着对、正确，违反则意味着错误，故各种不同的对错也是有重要程度上的差异的。同是对错，有些至关重要，有些则无足轻重，应该区别对待，既不要为无足轻重的对错而较劲，也不要对举足轻重的对错抱无所谓的态度。

可以有两种不同层面的对错：一种是分析层面的对错，另一种是综合层面的对错。就前者而言，可以有相对于同一类的行为及其结果的不同的规定而言的对错。在此，不同的规定（主要指相互冲突的规定）是平等的，并不涉及优先权的问题。而综合层面的对错则是相对于具有优先权的规定而言的。如果出现规定冲突的情况，有某规定与具有优先权的规定相悖，那么，对错首先是相对于具有优先权的规定而言的。也就是说，我们往往是相对于具有优先权的规定而言对错的，而不仅仅是有权相对于相互冲突的规定中的任一项而言对错。相对于具有优先权的规定而言，对错可以看成是一种义务。

那么，我们是否有这样的义务呢？更进一步，是否在相互冲突的规定中有一种具有优先权呢？看来，至少在社会范围内存在这样的具有优先权的规定，其首先便是常规，或者说公常规（公认的、日常的规定）。常规相对于私下的或在很小范围内被接纳、遵循的与之相抵触的规定而言是具有优先权的，按常规办事可以视为一种社会义务，而不仅仅是一种权利。常规与常识不同，常识并不一定就是真的。大家公认的、习以为常的看法并非就是可取的；真理往往掌握在少数人手里，我们并没有服从常识的义务。常规是一种大家公认的、广泛被遵从的行为规定，更确切地说，是一种社会行为规范。一种规定被大家公认、广泛遵从便成为一种社会的行为规范，故按常规办事可视为一种社会义务。这些常规涉及社会的众多领域，如语言常规、伦理道德规范、国家法规及其他的社会行为规范等。我们通常所说的对错大多正是相对于这些常规而言的，是常规层面的对错。在此我们所讨论的陈述、信念的对错问题主要是相对于语言常规而言的，但也不排除在一定程度上涉及伦理道德规范问题；是否遵守语言常规其本身便在一定程度上涉及道德问题。滥造术语、任意规定词义、故弄玄虚、只求自圆其说而满足于外在形式上的标新立异等有意违反语言常规的所谓学术创新不仅表明思想的贫乏，就职业道德而言也不是无可非议的。

所谓对错，正如前所述，主要是相对于特定的规定而言的。那么，相对于特定的规定而言，如何便是对、如何便是错呢？回答这一问题并不困难。所谓相对于某规定而言对，也就是说，某行为或其结果是符合、遵循该规定的，或者说是满足了该规定的要求的；所谓错，则是与该规定不相符合的、违反该规定的，不能满足该规定的要求的。比如，"不偷盗"就表示了一个道德常规；一个人不做或未做偷盗之事，相对于该常规而言便是对的；反之则是错的（"不应受贿""不应玩忽职守"等也是一样）。

我们的言语行为及其结果也有大量的与其相关的常规或公常规，这些常规涉及各种不同的层面，如语法层面、语义层面、语用层面等。如果一种说法违反了上述某层面的某种常规，那么，相对于该常规而言，该说法便是错误的、错的；反之则是正确的、对的。显然，我们在说对与错时，往往省略了"相对于 A 规定而言"这一限定语。一般来说，只有在相对于公常规而言时，这种省略才是适当的。也就是说，人们在不特意强调、特意给出"相对于 A 规定而言"这一限定语而谈论对错时，通常可以认为或将其看成是相对于公常规而言的。这一点表明，如果我们不是相对于常规而谈对错的，那么有义务对所相对而言的规定做出说明。而这又表明，我们并非要绝对地遵循常规，一般说来，只要在常规的范围内能说明问题，就不要有意违反常规而故弄玄虚，制造不必要的麻烦；只有当常规的说法确实不能说明或更好地说明特定的问题时，我们再考虑引入新的规定。而这又进一步表明，常规也不是一成不变的，某些常规有可能转化为一种非常规的规定，而某些私下的、在小范围内被认可、接受、遵循的规定也有可能成为将来的常规。故对常规我们既要遵守，又不要不顾条件的变化而一味死守，我们所要强调的只是在一般情况下不要轻易地违反常规。

　　对错问题涉及两个东西之间的比较，但不是一般的关于同异的比较，其比较的结果不是仅仅指出两者是否相同、一致或有何相同之处、有何相异之处。相互比较的双方的地位并不是平等的，其中一方是以另一方为标准的。作为标准的一方通常是一种特定的规定，或是被规定为标准的（标准是由人规定的）。可以有各种不同的标准，与对错相关的标准只是其一，这种标准通常意味着"应该如此"。当作为特定的行为及其结果的一方与作为标准的一方进行比较时，如果两者不一致、有出入，那么，前者便是错的、错误的（相对于此标准而言），如果两者对应一致（确切地说应是前者与后者相符、符合一致），则该行为及其结果便是正确的、对的。通俗一点儿说，与规定的标准或对标准的规定"对上了"便是对的、正确的，"对不上"便是错的、错误的（相对于此标准而言）。换句话说，应该如此且确实如此，便是对的、正确的，应该如此但却并非如此便是错的；不该如此但却如此便是错的、错误的，不应该如此且确实不如此便是对的，或至少不是错误的（这两种说法看来并不完全对称）。

　　由此可见，对错问题是一个非常复杂的问题，它通常与规定、常规相关，但并不是只与规定、常规相关的，且规定、常规也并不是总与对错相关的。就对错的一般意义来说，是相对于"应该""不应该"等而言的。无论是与对错相关的规定、常规还是标准，都是对"应该"或"不应该"而言的，而不是对其他的方面而言的。比如，我们可以对某种产品制定或规定一系列的标准，将其区分为一、二、三级及等外品、废品等，某特定的产品与这些标准进行比较时，够不上一级的或够不上等级的并非就是错的，可算作一级品的也不能就说是对的。另外，对错也不一定非要明文规定不可，只要我认为、觉得应该如何、不应该如何，并保证我对"应该"等的认识是为真的,那么,相对于此而言,便有了对错之分。

对错并不是只对人的行为活动而言的,它也可以对人的行为活动的结果等而言。就言语、思维等行为活动的结果而言,就陈述、信念等而言,其对错常见于"问答"模式之中。在这种问答模式中,往往有一个标准答案,作为对一特定的问题的回答的言语陈述及信念等如果与其"标准答案"不相符合、不一致,那么,相对于该标准答案而言便是错的、错误的。需要说明的是,"标准答案"并不一定就是清楚明白的,且并不一定就是真的。比如,我们可以规定与事实相符的答案便是我们应该给出的答案,但规定者可能并不清楚究竟哪一个答案是真正与事实相符的。又如,在高考语文试卷中,一道题往往可以有多种答案,许多答法也不见得就不行,然而,由于其与"标准答案"不符,故被判为错的、错误的(相对于"标准答案"而言的错误)。在此很难说有一个真伪的问题。尽管某人可以对"标准答案"提出异议,对"标准答案"的合理性进行质疑,但相对于此"标准答案"而言,谁对谁错却是清楚明白的。

还有一点需要说明的是,就对错而言,通常首先涉及的是特定的行为活动,其次是从事特定活动的活动者,只是在特殊的情况下才涉及特定的行为活动的结果、产物。也就是说,对错通常是对人的特定的行为而言的,"对错"一词主要是用来判定某种特定的行为的,而不是主要用来判定该行为的结果、产物的。"对错"主要涉及的是应该(或不应该)做什么、做到什么、怎样做、如何做的问题,是以此为根据、标准对在此要求的范围内的某人的所作所为等的判定。比如,本应该制造出的产品是 A,然而制造出的产品却成了 B;对此我们通常只是说"做错了",而一般不会说 B 产品本身是错误的、是错误的产品。即使说该产品是"错误的",是"错误的产品",其意思通常也只是说它是由于制作上出了差错而造出的本不应该造出的东西。一个错误的答案,通常是指本不应该给出的答案,其错误主要在给出此答案的行为上而不是在答案本身上。或者说,"错误的答案"的根源在于错误的行为;而错误的行为之所以错误,则是由于做了本不应该做的事。

应该与不应该不仅是对意愿、意志、规定等而言的,而且是对能力而言的。对一件谁也做不到的事,要求人们应该做到是不恰当的;对一个无法做成某事的人,要求他应该做成该事,其要求也是不合理的。当人们所做的与这种"应该"不相符合时，说他们"做错了"是不合乎情理的。此时的错误不在于无法这样做的人，不在于根本无法做到此事的人，而在于给出这一规定的人、在于提出这一无理要求的人；因为给出这样的规定和提出这样的无理要求本身就是不应该的、是错误的，且这种"不应该""错误"是一种更为基本的错误。由此可见，"应该"还存在一个层次和主次的问题。

应该与不应该不仅仅是对规定等而言，这一点也表明，规定本身只不过是一种规范化的应该不应该，此外还可以有很多并非规范化的应该不应该。规定不一定明确表明应该不应该，但是所有的规定都至少暗含着某种特定的应该不应该。正是相对于这种应该不应该而言才存在与之相关的行为的对错问题。

第二节 真伪的含义与信念的真伪

我们通常认为，任何信念都存在一个真伪的问题，故真伪可看成是信念的两个基本的属性，并由此可将信念分为为真的信念与为伪的信念两大类。由于真伪可看成是信念的两个基本的属性，故对信念的深入考察便不能不涉及真伪问题，在此，我们先谈谈"真伪"的含义。

"真"与"伪"的意义、含义首先与语言规定特别是语义规定相关。作为众多的规定中的一种的语义规定也可以有私下的、小范围的和公常的之分。小范围或私下被认可、接受和采纳的规定只是一些很特殊的、个别的规定，不具有广泛的社会效应，故在此我们主要讨论与这两个术语相关的公认的、日常的规定，即公常规。也就是说，在此我们所讨论的"真伪"主要是对公常规而言的真伪。

那么，按公常规（或简称常规），"真伪"的意义、含义（或涵义）又如何？对此，我们只能通过对大量的关于"真伪"这两个术语的规定的用法和理解方式的考察而从中概括出常规义来。"真伪"这两个术语所出现的大量场合并不意味着都是它们被允许、应该出现的场合；应该、允许与否主要取决于人们是否接受、认可这种用法或理解；而是否应认可、接受又通常是相对于特定的规定而言的。故不能说，一语词的意义、含义即是该语词的用法或对该语词的理解，而应说是该语词的符合规定的用法和理解。但这样所涉及的意义、含义是包括私下的、小范围的和公常的在内的笼统的、泛化的意义、含义。而只有那些被人们普遍认可、接受的用法和理解才是符合常规的用法和理解。可以说，一语词的意义主要是相对于常规而言的，而与意义、含义相关的常规主要是对语词的使用、用法及理解而言的，故一词语的意义、含义主要指符合常规的用法和理解；更确切地说，是与符合常规的用法和理解一致的。

使用与理解是密切相关的，可以说，它们是一个问题的两个侧面。一般说来，对语词的使用首先就应该按我们对它的意义的通常的、常规的理解来使用，而对一语词的意义的理解则首先是对该语词、词语的通常的、常规的使用方式的理解。当然，理解可以超出常规而进行理解，使用也可以有超越常规的使用。相比较而言，就与认识、信念的真伪相关的词语、陈述来说，使用比理解往往具有优先性。也就是说，对一词语、陈述的理解首先应该是对该词语、陈述的给出者或言说者所认可、接受特别是在此所采纳的用法的理解。因为，言说者所说之话的真伪首先是对他认可并采用的意义而言的，如果言说者并未取公常义或某种理解者所理解的义，而理解者则就公常义或自己所理解的意义而言，判定某包含该语词在内的言说者的陈述或信念的真伪，此时的判定显然是成问题的。因为，这种判定最多只能说明相对于公常义或理解者所理解之义而言的真伪，依此所判定为真的，并不意味着言说者的信念为真；反之，也不意味着其信念便是假的。因为，言说者、使用者的信念的真伪是对以言语为依托的信念的构成语词的由他所采用的意义而言的。这一点表明，即使言说者给出的表达其信念的陈述可以有除言说者所采用的意义之外的众多其他的意义及对其的理解，这些依其他的理解而做出的判定也并不构成对言说者的信念、陈述的支持或反驳。如果我们要搞清楚的是说者的信念是否为真的话，那么，理解应是对言者所采用的意义或者说是对言者对某语词的特定的被其认定的使用方式的理解，而不是其他的可以允许的理解。正是在此意义上，我们说使用优先于理解。尽管我们可以批评某言说者（对自己的信念的表达者）不按常规使用语言，这种言说行为是错误的，但这种批评并不直接涉及言说者的断言、信念的真伪。显然，言说者在使用某词语时通常首先要有对该语词的意义的理解，但这种理解仍旧是关于应该如何使用的理解。不仅如此，言说者还可以给出关于该语词的使用方式的新规定，此时，关于使用的规定也先于理解。使用优先于理解，主要是说，如何使用就应该如何理解。显然，理解者即使想按原使用方式理解，他的理解仍旧首先只是他所认为、相信是按原使用方式的理解；至于究竟是不是真的按言说者的原使用方式理解了，要证明这一点则是十分困难的。尽管如此，这种要求还是必要的，否则理解将成为一种任意的行为，成为一种完全想当然的事。即使是对文学艺术作品而言，理解也不是任意的。但有一点与对表达认识、信念的陈述的理解是不同的，即不能要求读者只能按作者的用义、用意来理解作品。然而，一旦涉及认识、信念及与作者的看法、意图、打算等相关的东西时，读者的理解便不能不考虑到作者的用义、用意。

由上可见，"真伪"的含义、意义（前者比后者更确切，这是由于意义所涉及的范围过于宽泛，而含义、涵义则主要是相对于语言而言的，特别是相对于语义规定而言的）首先就是关于该词语、术语的使用规定，特别是被人们普遍、广泛认可、接受的使用常规，或者说是常规的使用方式。"真"就其常规的使用方式而言，通常是被用来指陈述、命题、信念等所具有的某种特定的性状和功能，当某陈述具有该性状、功能时，该陈述便是为真的陈述，且以此为依托的信念也是为真的信念。这种功能一般指的便是与事实对应的功能。如果一陈述是与事实对应的，或者说对应着某种事实，则该陈述便是为真的陈述，以此为依托的信念便是为真的信念。

需要说明的是，"真"还有其他的常规用法，它不仅仅是陈述、信念等的基本属性，不仅仅是用来探讨陈述、信念的。"真"还可以与许多术语结合在一起，被用来指称一些具有特定的性质的东西，如真（心）话、真情、真酒、真货等。这里的"真"主指名副其实、表里如一，而"假"则为名不副实，表里不一。如"假酒"指的是冒酒之名的其他东西，或冒某种品牌的酒之名的其他酒。这里存在一个"冒名"的问题。言说者或展示者通常都知道自己展示给别人的是假的东西，他们通常是有意识地给出为假的陈述的，为的是使人产生为假的信念。这种"假"就造假者而言通常是有意识地对他人进行误导。

与上述情况相关，"真"还常用来指心口、言行等的一致。如前面提到的"真话"，并不是指此话或此陈述本身是与外在的某种实际存在的事态、事件是对应的、相应的，而是指此话与言说者心中所想的是一致的（怎样想就怎样说）。再如，"真情"指一个人的外部表情、表现与内心感受、情绪等是一致的,如心中喜悦之情通常是通过满脸的笑容来表现的。当一个人对某人满面笑容而心中却恨之入骨时,我们会说,他对此人并没有表露出真情,即没有表露出与满面笑容本应对应一致的情感,他在此表现出的是与内心不一致的情感,是一种虚情假意。言行一致通常也被视为一种真,这种真意味着说到做到,承诺做什么且做到了,即兑现了自己的承诺;反之则为伪。

这一类"真"或"伪"有一个共同之处,即通常都与"应该如何"或"不应该如何"相关,主要涉及的是一个道德、道义的问题,一个义务、责任的问题。如商标、包装应和一商品本身的实际情况一致(如标明为"西凤酒"的东西不应该是其他厂家出产的劣质散白酒,更不应根本就不是酒);说要做的事就应该做,不应只承诺而不做,自己应该对自己所说的话负责任,不应"挂羊头卖狗肉";自己心里怎样想就应该怎样说,不应该口是心非、口蜜腹剑,不应该说谎等。"真"意味着应该如此、本该如此;"伪"则意味着不应如此、本不该如此。这种"真伪"还有一个特点,即通常是真由伪而引出,而不是相反(由真引申出伪);这与我们前述的陈述、信念的真显然不同。真为肯定,伪为否定,一般说来,我们通常是由肯定引申出否定的,由 A 引申出非 A 的,而不是相反。也就是说,肯定式表达通常是占主导地位的,否定式表达依赖于肯定式表达。但上述情况下的真伪中的伪通常占主导地位,而真则依赖于伪而生。正是由于有了伪、假,如有了假酒、假药、假画、假(谎)话、虚情假意、假承诺、伪造等的泛滥成灾,"真"才成了一个问题。如果没有假画,我们一般不会提出"这是傅抱石的真迹吗?"之类的问题。

我们在前面曾经说过,与特定的规定相关的对错问题通常也涉及"应该如何"或"不应该如何"的问题。就此而言,这种与许多术语结合在一起,被用来指称一些具有特定的性质的东西的"真"与"假",与行为的对错也有密切的关联。表里不一、名不副实、言不由衷、言行不一、"挂羊头卖狗肉"、口是心非、口蜜腹剑、说谎欺骗等行为通常被认为是不应该有的行为,从某种意义上来说,也可以说是一些错误的行为。但是,此类行为通常更多地被看成是一些不好的行为、坏的行为甚至是恶的行为(恶行)。这是因为,此类行为与通常所说的错误的行为有一个重要的区别,这就是,错误的行为往往是在不一定情愿的、操作失误的情况下发生的,而上述行为大多具有有意为之、故意为之、刻意为之甚至恶意为之的性质，对这些行为者而言，带有明知故犯的性质，甚至并不以为有错乃至不以为耻反以为荣。因此，此类行为与其说是错误的行为不如说是不良的行为、坏的行为甚至恶劣的行为。这些行为通常已经不是偶然犯错的行为，而是处心积虑的行为，往往涉及一个人的人品、道德水准等。正如前述，对错主要是相对于人的行为而言的，而不是相对于行为的结果、产物而言的。社会上存在大量的造假行为，虽然我们有时可以说这些造假行为是一些错误的行为，但是说得更多的则是这是一些不好的行为、不良的行为甚至恶劣的行为。至于这种行为的结果和产物，比如假烟、假酒、假药、假古董等很难说是一些错误的结果和产物，很难在其前冠以"错"字。我们发现，确实存在一些在其前面可以冠以"错"字的东西，比如错版的邮票、钱币、错字等。这一点也充分表明，错误往往与失误有关，对于故意为之的主要已经不是一个错误的问题了。由此可见，虽然这些可以在其前冠以真假的语词通常也涉及"应该如何"或"不应该如何"的问题，但与这种"应该""不应该"相对应的主要不是对错问题，而是好坏问题、善恶问题等。这一点也表明，即使在此种意义上的"真伪"也与"对错"是有着明显的区别的，虽然两者确实有着密切的关联，但是不能混同。

由上可见，我们还可以引出"真伪"的另一种含义，或者说"真伪"的另一种常规的用法。这种用法通常并不是或主要不是用来指称某种事态、性状等，而是用来强调。这种强调更多地与"真"这一词语的使用相关而不是与"伪"相关。因为只有当"伪"到处充斥、泛滥时，强调真才显得十分重要；而当真到处流行的时候，似乎并没有必要因此就需强调伪。如当我们说"这是一瓶假西凤酒"时，其中的"假"似乎并无强调之意，而当我们说"这是一瓶真的西凤酒，真西凤酒"时，其中的"真"则显然有强调之意，因为，我们完全可以说"这是一瓶西凤酒"，而其意义并无多大变化，但省略了前一句话中的"假"字则意义完全变了。显然，这里的"真"并不是多余的，之所以要强调往往是怕别人会认为我说的是假话、谎话（后一说法似乎更恰当）或怕别人对此酒产生怀疑。之所以会有此种担心，往往是由于我认为他很可能会这样想甚至已经这样想了。如果我不认为别人会怀疑或很有可能怀疑甚至已经否定了该酒是西凤酒及怀疑我所说的有假，我通常是不会在说"这是一瓶西凤酒"的"西凤酒"之前特意加一个"真"字的；因为我会认为这是多此一举，画蛇添足，并认为别人也会这样看的。而这也正是我们所说的这一类的"真伪"中的"真"问题通常是依"假、伪"而生的原因之一。所谓的"真酒""真画"等如果不是强调的话，便是多此一举的。

值得注意的是，对于陈述、信念等也可以在其前加一个"真"字。这个"真"字很容易造成误解。所谓真陈述、真信念（或伪）通常有两种含义：一种是相对于这究竟是不是一个陈述、一个信念，或算不算一个陈述、一个信念而言的；另一种是相对于一陈述、信念是否具有其所言的对应项而言的。前者涉及的是陈述、信念的有无问题，后者则是在肯定这是一个陈述、一个信念的前提下对该陈述、信念的基本性状的判定。前者是对"这是一个陈述、信念吗？"或"这真是一个陈述、信念吗？"这一类问题的回答；其回答通常是"这真的是一个陈述、信念"或"这其实并不是陈述、信念"等。我们可将确实是陈述、信念的东西简称为"真陈述""真信念"；而将其实不是陈述、信念但往往是貌似陈述、信念的东西简称为"伪（或假）陈述""伪（或假）信念"。就第二种含义而言，它通常可看成是对"这一陈述所说的事情真的存在吗？""这一信念所信其有的东西真的有吗？"等问题的回答；其回答通常是"真有其所信的东西"或"真的存在该陈述所陈述之事"及"其实并不存在该陈述所断言存在的那种东西或事件""其所信的东西其实并不存在"等。我们也可将具有前一类性质的陈述、信念简称为"真陈述""真信念"，将具有后一类性质的陈述、信念（并无其所断言的对应项的陈述、信念等）简称为"伪（或假）陈述""伪（或假）信念"。由于上述两种真（或伪）陈述及信念之说含义不同且其义差别很大，当我们说"真陈述""假信念"等时有时会造成误解，故我们通常又将后者称为"为真的陈述""为伪的信念"等，以便与前者区别。但又由于这种表达比较麻烦，且我们通常很少涉及"这是不是一个陈述""这算不算一个信念"之类的问题。故在大多数情况下不说"为真的陈述""为伪的信念"等而直说"真陈述""假信念"并不会造成上述的误会、误解、混淆。正是由于在大多数情况下并不会出现误解、混淆，故在无此忧虑的情况下，我们没有必要非采取这种较麻烦的表达；但当在某种特定的情况下有可能发生上述所说的误解、混淆时，使用"为真的""为伪的"这种较烦琐的限定、表达便显得很有必要。

可以看出，关于"真"的规定涉及的是两种事态、事件之间的对应一致关系。无论是关涉特定的词语的"真",还是关涉陈述语句、认识、信念的"真"都与这种对应一致关系密切相关。两者的区别主要在于,前者更多地涉及的是"应该"的问题,即两种事态、东西应该有这种相应或对应一致关系;后者则主要涉及的是实际上有无这样对应一致关系的问题。应该表里如一,则表里如一便是"真";对于陈述、认识、信念等不能说它们就不存在应该同特定的事实、实际情况对应一致的问题,但我们一般不谈其是否应该有这样的对应一致,而主要谈的是它们实际上是否有这种对应一致关系,或某陈述、认识、信念是否实际上存在有与之对应一致的东西(有则为真,没有则为伪)。尽管有此区别,我们仍可以看出两者之间的联系、一致之处。因为就后者而言,"真"仍旧是与对应一致相关联,"伪"也是与不一致联结的,这与前者是类似的。实际上,说我们应该使陈述、信念与事实、实际存在的情况保持对应一致、应该给出有外在对应项、外在对应项不是空集的陈述也是不为过的。将给出为真的陈述、构建为真的信念看成是一种应该做的事,而将给出为伪的陈述、构建为伪的信念视为一种不应该做的事、本不应该发生的事,至少对以把握、认识世界为目的的陈述而言求得、保持这种对应一致是应该的、理所当然的(对艺术语言等并不作此要求)。尽管如此,此类"应该"的约束力并不强,或者说,当实际上做了不应该做的事情,不要说会受到惩罚了,连比较严苛地指责和批评有时似乎都不应该有(特别是对探索研究而言)。

　　由上可见,关于"真"的规定涉及的是两种事态之间的对应一致关系。就与信念直接相关的"真"而言,通常有两种类型的"真",这两种类型涉及信念的两类载体、媒介,即意象与言语。也就是说,"真"通常意味着意象或言语事态与该事态之外的其他事态、事件的对应一致,这种特定的言语、意象之外的事态可以是另一种言语、意象,且是可以直接呈现于我的,也可以是直接呈现于我的事态之外的其他事态。这一点表明,我们不仅可以有关于外在世界的信念、关于内在的其他的精神心理活动事态的信念,还可以有关于言语、意象的信念乃至关于信念的信念。无论与特定的言语、意象对应一致的东西、事态、事件是什么(原则上它可以涉及任何领域及其中的东西、事态、事件等),这种对应一致至少有一方应是特定的言语、意象。与特定的意象(包括感觉映象、表象、意想之象等)的对应一致通常是一种物理上的对应一致,即与之对应的东西至少在某些方面与该意象有一种物理上的关联。如我想到一张桌子与看到一张桌子，其意想之象与感觉映象及该桌子的现象具有一种物理上的类似、近似、一致的关系。我们可以依托特定的意象而形成特定的信念，这一类信念通常是属于较低层次的信念或感性层次的信念。这一类信念不仅人有，其他的动物，特别是一些较高级的动物也有。就这一类信念而言的真伪问题主要是一个是否存在有与该意象对应一致的东西、事件的问题。比如，我想象的东西是否存在，被认为、相信是有其外在的对应项的特定的意象是否确实是有外在的对应项的意象等。与特定的言语陈述的对应一致则通常是一种与规定相关的对应一致，与之对应的东西与该言语陈述本身通常并不存在物理上的相近、类似乃至一致的关系；这种对应主要是通过直接或间接的规定而形成的。如"A 桌子上有一个苹果"，其中的各个词语，如"桌子""一个""苹果"等与特定的对象的对应一致通常是直接规定了的，这些语词的特定的组合方式也是被规定了的；但该陈述是否有与之对应的事态、事件这一点则不是直接规定了的。我们通常只是间接地规定了与该陈述能够构成对应的究竟可以是一些什么样的事态、事件，而不能规定该陈述一定有与之对应的事态、事件。有无与之对应一致的东西、事件这是一个事实问题，但如何便算是对应一致则是一个规定的问题。同样，我们也可以依托特定的言语陈述而形成特定的信念；这一类信念则通常是属于比较高的层次的信念，即理性层次的信念。这一类信念虽不能说是人所独有的，但其他的动物、至少其他地球上的动物最多只是具有处于萌芽状态的这种信念。就这一类信念的真伪而言，主要是一个是否存在能与该言语陈述对应一致的东西、事件的问题。比如，我所说的东西、事情是否存在，被我认为、相信是有外在的对应项的特定的言语陈述是否确实是有外在对应项的言语陈述等。

上述两类信念的真伪问题相比较而言，前者主要涉及的是意象与其他对象的关系问题，而后者则主要涉及的是言语陈述与其他对象的关系问题。由于后一类信念更能反映人的特点，故我们在谈论信念问题、谈论信念的真伪等问题时，主要就后一类信念而言，主要讨论与后一类信念相关的真伪问题。实际上，对后一类信念，即以言语陈述为依托的信念及其真伪的讨论通常总要关涉到特定的意象和以意象为依托的信念及其真伪，故我们并不能将两者截然分开。更进一步，言语陈述的对应项究竟是什么样的东西、事件，或者说，什么样的事态、东西才算是与某特定的言语陈述构成对应的东西，这一点通常是通过特定的意象确立的。也就是说，言语陈述通常是以意象为媒介，通过意象这一媒介来把握世界的，而其真伪的确立也是以意象为媒体、媒介的。这是由于，言语陈述及以其为依托的信念对世界的把握是间接的、抽象的，而意象与世界的关系则比言语直接得多、具体得多。特定的意象与某对象是否对应一致我们通常可以通过感性直观来确立，而特定的言语陈述与某对象是否对应一致是不能直接观察到的，因为两者通常并无物理上的相近、类似、一致的关系。要搞清楚一特定的言语陈述究竟可以与怎样的东西、事件构成对应一致，或搞清楚究竟具备哪些条件的东西、事件才能算是与该言语陈述对应一致的，通常首先应通过特定的规定而形成与言语陈述对应一致的意象，然后再通过这些意象直接地、直观地、具体地确立是否有与之对应一致的东西、事态、事件等，并从而确立以言语陈述为依托的信念的真伪。可见，对以言语陈述为依托的信念的真伪的讨论在一定意义上包括了对以意象为依托的信念的真伪的讨论。

第三节　所信对象的坐标系、世界与真伪

一意象、陈述的真伪关键看是否有与之对应的事态、状况，但并非只要有与之对应的其他的事态、状况，一以意象或陈述为依托的信念便是为真的。这是因为，信念所依托的陈述本身往往省略了特定事物、事态、状况存在的坐标系、场合，或者说"世界"。我们的信念往往暗含着对对象存在的坐标系、世界的肯定，但陈述却通常并未说明是什么样的坐标系、什么场合或世界（尽管我们可以给出这样的说明）。如果我们肯定的是某对象或事态、事物、状况在 A 世界、A 坐标系中的存在，若该事态等并不存在于该坐标系、世界之中，但却确实存在于另一个世界或坐标系之中，那么，尽管对于不加以限定的陈述而言可以说它是真的，但对于我们的这种特定的信念而言，则不能说此信念为真。实际上，我们通常所谈论的真伪总是具体的，那种不加限定的真伪是没有什么实际意义的，故我们有必要对事态、状况可能存在于其中的坐标系、场合、"世界"或者说可能存在的坐标系、世界加以说明。

诸事态、状况可能存在于其中的坐标系、世界，或者说可能存在的坐标系、世界看来是多种多样的。一事态、事件、状况首先存在于可能的世界之中，或者说，它可以是存在于可能世界中的一个事件、一种状况。此外，它还可能存在于某些现实的世界之中。就现实的世界而言，通常又可以有精神心理世界和其外的现实世界之分。就前者而言，又可以进一步分为梦的世界、记忆的世界、想象的世界、感知映象的世界等。就意象而言，也可以相应地分为梦中的意象、忆象、想象之象、感知映象等。就其外的现实世界而言，也可以划分为众多的子世界。同一语词可以用来指处在不同的外在世界中的类似的东西，如一个具有某种形象的东西可以存在于照片中、录像中、画像中和自然界中等。尽管它们可以有类似或相同的某种形象，但却是一些不同的东西。我们往往用同一词语来表达这些处在不同的子世界之中的东西。如具有牛的形象的这些东西，往往都可以用"牛"来表示；我们往往并不直接说"牛的形象"如何，而是直接说"牛"如何。如我们可以说"一头牛正在吃草"，但我们可能谈论的是一张照片、一幅画、一个动画片、一段电影镜头、一段录像等中的情景；当然，也可能谈论的是与一个不仅仅具有牛的形象而且具有牛的嗓音、牛的机体、牛的生理构造、牛的遗传物质、牛的行为、牛的脾气等的东西相关的即时的事件、事态。显然，这种具有牛的各种性状的东西可以看成是一个存在于现实的自然界中的一头牛，而前述的那些牛只不过是一些处在不同的影像中的牛。如果我们不明确地指出我们所说的事是存在于什么坐标系、子世界中的事，而只是说有这件事，那么，很难说我们的这种信念是真还是伪。实际上，它往往既可以说是真，也可以说是伪。由于我们的信念中往往暗含着这种对特定世界、坐标系的肯定、确定，而只有在坐标系、世界确定的前提下才存在该信念的真伪的问题，故如果面对一个未明确说出其相对的坐标系、世界的陈述，首先便是要确定其所指定的坐标系、世界；当这一坐标系、世界确立之后，其真伪才可能确定。

显然，有些表达信念的陈述尽管并未明确地指出其是相对于何世界、坐标系而言的，但我们却很容易看出它究竟是相对于何坐标系而言的。比如，某表达信念的陈述为"唐老鸭有三个小侄儿"或"唐老鸭认为一头真狮子是它的侄儿假扮的"。这样的陈述对知道唐老鸭为何物、看过其动画片的人来说很容易断定该表达信念的陈述是相对于有关唐老鸭的动画片或书中的情况而言的。而"宋江和武松是结拜兄弟"或"武松曾在景阳冈下一酒店中一次喝了十八碗酒"这些陈述就不易断定其究竟是对何坐标系、世界而言的。它有可能是相对于真实的历史而言的，也可能是相对于《水浒传》一书而言或相对于《水浒传》的电影或电视剧而言的，还可能是对传说等而言的。显然，只有确定了其究竟是相对于何世界而言，才可能确定通过该陈述表达的信念的真伪。上述的那些不确定性通常可以通过对坐标系、世界的明确指定或附带说明来消除。由上可见，不仅与某特定的言语陈述对应一致的事态、事件可能出现在不同的坐标系、世界之中，且有可能同时出现在众多的不同的坐标系、世界或场合之中。正是由于存在这种不确定性，且它直接关涉到与之相关的信念等的真伪，故确定、说明该对应事态究竟是相对于何坐标系、世界而言的是十分必要的。

尽管我们可以用同样的言语谈论处在或可能处在不同的坐标系中的同样或类似的事态、事件（不是同一个事态、事件），然而，当这一陈述涉及的是不同的坐标系时，其真伪可能有很大的差异。如我认为在《水浒传》一书中董超、薛霸是被武松（或燕青）打死的，而不是被高太尉（或陆迁）指使人杀害的，这样的信念显然是存在真伪问题的。有些相对于特定的坐标系而言的陈述我们似乎很难说存在真伪问题，如就电视剧而言，我认为"雷横其实也不情愿受招安""宋江对李师师产生了爱慕之情"等。这些事在《水浒传》的电视剧中并没有明确的交代，但我却仍可以有这样的信念。这种信念看来与前述的关于董超及关于宋江与武松的关系等的信念有明显的不同，因为它涉及的是剧中人的精神心理事态，而这些精神心理事态我们并不能直接从剧中看出。那么，这些陈述、信念存在真伪问题吗？究竟是这些陈述、信念的真伪是不得而知的还是根本不存在真伪？看来，似乎与其说真伪不得而知，不如说是难说真伪的。尽管如此，我们却可以设想宋江对李师师产生了爱慕之情，且认为这种设想是合理的，至少是可以接受的。这样一来，上述问题便转化为与这种设想是否可接受、是否合理相关的真伪问题了。即这种设想真的合理吗？真的可接受吗？这样，便又不得不涉及对何为"可接受"、何为"合理"的规定（特别是公常规定）的问题。

由上可见，不仅涉及不同的坐标系的同样的陈述可以有一些意义非常不同的真伪问题，而且，有些陈述看来似乎很难说有一个真伪问题，

第四章　信念的对错与真伪

或者说，似乎存在一些失落了真伪的陈述，一些陈述的真伪似乎有失落之嫌。如果真是这样的话，那么依托于这样的陈述的信念也无真伪可言了。这样便产生了一个问题，即是否存在有依托于这样的陈述的信念？如果有，那么，便存在一些无真伪的信念；如果没有，那么，就得承认有一些陈述是不能作为信念的载体、依托的。果真如此吗？看来，我们很难接受"无所谓真伪的信念"之说，也不太容易接受"无所谓真伪的陈述"之说。相比较而言，问题的关键还在于是否有无所谓真伪的陈述。如果仔细想一想便会发现，上述那些看起来似乎很难说存在真伪问题的陈述其实还是存在真伪问题的。像"宋江爱上了李师师"这样的似乎很难说存在真伪问题的陈述本身并不是无真伪可言的；人们之所以产生无真伪可言的想法，其主要原因就在于没有搞清楚所陈述的事情、东西的存在域，即没有搞清楚其是相对于何坐标系、场合、世界而言的，并将不同的坐标系、世界的性质搞混了。比如，上句话对《水浒传》一书或电视剧而言绝不是无所谓真伪的。实际上，上述陈述是有真伪的，且是伪的。因为，既然是对书或电视剧而言的，那么，只要书中或电视剧中没有表明这样的情景，那么，该陈述便是无书中或电视剧中的对应项的，故是伪的。书或电视剧的世界与现实的自然世界中的事件、东西是不同的，只要在书中没有记载，在电视剧中没有表明的东西、事件便是不存在于书或电视剧的世界之中的东西、事件。如果某陈述是相对自然的、现实的世界而言的，那将有所不同，此时即使我们并未发现一个现实的人对另一个人有爱慕之情或怀有恨意，也不能因此就说在现实世界中不存在此类事情、事件。需要说明的是，虽然"宋江爱上了李师师"相对于书或电视剧的世界而言是伪的，但它至少可以在以下的坐标系或世界中有可能存在其对应项，如在我的梦中、想象之中，或者说在我的梦的世界、想象的世界之中等。也就是说，至少相对于这些坐标系、世界而言，"宋江爱上了李师师"可以是真的。换句话说，"宋江爱上了李师师"不过是某人的梦想或者想象罢了。可见，只有搞清某陈述是相对于何坐标系、世界而言的，才可以谈论其真伪问题，谈讨其究竟是真还是伪。

第四节　关于所指的坐标系、存在域的排序问题

如前所述，我们往往可用同一术语、陈述来表示、诉说处于众多的不同的世界中的具有某种共性的众多的不同的东西、事件。但在这些不同的东西中通常总有一种是最初被表示或表述的东西。一般说来，这些最初被表示或表述的东西大多是一些存在于外在的自然界的东西，如牛、楼房、人或某个特定的人如拿破仑、孔子等；其后我们又将具有被我们称为"牛"等的东西的某些特征的其他东西，特别是具有与之相同或相近的形象的东西也说成是在另一些不同的世界中存在的"牛"。显然，这些"牛"至少有处在自然界中的被我们最初称为"牛"的东西的某些特征，但又不具备成为原初被称为"牛"的东西所必须具备的另一些必要条件；它们只是具备了这些必要条件集合中的部分条件的东西。就形象而言，它们也不是具备了原初所指的"牛"的所有的形象。一般说来，在这些形象中视觉形象占有优先的地位，其次才是触觉、听觉、味觉形象等。我们通常看到了一头牛的形体，即形成了一头牛的视觉映象时，往往会说我看到了一头牛，而当我听到了一头牛的叫声，即形成了与牛相关的听觉映象时，我却很难说我听见了一头牛。我们通常会说看到了一头牛，而不说听见了一头牛。可见，在大多数情况下视觉映象、意象对确立一种东西具有优先的意义。

严格地说，我不仅不能说听到了一头牛，也不能说看到了一头牛（这里涉及一个说法的对错问题），而只能说看到了一头牛的与我的视觉相关的某些方面，或看到了牛所能呈现于我们的形象，看到了具有与牛的形象近似、一致的形象的东西等。这里涉及一个与"看"相关的信念的真伪的问题。相比较而言，说"想到了一头牛"看来大家通常都不会有异议。那么，我们又是如何想到的呢？我们究竟想到了些什么？显然，我们通常是通过将各种以往的感知映象（更确切地说，是我们认为的以往的感知映象）组合在一起而想到一头牛的，但这种组合中看来并不仅仅是过去对牛的感觉经验。我可以想到一头牛的形色、叫声、气味、脾气、生理构造、功用、价值等方面，并将其组合为一个整体，这样，我便可以说，我想到了一头牛。可见，一头牛最直接即时地显现于我们的

是我们对其的即时的某种感觉映象，而完整即时地显现于我们的则是对其的感觉映象与对各方面忆象及其关系的想象的组合。说我感觉到（如看到）一头牛是比较牵强的，但我们可以说想到了一头牛，特别是可以说到或谈到了一头牛。实际上，最恰当的应是"说到了"一头牛，其次才是想到了一头牛，再次则为看到了一头牛，至于听到、嗅到一头牛等说法与其说是不太恰当的，毋宁说是不恰当的，不应这样说的。这一点表明，我们正是通过言和想来完整地把握事物的，或者说，事物、东西主要是通过特定的言和想来规定的、确立的。

与事物、物事可构成完整的对应一致的首先是语词、陈述。但与词语、陈述可构成对应一致的东西却可以存在于众多的不同的世界（存在域）之中，且其最初的所指并不一定就是存在于现实的自然界中的东西（如前述的活生生的牛），它完全有可能是一些存在于其他的世界之中的栩栩如生的东西。比如，唐老鸭、孙悟空等，它们本来并不是自然界中原本存在的事物，我们也不可能是首先用该语词去表示某个自然界中存在的东西的。但我们却可以想到、说到甚至梦见唐老鸭，更进一步，还可以将某种外在于我们的东西称为唐老鸭，特别是当该东西与卡通片中的唐老鸭在某些方面具有一致性时。这样，当我们说唐老鸭如何如何时，这类陈述的真伪通常首先是对卡通片而言的，但又不尽然。

人们通常认为，原初的所指具有优先性，其实并不一定。真正具有优先性的是公常的所指。原初的所指不一定就是公常的所指。虽然其他的所指有不少是由原初的所指引申出的，但被引申出的所指却具有相对独立的意义，对其的判定并不一定要以原初的所指为准、为根据。更进一步，原初的所指可以是任一世界中的东西，并不局限于外在的自然界之中，故即使一陈述首先是对原初所指而言的，也不能说该陈述的真伪首先是相对于现实的、外在的自然界而言的。

第五节　建立在为伪的信念的基础之上的信念及其真伪

设想有这样一种情况：A 和 B 两个人是孪生兄弟，某人 C 曾在某时某地遇见过 A 人，又在另一时另一地遇见过 B 人，由于 A 和 B 都使 C 留下较深的印象，但 C 却并没有将 A 和 B 两者区分开来，视为两个人；C 认为在某时某地见到的那个人也就是在另一时另一地见到的那个人，认为在两时两地见的是同一人，并将其称为"S"。显然，C 的这种信念、认识是伪的，S 人实际上是不存在于外在的自然界中的。但是，在此为伪的信念的基础之上，C 还可以形成另一些信念，即关于"S 人"的信念。C 人可以在梦中梦见他认为是曾在两地两时见到的那个人，此时，C 显然梦见的不是 A 也不是 B，而是 S，或者说是 A 且 B。这个 A 且 B 显然是 C 的想当然误断的产物，是其为伪的认识所滋生的东西，也就是说，他实际上梦见的是仅存在于他的想象和信念之中的人，是关于想象中的存在的梦。尽管如此，"他梦见了 S"则显然可以是真的，但这种真显然首先是相对于他的想象、信念世界而言的，而不是对现实的外在世界而言的。

　　上述情况只是一个比较典型的例子，实际上这种情况大量存在。如果说，我们对某事物、对象本身有某些为伪的认识，那么，建立在这些包含有为伪的认识的认识集合之上的认识、信念便不能是对该事物、对象本身的认识，而只能是关于想象中的、被我们认为、相信存在的东西的信念、认识的话，那么，我们就很难谈对外在世界的事物的认识。这是由于，我们对一事物的认识、信念的集合中很少有不包含为伪的认识、信念的，而由该集合所确立的对象首先只能是一个存在于想象中、信念中的对象，而不是现实的外在世界中的对象。现实的存在于外在世界中的东西、对象最多只是与这些想象中、信念中的存在类似的东西，或者说，只是具有与想象中、信念中的东西的某些特性一致的特性的东西，而通常很少有具备与想象中、信念中的东西的所有特性一致的特性的东西。由此引出的麻烦主要在于，往往可以有不止一个的东西具有想象中、信念中的东西的某些特性，且分别具有一些不同的特性，但谁也不能说想象中、信念中的东西指涉的就是它，非它莫属。在此，我们面临着一个两难的问题，如果我们仅仅认为上例中的"S"只能指某人想象中、信念中的东西，而不能指涉外在现实世界中存在的东西，那么，通常被我们认为是对外在事物的认识、信念之中，其中的绝大部分也应归入其中，那么，我们究竟还能有多少对外部世界的事物、事件等的信念？我们是很不情愿接受这种情况的，但如果不接受它，那么就得承认前例中的"S"应指涉外在世界中的某个东西。那么，就上例而言，C 人所梦见或想到、说到的 S 究竟指 A 还是指 B 呢？或指 A 和 B 的综合体，即 A 且 B？

抑或既指 A 又指 B，既可以指 A 又可以指 B？在上述疑问中，看来 A 且 B 不能算数，因为在现实的外在世界中并无 A 且 B 这个东西。故 C 人梦见 S，最恰当的说法应是 C 人梦见了 A 和（或）B。这比说 C 人梦见的是 A 不是 B，C 人梦见的是 B 不是 A 要恰当些。因为在上例中，A 和 B 的权重是基本相当的。当然，在大多数的情况下，这些可选的支并不是平权的，此时便存在一个优先所指的问题。虽然 S 本身并不是存在于外在的现实世界中的东西，而是实际上存在于想象、信念之中的东西，但它又确实是由存在于外在的现实世界中的东西导出的，故"S"无论是否有与之完全一致的外在世界中的对应项，它都是在指涉外在世界的东西的，尽管它所指涉的东西与之不是完全对应一致的，但至少在某些方面、部分是有一致之处的。如果 C 人认为 S 此时正在看书，我们可以将他的这个信念看成是"A 或 B 正在看书"。显然，这个陈述、信念是存在真伪问题的，且其真伪是可以通过某种方式确定的。这个信念也不仅仅是一个关于想象中、信念中的状况的信念。上述情况表明，建立在某些为伪的信念的基础上的信念未必就是伪的。

第六节　对错与真伪的关联

如前所述，对错主要是相对于行为而言的（在特殊情况下可能涉及结果），更确切地说，是相对于与行为相关的规定、相对于与"应该""不应该"相关的规定而言的；而真伪则涉及的是陈述、信念等是否存在与之相关的对应项的问题。对错和真伪两者是有区别的，但是，它们之间也是存在密切的关联的。对错是相对于特定的行为规定而言的，而与真伪密切相关的对错只是对错问题中的一小部分，实际上，大多数行为的对错与真伪并无直接的关联，如与道德规范、法律规定等相关的行为通常并不存在一个与之相应的真伪问题；与真伪直接相关的行为及行为规范、规定只是言语、判断、判定等少数行为及与之相关的行为规范、规定。某些与特定的道德、法律等规定相关的行为虽然存在一个对错的问题，但通常并不存在一个真伪的问题，真正与真伪问题密切相关的对错问题是关于这些行为的对错的判定，是关于某行为是对还是错的论断，而不是这些与道德或法律相关的行为本身。故我们在此所讨论的对错与真伪的关联显然主要指的是与判定、言说等行为相关的对错（包括此类行为本身的对错和关于其他行为的对错的判定）与真伪的关联。

真伪本身虽只是与两种事态（其中至少有一种呈现为言语或意象）是否对应一致相关，但说真或说伪、认为真或伪等则是与行为相关的，其本身就是一种特殊的行为。是否应该说或认为某陈述真（或伪），这一点也是由特定的规定确立的。显然，某陈述若符合关于真的规定，其便是为真的，此时，说它为真、认为它真，便是正确的、对的。这里涉及一个对说真与认为真的规定问题。该规定便是，当某陈述为真时，便应该说其为真、认为其为真；当某陈述为伪时，便应说其伪，认为其伪。也就是说，当某陈述为真时，说或认为其真便是正确的、对的；当某陈述为伪时，说或认为其伪便是对的、正确的。反之，当某陈述为真时，说或认为其伪；当某陈述为伪时，说或认为其真便是错误的。这一规定显然是一个关于"诚"的规定。

然而，当我们说"S陈述是为真的"或说"'A桌子上有一个苹果'是真的"时，这又构成了一个新的陈述。这个新的陈述显然也存在一个真伪的问题，且其真伪依赖于由"是"相连接的前后两项是否一致。如前述的"'A桌子上有一个苹果'是真的"之说，当"A桌子上有一个苹果"是一个为真的陈述时，则"'A桌子上有一个苹果'是真的"这一陈述便是真的；而当"A桌子上有一个苹果"是一个为伪的陈述时，"'A桌子上有一个苹果'是真的"这一陈述便是一个为伪的陈述。此时，该类陈述是否为真所依据的仍是关于何为"真"的规定。显然，"'A桌子上有一个苹果'是真的"这一陈述是由"A桌子上有一个苹果"这个陈述引申出来的陈述，是依赖于后者而生的。后者是自变项，前者是因变项；后者要求前者与之一致，而不是相反。故上述所说的由"是"相连接的关系前项与关系后项的一致并不是对称的，其主要指的是关系后项应与关系前项保持一致，而一般并不要求关系前项应与关系后项保持一致。也就是说，是关系后项（"真的"或"伪的"）应符合关系前项（"A桌子上有一个苹果"），后项以前项为依据而得以确立，后项视前项的情况而定，而不是相反。但上述情况也有例外，如当我们提出下列要求："请指出或说出哪些陈述是真的"时，在具体说时，前项才视后项的情况而定。

在上例中，真伪与对错交错在一起，当"A桌子上有一个苹果"是真的时，说（或认为）"'A桌子上有一个苹果'是真的"便是正确的、对的，且"'A桌子上有一个苹果'是真的"这一陈述也是真的。设"'A桌子上有一个苹果'是真的"为"S"（为避免出现三重引号的问题），那么，"'S'说法、看法是正确的、对的"这一陈述也是为真的。这里不仅涉及关于真伪的说法、看法的对错问题，还存在关于对错的说法、看法的真伪的问题。当我们说或认为什么是正确的、对的，什么是错误的时，这种说法或看法本身又存在一个真伪问题，即存在一个"它真的是正确的、对的吗？"或"这种说法、看法真的符合关于对错的规定吗？"这一问题。如果按规定应说对，但却说或认为其错；或按规定应说其错误，但却说其正确；此时，这种说法、看法便是错误的，而其所说及所信的陈述等则是伪的。

由于信念包括"信"这一行为事件及所信的内容，陈述也有名词性的陈述与动词性的陈述之分，或者说可分为陈述N与陈述V两种；故作为行为事件的"信"与"陈述V"显然存在一个对错的问题，而作为所信与所陈述的东西则又存在一个真伪的问题。确切地说，一信念就"信"而言可分出对错，就所信而言，又可区分出真伪；一陈述就陈述V而言，存在对错，就陈述N而言，又存在真伪。可见一陈述、信念通常总是既存在真伪问题，又存在对错问题的，它们是相对于陈述和信念的不同侧面而言的。陈述与信念两者就上述情况相比较而言有一点是不同的，即陈述N并非一定要通过陈述V而形成，陈述N作为一种特定的有意义的音形的组合，有可能通过一些随机的、偶然的变动而形成（如在第二章中所提到的蚯蚓、幼儿等的完全无目的的行为）。对这些并非由人的有意识的言语行为构成的特定的音形组合来说，有一些我们确实可以将其作为陈述来处理（只要它具有陈述的形式），并谈论其真伪，但却不能谈论其对错。也就是说，可以存在一些只有真伪而无对错的陈述。因为蚯蚓、幼儿等并无意制造出一些陈述来，但由其活动所产生的结果（产生的特定的音形组合）其中有一些却可以具有陈述的功能。我们可以将其视为是一些无意间或自发地产生出的陈述。但信念则不然，信念既不可能有无所信的信，也不可能有无信之所信。就"信"而言，它主要是一种态度、一种精神心理事态，但这种态度不仅存在一个产生的问题，还存在一个保持的问题，而无论是产生还是保持，都与人的行为相关，且与涉及该类行为的规定相关，故存在对错问题，而其所信又存在一个真伪的问题。

　　实际上，并非所有的规定都只是相对于行为而言的。比如，关于"真伪"的规定便不能说仅仅是相对于行为而言的。关于真伪的规定涉及的是两种状态、事态之间的对应关系。按常规，当某陈述或信念有与之对应的外在事态时，便是真的，如果我们坚持"诚"的原则，那么，便意味着当存在这种对应时，我们便应说该陈述、信念是真的，若不这样说，便是错的。这里的"A信念、陈述是真的"意味着A信念、陈述是有与之相关的外在对应项的；但根据"诚信"原则，它也意味着说或认为A信念、陈述是真的，是正确的、对的。设A信念或表达该信念的陈述为"A桌子上有一个苹果"，则它也意味着说或认为"A桌子上有一个苹果"是正确的、对的，或者说，上述看法或说法是正确的。我们有此不成文的规定（常规），即如果某陈述、信念有与之对应的外在事态，或者说其所肯定的存在于特定的世界及坐标系、存在域中的东西、事件确实是存在的，并存在于该世界、坐标系、存在域之中，那么，该陈述、信念便是真的，是为真的陈述、信念。不仅如此，也可以或应该说、认为它是为真的，更进一步，既然该陈述等是为真的，那么，这样说或这样认为也是正确的、对的。在上述的一连串的关联中，既涉及真伪问题，又涉及对错问题，还涉及事实问题及与规定相关的权利和义务等问题；这些问题交织在一起，彼此关涉，但又各有不同，既不能将其截然分开，又不能将其混同为一。就陈述或信念而言，在上述论述中既涉及一般的陈述、信念，又涉及关于陈述的陈述、关于信念的信念；既涉及一般的陈述、信念本身的真伪、对错问题，又涉及关于真伪、对错的陈述、信念的真伪、对错问题。这些问题也是既不能截然分开又不能将其混同为一的。故在讨论上述问题时，应充分考虑到其复杂性。

　　真伪与对错两者之间还存在一种与信念、陈述相关的重要的关联，这主要涉及是否为信念、陈述的问题，或者说，涉及真信念、真陈述及假（冒牌的、貌似的但其实并不是的）信念、假陈述的问题。有许多的被认为是陈述、信念的东西看来很难说存在真伪问题，之所以如此，一个重要的原因便是这种表述等其实是错误的。这种错误主要是相对于语言规定、逻辑规定等而言的。就语言规定而言，又可分为语法规定、语义规定、语用规定等，并可分别涉及字、词、句、篇等不同的层面；与这些方面和层面的规定相关的对错有许多直接影响到一种表达式是否真的可以说是一个陈述的问题，是否可以算是一个真正的陈述的问题。就此而言，是否存在真伪的问题、是真还是伪的问题在一定程度上依赖于对错的问题，当我们难以搞清楚某说法如何便是真、如何便是伪时，应问问其说法是否有错，其是否真可以算是一个陈述。

第五章　与语言、逻辑规定相关的对错与真伪

信念存在一个真伪问题，信念的产生和表达等则存在一个对错问题。真伪与对错密切相关，两者与语言、逻辑规定也密切相关。真伪、对错与语言、逻辑规定之间的关联我们在前面已有所提及，但并未深入考察（特别是与逻辑规定之间的关联）。在此章里，我们专就此问题进行深入分析。

第一节　规定与语言规定

规定本身是人的一种特定的行为及其结果。规定本身并不存在真伪问题，但却与真伪密切相关。规定本身是人为的，但却不是任意的，做出一项规定往往要考虑到众多的与之相关的因素，它要受到众多的因素的制约，特别是要受到先前已有的与该规定相关的其他规定的制约。

语言规定是规定的一种。语言规定大致可分为语法规定、语义规定和语用规定三类。就不同的语言单位而言，又可区分为词法、句法、词义、句义等规定。由于我们讨论的主要是信念问题，而与语言相关的信念主要涉及的是语句，特别是陈述语句，故我们着重讨论与陈述相关的规定问题。

规定涉及诸多的方面，如谁做出的规定，规定了什么，如何规定等，但最重要的则是规定的有效性问题。规定的有效性还存在量上的差异，即存在一个有效范围和程度的问题。语言或言语等规定首先涉及一个规定权的问题，而规定权又必然涉及规定者。一般说来，每个人都可以成为规定者，都有权对特定的语言符号做出自己的规定，但这种规定通常只具有私人性质。如果某人为了保密或其他目的而对某些已有的词语做出新的规定，甚至创造出新的语言符号，我们不应否定他有这样的权利，

但是，如果该规定者想让别人也接受并采纳这种规定，那就是另一回事了。让别人接受这些规定通常可以有两种基本的方式：一是建议或诱使别人接受采纳某规定；二是让别人将接受、采纳该规定看成是一种义务。然而，对一个私下规定而言，别人并无接受、采纳它的义务。别人有权接受采纳该规定，也有权拒绝接受、采纳该规定。故一种私人的规定如果要扩大其接受、采纳的范围，通常只能采取第一种方式，即对别人来说，只能是一种建议和诱惑，通常只能说服别人而使其接受、采纳、认可。然而，人们通常是不会随便接受、采纳某人的新规定的，除非他们对这种新规定感兴趣，认为确实比原有的要好，具有某方面的优越性等；否则，便会对其不理不睬，甚至产生反感、抵触、排斥的情绪。

对于这些规定，通常存在认可与接受采纳两种对策。某规定可以被认可，但却不一定会被接受采纳。如果一种私人的规定用于私下的场合，看来是无须指责的，也就是说，可以认可某些人在私下的场合使用私下语言、密码语、黑话，但如果在公开的社会交流中使用这些私下语言、密码语、黑话等（这些皆是一些有着与日常语言规定不同的规定的语言）则是难以被认可的，更不用说接受采纳了；故它通常只能是一种私下的规定。就公开场合而言，就被人们普遍接受、采纳的语言规定而言，其规定可以说是常规性的，是一种公常规（公认的、日常的规定）。只有常规才是被人们广泛接受采纳的，而被人们广泛接受采纳的规定也就是常规（"常规"或"公常规"即是对上述规定的简略表达）。规定有时可以是大家商讨的结果，这种由大家或众人协商后做出的规定通常也称为"约定"。约定不过是与前述的规定在给出方式上有所不同的规定，只是一种特殊的规定。常规和私下规定并不是一成不变的，它们可以在一定条件下相互转化。我们不排除某些私下、私自的规定有可能最终被人们广泛接受和采纳，从而成为又一个常规的情况。常规与私下规定经常处在一种相互竞争的状态；常规力图保住其常规的地位，而众多的私下的规定则总是力争夺得这种地位。

规定总存在一个遵守、执行的问题，而人既是规定的遵守者、执行者，又是规定的破坏者、废除者及新规定的制定者。如果有一种规定但却无人遵守、执行，那么，它便形同虚设，便是一种无效的规定。如果一种规定只有极个别人遵守、执行，那么它只能是一种有效范围很狭窄的规定、约定；而当一种规定拥有广泛的遵守者、执行者时，那么，它便成为一种常规。可见，可以有社会化程度不等的各种规定。一般说来，私下的规定主要涉及的是一个权利的问题，对私下规定在特定范围内的认可实则是对这种权利的认可；而常规却不同，它通常与义务、责任相关，也就是说，可以将遵循常规视为一种义务，即在公开场合有义务遵循常规。

规定与执行、遵守是密切相关的。如果遵循、执行某规定被视为一种义务，那么，便无权违反它，违反了它通常是要受到一定的惩罚的。规定是有可能被违反的，如果没有一套保障措施，就难以遏制违反的行为出现。不同的规定有着不同的保障体系、措施。这些保障措施既可以是非常强硬有力的，也可以是较温和的（这一点在前一章我们曾谈到过）。在此，我们要着重说明的是，语言规定的约束力与法律乃至道德等规定的约束力相比较而言是很弱的。如果有人故意不遵守某语言常规，一般说来，我们只能对这种行为提出批评，表示不以为然、不满等，而无权强迫其必须改正，更不能为使其就范而动用暴力等。尽管语言规定的约束力较弱，但如果我们因此而随意违反它，便会造成许多麻烦与混乱。在这些语言规定中，最重要的便是常规。如果违反语言常规，那么就会给交流带来很大的障碍，而如果是有意违反的，那么无异于有意制造麻烦和混乱，有意不想与别人交流。

第二节　语义与对错、真伪

在语言规定中，与信念、陈述的对错、真伪相关的规定包括语法、语义、语用等方面的规定，其中与信念、陈述的对错、真伪关系最为密切的是语义规定。这类规定主要包括关于词义的规定和关于句义的规定。其中关于词义的规定中还包括关于"对错""真伪"这些特定的语词的词义规定。

关于语义的规定与以言语为依托的信念的真伪等密切相关。以言语为依托的信念究竟所信为何，这直接涉及该信念所依托的言语陈述的意义（主指语义），该信念的真伪也与其陈述的意义密切相关。哲学界现今有一种普遍的看法，即认为哲学就所研究的重点、焦点问题而言曾发生过几次重大的转向：古代哲学所关注的主要是本体论问题；近代哲学所关注的焦点问题则由本体论转向了认识论；而现代哲学所关注的焦点则又由认识论转向语言。之所以会发生上述转向，是有其内在原因的，而其中的一个重要的原因就是当我们在讨论哲学问题时（其他领域的问题也一样），首先面对的就是语言问题，特别是语义问题。我们首先面对的是各种说法，并通过研究、争论、讨论不断产生出各种新的说法。那么，我们究竟说了些什么呢？这就要把握这些言语的语义。通过对这些语义的把握我们才能明白说了些什么，进而才能言及其所说的真伪；而只有能够确定其所说或某陈述的真伪，才能最终解决与之相关的本体、本质等问题。比如，我们可以给出一个本体论式的陈述，一个关于本体的陈述，如："世界的本源是水"，对该陈述我们马上可以提出"这个陈述是真的吗？""如何才能确定、证明其是真的？"等问题；如果我们不能确定该陈述真，那么，凭什么要我接受该陈述，并形成"世界的本源是水"的信念呢？而若我们能够确定该陈述为伪（非真），那么，我们就更没有理由相信它、接受它了。可见，真伪问题（包括能否确定真伪，如何确定真伪、是真还是伪等）的解决便成了解决本体论问题的逻辑前提。而这一问题正是认识论所关注的焦点问题。哲学由本体论转向认识论，这不能不说是其重要的原因之一。然而，我们进一步发现，认识或信念通常不仅是通过言语陈述表达的，而且言语陈述也是认识或信念得以确立的依托、载体。一陈述（如上面的"世界的本源是水"）确实可以存在一个真伪的问题，但对其真伪的确定首先依赖于对其语义、意义的确定。只有确定了一陈述的语义，我们才有可能进一步确定其真伪。这样一来，对一陈述的语义的确定便成了对其真伪的确定的逻辑前提。而语义等问题显然是一个语言问题。哲学从认识论转向语言，上述的内在关联至少是该转向的一个重要的原因。可见，上述的转向首先涉及的是一个逻辑前提的转向、其所关注的焦点问题的转向。

我们可以将对上述的三种问题的关注分别称为本体论关注、认识论关注和语言关注。就上例而言，本体论所关注的主要是"世界的本源究竟是水还是火，或者是其他什么？"认识论所关注的主要是"世界的本源是水"这是真的吗？如何确定其真？而语言所关注的主要是"世界的本源是水"这句话是什么意思？显然，如果一特定的构成陈述的音形组合式被确定为不同的意思，与之相关的以此为依托的信念、认识也就不同，其真伪等便因之而有异，甚至截然相反。可见，一陈述及以其为依托的认识、信念的真伪的确定依赖于对陈述语义的确定。然而，对陈述语义的确定不是任意的，而是有依据的、有根据的，其根据、依据便是关于词句的语义、意义的规定，特别是公认的、日常的规定，即常规。

一词语的语义（在此，我们最好不说"意义"，因为，"意义"一词具有多种意思，容易造成误解和不必要的麻烦）是直接或间接地规定了的。语义本身就是规定的产物。关于一词语的语义规定首先规定的是该词语的使用方式和理解方式；或者说，一语词的语义规定也就是对该词语的被认可和禁止的使用和理解方式的规定。一词语公认的、日常的使用和理解方式，也就是该词语的符合常规的语义。这种使用和理解通常关涉到某种外在于语言的其他的对象，但也不尽然。如语言中的许多虚词关涉的对象只是语言、言语本身，而不直接关涉语言、言语之外的其他对象。换句话说，它们所涉及的主要是"语法义"，或只具有语法义，只具有与语法相关的"语用义"。显然，上述对"语义"的理解是一种广义的理解。从广义的角度看，语法、语用规定皆可看成是一些具体的、特殊的语义规定。实际上，根本没有脱离语法、语用的纯粹的语义。对一词语的使用和理解方式的规定，也就是对其语义的规定。使用、理解问题也就是语用问题，而语法问题则可看成是一种特殊的语用（关涉语言自身的语用）问题。广义的语法、语义和语用规定是有一致之处的，狭义的语法、语用则侧重点有所不同。

一陈述及以其为依托的认识、信念的真伪依赖于对该陈述的语义的确定，而一陈述的语义的确定包括句义和词义两方面的确定。句义的确定在很大程度上依赖于词义的确定及各词在意义上的特定的关联的确定，而词义确定又往往要依据它与整个语句中的其他语词在语义上的协调一致。由词义上的歧义可导致整个句义的不同，并可进一步导致陈述的真伪的不同。我们经常在一陈述的真伪问题上发生分歧和争论，这种真伪之争确有许多是实实在在的，但也有不少并不是真正的真伪之争，而不过是一种语词之争；此时，争论者实际上所争的只是某个语词的使用权。当然，这并不是说存在一个某语词（如"美""桌子"等）究竟谁可以使用的问题。谁都有权使用"美""桌子"等词，这无须争论。人们首先争的是按自己的方式使用或解释某一术语的权利。当然，还有不少人并不满足于这一点，他们还要争对一语词的控制权，即想要告诉别人，只能按他们认可的方式使用和理解某一语词、术语。这实则是想让别人将按他的方式使用和理解某语词视为一种义务。显然，别人并无此义务。当该人发现别人并不按他的方式使用和理解某词语，而他又无可奈何时，往往会退一步，试图保住自己对这一语词按自己的方式使用和理解的权利。当不同的人发现将自己认可、接受的语词规定推及他人很难或无望时，便都退守到自己的小圈子里（也许会有几个知音、同盟者），结果便形成一种各自为政的局面。这种情况在学术界尤为普遍。一场关于某陈述的真伪的争论往往只是一种假象，实际上不过是一种语词之争，一种各不相让、各执一说的无谓的语词之争。当然，这种语词之争常常并没有被争论者意识到，他们往往认为所争的是某一陈述的真伪，而没有意识到其实是对构成一陈述的特定的音形组合的意义的理解等发生了分歧。

对陈述的词义和句义做出不同的确定，其确定可以都是合乎规定的，甚至都是合乎常规的（都是合乎常规的情况比都是合乎规定的要少得多，但并不是不存在），但却使一特定的符号表达式产生了歧义。由此而导致的问题通常有两种：一种是看似相同的问题其实并不是同样的问题；另一种是看似不同的问题实则是同样的问题。就陈述的形式而言，形式相同并不意味着被确定的语义就相同，由被确定的语义的不同而导致的对其真伪的不同看法，甚至截然相反看法很可能相对于各自的确定而言都是正确的、对的。或者说，一陈述语句可以相对于某一语义规定、确定而言是真的，相对于另一语义规定、确定而言是伪的。由此而生的真伪之争并不具有实质的意义，两者可能说的并不是同一个问题；这种冲突只是一种表面的冲突，其实所断定的并不是同一件事。如果非要争出一个真伪的话，非要争出某陈述语句究竟是真还是伪的话，这种争论实际上便会演化为究竟哪个规定更可取的问题。如果一种规定并不比另一种规定更可取，而争论双方又各不相让，那只能是各说各的了。这种不是在同一基点上、同一语义上的争论在学术理论界已成为一种比较普遍的现象。令人遗憾的是，许多人还自以为是为真理而争，且争得不亦乐乎。由对句义、词义的不同的确定还可引出另一类问题，即有些表面上的一致，其实却隐含着内在的、实质性的分歧。同意某人的某种说法的人，很可能与该人只是表面上达成了一致，其实两人谈论的却并不是一回事。这种表面的言语形式上的一致更具有欺骗性，它往往掩盖了实质上的分歧。如德谟克利特意义上的"原子"与物理学意义上的"原子"其词义显然是不同的。当说"世界是由原子构成的"时，德谟克利特主义者与一部分物理主义者可能都会同意上述说法，但他们的主张却可能大相径庭；如果不注意到这种实质上的差异，而仅看表面，便很可能将对方当成是或误认为是与自己站在同一战线上的战友、同盟者，而放弃实质上的，或者说具有实质意义上的争论。

显然，对一陈述、语词的语义确定存在一个是否符合相应的规定的问题，即存在一个正误、对错的问题，特别存在一个是否符合常规的问题，存在一个相对于语言常规的对错、正误问题。这种确定通常都被确定者认为是符合某语言规定或常规的，但是否真的符合则是另一回事。这里又存在一个与究竟是符合还是不符合相关的真伪问题，及给出的陈述和以其为依托的认识、信念本身的真伪问题（是否有与之对应的外在事态、事件的问题）。而这些问题都与语言，特别是语义规定直接或间接相关，都在一定程度上依赖于语言或语义规定。

第三节　与本质属性相关的言语规定和信念及其对错、真伪

与对象的本质属性相关的语言规定问题，主要是一个定义问题。我们通常认为，定义是揭示事物和对象的本质属性的。当我们问"S 的本质是什么？"时，通常是寻求一种关于"S"的定义。在这种情况下的"是"通常意味着等价于、等于，而不是属于。因为如果 T 是 S 的本质，那么，我们一般不仅可以说"S 是具有 T 特性的东西"也可以说"具有 T 特性的东西是 S"。比如，当我们说，人的本质在于其社会实践性，或者说，在于其理性时，我们便不仅可以说"人就是具有社会实践性（或理性）的动物"，也可以说，"具有社会实践性（或理性、道德性等）的动物就是人"。

我们一般认为，定义主要涉及一个恰当与否的问题；而定义恰当与否又直接关涉到定义的有效性问题。不恰当的定义、规定往往是无效的定义、规定或是有效范围和程度大打折扣的定义。定义的不恰当主要表现为定义过宽或过窄，所谓过宽或过窄，实则是说"是"的前项和后项（或者说被定义项与定义项）两者不是等价的关系，也就是说，不能保证"是"在等价、一致这一语义上使用，不能保证"是"的前后两项对调时

其陈述仍是正确的或其意思不发生变化。

定义与对对象的本质的认识、信念密切相关，它可看成是一种对词义的规定。当我们将"人是有理性的动物"看成是人的定义时，也就意味着我们规定用"人"这个词语来表示有理性的动物且仅表示有理性的动物。这样也就规定了"人"这个词语的语义，规定了对"人"这个词语的使用方式和理解方式。这种规定也规定了相应的对错，即按此规定，说"人是有理性的动物"且用"人"这个词语来言说有理性的动物，便是正确的、对的；反之则是错误的、不符合该规定的。

定义本身的恰当与否与定义的有效性密切相关，定义的有效性又与人们是否实际上认可、接受并采纳这一定义有关。如果人们实际上并不认可，特别是接受采纳某一定义，这一定义、规定便是无效定义、无效规定（但通常的情况则是部分人认可、接受它，部分人不认可、不接受它）。如果一定义、规定不能为人们广泛认可并接受、采纳、遵从、执行，那么，它至多只能算是一个私下的定义、规定。这样的定义、规定并不能因依此而判定别人的言语等行为是错误的而对别人的言语行为构成限制、约束。别人或大多数人可以对这种所谓的错误完全不当一回事，不以为然，仍旧我行我素，甚至反唇相讥，乃至对坚持这种定义、规定的人进行指责、谴责及进行更严厉的惩处。实际上，这些对上述规定不理不睬，甚至有意违反的人通常都持有与前述的规定不同甚至相悖的规定；也就是说，他们认可、接受和采纳的是另一些规定。这里存在一个规定的冲突的问题。如果相互冲突的规定都是私下的、小范围的规定，往往很难说谁对谁错，但如果冲突一方是公认的、日常的规定，即常规，则一般可以说，坚持、遵守、接受常规是正确的。因为这里涉及一个义务的问题，而对非常规的规定是否认可、接受则主要是一个权利问题。

然而，常规并不是一目了然的，如果不仔细考察、审视，我们往往不能把握它。这是由于常规往往是习以为常的，如果不加以特别的注意，往往我们不能发现自己特别是大家有哪些习惯。对常规的认识往往涉及对习惯甚至是潜意识的行为方式的认识。一种私下的规定要想改变人们的习惯谈何容易！何况语言规定本身就是所有的规定中约束力最弱的一种。语言规定之所以弱，并不是没有办法使其强起来，而是不应该使其太强。我们总不能因某人不按某语言规定行事，其说法违反了某种语言规定便将其判刑杀头吧。实际上，对一种私下的规定如果它不干涉我们的话，我们甚至连指责它的必要都没有，最好的办法是对其不理不睬，任其自生自灭。

可见，一种语义规定或定义只有与人们的常规的对该语词的使用和理解方式基本保持一致，才是有效的，并且是恰当的。然而，我们对某语词的使用和理解规定往往与常规的使用和理解是有差距的。如果这种规定、定义不是建立在对常规的使用理解方式的深入考察的基础上而是随心所欲地给出的话，这种差距可以相当大。换句话说，一种定义式规定时常与人们通常所认可、接受和采纳的对某词语的使用和理解方式有冲突。那么，当出现这种冲突的时候，应如何协调呢？一般说来，如果要保持定义的有效性和恰当性的话，应该放弃或修改的是这种私下的规定，而不是放弃某些人们公认的、日常的对某语词的使用和理解方式。因为在通常情况下，放弃后者既不具有必要性也不具有现实性。即使某私下规定确有优越之处，有推广的必要，但要因此而放弃人们公认的、日常的对某语词的使用和理解方式也往往是不具有现实性、可行性；即使有可行性，这种推广也往往会遭遇重重障碍和挫折，如果不坚持不懈地推广，便会半途而废。这种推广显然不是强制性的，而是说服性的、宣传性的。如果人们对某私下规定有了解且对其很感兴趣、有好感，那么，这种推广便容易得多了。可见，一种私下规定的推广关键在于大多数人是否配合、响应，如果没有几个人配合、响应，即使采取强制性手段也无济于事。

语义规定通常有一般与个别、普遍与特殊及间接与直接之分。如果某语词被规定用来表示某个特定的个体，这类语义规定通常相当于一种直接的命名活动。这种"名"显然是一种专名。专名的确定通常都是直指式的，即命名者指定某特定的东西然后再指定用一个特殊的符号表示之，作为其称谓。这种命名活动实则也是对该特定符号的语义的规定，即规定其意指前述的那个特定的个体、东西。

我们通常将语词分为实词和虚词，实词又可分为名词、动词、形容词等，虚词也可以分为多种。实际上，凡是可以表示什么的词，如表示动作、行为、状态、样式等的词都可以看成是一种广义的"名"词；它们都与命名活动相关。而命名实则就是规定某对象之名，规定其名称为何。实词和相当一部分虚词皆可视为这种广义的"名词"。上述所说的直指某个特定个体单元的名，也就是我们通常所说的专名；除此以外，还有大量通名。关于专名的语义规定一般无须揭示该个体的本质属性,而可以直指该特定的个体。该个体被指定一个特定的、专有的名后,这个名便伴随它,无论该个体发生怎样的内在和外在的变化,只要其个体性未变,还是一个个体,那么按此规定,它仍旧可以用该名来称谓,除非我们废弃了这个名,取消了该规定。尽管废弃了这个名,取消了该规定,该东西仍是我们曾起名为某某的那个东西,此时有所不同的主要是我们以后不再这样称谓它了。可见,专名的特性就在于其"专"。如果说关于它的语义规定也揭示了对象的本质属性的话,那么,该本质属性就是特定的个体性。

与专名相比较而言,通名则有所不同。通名总是涉及众多的个体成员的特定的集合。这些成员可以是一个个物体、一个个事件、一个个动作、一个个样式、一个个关系、一个个事实等。那么,这些显然有别的个体如何能有一个通名呢?或者说,通名是如何给出的呢?为什么包括某些个体而不包括另一个体呢?我们通常认为,通名之所以适用于某些个体而不适用于另一些个体,这是由于前者是具有某种共性的,更确切地说是具有某种专有共性的(其成员皆有但其外的东西则不具有)。本质属性也就是它们的专有共性,而通名正是相对于这种专有共性、本质属性而言的,它所表示的正是具有这种专有共性、本质属性的一类事物、对象等。由于通名能够涉及诸多的个体单元,有的成员的数目甚至可以是无限的,故要搞清楚通名的适应范围仅仅靠直接指定个别的成员往往是不行的。设某通名为"S",单靠个别指定,如"这是一个S""那也是一个S"是很难把握"S"这一通名的词义的。要把握"S"的词义,我们一般认为,就是要揭示出其所表示的众多的对象的专有共性、本质属性来;而"定义"正是起这种作用的。可见,我们通常所说的定义主要是相对于通名而言的。

通名不仅涉及对象的专有共性、本质属性,还至少涉及一个特定的类概念。定义通常被认为是一种揭示概念内涵的逻辑方法,实际上,它首先是关于语词特别是通名的语义规定;离开了语言,我们根本无法谈概念,也无法谈任何所谓的逻辑问题。概念的内涵也就是语词的语义规定,而概念的外延也就是语词特别是通名所表示的对象的范围、集合。我们通常认为,概念与语词有如下的不同,即一个语词可以表示多种概念,而一个概念也可以用多个语词来表示。实际上,表示(更确切地说应是"体现")多个概念的语词只是一些同形而不同义的词,而表示一个概念的多个语词实则是一些不同形而同义的词(这里的"形"是广义的形,它也包括音等在内)。故就特定的一种语义而言通常与特定的概念是一致的,且首先是与概念的内涵相应的,而概念的外延则与具有特定的语义的语词所表示的对象的范围是一致的,或者说,是与该语词的语用(用义)范围是一致的,是与该语词的定义域是一致的。概念的内涵即语词的语义规定,概念的外延即语词的定义域。正因如此,我们才说,定义首先是关于语词特别是通名的语义规定(专名的语义规定通常是直指式的,其表示的对象也无专有共性可言,故与我们通常所说的定义是有别的)。由于通名所能表示的对象及其范围许多人是不太清楚的,故才有必要将对象的专有共性或本质属性揭示出来,从而给出我们一个判定依据来,以便我们能在遇到以前未见过的某个具体的东西、对象时能依此来判定是否可用该通名来表示之、称谓之,并判定用该通名表示该东西是对还是错。

关于定义、语义规定问题,至少有两点还需深入讨论。一是语义规定的内涵(定义)与外延(定义域)的相互作用关系问题;二是是否存在本质属性、专有共性,若存在又是以何种方式存在的问题。下面分述之。

语义规定的内涵与外延的关系问题,主要涉及我们通常所说的定义和我们所认可的某通名所表示的对象的范围(定义域)的关系。这个问题的关键在于究竟是内涵决定外延,还是外延决定内涵?我们一般认为是内涵决定了外延,但实际情况看来并非如此。一种语义规定或定义虽然一般直接涉及的是内涵,涉及一个语词、通名所表示的对象的本质属性、专有共性,并通过它规定了可表示的对象的外延,这似乎表明是内涵决定了外延;然而,这种规定或定义却很可能是无效的、不恰当的,人们通常并不按此规定行事。也就是说,人们通常所认可的某通名所能表示的对象的范围(定义域)往往与某语义规定或定义相应的外延并不一致。这两个范围区域通常是一种交叉关系,而不是种属关系或不相交的关系。就实际情况而言,人们通常并不是先把握对象的本质属性、专有共性或概念的内涵之后才由此推出能用某通名表示什么、不能用它表示什么的。人们通常是先决定用某个语词来表示哪些对象并实施之,然后再力图从这些对象中找出专有共性或本质属性的,并进一步将在一定范围内概括出的共性或本质属性推及该范围外的其他对象，规定凡具有该共性和属性的东西皆在该通名表示的范围之内。

在上面的讨论中，我们显然涉及两种不同的外延，我们可以将前一类外延称为前提性或前提式外延，而将后一种外延称为推广式外延、引申式外延。显然，后一种外延是由内涵规定的，但前一种外延则不然，它本身是对本质属性、共性进行概括的前提，是特定的内涵确立的先决条件。如果我们对本质属性、共性的概括不是相对整个前提性外延而言的，那么，这种概括便是一种无效的概括或片面的概括，与之相应的语义规定、定义也是一种无效的定义或不恰当的定义。

前提式外延从语词方面来说，主要是通过关于某个语词的最基本的说法、用法来体现的，这种最基本的说法和用法主要是一些根深蒂固的、普遍存在的惯常的说法和用法。我们通常可以将语词区分为两类：一类是专用术语、专业语词；另一类是普通语词。对于专用术语、专业语词来说，往往存在一个权威的或者优先的规定的问题。发明某个专用术语、专业语词的个人和群体往往是需要先给出该语词的使用规定，或者说，给出该语词的定义来。发明者所给出的规定通常具有权威性，或至少具有优先性。而对于普通语词、普通名词来说，很难追溯到这个语词的发明者，即使可以追溯到该语词的最初的使用方式，也不表明这种最初的使用方式就一定具有权威性和优先性。真正具有权威性和优先性的是其日常义、公常义（公认的、常规的含义），这种日常义、公常义通常是通过对其的根深蒂固的、普遍存在的惯常的说法和用法来体现的。特别是对一些使用范围非常广泛、使用频率非常高的普通语词（如"善""美""伟大""哲学""价值""意义""崇高""艺术""信息"等）来说，这些语词通常都有一些最基本的、根深蒂固的、普遍存在的惯常的说法和用法。这些说法和用法构成了我们将要给出的关于该语词的定义的前提式外延。对于这些语词原则上每个人都可以给出关于这些语词的定义来，给出其特定的使用规定来，然而，这些定义和规定很难说谁更加权威，谁更具有优先权。对于上述语词和概念，通常并不是没有相关的定义和使用规定，而是实在太多了，没有哪一种定义和使用规定是能够被人们普遍认可、接受和采纳的。于是，会有许多人想尝试给出一个自认为更加恰当的定义来。这时候，那些关于该语词的一些最基本的、根深蒂固的、普遍存在的惯常的说法和用法便成了给出这些定义的前提式外延，成为其必须参照、依据的前提。给出的定义应该尽量不违反这些前提式外延，也只有当一定义不违反这些前提式外延时才可能被普遍认可、接受和采纳。

当我们给出的定义与前提式外延发生冲突时，被淘汰和修改的通常是这种定义。比如"美"这个词语涉及的前提性外延就是那些我们通常认可的可用"美"来言说的东西。这些东西通常是与视觉、听觉相关的，如美的形体，美的乐音、旋律，美的色彩等；在我国传统上可用"美"这一词语表示的东西还包括与味觉相关的东西，如美味、美餐等；此外，还有美称、美言、美德、美意以及语言美、行为美、心灵美之说。一种关于美的本质的说法或关于"美"的定义看来至少应包括上述外延在内。当然，"美"还可以有一些很特殊的用法，如"美洲"之"美"，这种"美"与我们通常所说的美显然不是一回事，对"美"的本质的把握和关于"美"的定义显然无须将它包括在内。"美"通常被用来表示与特定的感觉、感受相关的东西，但这种感觉中却不包括嗅觉、触觉等（如气味虽有香臭等之分，但却无美丑可言）；故关于美的本质和美的定义又不应将仅与嗅觉、触觉等感觉、感受相关的东西纳入其处延之内（这些惯常的说法又从反面限定了前提式外延的范围）。

前提式外延规定了哪些或哪类东西有可能是某语词、通名表示的对象，哪些或哪类东西不能成为该词语、通名表示或言说的对象。这种规定主要是对可能的范围的规定，而这种可能通常并不是指逻辑的、物理的可能性等，而是对在公开场合言说的权限的规定、划定。这种规定、划定通常是粗略的，它仅仅意味着可以这样表示的东西在此范围内，但在此内的东西并非都是可以这样表示的，也就是说，这是一种相对于权利而言的可能性。这种前提式外延也规定了与对本质属性、专有属性的概括及其定义相关的义务，即这种对本质属性、专有属性的概括说明及定义应该能够囊括前提式外延且不应将被其明确排除在前提式外延之外的对象、东西纳入其中；否则，这种对本质的揭示，关于本质属性、专有共性的说法便不仅是错误的而且是伪的，这种定义便不仅是不恰当的而且往往是无效的。

由上可见，区分前提式外延与引申式外延是很有必要的，这种区分不仅使我们能够深入了解内涵、语义规定与外延（定义域）的相互制约关系，而且使我们能够深入地把握与之相关的认识、信念及其对错、真伪。一般说来，一种对本质属性、专有共性的认识、信念是建立在前提式外延的确定的基础上的；在此基础上通过比较、概括等而获得关于这些对象的本质属性、专有共性等的认识、信念；并在这种认识、信念的基础上给出相应的定义、语义规定；最后再由此定义、规定所揭示的内涵推演引申出与之相应的外延。这种引申式外延是前提性外延的推广的结果，它通常包括前提性外延在内，并包括前提性外延的合理的合乎规定的推演的结果。如就人而言，前提性外延只是确定了"这是人""那些是人"等；而引申式外延则通常是由本质属性规定的，我们在对属于前提式外延的对象的本质属性的把握的基础上，然后再规定凡具有该属性的对象皆是人。显然，属于前提式外延的对象通常只是具有该属性的东西的一部分，而不是全部。或者说，前提式外延是特殊的，而由本质属性、内涵所确立的外延（引申式外延）则是一般的。这种由前提性外延到引申式外延的过程，也是由特殊上升到一般的过程。在这种过渡中既涉及对本质属性、共性的认识和信念，又涉及与本质相关的语义规定、定义，并进一步涉及与这些东西相关的对错与真伪等。一般说来，前提式外延决定并制约着与之相关的对本质属性的认识及信念；这些认识、信念又制约着与之相关的语义规定、定义；而由这些语义规定、定义所确立的内涵又制约着引申式外延；更进一步，这些引申式外延又可以成为更高层次的概括、规定等的前提式外延。这便是内涵与外延及两种不同的外延的基本的相互作用方式。

　　在此看来还有一个与上述转换过程密切相关的重要的问题需要讨论说明，即作为由前提式外延到语义规定、定义的中介环节的本质属性、共性真的存在吗？如果存在又是以何种方式存在？显然，确实有大量的被我们用特定的语词、通名表示或言说的对象是可以找出其本质属性、共性特别是专有共性的，它们依此性质而成为同一集合的成员。正所谓一个性质决定一个集合。内涵与外延的关系也就是性质与集合的关系。但并非所有的集合都是由成员的内在的专有共性、本质属性所确立的。比如，对枚举式集合我们就往往很难或根本不可能在该集合的成员的自身的自然性状中找出本质属性、专有共性来（但通常可以找出一些更为一般的共性），它们可以是一些非常不同的东西；不仅如此，即使有东西与集合的某成员的自然性状十分接近，甚至难分彼此，远比该成员与其他成员的差距小，但它仍无资格成为该集合的成员。例如，我们可以指定由特定的一支铅笔、一条毛巾和一个苹果三者构成一个集合，那么，与该苹果放在一起的另一个苹果虽远比一支铅笔或一条毛巾与属于该集合成员的那个苹果在自然性状上更为接近，但它仍无权作为该集合的一个成员。那么，该集合的成员的本质属性、专有共性又是什么呢？看来，即使我们不否定它们可以有共同的本质或专有共性，但这种共同的本质或专有共性至少对这些成员的自然性状而言是不存在的。尽管我们确实可以从自然性状上找出某种共性来，如它们都可以说是物体，但它们绝不是因它们具有这种共性（如物体性）而成为该集合成员的；这种一般共性不能保证将其他物体排斥在该集合之外。如果说它们确有共同的本质或专有共性的话，那么，这种共同的本质或专有共性只能是人为的，是与人的特定的行为，特别是言语行为及其相关的规定有关的。就上例而言，作为该集合的成员的那支铅笔、那条毛巾和那个苹果的专有共性便是被指定性、被规定性，即它们都是被指定、规定作为该集合的成员的东西。其他的东西之所以不是该集合的成员，仅仅是由于它们没有成为这一特定的指定、指派活动的对象。

实际上，只要随意考察一下我们所使用的词、词组等，便会发现大量指定、指派的踪迹、痕迹。如前述的"美"。为什么与视觉、听觉乃至味觉相关的东西可以说是美的，或者说可以成为可用"美"表示的东西构成的集合（外延）的成员，而与嗅觉、触觉等相关的东西便不能成为该集合的成员呢？对此，我们实难从自然性状上给出令人满意的说明。就自然性状而言，与听觉相关的东西和与味觉相关的东西之间的差异绝不比它与嗅觉相关的东西之间的差异小；就一致性而言，关涉听觉的东西与关涉味觉的东西两者的一致之处也绝不比关涉听觉的东西与关涉嗅觉的东西两者的一致之处多。我们难以从自然性状上找出可用"美"表示的东西的专有共性或共同本质来，至多只能找出一些一般共性；而正如前述，这种一般共性并不能保证将其他东西排除在可用"美"表示的对象的集合之外。如果我们非要问为什么与听觉、味觉等相关的某些东西可以成为能用"美"表示、言说的对象构成的集合的成员而与嗅觉、触觉等相关的东西便不能成为该集合的成员时，回答只能是：先前就是这样指派的、规定的且这种说法已成习惯。这种早先也许是私下的、小范围的指派、规定已变成了常规，而一旦形成了一种社会范围的定势和定式，要改变它谈何容易；如果不是事关重大，非改不可，还是任其自然（习惯成自然）为好。对于西方传统美学和中国传统美学来说，也明显地体现出上述指派性。凡是对美学有所了解的人都清楚：在西方传统美学中，美主要与视觉和听觉有关，而在中国传统美学中"美"还与味觉相关。这种差异很难通过该词语所表示的对象的自然属性给出令人满意的说明，显然，这种差异也是一种典型的指派上的差异。

显然，上面所说的"指定""指派"主要是对言说而言的，构成上述集合的成员的共同本质、专有共性也可以说是一种言说上的专有共性、本质属性，即该集合中的成员都可以说是美的且只有该集合中的成员可以说是美的，这就是该集合中的成员的专有共性。我们发现，确有不少集合中的成员仅有这种形式的专有共性，而无除此之外的其他专有共性。严格地说，一语词、通名所能表示言说的诸多的对象的标准的专有共性正是这种言说上的专有共性，其他的所谓的专有共性都或多或少地与这种标准的专有共性有不对应之处，或者说，有出入。这一点表明，要准确地把握某语词、通名，考察、了解与之相关的现有的定义显然不如了解、考察被广泛认可的该词语、通名的使用方式及言说的对象可靠；但就简易性而言，对前者的考察了解显然比后者简单容易。

尽管一些集合的成员的其他的专有共性与标准的专有共性通常总有或多或少的出入，根据我们所概括出的准专有共性判定哪些对象属于某特定集合（语词的言说域）哪些不属于该集合往往会有一些遗漏或冗余，但这种方法却是简单易行的。故不能因可能会有遗漏或冗余便否定对除言语、指派之外的其他专有共性或本质属性的把握。我们确实可以从大多数词语、通名表示、言说的对象中找出就自然性状而言的共性或本质属性来；实际上，许多外延、集合正是依此而确立的，或不自觉地涉及其本质属性的。从另一个角度看，依据本质属性、专有共性而确定外延显然要比缺乏这种依据的人为指定、规定要理性得多，或者说，前者是更为理性化的一种对外延的确定方式；相比较而言，后者则显然带有更多的非理性的色彩。这两者之间看来存在一种张力，前者不仅仅是理性化的，而且通常也是理想化的，但后者却是更为现实的。我们不可能完全排除现实的非理性，也无此必要，一概反对枚举式集合，特别是通过枚举的方式构建或给出集合显然有些过分；但"不要随心所欲地乱构集合、乱指派"这种要求显然也是不为过的。

对上述情况的进一步考察，便会发现，上述的问题与人工语言和日常语言的关系问题密切相关。我们通常所说的"人工语言"的一个基本的要求便是一语词、术语所表述的对象是同一集合的对象且该集合是由一种性质决定的;相比较而言,日常语言与其所表述、言说的对象却很少有这种单纯的关系。我们通常认为人工语言更为精确,但日常语言则更具现实性。人工语言是一种理想化的语言,但却在现实化上遇到难以克服的困难;相比较而言,日常语言是更为基本的、决定性的,它依据的是习惯和常规。如果要在两种语言之间做出选择的话,绝大多数人会毫不犹豫地选择日常语言。构建人工语言的努力并不能说是毫无意义的,但它却在大多数场合中显然是效果不佳的。正因如此,我们更应重视日常语言,在讨论与语言、语言规定等相关的问题时,应将日常语言置于优先的地位,以它为首选对象,为着重讨论的对象,而这与我们前面所强调的要尊重语言习惯和常规也是一致的。

第四节　与逻辑规定相关的信念、陈述及其对错与真伪

　　逻辑规定与语言规定密切相关,实际上,逻辑规定不仅是通过语言表达的,而且是依赖于语言、陈述而存在的。比如,形式逻辑的三规律主要就是对语言、言语、言说而言的,它主要是说:语词、语句等的意义应该是确定的,如 A 与 A 应是同义的,A 与非 A 的语义应是相悖的,语义相悖的陈述 A 与非 A 是不应合取的,只能取其中之一等。违反这些规定的言语便是违反了最基本的逻辑规定的,因而也是错误的(相对于这些基本的形式逻辑规定而言)。形式逻辑的三段论则是由涉及推演关系、传递关系的语义规定确立的。如"所有的 X"包括"某 X"在内,"所有 X 是 A"包括"这个 X 是 A"在内等。按形式逻辑的规定,只要可以说所有 X 如何如何,便能说某 X 或这个 X 如何如何,反之则不然。显然,这也是一个关于两组词语在使用方面的特定的关联及两个陈述在言说上的特定关联的语用规定。

　　逻辑问题有很多,我们不可能对其进行一一讨论。在此,主要讨论逻辑的根本问题以及与逻辑的根本问题相关的陈述和信念问题。那么,什么才是逻辑的根本问题呢?我们发现,这个问题便是 A 和非 A 的关系

问题。可以说，整个逻辑，包括各种不同的逻辑都是围绕着 A 和非 A 的关系问题而展开的。在逻辑中，占有突出地位的便是逻辑的基本规律。形式逻辑的三规律可以看成是从不同的侧面讨论 A 和非 A 的关系问题，不仅如此，我们通常所说的辩证逻辑涉及的基本问题也是 A 和非 A 的关系问题。关于 A 和非 A 关系问题可以有与之相关的一系列基本规定，就形式逻辑的基本规定而言，最典型的、最基本的莫过于与"A 且非 A"式说法相关的规定了，从某种意义上说，整个形式逻辑就是建立在其三个基本规律的基础之上的，特别是建立在关于"A 且非 A"的规定的基础之上的。实际上，这种"A 且非 A"式说法并非只是形式逻辑所特别关注的，除形式逻辑外的其他逻辑，如辩证逻辑更是将"A 且非 A"问题视为一个焦点问题。可见，"A 且非 A"问题关涉到各种逻辑，为各种逻辑所关注；实际上，形式逻辑与辩证逻辑争论的焦点也正是"A 且非 A"问题，且这一问题也是形式逻辑与辩证逻辑乃至印度式逻辑的关系问题中的焦点问题。正因如此，在此我们着重来探讨与逻辑规定相关的"A 且非 A"式说法、陈述及相应的信念，讨论与之相关的对错和真伪、权利和义务、认可与接受采纳等问题。

一 "A 且非 A"与矛盾

"A 且非 A"或"既 A 又非 A"通常被认为是一种矛盾式说法，是一种不可取、不允许、被形式逻辑所禁止的说法，或者说，是相对于形式逻辑规定而言的错误的说法。确切地说，真正可能构成矛盾的说法应为"A 是 A 又非 A"或"X 是 A 又非 A"。相比较而言，上述两种说法中后者是一种更为普遍的形式；当 X 等于 A 时便可表述为前式，也就是说，前者可看成是后者的一种特例，故在一般讨论中我们主要取后一种说法。各种矛盾式说法通常都与 A 且非 A 有关，与"X 既是 A 又非 A"或"X 是 A 且非 A"有关；但涉及 A 且非 A 的命题并非都是矛盾命题；矛盾命题也不是只有一种；即使是矛盾式说法也未必一定不允许、被禁止；即使不允许、被禁止也不意味着应被禁止、不可说。对此只能具体分析。

"不可说"并不等于不能说，不具备这样说的能力或可能性，而是不允许、禁止这样说。"不允许""禁止"显然是相对于特定的规则而言的，这些特定的规则、规定是我们认为应遵守、执行的，遵守或执行它被视为一种责任或义务。而"可以说"则是相对于权利而言的，但权利总是相对于义务责任而言，只有在不与自己承诺的责任和义务相悖的情况下才存在权利问题。显然,"不可说"意味着相对于特定的规定而言这样说是错误的,而"可以说"则意味着相对于特定的规定而言这样说是正确的、对的。

与 X 是 A 且非 A 直接相关的是逻辑规定、规则。可说与不可说首先是对逻辑规则、规定而言的,但任何规定或规则都存在一个可行性的问题、被人接受、遵守的问题。而一种规定或规则能否被人们普遍接受、遵守和执行要看它是否能解决实际问题,是否有利于处理或解决实际问题。如果按某种规定、规则无法解决某些实际存在的问题,那么它对这些问题的解决、处理而言便是无效的或失效的,因而是不能令人满意的,此时便无须遵守这种规则或规定,而必须给出有效的、新的规定或规则。

A 且非 A 式说法与其说是由于其包含矛盾而不允许说、不应该这样说,不如说是由于人们认为实际上根本不可能存在这样的情况,这种陈述是必假的陈述,故才不应这样说。我们通常认为形式逻辑并不涉及客观内容,不涉及客观对象、客观世界的情况,这种看法显然是错误的。形式逻辑之所以禁止某些 A 且非 A 式说法,正是由于它认为这样的说法或陈述是必假的,即是不可能与客观实际相符合的。由此可见,形式逻辑正是建立在这一基本前提上的,即我们不排除给出为假的陈述的情况,这种情况是经常发生的,但我们不应给出必假的陈述,给出根本不可能有其现实的对应项的陈述。在形式逻辑看来,至少某些 A 且非 A 式陈述便是这种必假的、必无客观对应项的陈述;如果我们的目的在于陈述某些事,而不是开玩笑、玩文字游戏的话,那么就应排除某些 A 且非 A 式说法,即排除矛盾式说法、必假式说法。由上可见,形式逻辑之所以否认矛盾,是由于它认为矛盾式说法是必假的。

是否包含矛盾与是否存在这样的实际情况两者相比较而言,后者更为基本。显然,某种说法如果并不包含形式逻辑所说的矛盾,相对于逻辑而言便是可说的,若包含这种矛盾我们通常认为便是不可说的、不允许的;但从符合实际的角度看,若确实存在与某说法、陈述一致的实际情况,便是可说的。由于后者更为基本,故即使这种说法包含形式逻辑所说的矛盾,只要它更有利于处理、解决某些实际问题,便是可说的、允许的、不应被禁止的。换句话说,若真存在这样的实际情况,则说明形式逻辑规则、规定并不是普遍有效的。由于矛盾命题总与 A 且非 A 式说法相关,而矛盾命题、矛盾式陈述通常被认为是必假的陈述,必假的陈述又是不可说的、不允许的，故对这一系列问题要进行深入剖析，还得先从 A 且非 A 式说法说起。

二　并不违反形式逻辑规定的 A 且非 A 式说法、陈述

A 且非 A 式说法并非都会构成形式逻辑所说的矛盾。"X 是 A 又非 A" 至少在以下几种情况下并不构成形式逻辑的矛盾：其一，它可以解释为 X 的某一方面是 A，某一方面不是 A、是非 A 或是 B（X 既是 A 又非 A 通常有两种情况：一是只笼统地说它是非 A 而并不进一步指明是什么样的非 A；二是不仅说 X 非 A，且指明是某种具体的非 A 如上述的 "B"；B 属于非 A，但只是非 A 中特定的一种，而不是其他非 A。可将后一种情况表述为 X 既是 A 又是 B，且 B 是非 A）。其二，X 在不同的时间内分别为 A 和非 A。其三，X 相对于不同的环境、条件而言，分别是 A 和非 A。显然，上述情况通常也被许多人称为 "矛盾"，但这种 "矛盾" 之说即使被人广泛认可，它也并不等于形式逻辑所说的矛盾，而是另一种类型的矛盾。上述的第一种情况可看成是 X 的下位层次的矛盾、对立；如 "吃苦是坏事又是好事" "既要藐视敌人又要重视敌人" 等。第二种情况是 X 自身存在过程的矛盾，X 可由 A 变成非 A，甚至反复变来变去。这里存在两种情况：其一，A 并非 X 的本质属性，X 可在其存在过程中、在其本质属性不变的条件下其他性质发生变化，使其由 A 变为非 A，变为不是 A 的 B，但 X 本身仍为 X；其二，X 等于 A，X 由 A 变为非 A 时 X 本身也变为非 X。就第三种情况而言，则是 X 自身与环境、处境的矛盾，X 在不同的环境、处境中可分别扮演不同的、相悖的角色；如基本粒子相对于不同的观察仪器分别会呈现出粒子性和波动性，即波粒二象性，既是粒子又是波。

显然，上述三种情况并不真正构成形式逻辑所说的矛盾。上述说法并不违反形式逻辑的基本规定，因为形式逻辑认为只有在内外条件皆相同的条件下 A 和非 A 才不能一起成立。但说这也是一种矛盾显然也是有充分根据的，实际上辩证法所说的矛盾中有很大一部分指的就是这种矛盾（不是全部）。前述的实例都被不少人看成是包含着辩证矛盾的，但它们都是相对于不同的内外条件而言的。如既要藐视敌人又要重视敌人，是分别就战略和战术两方面而言的；光既是粒子又是波是分别相对于不同的观测仪器而言的；而运动既同时在一个地方又不在同一个地方则是分别相对于不同的角度而言的。

如前所述，形式逻辑之所以否认 X 在同样的条件下既是 A 又不是 A 而是 B、非 A，与其说是因为这是矛盾的，不如说是由于其认为这种陈述是必假的陈述，实际上这是不可能的，并不存在这种情况。需要说明的是，形式逻辑本想依据实际情况、事实来排斥这种说法，但它真正依据的却是一种简单的常识，更确切地说是一种朴素的信念。实际上，在同样的条件下 X 既是 A 又非 A 的情况并非不存在，它首先在可能世界中是存在的，它存在于涉及可能性的那些性状如潜力、形势、权利等之中。X 可以在同样的条件下同时具有两种相悖、相反的倾向、趋势，具有做两种相悖、相反的事的潜力、权利；但这也并不意味着就构成了形式逻辑所说的矛盾（以下简称形式矛盾）。X 既能（可以）做 A 事，又能不做 A 事或做与 A 事相悖、相反的事，并非构成形式矛盾，只有当 X 在同样条件下既能做 A 事，又不能做 A 事才构成形式矛盾。而 X 同时具有两种相悖、相反的可能性，这却正是辩证法所说的矛盾的又一含义（这是与前述的在不同的条件下 X 既是 A 又非 A 显然不同的另一类辩证矛盾）。这种涉及可能性等的辩证矛盾是在保证同样的条件（包括同时同地）的前提下呈现的矛盾。此矛盾涉及的是"是"本身的问题，是"是"的类型、模态的问题，故不同于前几种情况。就此而言，形式逻辑也并未否定这种与可能性相关的、呈现于可能性空间的 A 且非 A。严格地说，它并不认为这是一种形式矛盾。

由于在可能性空间内 X 确实可以在各种条件皆同的情况下既是 A 又非 A，那么，形式逻辑所说的矛盾就与在同样条件下承认既是 A 又是非 A（不是 A）两者之间出现了某种不一致。如果要使两者保持一致，就要附加某种限定条件，而这样一来，形式逻辑的普适性便会遭到破坏。如果承认就可能性空间而言的 A 且非 A 在各种条件皆同的情况并不构成矛盾，那也就承认了并非在所有空间、所有世界中各种条件皆同时说 X 既是 A 又是非 A 都是不允许的、应被禁止的。看来，形式矛盾只是对以下两种情况而言的：其一是在各种条件皆同的情况下断定"X 是 A"同时适用于可能世界与不可能世界，既断定 X 可能是 A 又不可能是 A；其二则是对已然的、必然的世界而言的，对结果而言的。在同样的条件下，虽然 X 既可能 A 又可能非 A，既有肯定自身为 A 的趋势又有否定自身为 A 的趋势，但事情的结果只能是 A 或非 A（或某个具体的非 A），而不能既是 A 又非 A。确切地说，就其结果而言，不能说既是 A 又非 A。比如，你有权做 A 事也有权不做 A 事，但就事情的现实结果而言，不能说你既做 A 事又不做 A 事。这是由于在已然的、必然的世界里我们通常认为只有一种可能性在条件皆同的情况下能够转化为现实。

三　真正对形式逻辑构成诘难的 A 且非 A 式说法、陈述

看来，真正对形式逻辑构成诘难的是在已然、必然的世界中在各种条件皆同时断定 X 既是 A 又非 A 并认可它（只有这种信念）。看来，这种情况确实存在，但这并不意味着承认形式矛盾的存在、承认现实世界中存在形式逻辑所说的那种矛盾。这种诘难主要来自对形式逻辑矛盾的前提的质疑。在上述的各种关于 A 且非 A 的讨论中有一个基本的前提，无论说 X 是 A 还是说 X 不是 A、非 A 或 X 既是 A 又非 A 都暗含着这样一个假定前提、公设：A 与非 A 有着截然分明的界限。只要承认、肯定这一前提、公设，那么 X 在同样的条件既是 A 又非 A 便是不可能的，此陈述也是必假的。该诘难正是来自对上述前提、公设的质疑，对 A 与非 A 之间存在截然分明的界限的质疑。如果我们换上另一个公设，即"A 与非 A 之间没有截然分明的界限"，那将会出现怎样的情况？我们发现，这样一来便会导出一种类似非欧几何的"非亚"逻辑。因为，若 A 与非 A 之间没有截然分明的界线或界限，对某些 X 而言，便很难肯定地说 X 是 A 而不是非 A。可见，形式逻辑的基本前提应是 A 与非 A 或 A 的对立面（负 A）之间有着截然分明的界限，两者是绝对不相容的。

我们通常认为形式逻辑是否认矛盾的，而辩证法、辩证逻辑是承认矛盾的，实际上，问题并非如此简单。形式逻辑之所以否认矛盾，正是由于它认为这是必假的，也就是说，实际上根本不会出现这种情况。显然，如果 A 和非 A 之间存在截然分明的界限、绝对不相容，那么便不会存在 X 既是 A 又非 A 的情况（在各种条件皆同的情况下），但是，这仅仅是"如果"。辩证法承认矛盾、认为现实中到处存在矛盾，这是不言而喻的；但是，情况也并非如此简单。就某种意义而言，辩证法也是否认矛盾的，严格地说，是否认形式逻辑所说的矛盾的。在辩证法看来，严格地说，并不存在绝对不相容的 A 与非 A，A 与非 A 的不相容只具有相对的意义，它们之间存在一个过渡的中介，而正是由于中介的普遍性，A 与非 A 实则并非矛盾关系，而是对立关系，且对立双方通过中介达到统一、同一。也就是说，并不存在矛盾，存在的只是对立和同一、对立面的同一。退一步说，如果说有矛盾的话，那么应将矛盾理解为对立统一

（同一），而不是理解为绝对不相容的 A 与非 A 的合取。正是这种被理解为对立统一的"矛盾"才是在现实中普遍存在的。形式逻辑所说的矛盾之所以在现实中是不存在的，并不是由于绝对不相容的 A 与非 A 在现实中是不能够合取的，而是由于在现实中并不存在绝对不相容的 A 与非 A。

通过上面的分析可以看出，与我们通常说的"形式逻辑否认矛盾，辩证逻辑承认矛盾"似乎刚好相反，实际上形式逻辑才是承认有矛盾关系的（它只是否定自相矛盾），而辩证逻辑反而是否认存在矛盾关系（绝对不相容的 A 与非 A 的关系）。设一集合 U 可以分为 A 和非 A 两个子集，由于 A 和非 A 之间有中介的存在，该中介也可以看成是一个子集，于是集合 U 并不是一分为二，而是一分为三（A 和非 A 及中介三个子集），这样一来，由于中介介于 A 和非 A 之间，故 A 和非 A 实际上并不是非此即彼的矛盾关系，而变成了对立关系，对立面通过中介而达成统一、同一，故曰"对立统一"，"对立面的统一"。

辩证法不承认绝对的非此即彼，不承认 A 与非 A 两者之间有着截然分明的界限；也就是说，在辩证法看来，A 与非 A 或 A 的对立面之间的界限是模糊的。这种模糊性主要来自两个方面，即客观方面与主观方面。前者是说，在现实中 A 与非 A 之间并无截然分明的界限，也不可能划出一个截然分明的界限来；后者则是指在现实中在 A 与非 A 之间不应或没有必要划出一个截然分明的界限来，即使划出一个较严格的界限也是不会被公认的，或是得不偿失的，甚至是荒唐的。与模糊性直接相关的著名的秃头悖论本身便同时包含着上述两种含义在内，是由两者共同促成的悖论。就客观方面而言，我们只能在某些方面减少模糊程度，但不能完全排除模糊性；就主观方面而言，对大多数情况我们根本没有必要降低其模糊程度，有些甚至是根本不应该降低其模糊程度的，因为这样一来，会给我们带来更多的麻烦和困难。一味地追求精确在大多数情况下不仅是不必要的、不应该的，甚至是可笑的和荒谬的。秃头悖论不仅是一种现实的悖论，更是一种情理悖论，它突出体现了事实与价值的冲突。A 之所以在不知不觉中将非 A 纳入其中（或者相反），不仅是由于两者之间没有明显的可观察的界限（界限是模糊的），更进一步，人们在多数情况下也未给出严格的人为的界限。之所以未给出严格的人为的界限，在绝大多数情况下并不是将给但还未给，而是由于认为无此必要，不应给，或给出的众多的、不同的、严格的界限无一能被大家广泛接受、认可，即使被认可也不会被接受和采纳。结果只能是私下的严格规定不少,但公认的严格的人为规定的界限却无。

从客观方面讲,A 与非 A 之间没有明显的可观察的界限意味着事物保持其质的量的限度或范围具有不确定性,确切地说,是其度的边缘或极限不具有观察上的确定性;或者说,"关节点"并非一数学上的点,甚至也不是一个确定的区域,而是一个模糊的区域;度的极限由 A 一直延伸到非 A。在此,A 事物的度是以非 A 甚至负 A(A 的对应面)为极限的;确切地说,A 至少包括部分非 A 在内(反之亦然),A 与非 A 的度的边缘即使不是完全重合的,至少也是交叉的。看来,说 A 与非 A 的度的边缘完全重合是不符合辩证法的,两者完全重合意味着 A 与非 A 是完全同一的,否认 A 与非 A 绝对不相容并不意味着 A 与非 A 完全同一,从一个极端跳到另一个极端绝非辩证法。对一特定的与 A 之间无截然分明的界限的非 A(如 B)而言,A 的度的边缘通常不超过 B 的核心部分,不包容位于 B 的核心的另一侧的部分。比如红橙黄三色,黄的度的边缘通常不包容由橙的核心延伸到红的那一侧,否则将会无止境地延伸。

从上面的讨论中可以看出,说 A 的度的边缘通常不超过 B(某种与 A 相连的非 A)的核心部分,不包容其核心的另一侧(核心本身也有模糊性),这显然不是一种纯客观的说法,而是包含主观因素的说法(实际上根本不存在纯客观的说法)。为了避免从否认 A 与非 A 绝对不相容跳到承认 A 与非 A 完全同一,在我们的思维中应使这种度的边缘的扩展适可而止(但不是毫无根据地随意确定其边缘在何处),从而在相对中把握绝对。我们通常正是这样做的,但这并不意味着其只能延伸到上述所说之处,而是由于在日常情况下一般无必要考虑其进一步延伸的问题。从主观的方面来看,除非很有必要,我们一般不会在没有明显的、自然的可观察的界限的 A 与非 A 或某种特定的非 A 之间给出一个严格的人为的界限的。只要人们不认为必须这样做,那么任何生硬的人为的界限即使有也是没有社会意义的,不会被广泛接受和采纳。如你可以严格规定直径大于 165 毫米者为盘子,小于或等于 165 毫米者为碟子或非盘子,但不会有几个人会接受这一规定,并严格按此规定行事的。这表明,在一定的(确切地说是大致的)范围内人们有权自己决定 X 是 A 还是非 A,抑或 X 既是 A 又非 A。在此大致的范围内说是就是,说不是就不是,说既是又不是就既是又不是,各种说法都有一定的理由,很难说其中之一是真的其余的是假的；与其肯定其中之一是真的其余的都是假的不如肯定上述各种说法都可以是真的，区别只在于哪一种说法更可取些。这里存在一个义务与权利互相过渡的问题，在权利的范围内各种说法都有程度不等的可取性，即都可以说、允许说，在此范围内没有严格的公认的判定标准。

也许有人会说，虽然在某一大致的范围内我们既可以说 X 是 A 又可以说 X 非 A，但如果说了 X 是 A 就不能再同时说 X 非 A 了，两种说法只能选其一，不能合取。但为什么不能都选呢？一般说来，主要有两种理由：一是认为两者不可能都是真的；二是这种说法等于没说，是废话。根据前述情况可以看出这两条理由都是不成立的、站不住脚的。X 是 A 与 X 非 A 并非不能都是真的，既然可以都是真的，那就没有理由排斥两者的合取式说法；就第二条而言，X 既是 A 又非 A 绝不等于什么也没说，它可以理解为 X 介于 A 与非 A 之间、X 对 A 与非 A 的隶属度介于 0 与 1 之间。这实则是对 X 的一种特定的存在状况的肯定，故没有理由能够否定 A 与非 A 的合取式说法。实际上，不仅不能否定，在大多数情况下这种合取式说法是比"X 是 A"或"X 非 A"更值得肯定、更好的说法，是更可取的说法。

四 牵强度

在此，我们有必要引入一个非常重要的概念——"牵强度"。牵强度是相对于各种说法而言的，它指的是各种说法的牵强程度。虽然 X 既可说是 A 又可说非 A，但这两种说法在大多情况下都是比较牵强的；虽然都牵强却有着程度上的差别，即两者的牵强度可以不同。如果 X 是 A 这种说法的牵强度小于 X 不是 A、X 非 A，那么，说 X 是 A 就比说 X 不是 A 要好些；或者说，"X 不是 A"是比"X 是 A"更牵强的一种说法。相比较而言，当 X 是 A 与 X 非 A 的牵强度相差不多时，说 X 既是 A 又非 A 要比上述两种说法的牵强度小或低得多，也就是说，此时，X 既是 A 又非 A 是一种更为可取的说法；而如果 X 是 A 之说的牵强度远小于 X 非 A 之说的牵强度，此时 X 是 A 之说不仅比 X 非 A 之说更可取，而且在特定情况下比 X 既是 A 又非 A 之说更可取。也就是说，当 X 是 A（或 X 非 A）之说的牵强度接近零时，与其说 X 既是 A 又非 A，不如直截了当地说 X 是 A；虽然前者看起来更全面些，但却良莠不分、主次不明，它只是一种折中式说法，并非真正的辩证法。与这种折中式说法相比较，在上述条件下 X 是 A 之说显然更可取些。当 X 是 A 与 X 非 A 的牵强度相差甚大时，突出重点比力求全面更重要，而当两者的牵强度相差无几时力求全面则显得比强调重点更可取。

就一般情况而论，X 是 A 与 X 非 A 之说的牵强度相差极大或基本相当都是不多见的，最常见的是介于两者之间的情况。此时，我们通常可以区分出哪一种说法的牵强度小些，哪种更大些；如果非要在两者之间择一的话，我们也可以依据其牵强度的大小做出相应的选择（一般说来，应选牵强度最小的说法）。实际上，除上述说法外，我们还有一种在通常情况下牵强度更小的说法，即两点论且重点论、全面加重点式的说法；如说"X 既是 A 又非 A 但主要是 A（或主要是非 A）"。这种全面加重点式的说法正是对辩证逻辑的最一般的表述，也是一般来说牵强度最小的一种说法。

牵强度的值域是区间（0，1）。上述的全面加重点式的说法有两种极端形式：一是 X 是 A 与 X 非 A 两者的牵强度一个趋于 0 另一个趋于 1（上述两者的牵强度总是同时分别趋于两极的），此时，辩证逻辑便可简化为形式逻辑。也就是说，可以将形式逻辑看成是辩证逻辑的一种简化形式，是在牵强度趋于两极（0 与 1）时的简化形式。此时，由于 X 是 A 与 X 非 A 中有一种说法实在太牵强了，而另一种说法的牵强度则是接近最小值，故完全可以舍弃前者而只说后者。简单地说，即 X 是 A 与 X 非 A 只有一种是真正可取的。全面加重点式说法的另一极端形式是，X 是 A 与 X 非 A 的牵强度都趋于中值（0.5），由于两者差距太小，以致很难说 X 主要是 A 还是非 A；此时，X 是 A 与 X 非 A，及 X 主要是 A 或主要是非 A 这些说法都显得比较牵强，相比较而言，直截了当地说 X 既是 A 又非 A 则更为可取些。X 是 A 又非 A 通常被认为是一种折中（折衷）式说法，可以说，这种折中式逻辑、折中式表述是辩证逻辑在牵强度趋于中值的简化形式。

牵强度与模糊逻辑中的隶属度有密切的关系。隶属度通常用"α"来表示，其值域为区间（0，1）；而牵强度的值域也为区间（0，1）。在此我们可以用"Q"表示牵强度（取其第一个拼音字母）。可以看出，X 对 A 或对非 A 的隶属度与 X 是 A 或 X 非 A 之说的牵强度成反比例关系。X 对 A 的隶属度越高则 X 是 A 的说法的牵强度就越低，反之亦然。但这并不意味着隶属度与牵强度是类似于信息与熵那样的关系。隶属度与牵强度是两个不同层面的概念。隶属度主要是就事实层面而言的,是就一对象 X 与集合 A 或非 A 之间的归属关系而言的,涉及的是集合与集合、集合与元素之间的关系;而牵强度则主要是就语言层面而言的。确切地说,隶属度和牵强度都涉及事实、逻辑与语言三个层次,隶属度更多地涉及事实层面,牵强度则更多地涉及语言层面。

牵强度在一定程度上依赖于隶属度,但牵强度与隶属度并非只是前述的那种反比例关系;前述的反比关系只是就"X 是 A"及"X 非 A"这两种说法而言的。与牵强度有关的并非只有上述这两种类型的说法,如前述的"X 既是 A 又非 A""X 既是 A 又非 A 但主要是 A"等也存在牵强度的问题;但这些说法的牵强度与前述的隶属度根本说不上呈反比例关系。如当 X 对 A 与非 A 的隶属度趋于中值(0.5)时 X 既是 A 又非 A 之说的牵强度才最小,反之则最大。实际上,与牵强度关系更为密切的是各种说法的可取程度(可简称为"可取度")。从某种意义上说,正是这种可取度才与牵强度涉及的是同一类问题,它们之间才是真正的反比例关系,且无论对哪一种说法而言两者皆为反比关系,而不像隶属度那样仅局限于"X 是 A"和"X 非 A"两种类型的说法上。牵强度与可取度实则是从正反两个方面说同一类问题。需要说明的是,两者的上述关系只是就特定的意义而言的,就更广泛的意义而言的可取度并不是只与牵强度相关的。一种说法是否可取及可取度如何往往取决于多种因素,它是一个比牵强度更为复杂的概念,故就前述的情况而言,说牵强度要更好些。

牵强度与"真度"的关系也十分密切,但两者并不是同一层次的问题。并非所有的真度问题皆与牵强度相关。可以有多种不同的真度问题,"近似型"的真度问题是一种常见的类型。如"C 等于 3.14""π 等于 3.1416""π 等于 3.141592"等便是一些有着不同真度的说法,是一些近似程度不等的说法;我们可以说,后者比前者的真度高。"含错型""参假型"的真度问题则是另一种常见的类型,如一个涉及多项内容的陈述,其中某项是假的其余的皆是真的,可以视为具有某种真度的陈述;与另一涉及同样内容但却有两项是假的陈述相比较而言,前者的真度显然高于后者,或者说掺假的成分要少些。此外,还可以有上述两者的综合型的真度问题。更进一步,真度还可以区分为与量相关的和与质相关的真度及与两者同时相关的真度。与上述各种不同的真度相关的各种真度不等的说法很难说是一些牵强度不等的说法。与其说关于 π 为何的各种说法是一些牵强度不等的说法不如说是一些近似程度、精确程度不等的说法；而含错多的陈述也很难说就比含错少的陈述的牵强度高。对一种含错的陈述（从另一个角度看也可以说是含假），我们通常可以明确指出其何处有错、何处假，但对一种比较牵强的说法，却很难说其何处有错、何处假。

可以看出，前述的几种真度问题有一共同之处，即它们都是建立在形式逻辑的基础上，都是与 X 是 A 或 X 非 A 型的说法、陈述相关的，其所涉及的是各种 X 是 A 型的说法的真度及其比较的问题。与牵强度相关的则是另一种真度，是一种更为基本的真度，它涉及的是 X 是 A 或 X 非 A 这种类型的说法本身的真度问题。前述的真度问题的前提是肯定对任何 X 而言皆有一 X 是 A 型的全真的解，而后者则不然，它恰恰是建立在对这一前提的否定上的（当然，这里的"A"通常不等于"A'且非 A'"）。

如果设 A 等于 A'且非 A'，那么问题就复杂化了；这将涉及一个更高层次的问题。显然，此时非 A 则为非（A'且非 A'）。如果我们将 A 且非 A 式说法贯彻到底，那么在更高层次的 X 是 A 且非 A 便等价于 X 是 A（A'且非 A'）且非 A（A'且非 A'），或者省略其中的"A"而直接说 X 是（A'且非 A'）且非（A'且非 A'）。非（A'且非 A'）至少有以下几种情况："X 是 A'""X 非 A'""X 是 A'或非 A'""X 非 A'且非非 A'"。其中前三种是形式逻辑的表述方式，对应着形式逻辑的三规律；第四种则是印度式逻辑的表述方式，是一种否定式的辩证法。在印度式逻辑看来，由于世界中一切事物都是因缘和合而成，并无自性，诸法无我，故既不能说 X 是 A 也不能说 X 既是 A 又非 A（因为在此至少肯定了 X 是 A），而只能说 X 非 A 且非非 A。在佛教典籍中经常可以看到诸如"不一也不异""不常也不断""非有非非有""非无非非无"式的说法；这种否定式辩证法是对正面肯定 A 的存在的否定，确切地说，是对有自性的 A 的存在的否定。这种更高层次的 A 且非 A 式说法也存在一个牵强度的问题，并非在所有情况下 A 且非 A 式的表达的牵强度都是最低的。对更高层次上的 A 且非 A 的肯定，意味着在对辩证逻辑首先肯定的同时也肯定了形式逻辑及印度式逻辑，肯定了各种逻辑有序地并存。

第六章 信念、真理与事实

信念、认识是有真伪之分的，就其真而言与真理有着密切的关系，但又有所不同；为真的信念、真理又与事实是不可分的；对信念特别是为真的信念深入考察不能不涉及真理和事实问题。在此我们将对上述各项一一讨论之。

第一节 为真的信念与为真的陈述

信念、认识可能为真也可能为伪，或者说，信念总是有真伪之分的。如前所述，认识就其直接目的而言，并不是仅仅为了获取某种信念，而是要获取为真的信念。为真的信念是与事实相符一致的信念。

在前面我们曾经说过，信念通常有两种不同类型的载体或依托，并由此区分出两种层次不同的信念，即以普通意象为依托的信念和以言语陈述为依托的信念。为真的信念也可以按此划分为两个层次，即以普通意象为依托的为真的信念和以言语陈述为依托的为真的信念。实际上，就主观的信念而言，以言语陈述为依托的信念不过是一种以特殊的意象（言语意象）为依托的信念，故就主观的信念而言，也可以说信念可以有以言语意象为依托的与以非言语的意象为依托的之分。然而，正如前述，以言语陈述为依托的信念比以意象为依托的信念具有一个后者通常所不具有的重要特性，这就是以言语陈述为依托的信念不仅仅是主观的信念，它还可以客观化，成为一种客观化的信念。这种客观化的信念通常以口语和书面语的形式呈现出来。在上述呈现方式中可以带有表示信念的标志性语词，比如"我认为""我相信""A人认为""本人相信"等，但也可以不带有这些标志性词语。显然，有这些标志性词语的口语和书面语让人们看到或听到这样的言语陈述时，通常会比较容易地将其看成为是对某种信念的表达，或者说，将此言语陈述视为一个以言语陈述为依托的信念。尽管如此，在大多数情况下，似乎并没有必要在每个言语陈述之前都加上表示信念的标志性语词。这样一来，一陈述究竟仅仅只是一个纯粹的陈述语句，还是同时是某种信念的表达，是一个借助于特定的陈述语句而客观化呈现的信念有时候便不太容易分清楚了。上述情况，有时候可以借助语境等来加以区分。比如，某个人长篇大论地阐述对某件事情的看法，一般只需要在开始时加上表示信念的标志性语词就行了，如果说得实在太长，中间还可以偶尔加上一些这样的标志性词语。在这样的语境中，那些绝大多数没有加这些标志性词语的陈述语句，通常也可以认定为是一些该人的信念的表达，或者说，实际上是一些以这些陈述语句为依托的客观化的信念。尽管如此，对于许多陈述语句而言，特别是脱离了特定的语境的陈述语句而言，分不清它到底仅仅是一个特定的陈述语句，还是借助于该特定的陈述语句而客观化呈现的信念也是常有的事；甚至在说话者特别加上表示信念的标志性语词的情况下，也不能排除言不由衷的话语和说谎的可能性。

某东西是否作为为真的信念而存在显然与其是否作为信念而存在是不同的。为真的信念是与事实相符一致的，但一般的信念并非一定要与事实相符一致。如果一信念与事实不相符，那么它便不是为真的信念，不能作为为真的信念而存在。为真的或为伪的主观的信念虽然都存在于人的头脑中，但一信念究竟为真还是为伪，则依赖于它与其外的世界的特定的关系。

为真的信念与为真的意象及为真的陈述密切相关。为真的陈述并不等于为真的认识、信念。为真的陈述并不以为真的信念为其存在的必要条件；相反，为真的以言语意象为载体或依托的认识、信念却是以为真的陈述为其存在的必要条件的。我们无法设想一以言语陈述为载体、依托的为真的信念、认识所依托的陈述却可以是假的；同样，说某一以为假的言语陈述为依托的认识、信念可以是为真的认识、信念也是不可思议的。一信念、认识若为真，则作为其依托的陈述必为真，反之亦然。

信念、认识存在真伪问题，陈述也存在真伪问题，但陈述的真伪并不是必定与认识、信念相关的。陈述可以有相对独立于信念、认识之外的真伪，但以言语陈述为依托的信念、认识却不可以有独立于其所依托的陈述之外的真伪。如掷一枚色子，色子的六个面中的任一面朝上的可能性大小通常可认为是相等的，如果排除其他可能性的话（如做手脚等），那么，每面朝上的概率通常为六分之一。如果在不看结果的情况下，让我们说出究竟哪一面朝上，对此，我们至多只有关于某面朝上有多大可能的信念。即使我说是"3"朝上，也不意味着我认为、相信是"3"而不是"2"或"5"朝上。因为，此时我根本不能为相信"3"朝上提供比相信、认为"2"或"5"等朝上更充分的证据、理由。此时，我所说的"色子的标有'3'的那一面朝上"这一句话、这一陈述并没有表达我的认识、信念，然而，它却有可能是真的。如果事实上此时的结果确为"3"朝上，那么，该陈述便是真的，便是为真的陈述；若事实上朝上的一面不是"3"而是"2"或"5"等，那么，上述陈述便是为伪的陈述。可以看出，即使"色子的标有'3'的一面朝上"这一陈述并没有表达我的认识、信念，它仍旧是有真伪之分的。可见，陈述可以有相对独立于信念、认识之外的真伪。

以言语陈述为依托的信念、认识不可能有独立于言语、陈述之外的真伪。实际上，一为真的以言语陈述为依托的信念、认识之所以为真，正是由于它所把握的（或者说作为它的依托的）陈述是为真的陈述。如果作为某信念、认识的载体的陈述是为伪的陈述，那么，该信念、认识也是为伪的。可见，为真的信念、认识是依赖于、依托于为真的陈述的。故要搞清楚一信念、认识的真伪问题，首要的和关键的是搞清楚言语陈述的真伪问题；解决后一问题是解决前一问题的逻辑前提。实际上，解决了后一问题，前一问题也就迎刃而解了。

第二节 真理是正确的认识吗？

真理是什么？通常的回答是，真理是对客观事物及其规律的正确反映、是正确的认识。

真理是正确的认识吗？如果我们肯定这一点，那么就应该承认真理首先是一种认识，一种特殊的认识，属于认识的范畴，是认识中的正确的一类。如果我们不能将真理看成是一种认识，那么，真理是正确的认识之说也就自然不能成立了（显然，这里所说的"认识"是对认识 N 而言的，故也可以说是信念）。在此要说明的是，真理与认识确实有着密切的关系，但并不能因此就说真理是一种认识，是正确的认识。

实际上，真理与语言的关系更为密切，它首先是以一些特殊的语句、陈述句的形式存在（虽然，意象等也与"真"有关，但并不直接涉及真理问题，故以下主要讨论陈述），这种语句、陈述在某种意义上与客观事物或其规律构成对应；而认识则不同，它是关于某陈述的"真"的信念及关于事物及其规律存在的信念（认为、相信某陈述是真的，认为相信某事物或其规律是存在的等）。显然，认识、信念是有真伪之分的，这是由于我们虽然可以通过认识来把握真理，但是，并不是我们的所有认识都把握住了真理；实际上，只有一部分认识把握住了真理。某认识由于把握住了真理故而具有真理性，而没有把握住真理的认识则不具有真理性或只在某些方面具有一定程度的真理性。把握住真理的认识是正确的认识、具有真理性的认识，但它并不是真理本身。所谓把握住真理的认识，就是把握住与事物及其规律在某种意义上构成对应的陈述语句的认识（承认该陈述是真的）。承认了某语句、陈述是与某种事物或其规律在特定意义上构成对应的语句、陈述，也就承认了与该语句在该意义上构成对应的事物及其规律的存在。

显然，与某陈述在特定意义上构成对应的对象是否客观存在，这一点并不依赖于我们对此的信念、认识。与某陈述在特定意义上构成对应的对象是客观存在的，这一点并不因为我们认为、相信它是客观存在的，它才成了客观存在的；也不因我们不认为、不相信它是客观存在的，它就不是客观存在的了。值得注意的是，只有当与某陈述句在某种意义上构成对应的对象是客观存在的，且我们也认为它是客观存在的时，我们的认识才把握住了真理，才具有了真理性；而当该对象不是客观存在的，而我们也认为它不是客观存在的时，我们的认识虽然也把握住了真理，但是，这个真理与上述真理不属于同一层次。例如，我认为"m 时 n 处有一张桌子"是真的，也就是说，我认为"'m 时 n 处有一张桌子'是真的"是真的，认为 m 时 n 处有一张桌子；而我认为"m 时 n 处有一张桌子"是假的，则意味着我不认为 m 时 n 处有一张桌子，意味着我认为"'m 时 n 处有一张桌子'是假的"是真的。我认为陈述 P 是真的（或假的）时，也就是认为"P 是真的"（或"P 是假的"）是真的。认为"P 是真的"是真的与认为 P 是真的是一致的，而认为"P 是假的"是真的，与认为 P 是真的则并不一致，后者的真是相对于"P 是假的"而言，而不是相对于 P 而言的（前者则既是相对于"P 是真的"而言的，又是相对于 P 而言的），这表明否定式认识比肯定式认识高出一个层次。由此可见，某人用某陈述表达他的认识、信念，也就是肯定这个陈述是真的，如果他肯定这个陈述 P 是假的，那么，陈述 P 本身并没有表达他的认识；此时，表达他的认识的陈述不是 P，而是"P 是假的"。这里有一个类似于正负号运算的问题（肯定真为"＋"号，肯定假为"－"号），像数学中一样，在此可以进行正负号的运算。认为 P 是真的，可表示为"P^+"，认为 P 是假的，可表示为"P^-"；认为"P 是真的"是真的，可表示为"P^{++}"，正正得正，故可只写一个正号；而认为"P 是假的"是真的，则可表示为"P^{-+}"，正负得负，故为"P^-"。一陈述未必一定表达了某种认识，故其一般形式为 P（右上角不带正负号或其他符号）。

认识、信念可以把握真理、具有真理性，猜测也可能碰巧抓住真理，获得真理性；而它们之所以能够具有真理性，正是由于它们把握住了为真的语句、为真的陈述（肯定、认为、相信或猜想为真的语句、为真的陈述是为真的）。如前所述，认识可以有两种载体，即意象和言语陈述，而与意象相关的认识通常被认为是感性认识。我们通常认为，感性认识可以把握住的只是为真的意象（包括映象、想象之象、忆象、表象等），这些为真的意象与客观事物有一种自然的、物理的对应关系；而为真的陈述语句与客观事物及其规律之间的对应则是一种人为的象征式的对应。由于只有与陈述语句相关的认识才存在真理问题，或者说只有那些以陈述语句为依托的认识才存在真理问题，故我们在此不讨论为真的意象问题，而着重讨论为真的陈述及与之相关的为真的认识、信念。

认识、猜测的真伪显然依赖于陈述的真伪，而离开了陈述语句便无所谓真理，正因如此，我们说，真理首先是以为真的陈述的形式存在的；正确的认识就是以真理、为真的陈述为其构成要素、内含的认识。真理并不以我们是否认为它是真理为转移，某陈述是否有其外在的对应项也不以我们是否认为、相信其有为转移。如果"存在有地球之外的文明"这一陈述揭示了一个真理，那么，无论我们是否认为存在有地球之外的文明、是否认为上述陈述揭示了一个真理，都不会改变其真理的性质。这一点表明，认识并不是真理存在的必要条件，或者说，真理在一定条件下可以离开认识、信念、猜测而相对独立存在；尽管真理时常可成为构成某种认识的要素、内含，处于某种束缚态，但是，它还可以处于某种自由态、游离态。真理是一种特殊的语句、陈述系统，正因为如此，才需要我们去发现真理，而不是创造、发明真理。如果说真理是一种特殊的认识、正确的认识的话，那么，认识就成了真理存在的前提了，没有认识就没有真理，没有对某种客观事物的正确认识，与该种客观事物在某种意义上构成对应的语句、陈述便不存在，真句便不存在，这显然是不妥当的。一陈述可以处于某种约束态（在其右上角注上"+""!?"号等），也可以处于某种自由态、游离态（其右上角不注任何符号），只有前者才以认识等为其存在的前提。显然，不管我们在一陈述语句的右上角上注上什么符号，都不能证明该陈述确实是真的；陈述的真与其右上角上的注角无关。此外，真理也并不直接受其产生途径的影响，真理的问题是一个对应的问题，不管某东西的对应项是如何产生的，对应的就是对应的，不对应的就是不对应。对应是状态的函项，不是途径的函项。

如前所述，认识、信念的真假问题与陈述的真假问题既有联系又有区别。认识的真假问题也就是被我们认定为真的陈述是否为真的问题及与被我们认定为真的陈述在某种意义上构成对应的对象是否客观存在的问题。而陈述的真假则与这种主观的认定并不必然相关，陈述的真假问题是与其处于约束态还是游离态无关的。

当我们说某认识是错误的或正确的时，总是相对于认识者及其行为而言的，而当我们说某句话、某陈述是真的或假的时，我们不一定要直接涉及说话的人（一语句也未必非由人构建出不可）。A 人明明认为在 m 时 n 处有一张桌子，但是他却可以出于某种原因而说"m 时 n 处没有桌子"。显然，该陈述虽并没有表达他的认识，但是，却可以是假的；我们并不能因为该人所给出的该陈述是假的而说该人的认识是错误的、假的。同样，某人说的某句话是为真的，但他却可能说了一句违心的话，他可能并不认为他说的是一句真话（确切地说，应是"为真"的话），或不认为他说的话必定真（如猜测），因而，即使他确实说了一句为真的话，也不能因此就说他的认识是正确的、具有真理性的。

在前面我们曾经说过，认识特别是理性认识除了包含陈述在内，还包括人对该陈述的态度。这种态度主要有两种，即肯定和否定；这种肯定和否定是对特定陈述的真伪的肯定或否定，及对该陈述是否在特定的意义上与客观事物及其规律构成对应的肯定或否定（两者是一致的）。这种肯定或否定的态度是一种精神心理事态,正如前述,这种特殊的精神心理事态只能存在于人的头脑之中,它不可能跑到人的头脑之外,能够跑到我们头脑之外的是言语、陈述,它们虽可以在某种程度上表达我们的认识,但也可以不表达认识,且它本身并不等于认识(在此需要说明的是,前面我们曾提到以特定的言语陈述为依托的客观化的认识、信念,这种认识和信念就"信"而言,并没有跑到我们的头脑之外,虽然这些陈述语句可以表明存在一个"信"的问题,但是"信"作为一种态度是不可能脱离人而存在的)。由于认识通常存在于人的头脑之中(特别是作为其构成部分的态度),故若说真理是正确的认识,那也就得承认真理也存在于人的头脑之中、承认头脑之外无真理,认识之外无真理。照此说来,由于我们现今还无法断定在银河系中是否存在有比人类的智能更高的动物存在,于是,"在银河系中有比人类的智能更高的动物存在"与"在银河系(不包括河外星系)中没有比人类的智能更高的动物存在"这两个陈述都不能作为真理而存在了,都不存在真假、真理问题了。这显然是说不通的。可见,真理并不能归结为正确的认识,它可以成为正确认识的构成要素,但它还可以其他的方式存在。除了认识之外,还存在其他的真假问题,而离开了陈述、语句(感性认识则是意象),便无所谓真伪问题、真理问题,故真理首先以为真的陈述的形式存在,是为真的陈述(但这并不排除认识可以具有真理性,可以有具有真理性的认识)。

有关真理是正确的认识之说,还有一个相对次要的问题需要说明,即是否可用"正确"来替代"真"的问题。正确的认识、信念与为真的认识、信念两者确有一致之处,但却是从不同的视角看问题的。正确与错误(正如前述)主要涉及的是行为及与特定的行为相关的规定,而真伪则涉及的是一信念、认识、陈述是否具有与之相关的对应项的问题。显然,我们有一不成文的但却被广泛认可和接受的言语规定,即我们应该给出有与之相关的对应项的陈述,或者说,应该给出与事实符合一致的陈述,应该相信事实而不是相信子虚乌有的东西。相对于该不成文的规定而言,给出为真的陈述,相信事实显然是正确的,反之则是错误的;也正是在这种意义上,为真的信念、认识、陈述与正确的信念、认识、陈述是一致的,或者更确切地说,是相应的。就此而言,用"正确"来说明"真"显然是可行的,但这并不意味着可以用"正确"来代替"真"。在此,我们既要看到两者的一致、相应,又不能将两者混同。需要说明的是，上述的不成文的规定并不是普适的，比如对于艺术语言及相关的认识、信念来说，上述规定便不能说是有效的，或至少其有效程度是大打折扣的。当李白说"蜀道之难，难于上青天"时，其正误与真伪便呈分离状态，不再是一致、相应的了。此时的正确与错误如果有的话，也显然不是对上述的不成文的规定而言的。我们可以说李白给出了一个就当时条件而言为伪的陈述，但却不能说他给出了一个错误的陈述，可见，真伪和对错并不总是一致、相应的。

第三节 真理的存在

真理的存在主要包括真理的存在方式及其本身的存在两个方面，这两个方面密切相关，但又有显著的区别，下面分述之。

一 真理的存在方式、类型或层次

从真理的存在方式上看，说真理是正确的或为真的认识、信念也是不妥的。这是由于，认识、信念通常可以区分为以普通的意象为依托的认识、信念及以言语为依托的认识、信念。就前者而言，不仅人有，动物特别是比较高级的动物也可以有，且可以是为真的认识、信念。显然，这些认识、信念基本上都是以特定的心理意象为载体、依托的为真的信念、认识。如果说真理就是为真的、正确的认识、信念，那么，我们就得承认其他动物（如马、狼、鸡等）也可以获得真理、掌握真理了。显然，我们通常是不会接受这种说法的。我们否认其他动物也可以获得真理、把握真理，实则也就是否定了以心理意象为依托的认识、信念可以与真理相关。这样便将与认识、信念相关的真理只限定在特定的认识、信念领域，即限定在以言语陈述为依托的认识、信念的范围之内。由此可见，虽不等于真理但却与真理密切相关的只是一部分正确的、为真的认识、信念，而不是所有的正确的、为真的信念。故笼统地将真理与正确的、为真的认识、信念挂起钩来也是不妥当的。

在前面，我们通过深入讨论，最后将真理归结为为真的陈述。但这种归结仍显得过于简单。真理可以说是为真的陈述，但为真的陈述看来并非都可以说是真理。这里还存在一个"资格"的问题。许多为真的陈述在人们看来还不够资格被称为真理。比如，"m 时 n 处有一棵柳树"，

"A桌子上有一个苹果"等陈述即使为真，也一般不会被人视为真理。人们通常会认为，这些陈述所涉及的事实、事件实在太平凡、太普通琐碎了，且多得不计其数，而"真理"一词通常会引发人们的向往、追求、敬仰等。可见，真理并不仅仅是一个完全中性的词汇，它同时还是一个带有一定程度的褒义、敬义的评价用语。因而，只有一部分为真的陈述才有资格被称为真理。上述的关于平凡、琐碎的事情的为真的陈述过于中性化了，实在无向往、追求、敬仰可言，将其称为真理似有侮辱真理的品格之嫌，故最好将其排除在真理的范围之外。考虑到前一章所提到的牵强度，显然，将上述为真的陈述称为真理确实有些牵强了。

有资格被称为真理的为真的陈述（与事实相符的陈述）大致可分为三类，或者说，可分为三个层次；我们不妨将其分别称为真理1、真理2、真理3。真理1指某些具有重要意义和价值的单个的、特殊的、具体的为真的陈述，它通常并不包括上述所说的"桌子上有一个苹果"之类的个别的、具体的陈述，而是指那些涉及重大的、重要的个别的、具体的事件的为真的陈述，如"地球是太阳系中的一颗行星""我们所生存于其上的大地是椭球形的"等。这些陈述虽然是关于单个的、特殊的、具体的事件的，但这些陈述对人类而言是具有重要意义的。实际上，上例中的第一个陈述正是哥白尼的革命性理论的中心论点，它陈述了哥白尼对科学的最基本的贡献。如果事实上确实如此（我们现在几乎无人再怀疑这一点），那么，它就是一个当之无愧的真理。类似上述实例的陈述可称为真理1。所谓真理2，是指单个的、一般的、普遍的为真的陈述。这一类陈述所涉及的不是某个个别的事物、现象，而是一类事物、现象的共性、规律、本质等。它通常以"所有的A都是B""如果P则Q"等形式出现。这一类陈述具有高度概括性、抽象性，涉及的对象的面很广，属同类的对象甚至可以无限多，因而也具有普遍的意义；科学中的某个公理、定理、原理皆属此类。真理3则主要指由众多的、一般的、普遍的为真的陈述构成的具有特定的结构、层次的有机系统，即为真的理论体系。真理往往更多指的是一组相互关联的陈述，而不是指某个单个的普遍的陈述。也就是说，不仅要言之有理（指某个陈述），而且要言之成理。这样，我们便有了层次上不同的三层真理，即某些具有重要的意义和价值的个别的、具体的为真的陈述，单个的、普遍的为真的陈述和群体的、系统的、一般的、普遍的一组为真的陈述。真理可以具有上述三种层次不同的存在形态。

二 真理本身的存在

为真的陈述、真理本身包括内容和形式两个方面，其形式是一些特定的音形等的组合。真理之为真理首先在于陈述的内容而不在于其外在形式。比如，"这是一本书"与"This is a book"只是形式不同而意义、内容相同的陈述、命题。虽然两者的形式不同，但就其内容、真伪而言，它们并不是不同的陈述。虽然其外在形式不同的陈述可以陈述同一事实、事件，具有同样的外在形式的陈述也有可能陈述不同的事实、事件，但一陈述必须具有某种特定的外在形式这一点则是确定的、不可少的。

真理本身的存在包括其形式的存在和内容的存在。对真理的把握不能仅仅把握其形式；仅仅把握了某陈述的形式，并不能说就把握了真理。真理的内容、为真的陈述的内容，首先便是该陈述的特定的意思、语义。如果我们不了解一陈述的语义，那么也就不能说把握了该陈述。比如，一个不懂中文的人，看到了或听到了某种特定的音形组合如"桌子上有一个苹果"，如果他不懂它的意思，那么，便不能说他已经把握了该陈述。此时，他也不会有以该陈述为依托的认识、信念，而最多只能有关于这种特定的音形组合的存在的认识、信念及"这种音形组合很可能是一些汉字的有意义的排列"的认识、信念等。尽管如此，有一点是清楚的，即对一真理的内容的把握、对一为真的陈述的内容的把握显然又是以对其形式的把握为前提的。我们可以仅仅把握一陈述的形式，而没有把握该陈述的内容，但却不能把握了一陈述的内容，而没有把握其形式。这是由于我们正是通过陈述的特定的形式来把握陈述的内容的。没有把握特定的形式，即使我们可以把握某些与该陈述的内容在许多方面有一致之处的东西，但它绝不是该陈述的内容。

就真理的存在而言，有一种有代表性的误解，这种误解将真理、为真的信念的存在与对其真的现实的、实际的检验证明混为一谈了，在此有必要加以澄清。说到真理的检验，我们很快便会联想到实践标准问题，故上述混淆也直接影响到对实践标准的正确理解。实践是检验真理的唯一标准，这早已成为我国哲学界、思想界乃至普通民众的共识，然而，在许多人看来（许多哲学教科书中也有此说），既然实践是检验真理的唯一标准，那么，真理便只能是经过实践检验证明为正确的、为真的理论、认识等，没有被实践检验便不存在真理；或者说，一种理论、认识、陈述能够作为真理而存在，必须以实践证明为先决条件。这种将真理视为被检验过且被证明为真的东西的看法，便是我们在此所说的有代表性的误解（至于是否能将真理与特定的认识画等号的问题，我们在前已经做过了说明，不再赘述）。

真理作为与特定的对象（如客观事物及其规律等）在特定意义上构成对应的理论、陈述，其本身的存在取决于是否与客观实际、事实相符合、对应。对应的便是真理，否则便不是真理或只是具有一定的、部分的真度的理论、陈述。这一点表明，真理的存在本身并不取决于对其的实际的检验。任何实际的检验、验证都不会改变真理的性质；同样，一认识、信念是否具有真理性这一点也并不会因对其的检验、验证而发生改变。一认识、信念、陈述、理论具有真理性或者说是真理（严格地说，如前所述，不能说正确的、为真的认识、信念便是真理，而只能说其具有真理性；既可说具有真理性也可说是真理的是为真的陈述、理论），这一点通常在对其进行实际的检验、验证之前便已经确定了（谬误也是一样的）。一陈述、理论等并不因对其的实际的检验证明而成为真理或谬误，而是以其是否与客观实际、事实相符合、对应为据的。比如做一道数学题，其答案是对是错，是否做对了或做错了，这一点并不依赖于我们对其的事后的检查、核对、检验，而"该题做得对（或错）"这一陈述的真伪也不依赖于我们对其的事后检验。一道题如果做对了，并不是因为我检验、验证其之后它才成为对的；若做错了，也不是由于我或别人对我自己做过的题验证之后，或证明我做错了之后，我才做错了。上述的陈述"该题做得对（或错）"这一陈述的真伪在这一点上与对错是一致的，即其是真是伪也不是由实际的检验、验证所决定的，不是依赖于实际的检验、验证的。一陈述、信念是真是伪，此事通常发生在实际的检验、验证之前，如果以后者作为前者是否存在的前提条件，那么实则意味着前面发生的事受后面发生的事的影响，照此理，现代的人可以干涉古代的人的行为、可以改变历史也成了顺理成章的事了。故说一陈述、认识是否真理必须以实践证明为先决条件及将真理视为被实际检验过且被证明为真的东西显然是不恰当的。

那么，真理、为真的陈述又是依赖于什么而存在的呢？回答便是：它依赖于其特定的形式和内容而存在。特定的陈述之所以是真的或是伪的，主要取决于其内容，或者说，取决于该陈述的语义。一般来说，一陈述的语义、意思、意义确定了，它是真是伪也就随之确定了，它是否为为真的陈述、是否为真理也就确定了；当给出一语义、意思确定的陈述之时，其已作为为真的陈述或为伪的陈述而存在了。也就是说，一为真的陈述及以此为依托的信念的存在与该意思、意义确定的陈述的给出通常是同时的（但也有不同的情况）。一陈述的真伪的确定依赖于其意思、意义的确定；在通常情况下，当我们给出某关于现存或以往的情况的陈述时，其真伪在该陈述的特定意思、意义确定之时便已经确定了。由于现存的或以往的状况、事件等都是既定的、既成的事实，故当给出一意义确定的关于现存或以往的事件等的陈述时，该陈述是否符合实际情况、事实也就随之确定了。然而，对于关于未来的状况的陈述而言，情况却有所不同，对此，我们将在下面专门进行讨论。

三　与陈述的语义不同时确定的真理

意义、语义与真伪不同时确定的情况主要是就关于未来的状况的陈述而言的。由于未来还未成为既定的事实，故意义确定的关于未来事件的陈述并不一定在其被给出之时其真伪便随之确定了，其本身便已经作为为真的陈述或为伪的陈述而存在了。实际上，这样的陈述在给出时其真伪往往是还未确定的。显然，当该陈述所断定的未来时刻到来之时，该陈述是真是伪也就随之确定了，但在此之前，它却往往处在一个真伪不确定或者说待定的状态。这似乎意味着，还有一些陈述在特定的时期内虽可以是陈述，但却不是或真或伪两者必居其一的陈述；可以有一些在特定的时期内无真伪可言、无所谓真伪的陈述，这些陈述一旦到了特定的时期就会转化为为真的或为伪的陈述。

看来，说上述陈述无真伪可言、无所谓真伪是不妥的，上述情况与其说是无真伪可言、无所谓真伪，不如说其可能真也可能伪。比如，"明天晚上9点（或最晚到明晚9点）S人将到达A处"这一陈述是真是伪在给出时并未确定，此时它还处于真伪不明的状态，或者说，其可能真也可能伪。但当该陈述所断定的最后时刻到来之时，其真伪也就见分晓了，它也就成为为真的陈述或成为为伪的陈述了。

显然，这里首先存在一个可能性与现实的关系问题。陈述不仅存在一个是真是伪的问题，还存在一个可能真可能伪的问题。有一些在特定的时期内可能真也可能伪的陈述；在此时期内它既不是真的也不是伪的。当然，关于可能真或可能伪的判定是存在是真是伪的问题的；认为或相信一可能真的陈述是可能真的，该关于可能真的陈述的陈述便是真的，否则便是伪的。显然，上述的可能真与可能伪是相对于现实的、既定的真伪而言的。如果说，是真是伪是相对于既定的、现实的状况而言，那么，便不能否认有些陈述在特定的时期内其真或伪还不是既定的、现实的，便不能否认具有可能真和可能伪的性质的陈述的存在。

具有可能真也可能伪的性质的陈述在一定条件下便可能转化为既定的、现实的为真的或为伪的陈述。而当它转化为现实的、既定的为真的或为伪的陈述之后，便不再是具有可能真也可能伪的性质的陈述了。这一点表明，至少有些陈述在一定时期内不存在现实的是真是伪的问题的，但这仍不能否认陈述具有真伪问题，因为可能真、可能伪的问题也是真伪问题。

可能性不仅与现实相关联，而且与必然性和不可能性相关联。考虑到必然与不可能的问题，那么，一关于未来状况的陈述的真伪便未必一定要等到该时刻到来时才能确定，或者说一陈述未必一定要等到其所断定的时刻、时限到来时才会变成为真的陈述或为伪的陈述；实际上，往往在此之前的某一时刻该陈述的真伪便已经确定了。一般说来，当关于未来的陈述所断定的事件的发生成为必然或不可能时，该陈述为真还是为伪也就随之确定了。而这一点（成为必然或不可能）通常总是在特定的时刻到来之前就确定了，无须一定要等到最后的时刻。比如，如果上例中的 S 人在 9 点差 5 分之时仍处在离 A 处数万里之外的某地，那么，他在 9 点到达 A 处便已经不具有现实的可能性了。可以说，此时上述陈述为伪已经确定了，已经成为定局了，该陈述已经转化为为伪的陈述，已经作为为伪的陈述、必然伪的陈述而存在了。

实际上，一关于未来事件的陈述的真伪完全有可能在给出该具有特定语义、意义的陈述之时便已经确定。一般说来，如果某关于未来的陈述、认识、信念是揭示了历史的必然性的认识、信念、陈述，这种必然性至少在给出该陈述、信念时便已成必然，那么，该陈述、信念的真伪便在给出该具有特定意义的陈述、信念之时便已经确定了（对不可能来说也是一样的）。对关于那些带有或然性、偶然性的事件的认识、陈述虽不能这样说，但带有或然性、偶然性的东西（可能的东西）也并非只有到成为现实之时其不确性才消除了。可能向现实的转化过程中，通常总是先转化为必然和不可能；确切地说，是其中的某些可能性转化为必然，另一些可能性转化为不可能（这两种转化总是同时进行的），然后再转化为现实的。也就是说，可以将必然与不可能看成是可能转化为现实的媒介、途径。这一点表明，必然和不可能通常总是相对于特定的条件而言的，总是相对于特定的条件、在特定的条件下的必然和不可能，而不是一种纯粹抽象的、绝对的必然和不可能。也就是说，我们往往是相对于特定的条件，特别是相对于特定的现实条件谈必然和不可能的；我们通常所谈的总是在某种特定的现实条件下什么是必然的、什么是不可能的以及什么是可能的。需要说明的是，现实条件并不是一成不变的，它总是处在不断地变化之中，在特定的时刻，总是有一些可能性转化为现实，从而形成新的现实条件。一种事件的发生在前一种现实条件下是可能的，在后一种现实条件下则可以是必然的或不可能的（当然，也可以仍旧是可能的）；这一点表明，必然性和不可能性可以由可能性转化而成，也可以因现实条件的变化而生，同时也表明新的可能性也可由新的现实生出。

可能性、必然性、不可能性通常总是具体的、相对的。那么，是否存在抽象的、绝对的必然性和不可能性呢？显然，如果承认存在有抽象的、绝对的必然性、不可能性，那么，我们便能说，任一意义、语义确定的关于未来的陈述在给出的同时，其真伪便确定了。显然，这是一种宿命论式的看法。与之相对的还有一种将一切视为或然、偶然的看法；照此看法，只要陈述所断定的最后时刻还未到，哪怕仅差一瞬间，也不能说该陈述的真伪便已经确定了。这两种看法，一个依据的是抽象的、绝对的必然性、不可能性；另一个则依据的是抽象的、绝对的偶然性、或然性（偶然性与或然性的侧重点不同，后者通常强调的是可能性越大越易转化为现实，而前者则强调，可能性再小也不能说它就不会转化为现实）。就上例而言，如果承认抽象的、绝对的偶然性，那么，即使 S 在 5 分钟内从数万里外的某处赶到 A 处不具有现实的可能性，但仍旧不能排除他在 5 分钟赶到 A 处的某种其他的可能性；故在此时，上述陈述的真伪还是不确定的。

相比较而言，以抽象的、绝对的必然性为据说明任一关于未来的意义确定的陈述的真伪在陈述给出时便已确定，似乎更麻烦。这种必然性在特定的条件下需要不可知论的辅助。如果我们所断定的未来事件是人无法干预的，人的活动不能使其有所改变，那么，问题并不大；即使我们知道某事件必然发生，或不可能发生，我们也不可能使其有任何改变，而只能听天由命、静观其变。此时知道此事与不知道此事对此事的发生而言都是一样的。但若某被断定的未来事件是我们可以通过自己的活动使其有所改变的，在此时，知道此事与不知道此事便可能有很大的不同。必然的意味着一定会成为现实的，如果不一定会成为现实，那么就不是必然的；因为，不一定成为现实，也就是说，它有可能转化为现实，也有可能不转化为现实。设我在未来的 M 时唱歌是必然的，也就是说，到 M 时我一定是在唱歌。到 M 时我一定会唱歌吗？显然唱歌还是不唱歌这是可以由我控制的，假定我在未来的 M 时唱歌是必然的，某人也认为、相信我在未来的 M 时唱歌是必然的、是一定会转化为现实的，且此人也对我做出了如上的预言；而如果我听到了这一预言，如果我很不情愿让该预言实现，我便会努力使自己在 M 时不唱歌。显然，通过这种努力我完全可以做到在 M 时偏不唱歌。这样一来，我在 M 时唱歌还能是必然的吗？如果是必然的，那么，首先便应肯定我是事先不可能知道有这种预言的，可见，这种抽象的、绝对的必然性需要有不可知论作为补充。

我们不排除有些关于未来的陈述在给出时其真伪便已经确定了，但也不能排除还有大量的此类陈述在给出时其真伪还是不确定的；我们不排除有些关于未来的陈述的真伪只有到其所断定的事件发生的时间或状态出现的时刻才能确定，但也不排除还有大量的此类陈述的真伪并非要等到此时刻到来之时才能确定，该时刻只是其真伪确定的最后时限，有大量的关于未来的预言式陈述的真伪是在该陈述给出之后及该陈述所断定的事件发生的时刻之前的某一时刻确定的。设某关于未来的预言式陈述给出之时刻为 T1，设该陈述所断定的事件发生的最后时限为 Tn，则该陈述的真伪的确定的时刻可以有三种可能，即 T1、Ti、Tn（其中 Ti 介于 T1 与 Tn 之间）。该陈述的真伪不可能在陈述给出之前便已确定，也不可能在 Tn 之后的某一时刻（如 Tn+1）才确定，但却可以在 T1 与 Tn 之间的某一时刻（Ti）确定。持一切都是必然的这种观点的人对上述问题的回答是，任一关于未来的陈述的真伪都是在该陈述给出的同时（T1 时刻）确定的；而持一切都是偶然的这种观点的人的回答则是，任一关于未来的陈述的真伪只有到其所断定的时间到来之时才能确定。这与我们所持的观点显然是不同的。我们在此所持的观点可以表述为：既不是一切都是必然的，也不是一切都是偶然的，不仅如此，可能—必然—现实之间还存在转化和相生相克的关系。关于未来某时的状况的预言式陈述可根据其真伪确定的时间分为三类,即真伪在 T1 时确定的陈述、真伪在 Tn 时确定的陈述及真伪在 Ti 时确定的陈述。我们既不否认可以有真伪在 T1 时确定的陈述,也不否认可以有真伪在 Tn 时才确定的陈述,而只是反对一切关于未来的陈述的真伪都是在 T1 时确定的及一切关于未来的陈述的真伪都是在 Tn 时确定的这两种极端的说法。

关于未来的陈述可以有各种不同的时限,如给出一特定的时刻,或给出一特定的时段、时间区域,乃至只是笼统地、不加限定地谈及未来。这些不同的陈述的真伪的确定方式是有异的。相比较而言,给出一特定的时刻要求是最严格的;而给出一较宽的时间区域其要求的条件便宽松了许多;至于仅笼统地、不加限定地谈未来,其要求的条件就更为宽松了。一般说来,一关于未来事件的陈述给定的时限越宽松出错的可能性就越小,越严格则越易出错。越严格、精确其陈述的真伪确定的时间距 Tn 就越近,时限越宽松、笼统,其陈述的真伪确定的时间就距 T1 越近。比如,预言某人或某动物明天中午 12 点整或 12 点 4 分至 6 分将喝水,比预言其明天 12 点至 18 点将喝水,及预言明天将喝水、在未来的几天内将喝水等出错的可能性通常要大得多。在上述一系列陈述中,越靠前偶然成分就越多,越靠后其必然成分就越多,或者说,就越接近必然。越靠前的陈述的真伪提前确定的时间就离所断定的时刻或时间越近,越靠后的陈述的真伪提前确定的时间就离陈述给出的时间越近(可以重合一致)。就我们通常的看法而言也是一样的,我们通常会认为某动物恰好在明天 12 点整或在 12 点 4 分至 6 分喝水的概率小于它在今天之后的几天内喝水的概率。前者的真伪即使在此时之前的一两分钟内仍可以是不确定的,而后者的真伪则在该陈述给出之时便基本确定了。

显然,一陈述的真伪的确定与我们所认为、相信该陈述的真伪的确定是两回事。前者是一种客观的确定,后者则是主观的确定。问题的麻烦之处在于我们往往无法证明某陈述所断定的未来发生的事件究竟是必然的还是不可能的(特别是对那些所给出的时限是从未来的某时直到无穷的陈述);如果是必然的,也难以断定它从何时起便成为必然的。从而也难以断定一此类陈述的真伪究竟是何时确定的(因为一陈述所断定的事的发生在成为必然或不可能时该陈述的真伪也就同时确定了)。有些事虽然我们不能有充分的理由断定是否为必然或不可能,但只要其是必然的或不可能的,那么断定该事件的陈述在给出时为真为伪便已经确定,只是我们还无法证明这一点罢了。一陈述的真伪在 Ti 时确定，也就意味着一有确定的真伪的陈述在 Ti 时产生；而一有确定的真伪的关于未来之事的陈述在 Ti 时的产生，往往与一种特定的必然性或不可能性的产生相应。显然，有确定的真伪的陈述如果不是在 Tn 时才产生的，不是关于现实、已然的陈述，那么它便是对特定的必然性或不可能性的陈述。当一陈述的真伪确定了之时，其是否为为真的陈述就确定了，是真理还是谬误也就确定，以该陈述为依托的认识、信念是否为为真的认识、信念也随之确定了。而是真理还是谬误确定了，特定的真理或谬误也就存在了。

一关于未来的预言式陈述的真伪的确定与必然性和不可能性密切相关，因为，如果它不是在 Tn 时确定的，那么，便是依据必然性或不可能性确定的。一种有相当影响的看法是，如果我们不能证明两个事件之间存在必然的联系，不能证明一种状况向另一种状态转化的必然性，那么，它们之间便无必然联系，其转化也无必然性可言；如果我们不能证明某东西必然如何（如必然灭亡等），那么，必然性、必然趋势也就不存在。这种看法显然是成问题的，它将客观的确定与主观的确定混为一谈。无论能否证明必然性、必然联系、必然趋势等的存在，有一点是清楚的，即谈论综合命题的必真或必假及其所涉及的对象、事件的必然性或不可能性是可以接受和认可的，且这种接受和认可不仅是合情的而且是合理的。

实际上，承认一关于未来事态的陈述的真伪可以在 Ti 时确定，正是以必然性和不可能性的存在为前提。但这种必然性、不可能性首先是相对的、具体的、有条件的必然性、不可能性，而不是绝对的、抽象的、纯粹的必然性和不可能性。我们有必要区分这两种必然性。如果不是抽象地谈论必然性，而是具体地、有条件地谈论必然性及不可能性，那么，综合命题、关于事实的命题所涉及的事件的必然性的存在便是显而易见的。

第四节　真假陈述与为真为假的陈述及其真度

如前所述，一陈述、信念的真伪主要取决于其语义、意思、意义，取决于其语义、意思、意义是否确定及是否存在与之相对应的事实。而事实既存在一个这是不是事实或事实是否如此的问题，又存在一个是否已成为事实或必将成为事实的问题。故可根据陈述是否有与之对应的事实而将其分为三类，即为真的陈述、为伪的陈述及真伪将定而未定的陈述。就语义、意思、意义的确定与否而言，又存在一个语义、意思、意义确定与不确定的问题，从而又可以将陈述分为语义、意思、意义不确定的陈述与语义、意思、意义确定的陈述。语义、意思、意义不确定还可分为不能确定与还未确定。"不能确定"又可以分为对说者而言的不能确定与对接收者而言的不能确定。比如，用某早已无人懂得的语言文字写出来的东西，虽然我们可以确认其确实陈述了某些事，但却不能确定它到底说了些什么。显然，这只是对单纯的理解者而言的不能确定，而并非对说者、规定者、指定者而言也是不能确定的。如果一陈述无论对任何人而言其语义、意思、意义都是不能确定的，那么，它实则是无确定语义、意思、意义的。而谁也不能确定其语义、意思、意义的陈述实则是一些貌似陈述的东西，并不是真正的陈述。实际上，只存在不能确定其原义的陈述，原则上不存在不能事后确定其语义、意思、意义的陈述，因为对任一特定的音形组合式我们都可以人为地任意规定其特定的含义，而使其成为一个具有特定含义的陈述，但这往往会使其成为一种私下的陈述，成为不具广泛社会性的黑话、密码语。

一般来说，对一特定的陈述而言，总是具有特定含义、意义的陈述。如果不具有任何特定的含义，那么，就应将其视为非陈述、貌似陈述的假陈述，而非真正的陈述。语义、意思、意义还未确定的陈述只能是就特定的语义、意思、意义和特定的人而言的，如对单纯理解者而言的某陈述的原义（该陈述的最初给出者所确立的含义、意义）可以是还未确定的。不存在无任何确定语义、意思、意义的陈述，只存在无某种确定语义、意思、意义的陈述。在此，不能将具有某确定含义、意义的陈述与某人还未能确定其含义、意义的陈述混同，这完全是两种不同的"确定"。一陈述并不因某人还未确定其含义、意义便不具有确定的含义、意义，但若其对任一人而言含义、意义都是不确定的，那么，它便无确定的含义、意义。无确定的含义、意义也不等于具有非单一的含义、意义，一符号可以有多种含义、意义，它既可指 A 又可指 B、C 等，这些含义、意义皆是确定的，只是我们有可能无法确定在此时此地的确定的音形特指的是什么。可见，只存在语义、意思、意义待定或待重新确定的陈述，而不存在还未有任何确定的语义、意思、意义的陈述。无任何确定的意义、含义，也就无陈述可言。与其说陈述有有意义的与无意义的之分，不如说，无意义的皆非陈述，或者说，只是一些假陈述，一些冒牌的"陈述"，.因为，实际上它们什么也没有陈述、描述、断定，而没有陈述、断定任何事情的音形组合又如何能说是陈述呢？它不可能是真正的陈述。不存在无所述的陈述，就像不存在无所信的信念一样。

这样看来，可以根据是否有特定的含义、意义而区分出真正的陈述与假陈述、冒牌的"陈述"。就真正的陈述、真陈述而言通常可按与事实的关系粗略分为为真的陈述、为伪的陈述及真伪还未确定的陈述。一般说来，对既定的事实而言，一陈述在给出时其真伪在给定的语义、意思、意义上便已经确定了，只有对那些非既定、已定的事实而言的陈述其真伪才是还未确定的。

上述的划分之所以是粗略的，是由于在此还存在一个"真度"的问题（关于"真度"的问题可参见前章）。前面说过，一陈述、信念的真伪由其意义、含义与事实的关系所确定；如果一陈述、信念在某种意义上与某事实构成对应，或者说对应着某种事实，那么，它便在这种意义上是为真的，若无与之对应的事实，或者说与事实不构成对应，那么它便是伪的。考虑到存在一个真伪程度的问题，故某些陈述可能与事实并不完全对应，而是部分对应、部分不对应，或者说整体不对应，此时它并非就一定是为伪的。

由于存在有真度的问题，故严格地说，某陈述、信念即使与事实不完全对应，也不能说它完全是伪的，与其说它就是伪的，不如说其部分或一定程度上是伪的，或一定程度上是真的。当然，并不排除有完全伪的情况。在此，可以将完全真与完全伪视为两极，而大多数陈述的真伪则介于两极之间。显然，说某陈述真或伪，也存在一个前述的牵强度的问题；如果其对应的部分远大于不对应的部分，或即使对应的部分并不比不对应的部分多，但对应的那些部分远比不对应的那些部分重要得多，那么，说其为伪就比说其为真牵强得多。也就是说，此时若要在两者中选择的话，那么，说其真显然是更为合乎情理的。然而，由于真度的引入会给对真伪的讨论引入不少麻烦，故在大多数情况下为了使问题简化，我们还是直接谈论某陈述、信念的真或伪，而一般不引入真度（除非在必要时再将其引出）。与之类似，由于我们一般很少涉及一表达式究竟是不是一个真正的陈述的问题，究竟是真的陈述还是假冒的陈述的问题，故为了简便起见，我们可以不太严格地将为真的与为假的陈述、信念等简称为真或假陈述、信念，只在有可能造成误解的地方再将其严格地加以区分。也就是说，在通常的情况下，"陈述真""真陈述"等皆是指为真的陈述（"假""伪"也是一样的），显然，这种说法对信念、判断、命题等也是一样的。

第五节　确信一陈述为真为伪的凭证与标准

前面曾说过，真理的存在并不依赖于任何实际的检验、验证，那么，实践标准又如何理解呢？显然，实践标准不是一认识、信念、理论、陈述成为真理或谬误的标准，而是另一种意义上的标准。那么，在何种意义上存在检验的问题呢？是什么依赖于我们实际的检验、验证呢？它并不是真理和谬误的存在本身，而是我们对一陈述、认识、信念为真理的肯定或否定，或者说，是我们关于某认识、陈述、信念是否具有真理性的这一认识、信念及其形成。我们凭什么认为某认识、信念、陈述是真理或谬误呢？凭什么让我们相信它是真理或谬误呢？我们通常都是有理性的，至少是有点理性的，我们不会毫无根据地凭空相信某认识、陈述、信念是真理（或具有真理性）或谬误，总得有一定的凭证、根据吧！看来，实践标准正是在这种意义上的标准。

一　凭证与标准的关系

一陈述、信念的真伪与相信、承认其为真或为伪的凭证、标准既有联系又有区别，而相信、承认一陈述为真或为伪的凭证与标准也是既有区别又有联系的。一般来说，凭证包括标准在内，但并不等于标准。相信、确信一陈述、认识、信念为真或为伪的凭证、根据可以有许多：一个人的自信或自负、权威的意见、众人的看法、根据某些被认为是已被先前确信为真或为伪的论断推出的结论、实践的检验等皆可被视为相信某陈述、信念为真或为伪的凭证、依据。但并非所有这些凭证、依据都是可靠的，它们之间存在可靠程度上的差异。一般来说，只有被视为最可靠的凭证、依据的东西才有资格作为确信一陈述、信念（主指别人的信念，因为，如果是自己的信念则对本人而言本身就是相信其为真的）

为真或为伪的标准。也就是说，凭证、依据、理由等虽可以有许多不同的类型、种类，但标准只能有一个，即只能以最可靠的凭证、根据等作为标准。对此，我国学术界通常的看法是比较一致的，这个标准便是实践。实践是检验认识、信念真伪的唯一标准。更确切地说，只有实践才可以作为使我们相信一陈述、信念、认识的真伪的标准。这一点是由真理的本性和实践的特点所决定的。承认实践是标准，这本身是无可非议的，关键在于对实践标准应如何理解。

一种常见的看法认为，真理、为真的信念的存在与对其的实际的检验、验证是一回事，或是一个问题的两个方面。这种说法我们在前面已经指出了其错误，并说明真理、为真的信念的存在并不依赖于对其真伪的任何实际的检验、验证，但这并不是说，两者便是无关的。实际上，正是通过对一陈述、信念的真伪的实际的检验、验证我们才获得了一真理、为真的信念存在的凭证、根据、证据。如果我们相信一陈述、信念为真或为伪（对其"伪"的相信主指别人的信念或我先前的信念，而不是我此时此刻的信念）但却没有任何凭证、根据、理由，这是很难想象的。看来，问题主要不在于有无根据等，而在于这是一些什么样的根据、凭证。一般说来，根据越具有公认性、直接性便越值得信赖；反之，越具有间接性、私下性就越难以信赖（但并不尽然）。比如，某人相信存在有某外在于他的某特定的事物，他之所以相信这一点只是他相信自己的直觉、相信自己不会有错，此外别无根据、理由，那么，这种信念的可靠性便是很成问题的。如果他还以某些权威的意见作为凭证或引证众人的看法，其可靠程度通常便会有所提高，但这仍旧不是十分可靠的，这是由于陈述、信念的真伪与这些意见、看法的关系仍旧是间接的。相比较而言，只有实践才是最直接的，它不仅具有公认性、普遍性，且具有直接现实性。正因如此，实践才是检验陈述、认识、信念的真伪的标准。但这并不表明，陈述、信念、认识的真伪只有在经过实践检验之后才有了真伪问题。实践作为检验认识、信念真伪的标准实则是确信一陈述、认识、信念为真为伪的标准，而不是一陈述、认识本身是真还是伪的标准，即不是一认识、信念作为为真的或为伪的认识、信念存在的标准，因为，后者依据的主要是其语义。

二 含义、意思与证实、证伪

逻辑实证主义在早期曾将意义标准与经验标准等同，并将经验标准等同于证实,将意义标准与真伪标准等同,从而有意义即可证实性之说;后来由于种种困难放弃了上述等同,而将两者分开,意义不再要求被理解为严格的可证实。而波普的可证伪性标准与一陈述的意义(更确切地说是含义、涵义)之间已无直接的关联;这是由于可证伪性并不要求一定要确切地把握一陈述的含义、意义,把握一陈述究竟陈述了什么、陈述的究竟是怎样的事件。要严格地证实一陈述必须严格地确定其到底陈述的是什么,证伪则不然。"桌子上有一个茶杯"如果要证实这一点,那么,就必须严格地界定何为茶杯、桌子等,要把握关于茶杯、桌子等的一切规定性,特别是其特有的规定性;但若要证伪这一点,我们通常只要把握其某些规定性,甚至是一些完全次要的规定性即可;我只要对"茶杯"有一些最粗浅的理解便有可能证伪该陈述。即使我根本不清楚什么是茶杯的特有属性,而只知道其最一般的某些性质,如只晓得它是一个与拳头大小差不多的东西等;当我发现被确定为所陈述的那个桌子上并无任何与拳头大小差不多的东西时,便可以证伪上述陈述。显然,此时即使证伪了它,但我却并未搞清楚茶杯究竟还有哪些规定性或特有的规定性,即并未搞清楚究竟什么才是茶杯,也还不清楚还有哪些东西也不是茶杯。可见,证伪并不一定要确切地、完整地搞清楚一陈述的含义、意义;但如果不搞清楚一陈述的确切的含义、涵义、意义便不可能证实它,或者说,根本谈不上证实的问题。再如,有下述陈述"M 时 N 处有一只鸸鹋",对于我们来说,可能并不知道鸸鹋为何物,当听说成年的鸸鹋是一种至少重有三十斤以上的动物时,我们据此要了解究竟什么是鸸鹋可以说是完全不可能的,但我们却至少可以据此了解到某些东西不是鸸鹋,且有可能根据这一点证伪上述陈述(如果我们发现 M 时 N 处并不存在这样大的一个动物的话)。但若我们发现确实有这样大的一个动物时,却不能因此而证实有一只鸸鹋,此时只表明我们不能通过上述给定的条件否定有一只鸸鹋。如果我们又获悉鸸鹋是一种不会飞的大鸟,而我们发现上述的那只动物是四肢行走的,并不是一只大鸟,那么,我们又可依此证伪上述陈述。总之,可证伪并不要求一定把握某词语、陈述的确切的含义、所有的规定性,把握构成某词语、陈述的意义的一切条件的总和,而往往只需要把握构成其的某些条件,甚至只有一项(并且是非本质的)条件即可。由此可见,不仅意义与可证实性及可证伪性是不同的,而且,意义对证实与证伪的作用也是不同的。

一陈述、语词的含义、意义不等于其可证实性，更不等于其可证伪性，但我们却往往可以在某种假想的检验、验证的条件下把握其含义。换句话说，含义、意义不是与逻辑上的可证实性、可检验性直接关联的，而是与意想、想象上的可证实性、可检验性直接关联的。这种意想、想象上的可证实性、可检验性是一种理想的实践、理想的实验，它实则是一种思维观念活动，也就是说，含义、意义实则是与思维活动、观念活动直接相关的。

第六节 为真的陈述与事实

我们在前面曾多次提到事实，但究竟什么是事实呢？看来，事实与为真的陈述是直接相关的。可以说，可能有多少为真的陈述、信念便有多少事实。显然，就我们所给出的为真的陈述而言，总是有限的，比起有可能给出的但未给出或还未给出的为真的陈述来，其数量实在是微不足道的。这一点表明，事实是与可能有的为真的陈述相应的，而不是仅仅与已有的为真的陈述相应的；但就我们所把握的事实而言，则总是与已有的为真的陈述相应的。在此，至少有以下问题需要解决，如关于事实的种类、类型的问题，事实与陈述、信念的关系问题，事实的特性、共性问题，是否为真的陈述、信念都对应着一个事实的问题等。这些问题虽有不同，但又密切相关，下面分述之。

一 事实的种类与陈述的类型

在哲学史上有一种对陈述的常见的分类，这种分类古已有之，如亚里士多德就曾将科学分为经验科学与纯数学。换言之，陈述有关于经验的陈述与纯数学陈述之分；休谟则将陈述分为关于观念关系的陈述与关于事实的陈述等。实际上，上述两种分法主要是说法的不同，其意思基本上是一致的，故可以看成是同一种类型的分法。这种分法虽已被哲学界广泛认可，但这至多只是一种对与真伪相关的陈述的最粗略的划分，在此有必要对该问题做进一步的讨论。

我们先来看关于事实的陈述。显然，关于事实的陈述并非都陈述了一个事实，这是因为有大量的陈述并不是为真的陈述，而只有为真的陈述才能陈述一个事实；但就事实的类型而言，我们却可以通过陈述的类型对其进行划分,即将其划分为与各种不同类型的陈述相关的事实。我们曾在前面对陈述及信念的类型、形式进行过划分,这些划分同样适用于对事实的划分。也就是说,事实也可以划分为关于"是什么""为什么""应该是什么(或应该如何)""像什么""可能是什么"等的事实,以及存在于人的内在世界及外在世界的事实等。涉及内在世界的事实可以进一步分为与感知映象、感性意象、相信与知道、情感与意志、性格与气质、规定与承诺、行为活动(生理的、心理的与理性思维的)与过程途径等相关的事实;而涉及外在世界的事实主要是与事物相关的事实,由于事物通常被认为可以分为现象与本质两个方面,故也可以将与事物相关的事实进一步分为与现象相关的事实及与本质相关的事实。在外在于自我的世界中存在的事实还有一类比较特殊,这就是与他人特别是他人的内心事态相关的事实。

对于事实的分类还可以依据另一些标准来划分,如依据陈述的逻辑性质将其分为与全称肯定、全称否定、特称肯定、特称否定等判断、陈述相关的事实,或分为与抽象的、一般的、普遍的陈述及具体的、个别的、特殊的陈述相关的事实。此外,还可以有与涉及其他的逻辑关系的陈述相关的事实,如与同一关系、交叉关系、上下位关系、对立关系、矛盾关系或合取关系、析取关系、选择关系、因果关系、条件关系(其又可以进一步分为现实的和虚拟的及必要、充分、充要的条件关系)等相关的事实。就涉及语言规定本身的陈述而言,又可以有与语形语音、语法、语义、语用相关的事实特别是与一陈述及关于陈述的对错、真伪、认可、接受、合理性等相关的事实。就与时空相关的事实而言,可以有过去的、现在的、将来的事实之分,而它们又可以进一步地划分,如将与过去相关的事实进一步分为过去存在的、过去进行的、过去完成的事实等。显然,我们还可以有对事实的众多的其他的划分,在此无须一一赘述。

二 事实的共性与特征

总之,我们可以将陈述,特别是为真的陈述区分成多少种不同的类型、形式,就有多少种与之相应的事实。虽然这些事实各有各的特殊之处,各有其特殊性,但也有其共性。首先,这些事实皆是能与特定的陈述相应的,确切地说,是能与特定的为真的陈述、信念相应的,或者说,皆是通过特定的为真的陈述把握的、揭示的和表达、表述的。虽然,为真的以意象为依托的信念也可以把握事实，但这些事实一般说来同时又是可以通过为真的陈述及以其为依托的信念把握特别是表达或表述的（前者通常是不具有表达、表述事实的功能的）。其次，事实是与为真的陈述、信念不可分的，离开了为真的陈述、信念便无事实可言。这一点表明，事实与客观存在的事物、事态等并不是一回事，两者密切相关但又有不同，不能将两者混为一谈。再次，事实与客观存在的事物、事态等的最重要的区别在于事实是不变的也是不能改变的，而事物、事态皆是可以变化、改变的。一切事物皆是处在永恒的变化发展之中，但事实则不然。如果事实是可以改变的，那么，一切都将变得混乱不堪、荒诞离奇（比如，李世民在玄武门事变中杀了他的兄弟变成了他的兄弟杀了李世民，水分子是由两个氢一个氧构成变成了是由一个氢两个氧构成等）。最后，事实不仅是不变的（既不会自己变化，也不会被改变），而且是永恒存在的，或者说，是一成不变的。

事实虽是不能改变的，但有些却可以不断地滋生，不断地由一种事实取代另一种事实，或由新的事实替代旧的事实，从而使被取代、替代的事实成为过去的、以往的事实。如果说有些事实也可以在某种意义上改变的话，那么，它的这种变化、改变通常便是不断地由将来的事实变成现在的事实，由现在的事实变成以往的、过去的事实。显然，这种变化主要是相对于特定的说法而言的外在的变化，如果换一种说法，换成用确定的时间表述的事实，如将"现在"换成"T_1时"，将某个特指的"过去"及"将来"分别换成"T_2时"和"T_3时"，或换成某确定的时段，如"T_i至T_{i+1}时"等，那么，便可以消除上述的那种事实的外在的变化。即使有些事实可以有由将来到现在再到过去的外在的变化，但事实却不会消亡，它永远作为事实而存在。无论是过去、现在还是将来的事实总归都是事实，事实不会因其成为过去便不再是事实了，这一点与客观存在的事物等显然是不同的。一个苹果被吃掉了，它也就不再作为一个苹果而存在了；一条鱼被做熟了，它也就不再作为活生生的鱼而存在了。显然，这种事物的"存在"与作为事实的"存在"是两种意义不同的存在。

事实的上述共性和特性皆是与为真的陈述、信念的性质密切相关的。如事实的不可改变性与陈述、命题的确定性便是密切相关的；不能偷换命题、偷换概念，正是自觉或不自觉地基于"一种事实不可能是另一种事实"的考虑。由上述的陈述的复杂性可以看出事实的复杂性,这些事实可以涉及不同的世界及世界的方方面面。各种事实虽都有上述的共性及相对于其他东西而言的特点,但就各种事实自身而言又各自有各自的特殊性、个性。如与自我内心事态相关的事实和与外在的事物等相关的事实就有明显的不同;涉及普遍关系的事实与关涉某个个别的、具体的东西的存在的事实也在诸多的方面有异。在对事实问题的哲学考察中,我们要特别注意由于事实类型的不同而造成的对认知、信念及相关的诸多问题及其解决方式的不同影响。

"事实"与"真相"是同等程度的概念,两者经常连用即"事实真相"。其实两者属于同位语,可以并列使用,也可以交替互换使用。"真相"与"假象"两个往往相对而言,所谓"假象"实则是很容易甚至极容易使人产生错误的(就行为而言)、为伪的(就结论而言)判断和信念的现象。这种现象有时候是人为制造的,甚至是故意制造的,或者其目的通常就是混淆视听、使人或者诱使人上当受骗的,或者说是故意伪装的。但是,这些现象并非都是人为制造的,在自然界中也存在大量的上述现象。比如由于地球的自转使我们看起来好像是太阳每天东升西落,当我们还没有大地是球形的并且在自转的认知和信念之前,通常只能会认为是日月星辰等实际上就是像我们看起来那样运动的。显然,说"太阳看起来就像是从东边升起从西边落下"并没有什么错,而如果认为太阳实际上(事实上)就是每天从东边升起从西边落下周而复始的运动的,对我们现代人来说显然通常被认为是一种错误的(就行为而言)、为伪的(就结论而言)判断和信念。我们现在通常认为真相实际上是或者说事实是由于地球的自转使我们看起来好像是太阳每天东升西落,而"太阳每天东升西落"不过是一种假象而已。显然,事实与真相是相对于假伪而言的,而真正存在假伪问题的或者说真伪问题的是作为观点、结论的看法、判断或信念。正因如此,我们才说,事实和真相通常总是相对于认识(N)、判断(N),或者说是相对于信念而言的。只有当我们怀疑或者不能确定这种认识(N)、判断(N),或者信念是真是伪,特别是倾向于认为、相信其不是真的时候,才会提出事实和真相的问题,才会要求搞清楚事实、追查真相等。

一般来说,当某个事件已被我们确认之后,与之相关的其他事件还存在多种可能性的情况下,我们才会提出追查事实真相的问题。比如,警方已经根据现场调查取证确定、认定发生了一件入室凶杀案,然而,究竟凶手是谁,是如何作案的,作案的动机是什么等皆存在众多的不确定性,仅就谋杀案的凶手而言,被警方列入怀疑对象的就有几十个,在立案时,警方认为每个人都不能排除是凶手的可能,因而才存在一个需要查清事实真相的问题。显然正是由于有了这种"认为"才有了与之相关的事实真相的问题。

三 同数学、逻辑相关的陈述与事实

前面我们对事实的特性及事实的分类与陈述之间的关联等问题进行了讨论,在此,还有一个问题需要进行深入的探讨,这就是关于观念关系的陈述、逻辑和纯数学陈述是否也是关于事实的陈述,是否也存在与之相关的事实这一问题。

在哲学史上历来有一种对命题陈述的基本的划分,这种划分在科学哲学中表现得尤为突出,尽管这种划分对不同的哲学家而言有着一定的出入,但大体上却是一致的;这就是前面提到的亚里士多德、休谟等对科学及科学命题的划分。这种划分将科学命题、陈述区分为两种基本的类型;这两种类型的命题陈述现今更多地被称为经验科学和形式科学的命题陈述;而在逻辑经验主义那里,谈论更多的是逻辑命题和经验命题。在上述所有的说法中,有一点是共同的,即并非所有的科学命题、陈述都是与经验直接相关的命题、陈述,除关于经验的命题陈述之外,至少有一部分命题陈述是科学的命题陈述但却不是关于经验的命题和陈述。这种区分直接与我们在此所谈论的事实问题密切相关,上述各种说法的共同之处实则在于他们关于事实问题的看法的基本一致性。

将纯数学、逻辑与经验科学区分开来,认为前者并不涉及事实的看法已成为一种哲学的传统。在前面提到的那种划分之中,显然有将数学、逻辑等陈述看成是不直接涉及事实的陈述的倾向,并有将真与事实分开来的倾向。因为这种划分不仅未排除而且肯定了数学、逻辑陈述的"真",这样一来,至少承认了有一部分为真的陈述是与事实无关的,是不涉及事实问题的。在此我们所要说明的是,这种区分是不恰当的。这种区分首先使真与事实两者之间出现了分歧,从而使某些陈述可以是真的,但却并不是与事实一致的、相符的,或根本不存在是否符合事实、与事实一致的问题。这样一来,我们便至少有了两种不同的"真"的概念,从而使我们分别在两种不同的意义上谈论与数学、逻辑等相关的陈

述的真伪和关于诸如"地球是太阳的一颗行星""DNA具有右旋的双螺旋结构"等陈述的真伪,从而造成一系列思想上的困惑。而要消除这种困惑,在我看来,就应坚持真理与事实的统一。

在哲学史上之所以会出现上述的关于陈述、命题的划分,看来主要的问题在于对"事实"的理解有误,对事实的复杂多样性认识不足。实际上,事实可以涉及众多的方面:不仅涉及外在的世界,也涉及内心的世界;不仅涉及认识、经验,也涉及规定、虚构等。而关于数学、逻辑等的陈述,如果存在真伪问题,那么,就存在与之相应的事实。

那么,与数学、逻辑等相关的事实是什么呢?这种事实首先便是与规定(包括约定在内)相关的事实。也就是说,如果数学、逻辑等陈述是为真的陈述,那么它便是陈述了一个特定的规定或是符合特定的规定的陈述;它所揭示的事实不是别的,正是特定的规定。比如,"过直线外一点,可以给该直线做一条平行线且只能做一条平行线"这一陈述(欧基里德几何学的第五公设)如果是真的,那它便揭示、表示了一个规定,或是符合某个特定的人为的规定的陈述;就如"我在天上挥动两只手臂飞来飞去"这一陈述如果是真的,那它便揭示或表示的是一个与想象、梦等相关的事实,是与此类事实相符合的陈述一样。对于后一个陈述,我们可以看成是"我梦见(或想象等)我在天上挥动着两只手臂飞来飞去"这类陈述的省略表达;而对于前一陈述则可看成是对"A人(或某些人等)规定过直线外一点可以给该直线做一条平行线,而且只能做一条平行线"这类的陈述的省略表达。显然,"过直线外一点可以给该直线做两条以上的平行线"这一陈述如果是真的,便不可能是对欧氏几何规定的揭示和表达,而只能是对另一规定(罗氏几何的公设)的揭示、表达,是与另一规定相符合的。如果上述陈述是相对于欧氏几何的规定而言的,那么,其陈述显然是不符合欧氏几何的规定的;也就是说,它事实上并未揭示欧氏几何的规定,而至多只是被认为、相信揭示了或符合欧氏几何的规定罢了,且这种"认为""相信"即信念显然是一种为伪的信念。既然数学、逻辑等主要是相对于特定的规定而言的,那么,规定不同,与之相关的事实也就不同,真伪也就有异。给出不同的规定,本身就意味着有着不同的事实。

事实可以涉及众多的方面,也可以说,它可以涉及众多的"世界";比如外在感觉经验的世界、想象的世界、梦的世界、规定的世界等。事实并不是仅仅只存在于外在感觉经验的世界中，它完全可以存在于不同的世界中；更进一步，在每一个上述的世界中还可以分出不同的子世界，比如，完全可以有不同的规定的世界。欧基里德几何的基本规定（公设等）构成了一个欧氏世界（空间），而罗氏几何的基本规定（公设等）则构建出一个罗氏几何的世界（空间）。

一陈述如果没有说明它是相对于何世界而言的，那么，我们只能一般地谈论它相对于什么世界而言是真的、相对于什么世界而言是伪的；但是如果给出一陈述意在揭示某一特定的世界中的事实，比如意在揭示欧氏几何的世界中的事实，而不是罗氏几何世界的事实，那么，即使它从表面上看是与罗氏几何的规定相符合的、一致的，也不能说它就是为真的陈述。可见，一陈述是为真的还是为伪的，总是相对于特定的世界而言的。人们通常在给出某些陈述的时候往往省略了对其相对的世界的说明；这些陈述在特定的语境中其所相对的世界一般不容易搞混，但如果脱离了特定的语境，对其所相对的世界便往往会产生理解上的分歧，从而使我们只能像上面所说的那样一般地谈论其相对于什么世界而言为真，相对于什么世界而言为伪等。

在前面我们曾说过，一关于数学、逻辑等的为真的陈述或者揭示、表示了某个特定的规定，或者符合某个规定。之所以这样说，是因为，规定通常可以有直接与间接之分、基本的和引申推演的之分。比如，欧氏几何的直接规定最主要的便是其五个公设，而欧氏几何的定理、定则等则并不是直接规定了的，它们至多只是间接规定了的。我们可以通过欧氏几何的公设及基本的推理规定、规则推出众多的定理、定则等。同样，通过关于数和运算的基本规定，也可以推出数学中的大量的间接的规定，从而也有了大量的关于间接规定的陈述。比如，通过关于数和加法的基本规定，我们可以推出多得不计其数的数学中的间接的规定，如"五加二等于七""三加六等于九""$2a+3a=5a$"等。当我们给出"五加二等于七（或$5+2=7$）"这一陈述时，如果该陈述是为真的，那么，它既是对一个数学世界的间接的规定的揭示、表示，又是对关于数和加法运算的直接规定的符合；或者说，此时既存在一个是否揭示、表示了一个间接的规定的问题，又存在一个是否与直接的、基本的规定相符合的问题。这两个问题在本质上是一致，区别只在于指向、侧重点等方面的不同。数学中的关于"加"的规定保证了一加一只能等于二，五加三只能等于八，而不是一加一等于三、四、六等。如果出现了一加一等于三、五等的情况，那么，或者是算错了，或者是对"加"作了不同的规定，谈论的是另一个世界（空间）的事。而如果给出"一加一等于三"这样的陈述，则这一陈述要么是一个与数学中的特定的事实即特定的直接的和间接的规定不一致的为伪的陈述，要么是一个关于不同于通常的数学规定的其他的规定的陈述（此时，该陈述可以为真）。

显然，关于数学、逻辑等规定的陈述的真伪问题与对错问题的关系要比关于其他事件（如关于外在的感觉经验、梦、回忆、想象等）的陈述的真伪问题与对错问题的关系更为密切；在关于此类规定的陈述中，这两个问题在一定程度上达成了一致，绞在一起难分彼此；而这也正是关于数学、逻辑等的陈述与其他陈述的主要的不同之处（其他的不是直接关于规定的陈述的真伪与某些对错虽然有关联，但区别也是明显的）。之所以会出现这种情况，是由于对错问题本身主要就是对规定而言的（这一点在前面我们曾经讨论过）；当一陈述本身就是关于规定的陈述时，其真伪与对错的关系自然要比在其他陈述中更为密切，有着更多的一致性。尽管如此，此类陈述的真伪与对错问题仍有所不同。当我们说"一加一等于三（或 $1+1=3$）"时，如果就真伪而言，涉及的问题主要是：这究竟是不是表达、揭示了一个直接或间接的数学规定的陈述，一个与特定的数学规定相符合的陈述？而就对错而言，所涉及的问题则较多，不仅涉及数学规定，还可能涉及众多的其他的规定。如果仅就数学规定而言，此类陈述的真伪与对错则具有高度的一致性，其区别仅仅在于对错主要是对行为活动而言的，而真伪则主要是对行为活动等的结果而言的。尽管有时候在不太严格的意义上我们也可以就结果而谈论对错问题，但至少我们一般不会就行为而言其真伪。

更进一步，关于数学、逻辑等陈述的对错之判定，又有与其相关的真伪问题，即这种关于对错的判定本身是真还是伪的问题。某陈述被判定为错，那么它是否真的错了呢？判定为正确、对，那么它是否真的就是对的、正确的？可见，关于数学、逻辑等陈述的真伪与对错的关系是错综复杂的。

还需要说明的是，关于数学、逻辑等陈述的真伪、对错通常是可以通过思想论证直接证明的，这一点也不同于关于外在事物、状况如何的判定式陈述。之所以如此，是因为这一类陈述所指涉的对象本身就不是外在于我们的。比如说，当我们要判定"三加五等于八（或3 + 5 = 8）"这一陈述的对错真伪时，我们通常要借助于关于数和"加"的基本规定，而这些规定通常早已预先存在于我们的观念中了，故我们通常只需在观念中进行操作便可直接证明其真伪对错。但这并不表明，所有这类陈述的对错与真伪的验证皆可不借助于外在的观察。实际上，那些存在于我们观念中的规定大多数并不是我们自己给出的，而是通过外在的观察、对外的交流、学习等而获得的，通过上述途径从而最终才呈现于我们的观念之中的。故当这些规定还未呈现于要验证、证明上述的命题、陈述的人的观念之中时，上述的证明、验证便是不可能的。可见，只有在特定的条件下，只有当上述那些规定已经存在于我们的观念之中时，在观念之中直接进行验证、证明才是可能的。

  关于规定的陈述虽然存在真伪问题，但相比较而言，此类陈述更主要的并不是真伪问题，而是对错问题恰当与否的问题和是否能被人们认可、接受和采纳的问题。可见，这里还存在一个真伪的重要程度的问题、价值的问题。显然，不同的陈述的真伪问题其重要程度并不是一样的，有些陈述的真伪问题很重要，是该陈述的主要问题；而另一些陈述的真伪问题则并不重要，对其真伪问题也不必过分关注。比如，关于想象、梦等的陈述的真伪问题大多并不是很重要的，特别是在文学艺术作品中，在关于艺术虚构的陈述中，真伪问题在通常情况下不过是一个很次要的问题。故我们并没有必要去追究所有的陈述的真伪问题，而应该追究那些真正值得追究的真伪问题。

  关于数学和逻辑等的陈述的真伪问题在前面我们曾经说过，这一问题首先是一个与规定相关的问题。之所以这样说，是因为数学和逻辑中的真伪问题并不仅仅是一个与规定相关的问题。比如，在逻辑学中虽然大量地谈到真伪问题，但这些关于真伪的讨论大多是在假设的意义上进行的讨论，是在假设的意义上谈真伪的。如，"如果'所有的 M 是 P'真，且如果'S 是 M'真；则'S 是 P'也为真"，"如果'所有的 S 是 P'为真，则'有的 S 不是 P'为假"等陈述皆是在假设、假定的意义上谈论真伪问题的。在这里，并未肯定某特定的陈述究竟是真的还是伪的，而只是肯定了如果 A 陈述是为真的，那么 B 陈述也是为真的等。对这些关于逻辑的陈述本身来说，同前面的纯数学陈述一样，与其问是真还是假远不如问是对还是错，及问其是否恰当、是否能被人们普遍认可、接受和采纳等。可见，在逻辑学中，虽然大量地谈到真伪问题，有大量的谈及真伪问题的陈述，但通常并不直接讨论某个特定的陈述实际上是不是为真的；这些关于真伪的陈述，实则是对特定的逻辑规定的陈述、对特定的事实的陈述。

数学、逻辑中的真伪问题之所以说不仅仅是一个与规定相关的问题，更主要的是因为还存在一个关于数学、逻辑等的陈述是否与外在的感觉经验的世界中的事实也相关、一致的问题。尽管就数学、逻辑中的公理、公设、基本规律或规则等而言（如上面提到的第五公设等），我们通常并不认为在外在的感觉经验的世界中也存在这样的情况，但却通常承认现实的外在的感觉经验的世界中存在有与之在一定程度上或范围内近似的情况。或者说，这些公理、公设等相对于外在的感觉经验的世界而言是近似的为真的，或在一定程度上是真的。这样一来，关于某公理、公设（规定）的陈述便同时成了一个对外在的感觉经验的世界中的事实的判定式的陈述，它也因此存在一个与之在此种意义上构成近似的对应的对象的问题，存在一个与该世界中的事实近似、基本一致的问题。实际上，确实存在一个数学、逻辑等与外在的感觉经验的世界的关系的问题，而这一问题同时也是一个关于规定与对外在的感觉经验的世界的认知的关系的问题。就两者的关系而言，除了上述的近似的关系之外，它们之间还有着更为基本的关系。这就是，规定通常并不是凭空做出的、随心所欲地给定的，它虽然不同于对外在的感觉经验的世界的认知、信念，但却通常是以这些认知、信念等为依据的，是建立在这些认知、信念的基础之上的。如果不是这样，那么，即使给出了某个规定，该规定也通常是无效的，是不会被人们普遍认可、接受和采纳的。由此可见，尽管数学、逻辑等中的陈述的真伪首先是与规定直接相关的，涉及的是关于规定的事实，但不太严格地说，它们也间接地、在一定程度上关涉到外在的感觉经验的世界中的事实。

第七章　与信念等相关的实践问题

信念与实践有密切的关联。在第六章中，我们曾在讨论陈述、信念的真伪的凭据、标准时涉及实践的问题，但实践与信念的关联远不止前面提到的那些；信念的产生、确立、积累、改变，信念的功能作用及其兑现发挥等皆与实践相关。故在讨论信念问题时不能不对实践做一番深入的探讨，不能不论及信念与实践的关系。

第一节　对实践概念的全面理解

一　问题的提出

实践通常被理解为人们有意识、有目的地改造客观世界的一切社会化的客观物质活动。这种对实践的理解确实抓住了实践的某些最重要的性质，但却不能说是对"实践"的全面的理解。因为，如果将实践仅作上述理解，我们将会遇到许多理解上的困难、困惑；这种困难、困惑主要来自我们对实践与认识、信念相关的功能作用的理解同上述对实践的界说之间的不协调。对实践与认识、信念相关的功能、作用我们通常是这样理解的，即实践是认识、信念的基础，是认识、信念的来源、发展的动力、其真伪的检验标准和认识、信念的目的和归宿等。这种困难与困惑也可说来自一些与上述规定不相符的但人们却普遍认可、接受的关于实践的说法。

如果说，上述界说是关于"实践"的恰当的界说，那么，它便可以作为判定一活动、事件是否为实践的充要条件。也就是说，一活动、事件是实践，当且仅当它满足下述条件，即它是能动的且是改造活动且改造的是客观世界且具有社会历史性且是客观物质活动。而如果我们将其与我们关于实践的功能作用等的基本看法及人们普遍认可、接受的某些与实践相关的说法相比较时，便会发现，上述各项条件很难说是必要的，但其"交"却可以说是充分的。也就是说，我们可以说，如果某 X 满足上述各条件，那么它便是实践活动，但若其并不满足上述条件或其中的某条件，却不能因此就说它不是实践活动。

对于上述关于"实践"的界说的恰当与否的判定，显然涉及我们在前面所说的界说、定义与前提式外延的关系问题。如果一种关于"实践"的界说仅仅满足于自成一体（不管别人如何说、如何理解，反正我是这样理解、这样说的），那么，这种关于实践的说法、理解至少不是全面的。如果一种界说、定义并不打算为人们普遍接受和采纳，那么，即使它不是全面的，也是无可指责的。但我们至少仍面临一个不可回避的问题，即对实践的全面理解的问题。

二 实践的社会性与私人性

实践可以具有社会性，但不能说一切实践活动都是社会实践。一个人的大多数活动具有私人的性质、私下的性质。只要我们认真反思一下自己的日常活动便会发现，我们自己的日常活动中能说是社会性的活动充其量只是日常活动的一部分。比如，有一只蚊子叮咬了我，我发现了这一情况之后，便采取实际措施，打死了蚊子。类似这样的活动在日常生活中大量发生，多得不胜枚举，而我们却很难说其具有什么社会性。如果我们因其不具有社会性便将其排斥在实践之外，那么，它又是什么呢？显然，上述活动既可以改造客观世界，又可以检验我们的某些特殊的、私下的认识、信念、陈述的真伪。若否认其为实践活动，那么就得承认还有其他的一些非实践的活动可以检验认识、信念的真伪，并是有目的地改造客观世界的活动。如果在这两者之间选择的话，显然，承认其也是实践活动要更好些，实际上，大多数人也正是这样看的。但这样一来，上述的定义、界说便成了关于"社会实践"的界说，而不再是关于"实践"的界说了（除非我们将人的一切日常活动皆看成是社会性的、社会化的活动，但这样看未免过于牵强了，很难被人普遍接受）。显然，我们既没有理由也没有能力将上述的日常活动排除在实践活动之外，因为绝大多数人是不会认可、接受这种做法的，会对此不以为然，我行我素，仍按常规来使用和理解"实践"一词。可见，这里涉及一个对语词的公认的、日常的使用和理解的问题，涉及一个前提式外延的问题；当一界说、定义与前提式外延不一致时，其有效性便会大打折扣。

三 关于实践的能动性

如果认为凡实践都具有能动性,那么,消极被动的活动便不能算是实践。然而,我们知道,我们的许多经验的获得恰恰是遭遇式的、消极被动地接受的。看来我们的活动并非都是自觉能动的。有一种关于实践的很流行的看法,即实践是认识的唯一来源和产生途径,认为认识、信念是实践的产物。如果坚持唯一来源、途径说,那么也就得承认直观、遭遇、消极被动地接受等也应属于实践活动,否则便得承认认识、信念至少还有非实践的来源或非实践的产生途径,承认认识、信念并非都是实践的产物。

与能动性相关的还有另一个问题,这涉及人与其他的动物的认识、信念的关系问题。我们不能否认其他动物也存在对周围的世界及其中事物、现象的认识,尽管我们可以认为这些认识、信念基本上都是些感性的认识、信念,但感性的认识、信念毕竟是认识、信念。显然,我们通常并不承认动物也有实践活动;而如果真是这样的话,那么,在上述选择中,看来承认认识还有非实践的来源、途径麻烦会少些,更可取些。这是因为,若承认一切认识皆来自实践,那么我们便得承认动物,特别是一些较高级的动物也存在实践活动问题。这样一来,实践便不是人的专利,不仅仅是人的生存、活动方式了。显然,这样一来,需要改变的观念要比前者多,麻烦也多,故不如承认认识、信念还有非实践来源可取。

实际上,即使承认认识、信念还可以有非实践的来源,也不能因此就否定动物的活动也有一定程度的能动性,特别是一些比较高级的动物,其活动的目的性、计划性、选择性也是比较明显的。比如,一群狼分工合作进行捕食,其活动很难说全是消极被动的,甚至很难说是没有一定程度的社会性的。实际上,我们既不能完全否认较高级的动物的活动有一定程度的能动性,也不能完全否认其活动也有一定的社会性(动物的社会、社会生物之说早已被人们公认);但有一点是很清楚的,即使我们承认较高级的动物的活动可以有一定程度的能动性、社会性,这种能动性、社会性与人的活动的能动性、社会性也是无法比拟的,即使可比,其差距也是非常悬殊的。

四 关于实践的客观性

实践被认为是改造客观世界的客观物质活动。那么,什么是客观世界呢？什么又是客观物质活动呢？这两者皆存在一个对"客观性"的理解问题。何为客观？客观通常是相对于主观而言的，其通常有以下几种理解：客观的即是不依赖于我们的主观意识、意志为转移的；客观的便是可以外在观察、感知的；客观的便是外在于人的心理精神的。与之相对，主观的通常指依我们的意识、意志为转移的或不可以外在观察、感知的，抑或指内在于人的心理、精神的。在前面我们曾对主观与客观有过初步的讨论，在此有必要进一步地说明。我们发现，如果按照上面的对主观和客观的通常理解和说法来理解主观和客观会出现一些难以协调的问题：首先，主观看来并不等于心理、精神活动事态，而仅限于人的精神、心理活动事态。这是由于，我们通常所说的客观唯心主义即是将世界的本源等视为某种外在于人的精神的（包括人格化的精神和非人格化的精神等）。这一点表明，如果精神、意志等是一种外在于人的东西，那么它就是客观的。可见，精神、意志等并不见得就是主观的，只有人的精神、心理意志等才是主观的。那么，动物呢？特别是可能存在于外星球的其他高智商动物？于是相关精神是主观的还是客观的？外在于人的精神（如果它存在的话）按照通常的理解只能是一种"客观的"精神，否则便不存在所谓的客观唯心主义的问题。这至少表明，精神与主观并不是等价的，精神可以有主观的与客观的之分。其次，只有通过精神才能把握的对象比如共性、本质和规律究竟是主观的还是客观的？以此为本源的，又如何成为客观唯心主义？

　　外在于"人"的精神与外在于"我"的精神并不相同。如果说，客观指的是外在于我的精神的，那么，别人的精神意识与"神"等的精神意志显然都是外在于我的。如果我承认后者是客观的，那么又为何不能承认前者也是客观的呢？看来，如果要承认主观指的仅仅是我的精神，那么，便与我们通常对主观唯心主义与客观唯心主义的划分不相符。尽管主观唯心主义常常会导向"唯我论"，但两者毕竟是有区别的。按我们通常对主观唯心主义的界定，"主观"也通常指的是人的精神、意志。客观则不仅包括人的精神心理之外的物，还可以包括其外的"心"、精神。但这样一来，又引出了另一些麻烦：首先，"客观的"精神、心等是可以外在观察、感知的吗？看来，不能这样说。这一点似乎表明，客观的并不等于可外在观察、感知的。能被感知的是物质的东西，客观的精神性的东西是不能通过感觉直接感知的，比如"理""规律"等。这一点也表明，客观规律、常规等是一些类似于精神性的东西，但却是一种客观的东西、客观的"精神"。其次，承认有客观的"心"还存在来自另一方面的麻烦；虽然我们可以否定有某些人格化的精神，如神、上帝等的存在，但似乎难以否认某些比人低级的、外在于人的精神、心理的其他的有"心"的东西的存在；如某些较高级的动物，它们的心理活动至少对它们而言也是主观的。也就是说，我们似乎不能否认还可以有另一些主观性，似乎并非凡人的精神、心理之外的皆是客观的（对此，看来可以用下述方式化解，即将动物的心理等视为相对于人而言是客观的）。最后，承认有客观的"心"，而主观只是对人的精神、心理而言的，虽可以避免导致唯我论，但别人的心、精神，似乎仅仅是相对于他们自己而言是主观的。如果说别人的心、精神相对于我而言也是主观的，这里的"主观"又是什么意思呢？显然，别人的心既是外在于我的，又是不以我的意识、意志为转移的，且是我不能直接感知到的、直接通过我的感觉把握的。那么，又如何能说它是主观的呢？主观的、客观的是否存在一个对谁而言的问题？别人的心、精神能否说对他自己而言是主观的，但对其他人（如我）而言则是客观的呢？看来有必要区分客观与外在这两个概念，进一步还需要区分主观与内在，外在本身还存在一个外在于我们的头脑与外在于我们的机体的区别。

看来，承认存在一个对谁而言是主观的（或客观的）问题是恰当的、有益的。如果真是这样的话，那么，对 A 人而言是主观的东西对 B 人而言则是客观的；而对 A 人来说是客观的东西，对 B 人而言则未必都是客观的（如 B 人自己的精神、意志等）。看来，确实存在有对无论何人而言皆是客观的东西，但却不存在对任意两个人而言都是主观的东西。也就是说，客观的东西可以分为两类，一类是无论对谁而言皆为客观的东西；另一类则是至少对某个人而言是主观的，对其余的人则是客观的东西。后一类便是人的精神、心理等。这一点表明，所有主观的东西同时又是客观的，但并非所有客观的东西同时又是主观的（如第一类客观的东西）。这里的"同时"是相对于不同的参照物而言的，就此而言，不存在不具有客观性的主观性，但却存在不具有主观性的客观性。故主观与客观两者的同一性在于其客观性。这一点进一步表明，人的精神心理、意志等并不能仅仅归结为主观，它既是主观的又是客观的，故不能将"主观"与人或某一个人的精神、意志等混同。一个人的精神意志等只是相对于他自身而言是主观的，相对于别人而言则是客观的，而不是主观的。同样，也不能将客观的与可以直接感知的混同，客观实在的（物质的）是可以直接感知的，但客观的不都是可直接感知的（如客观规律、事物的本质等）。正因为如此，也可以说，一个人的精神世界既是一个主观的世界（相对于自身而言）又是一个客观的世界（相对于其他人而言）。故对一个人的精神心理世界的改造，可以是对主观世界的改造，同时也可以是对客观世界的改造；由于任何主观同时又是客观，故在一般意义上可以说实践是改造客观世界的活动；显然，这并不排除对人的精神世界的改造，就此意义而言，说实践既是改造客观世界的活动又是改造主观世界的活动与说实践是改造客观世界的活动是一致的；如果说两者有区别的话，那么只在于前一种说法出于某种目的特别地强调了对人的精神心理世界的改造。

这里还存在一个问题，即一个人对自己的精神心理世界的改造能否就说是对主观世界的改造呢？更确切地说，一个人的精神世界及其中的东西对该人而言能否仅仅是主观的呢？这个问题不同于前面的问题，前面我们只是说，对某人是主观的东西对其他人而言则是客观的东西，在此，要问的是对他自己而言是否也可以同时是客观的呢？如果不能说，那么至少对某特定的人而言，他对自己的精神心理世界的改造不能说是在改造对他而言的客观世界。这样一来，至少就此而言不能说实践改造的只是客观世界。看来，这将涉及对"客观"的另一种理解，即"客观的指的是不以人的意识、意志为转移的"。这句话的意思可以理解为客观的东西并不因我们认为、相信它如何，它就如何，也不因我们希望它如何它就如何。如果真是这样的话，那么，究竟有什么东西会因为我们相信了它如何它就如何；希望、想要它如何它就如何呢？我们发现，似乎并没有我们认为、相信它如何它便如何的东西。即使是所谓的自由想象的产物也不是我认为、相信它是什么、它如何，它就一定如何。另一方面，我希望想出什么来也并不意味着我就能想出什么来，就会想出什么来；而并不希望、不愿想到什么，也不意味着我就不会想到它。我的"任意"想象都不能做到真正的名副其实的"任意"，何况其他呢？连意识、想象、意愿本身都不能做到以我们的意识、意志为转移，还能有什么是以它们为转移的呢？我们的意识、想象、意愿皆是一些精神心理事态、事件，对其的正确陈述、描述则对应着一个事实；就事实而言，根本没有什么东西能改变它。更进一步,一特定的意识、想象、意愿本身的产生也不是仅仅依赖于其他的在此之前的意识、想象、意愿的,即使是某人自己的规定本身也不能保证就一定会有执行规定的行为,不能保证不出现违规的行为。某东西如何并不以我们相信、希望它如何而转移,这一点对存在于我们自己的心理世界之中的东西而言看来也是适用的,也是不例外的。如果真的有"例外"的话,看来,似乎只有即时的我认为、相信、希望如何是以即时的我认为、相信、希望如何为转移的(但它却并不以我以后的意识、意愿、意志为转移)。然而,上述说法实则是一种同义反复,是重言式的。

认为、相信、希望如何与"如何"是两回事。如"我认为、相信(或希望) A 桌子上有一杯水"与"A 桌子上有一杯水"是两个不同的陈述,如果这两个陈述都是真的,则意味着事实上我认为、相信(或希望)A 桌子上有一杯水且事实上 A 桌子上有一杯水。但前一事实是对我认为、相信、希望而言的,后一事实则是对认为、相信、希望的内容而言的。就陈述的真假而言,前一陈述假,后一陈述却可以为真;反之,后一陈述假,前一陈述仍可以为真。后一陈述的真假并不依赖于前一陈述的真假。前述的"A 桌子上有一杯水"若换成一种心理事态,如"想到了一杯水"上述关系仍旧成立。可见,如果以是否以我们的意识意志为转移来区分主客观,那么,等于否定了主观的存在,从而也最终否定了客观的存在。

如果将以我们的意识、意志为转移理解为受我们的意识、意愿、意志的影响调控;那么,我们的行为、活动及其结果似乎都有主观之嫌。不受影响的除力所不能及的外便是以往的事实,此外很难说还有哪些活动事件及其结果是一点也不受我们的意识、意愿、意志等的影响的,如果说这就是主观的话,这显然与我们通常所说的主观相去甚远。这样看来,以是否以我们的意识、意志为转移作为区分主客观的标准的规定是一个无效的规定或不恰当的规定。

除了客观性之外,看来仅将实践视为一种改造对象的活动也是不全面的,因为有许多看来不能被排除在实践之外的活动行为等似乎并无对对象的改造可言,或很难说改造了某对象的什么,如日常的观察活动等。试问在我观察月食的情况时,究竟改造了什么?我们显然不能否认这种活动是一种实践活动。

总之，说实践是人们有意识、有目的地改造客观世界的社会性的客观物质活动，并不是对"实践"概念的全面理解，对其的全面理解应包括我们前面讨论过的各方面。如个人私下的活动、主观世界，非改造性等在内。尽管如此，我们并不能因此就说上述说法是错误的或伪的，它只不过是不能看成是对实践概念的全面理解罢了。

第二节 对实践概念的重点考察

对实践概念的全面理解并不排除对其的重点理解。全面加重点、两点论且重点论正是辩证的认识方法的核心和实质。虽然我们并不排除动物特别是一些较高级的动物也有与实践类似的活动（因为认为动物根本不存在社会性、动物的行为完全是盲目的、本能性的、没有计划和选择的等都是难以为人们普遍接受的），但我们完全可以将实践主要理解为人的实践活动。实际上，我们通常所谈论的"实践"一般都是相对于人而言的。就人的实践活动而言，又可以有个人的和社会之分；我们不应该将个人的私下的活动排除在实践活动之外，但却完全可以将实践活动主要理解为人的社会活动，理解为社会实践。人的活动有消极地适应环境的活动与积极地改造环境的活动之分，就此而言，人的实践活动主要指的是人们积极地改造环境、改造世界的活动。就改造的对象而言又有主观世界与客观世界之分，实践主要指改造客观世界的活动。

由上可见，我国理论界通常对实践活动的理解实则只是对其的重点理解，这种理解虽突出了重点，但却忽略了对其的全面理解，故仅将实践理解为人们能动地改造客观世界的社会性的客观物质活动是不完备的；完备的理解应是全面加重点式的，而不只是其中之一，即不是或全面或重点，不是仅执一端。我们既不能力求全面而忽视重点，眉毛胡子一把抓，也不能只强调重点而忽视全面，只见树木不见森林，只见主干不见旁枝。

实际上，对实践的重点理解并不仅仅局限于上述的结论。就马克思的哲学而言，实践的观点不仅是其认识论的首要的、基本的观点，也是其历史观的首要的、基本的观点。对实践的重点理解在其历史观中得到了进一步的深化。在唯物史观看来，社会存在决定社会意识，而社会存在则是社会物质生活条件的总和,社会物质生活条件有必要条件与充分条件之分,其必要条件包括人的因素和物的因素(人口因素和地理环境只是人的因素和物的因素的一部分),其充分条件则是两者的有机结合。而将两者有机结合在一起的正是实践,特别是人们的社会实践。唯物史观与人口因素决定论及地理环境决定论的主要区别并不在于是否承认社会存在决定社会意识,它们的区别是其下位层次的区别,即到底哪一种社会存在才是决定性的、主要的。对此,唯物史观的回答是社会实践。整个唯物史观的基本理论正是建立在对社会实践的层层分析、重点把握的基础之上的。仅强调社会存在主要是社会实践的存在是不够的,社会实践通常又可以分为三种基本的类型,即生产实践、调节人与人及人与社会的关系的实践和科学实验。在这三类实践中,生产实践是首要的、最基本的实践。唯物史观对实践的层层分析和重点理解把握可简略地概括为下式:社会存在—社会实践—生产实践—生产方式—生产力。除第一项外,其他各项皆是对属于不同层面的实践及其内在要素的重点理解和把握。

就认识论而言,也涉及对实践的重点理解问题、对各种实践的排序问题,涉及对实践活动的主次之分的问题。如前所述,认识有认识V与认识N之分。认识N是结论、是信念,而认识V实则是导向结论(认识N、信念)的实践活动。导向结论、信念的活动(认识V)通常包括观察、选择、建构、创造等活动在内,相比较而言,这些实践活动通常是建立在更主要、更基本的实践活动,即改造或变革客体、客观世界的社会实践的基础之上的。就此而言,对实践又可有不同的重点理解。首先,实践是指满足人的物质需求的活动(主要指生产实践),其次才是科学实验和观察,最后才是以实验、观察为前提的以建立为真的信念为直接目的(或说以求知为直接目的)的其他实践活动。广义地说,认识V除了指前述的观察、选择、建构、思想加工创造等活动外,科学实验也应算在内。因为,科学实验的直接目的并不是改造世界、满足人们的物质需求,而主要是为了获取对客观世界的正确的为真的认识、信念。故可以说,认识V的起点主要是被我们通常称为三大实践中的科学实验。之所以说"主要",是由于对客观世界的认识并非都必须以实验为前提、起点。显然我们对客观世界的观察有许多是建立在实验的基础上的,是对实验过程和结果等的观察,但还有更多的观察并不需要以实验为前提基础，无须借助于实验（就我们通常所说的"实验"而言）。观察本身就是一种特定的实践活动，它比"实验"的范围要广得多。观察也不一定非要借助于改造、变革对象的实践活动，许多观察也无须主动地改造或变革客体、对象。盲目地接受、被动地感受并不等于观察。不存在无目的、无意识的观察，只有无目的、无意识的遭遇、感受等。人们通常是不会认可既未确定观察什么又未确定怎样观察的所谓"观察"的。除了实验和观察之外，选择和建构也是包含在构成认识 V 的系列实践活动之内的，选择与建构皆包括创造的成分，它们都可以看成是一些特定的实践活动。一种认识 N、信念的确立往往要经过观察、实验、选择、建构、创造等程序、途径方能完成。可见，认识活动、认识 V 不仅是实践活动，而且是由多种实践活动构成的复合式的实践活动。

第三节 对实践的本质特性的理解

前面对实践的全面考察主要是从前提式外延上对"实践"一词语能够言说指涉的对象的范围做出大体的勾画，而对实践概念的重点考察则是对不同层次的外延的各自的重点的强调。这种考察还不够，还应从内涵上对实践的一般特性、专有共性进行考察和把握。

在前面的考察中我们大致勾画出实践概念所涉及的前提式外延。以此为据，我们可以在对其的综合概括的基础上导出实践的一般特性或专有共性，给出对实践概念的一般理解和说明，并进一步给出关于实践概念的界说、语义规定。

通过对前面的讨论的综合，我们可以发现，各种我们可以认可的实践都与"做什么"及"怎样做"相关。但实践并不等于做什么和怎样做。做什么与怎样做通常涉及的是实际活动，而实际活动并不等于实践活动，它比实践活动的外延大得多。实践活动可以是实际的活动，但反之则不成立。实践活动不仅涉及实际的做什么和怎样做，它还涉及关于"做什么"与"怎样做"的计划构想及关于"做什么""怎样做"的要求、决定和指令。而关于做什么、怎样做的计划构想最终将以关于做什么、怎样做的要求、决定或指令的形式表现出来。故实践可以看成是对这种要求、指令、决定的具体执行、实施。这里的指令、要求、决定等通常是用祈使句表达的，这些祈使句是对自我行为而言的；如果是要求别人做什么、怎样做，那么，给出这种祈使句本身就可以是一种实践活动，是对我对别人的要求、请求等的表达的实践活动。但别人按我的要求做了什么、怎样做了显然不能说是我的实践活动。某人按我的要求做了还是不按我的要求做，这是由此人自己决定的，他最终还是按他自己对自己提出的要求、按自己的决定去做的。如此人可以做出如下决定，或向自己提出如下要求："按他（提出特定的要求者）所要求的去做！"与该人的实践活动相应的正是该人的上述决定或者说是他自己对自身的要求。该人完全可能做出相反的决定，如告诫自己决不按我对他的要求去做，决不满足我对他的要求等，甚至决定反其要求而行之，并将这种决定付诸实施。可见，实践实则是自觉地执行自己对自己的指令，满足自己对自己的要求的活动。

与实践相关的对自我的要求及关于做什么、怎样做的决定、指令与实践活动本身存在一种祈使与执行的关系。这种关系从语言的角度看，涉及两类不同的语句之间的关系，即祈使句与陈述句之间的关系。要求、决定、指令等通常皆可用祈使句表达（但不一定非要用祈使句表达，也不一定非要用语言表达），而执行活动，即实践活动本身则可用陈述句表述，并可以有进行式、完成式等之分。也就是说，这里存在一个祈使句与陈述句相应的问题。当然，并非所有的陈述句都有与之相应的祈使句，只有那些涉及活动、行为的陈述句才有可能与特定的祈使句相应。构成与特定的祈使句相应的可用陈述句表述的对象的过程，本身就是实践的过程。就此意义而言，可以将实践活动界定为将可用祈使句表达的东西转变为可用陈述句表述的东西的活动。这里有两种转换、转变：一种是对祈使、要求等的言语表达方式的转换，即以陈述句的形式表达某种要求、指令等；另一种是对这些要求、指令等的执行、实施，由可用祈使句表达的东西引出可用陈述句表达的另一种东西。实践指的是后一种转换、转变。

指令、要求、决定等有两种表达方式。最常见的便是祈使句，但也可以有陈述的句式。如某人向自己发出下述指令："把桌子上的茶杯拿开！"这是用祈使句的形式表达的，对此，还可以用一个陈述句式将其表述为"我决定马上把桌子上的茶杯拿开"等。这种陈述句具有双重功能，它既具有陈述的功能又具有祈使的功能。它既陈述了一件事，即我有此决定、有此要求；又含有一种祈使的意味，即要求我做此事。但这种语句显然侧重点在陈述有什么样的要求、陈述要求的内容，而不是侧重于要求本身。这种类型的陈述句更多地用于转述某种要求而不是表达或提出某种要求，如 A 人对我们提出下述要求："请不要拿桌子上的东西！"其他人没有听见，但我听见了，于是我将此话转述如下："A 人要求别人不要拿桌子上的东西"。这种陈述句往往带有一定的祈使的语气，可以说是一些带有一定的祈使语气的具有陈述句形式的语句。这种语句在口语中与一般的陈述句较易区别，但在书面语中则与后者难以区别。

上述的由祈使句到陈述句的转换、转变主要是语言形式的转换、转变，而与实践一致的转变则是内容的转换、转变。如老师对学生 S 提出下述要求："写作业！"与该要求、祈使相应的、相关联的陈述句则为"S 学生开始写作业""S 学生正在写作业""S 学生写完了作业"等。与该要求相应的活动才可能是实践活动。确切地说，实践活动是将自己的决定、打算、自己对自己的要求付诸实施的活动。前述的老师所提出的写作业的要求只有转化为 S 学生自己对自己的要求之后才与实践直接相关。显然，这种实施还应是自觉的，只有自觉执行自己对自己发出的指令、满足自己对自己的要求的活动才是实践活动。就此而言，执行别人所编好的程序、指令而不是自己决定、打算这样做，便不能算是实践活动。比如计算机、智能机的程序、指令等是由人事先编排好的，执行的指令也是由人发出的，计算机或智能机只是自发地、自动地按指令行事，不是自己决定、打算这样做，这显然不能说是实践活动。

实践活动也不能说是与想象相对应的活动，是想象的活动之外的活动。这是由于想象的范围远大于实践的范围，即使是对活动本身的想象也远大于实践的范围。因为我们完全可以想象别人的活动或其他动物的活动。如想象一个人在打哈欠、在不停地抖动着一条腿，甚至在天上飞等，或想象一匹马在奔跑并在说话等。与这些对活动的想象对应的活动很难说是实践活动。就算是对自身的活动的想象，与之相对应的实际的活动也未必就是实践活动。如将上例中的正在进行想象的那个人换成我自己，与此类想象一致的活动也不能就说是实践活动。这是由于想象的活动与实际的活动两者并不是直接关联的，直接关联的是决定、祈使与执行、实施。只有当我想象我在执行我的某项决定等时，我的这种想象才与实践有关，因为这本身就是对实践的想象、对实践活动的想象；而我在执行我的某项决定，这本身正是我们所说的实践活动。与执行直接相关的是决定，与遵守直接相关的是承诺。可见，作为执行、遵守等的实践活动是不能脱离决定、承诺等而独立存在的。我所想象的事情与我决定、打算做的事情可以有某种一致，这是由于想象的东西往往可以成为我决定、打算做的内容。但只有将我想象的事情变成我打算、决定做的事情，只有将某种想象的行为活动变成想要从事的活动，既以某种想象的东西为我们决定、要求、打算的内容时，该想象才与实践关联起来。可见直接与实践相关联的是决定、承诺、打算、要求等。故确切地说，实践就其本质共性而言是对"做什么"和"怎样做"的决定的执行活动；是对"做什么"和"怎样做"的承诺的遵守兑现活动；也是对"做什么""怎样做"的要求的自觉的满足活动（上述几种说法在本质上是一致的）。

"做什么"与"怎样做"不仅与想象、意象相关，而且与言语、陈述相关。也就是说，我的决定、要求等的内容不仅可以以想象、意象的方式体现，也可以以言语、陈述的方式体现（后者不只是一个"体现"的问题，它还可以表现或表达决定、要求等的内容，具有双重功能；而前者则通常不具有这种双重性，不具有表达功能）。可见，可与某种实际的活动对应一致的不仅是想象、意象，还有言语陈述。故不能仅谈想象中的活动与实际活动的对应一致的问题，还存在对活动的言语陈述与实际的活动的相应问题；或者说，不仅有想与行的可能一致的问题，还有一个言行一致的问题。但无论是意象还是言语只有成为我们对自己的要求、指令的内容或成为关于做什么、怎样做的决定、承诺的内容时，才与实践的产生直接相关。

实践虽然是自觉地执行自己的决定、兑现自己的承诺的活动，但这种活动并不等于个人的私下的活动。实际上，许多人完全可以一致行动、相互协调、互相配合等。他们完全可以执行同样的指令，兑现同样的承诺，满足同样的要求，从而使某些行为活动具有程度不等的社会性。正如前述，这种社会性的实践才是更为重要的实践活动。实践活动虽也可不太严格地说是满足自我欲求、愿望的活动，但它也可能同时满足其他人的欲求、愿望。更进一步，满足其他人的欲求、愿望本身也可以成为我自己的欲求、愿望。也只有当将满足他人的欲求、愿望变成我自己的欲求、愿望，并进一步变成我自己的决定、承诺时，我的满足他人的欲求、愿望、要求的活动才是实践活动。

第四节　与不同的决定、承诺、指令相关的实践活动

　　由上可见，实践是执行、兑现决定和承诺的活动；或者说，实践就是按自己的指令行事；而指令、决定、承诺总是关于做什么与怎样做的指令、决定和承诺，故也可以说实践是对关于做什么、怎样做的决定、指令的具体实施，是关于做什么、怎样做的承诺的兑现活动。但由于我们的决定、承诺、指令可以有不同的内容，我们决定、承诺做的事可以是一些差距很大的事，故实践也可以依此划分为不同的类型或种类。

　　我们可以承诺、决定做的事很多，如果我们决定做的事是对某外在于人的客观存在的特定的物进行特定的改造、加工，那么对其的按特定的方式进行的特定的改造和加工活动便是与该指令、决定、承诺相应的实践活动。这里所说的特定的物、特定的改造、特定的方式皆是由指令、决定、承诺等的具体内容限定的。如果我决定做的事是回忆一下昨天中午我在什么地方、在干什么；那么，我的具体的按上述要求进行的回忆活动便是与这一决定、指令相应的实践活动。实践活动并不局限于外显的活动，更不能将其局限于改造外在世界的活动，它可以涉及一切按自我指令进行的活动，包括物理的、社会的、精神心理的等各方面的活动，只要这些活动是自觉地按自我指令进行的活动便是实践活动。

　　一般说来，生理的活动大多不是自觉地按自我指令、决定、承诺等进行的活动，但有些生理活动则可以通过有意识地自我调节而使其发生改变，对其加以控制。不过，这种调控大多只是通过特定的精神心理活动进行间接调节的，即我们是通过调节精神心理而影响生理的，故生理活动（如消化、吸收、血液循环等）大多不能直接地看成是实践活动。但有些生理活动却可以在一定程度上由我们主动地、有意识地进行调控，如呼吸、心跳等。如果我决定做的事是将呼吸控制在 1 分钟 4 次以下，那么，对此的具体实施便是与该指令、决定相应的实践活动。

　　显然，这种按指令进行的活动有一个前提，即该指令、决定是有可能被实施的。如果我们决定、承诺做的事是我们根本不可能做到的事，

是远远超出我的该方面的能力范围的事，那么便不会存在与之相应的实践活动。如我决定、承诺在 5 秒钟内跑完 100 米，显然，不存在与该决定、承诺相应的实践活动，因为我根本无法按此决定、指令行事。这种决定、指令本身是无法执行、遵守的决定、指令，它只能是一种不恰当的、荒谬的、不能接受的决定、指令。值得注意的是，虽然上述决定、指令是不恰当的，是不能兑现的，但并不表明它便是完全无效的。该指令、决定虽不是整体有效的，但却可以是部分有效的。就上述的决定、指令而言，虽然整体上无法兑现，但却有可能部分兑现。比如，关于在 5 秒钟内跑完 100 米的决定指令内在地包含着关于跑的决定、指令。"跑"是在 5 秒钟跑完 100 米的前提条件，虽然我无法执行在 5 秒钟内跑完 100 米的指令、决定，但我却可以执行关于"跑"的决定。如果我确实跑了，那么我至少执行了上述决定、指令的一部分，或者说执行了上述复合指令中的某一单项的指令。我的"跑"相对于该单项指令而言显然是与之相应的实践活动（上述复合指令可看成是至少由"跑""跑完 100 米""以平均每秒 20 米以上的速度跑 5 秒钟以上"三项单项指令复合而成）。

一般说来，关于做什么的指令、决定通常包括"做"和"做到什么"两个方面，或者说包括进行态和完成态两个方面。指令、决定做的一面通常是较容易执行的、兑现的，但"做到什么"这一面则较难兑现。比如我决定把某人打倒在地，其中"打"通常是容易兑现的，是我能力所及的，但将该人打倒在地显然不如"打"本身那么容易兑现，它也未必就是我能力所及的。我们在做出一项决定、承诺之时，通常是以不怀疑我能作为前提的，至于我究竟能不能完成某事便不像对我能不能"做"那样有把握了。一般说来，我可以在不能完全肯定我能完成某事的情况下贸然做出决定、承诺，但我却通常不会在不能肯定我能"做"之前而做出要做到什么、完成某事的决定、承诺（说谎、欺骗等除外）。"做"主要涉及一个人的行为、动作等，而"做到什么"通常还要涉及与该行为相关的特定的结果等，故不像"做"那样单纯。

实践活动也可以是一种精神心理活动。此类实践活动的特殊之处在于：对此类实践活动的指令、决定的含义、意思的把握往往与具体执行该指令、决定的实践活动本身搅在一起，很容易被混淆。一般说来，关于精神心理活动特别是与意想相关的活动的指令通常应是概括性的或是具有一定的不确定性的。如果我们对关于从事某特定的精神心理活动的指令的含义、意思的把握与具体的实施操作是一致的，或者前者包含后者在内，那么，该指令如果不是意味着"按此再操作一遍"的话，则在对该指令、决定的含义、意思的把握的同时便已经得到了实施。此时，对一指令、决定的含义、意思的把握与具体的实施合二为一了。比如，有这样一个指令或决定："想一下桌子上有一个苹果的情景"。在我们搞清楚这到底是一个怎样的指令、决定，搞清楚这句话的意思的同时我们已经不自觉地做了这一指令、决定所要求做的事（因为，通常只有当我将上述语句还原成一种特定的感性意象时我才能把握该语句的意义、含义、意思）。换句话说，对上述指令决定的内容或意思的把握的活动与该决定指令要求我们做的事实际上是同一件事，我们在对上述指令决定的内容或意思进行理解把握的同时已经构想出的桌子上有一个苹果的情景。这种实施说其是一种实践活动似乎有些牵强，可以将其看成是实践活动的一种极端的特例。正因为可能出现上述特殊的情况，此类指令通常还要求具有概括性或具有一定的不确定性。只有对概括性的指令或涉及不确定性的指令、决定的含义、意思的把握才是与对其具体实施不同的，也只有这一类关于心理活动的指令决定才与实践密切相关。如"想一想西瓜的用途""想一下我昨天中午在哪里，在干什么""想一下明天我要做的最重要的三件事"等。对这些表达决定、指令的语句的含义、意思的把握、理解与具体地执行这些指令、决定显然是不同的。此时，我的实践活动便是按上述要求实际地想一番。这种想并不是在对上述语句的含义、意思的把握和理解的同时便已经得到实施的，或者说并不是被包含在对该语句的意义、含义的理解、把握之中的。在做另一件事的同时不自觉地做了某件事，这后一件事严格地说并不能算是实践活动。我们在把握、理解某决定、指令的含义、意思的同时不自觉地做了与该决定、指令所要求我们做的事对应一致的事，说其是实践活动确实比较牵强。因为，后一件事是不自觉地做了的，并没有"按"指令、决定行事。当然，这并不表明对一语句的含义、意思的理解、把握就不能是实践活动；如果我们的决定是搞清楚某被认为是一语句的东西的意思、含义（比如对一句英语），那么，与之相应的搞清楚含义、意义的活动便是与这一指令、决定相应的实践活动。显然，此类实践活动所涉及的语句、陈述等的含义、意思应是还不清楚的，应是不能自发地、习惯性地把握的，否则便无有意识地发出搞清楚其含义、意思的指令、决定的必要。更进一步，给出一个指令、做出一项决定本身也可以是一种实践活动；如果它本身是与另一种决定、指令的内容相应的，它便可以是一种实践活动。因为，我们完全可以有关于给出一个指令的指令，关于做出一项特定的决定的决定；按后一种指令、决定（关于指令的指令、关于决定的决定）行事显然可以说是一种实践活动。

第八章　关于认识、信念、陈述的真伪的检验问题

在第六章中，我们曾说过，现实的实践活动是检验信念、陈述的真伪的标准，但这种标准并不是对信念、陈述的真伪的存在而言的；一信念、陈述并不是在实际检验之后才成为真或成为假的；实际的检验活动只是为我们形成某种信念提供了凭据、依据、理由，由于实践检验是最直接可靠的，故应以它为标准。显然，这种标准是相对于其他凭证、依据、理由而言的。那么，实践究竟是如何检验一信念、陈述的真伪的呢？在前面我们并未谈及此事，在此有必要加以说明。实际上，我们之所以要对实践做上面的探讨，其目的还是能够深入地探讨实践与信念的关系问题，特别是实践等如何对信念、陈述的真伪进行检验的问题。

实践如何对一信念、陈述的真伪进行检验、判定呢？这涉及一个实践检验的程序、过程和机制的问题。要搞清楚上述问题，首先应把握检验式的实践的特殊性。检验式的实践与前述的一般的实践活动相比其特殊之处在于与检验式的实践活动相应的决定、指令旨在判明一信念、陈述的真伪。在此，信念、陈述是既定的，我们所要做的是通过某种特定的实践活动而搞清楚其真伪。为此，首先要搞清楚怎样的东西才算是或才能成为与该特定的信念、陈述相关的对应项；其次，要搞清楚这种对应项存在与否、是否可以通过实践来判明；最后，如果是可以通过实践判明、判定的，那又是通过怎样的实践并如何判明、判定的。上述三个相互关联的问题中的第一个涉及对信念的内容对象的把握，而这又涉及对以陈述为依托的信念所依托的陈述的语义、意义、所指的把握、理解；第二个涉及的关键问题是是否所有的我们可以理解其如何便为真如何便为假的陈述、信念的真伪都可以通过实践来判明？第三个涉及的是实践检验的方式问题，涉及怎样通过实践来检验、判明的问题。上述三个问题也可概括为：检验判明什么，能否检验、判明和怎样检验、判明这三

个问题。下面分别讨论之。

第一节 检验、判明什么

要进行实践检验，首先应搞清楚要检验、判明什么。笼统地说，要检验、判明的是一陈述、信念的真伪，而要检验判明这一点，就必须搞清楚该信念是一个怎样的信念，该陈述究竟陈述了什么。只有搞清楚这一点，我们才能真正确定要检验、判明的是什么，是什么样的信念、陈述的真伪。

一般来说，以意象为依托的信念是怎样的信念这一点是可以直接确定的，对其确定比较容易；而以言语陈述为依托的信念要确定它究竟是一个怎样的信念则较为复杂，这种确定涉及对该陈述的语义、含义的理解和把握（除非要检验的本身就是关于某人或者某个文章等到底是怎样说的、怎样写的信念）。那么，我们究竟是如何理解、把握一陈述的语义、含义，如何把握一陈述的内容呢？一般说来，我们对信念、陈述的内容或者说所信、所述的把握是通过想象中的实践或想象中的实际的活动及其结果来完成的。这里的想象中的实践并不等于现实的实践，也不等于具有在某种意义上兑现的可能性的实践活动，它实则是一种思维的、观念的活动；对意义、含义的把握实则是与这种思维的、观念的活动直接相关的。

对实践及其结果的想象可以是多种多样的，甚至可以是无穷无尽的。一种特定的想象至多只是对信念的内容或对表达、承载某信念的陈述的含义、意义的一种举例说明。比如"A 桌子上有一个茶杯"，对此，我们可以通过对相应的实践及结果的想象来说明其含义、语义。如我可以想象我正站在某特定的位置上观看，看到有一个可以称为"A 桌子"的东西及可以称为"茶杯"的东西，并想象后者位于前者之上等。当然，我们还可以想象哪些东西不能称为"茶杯"，怎样的情况不能算是位于 A 桌子之上等。但我的想象总是想象中的观察，我不可能将所有的视角都想到，或将一桌子或一茶杯的所有角度的想象及所有可以称为"茶杯""桌子"等的东西都想到。故我的想象实则只是在举出一些例子来说明。当然，我在想某事件时，并不只是想到其视象，我还可以想象各种与之相

第八章 关于认识、信念、陈述的真伪的检验问题 | 183

关的感觉，想象桌子和茶杯等的其他基本的性能或用途，从而把握上述陈述的意义、含义。我的这种想象通常是通过对陈述所陈述的对象的感性的把握来揭示、说明陈述的含义、意义的，而实践检验则通常正是要通过实践来检验我们的这种想象之象是否有与之对应的直接的感性映象，进而判定是否有与该想象之象相对应的与这种直接的感性映象相关联的事物、事件，从而判明某陈述、信念的真伪。

显然，这里存在两种想象：一种是对实践活动、过程本身的想象，另一种是对实践结果的想象。就意义、所指的确定而言，后者更为重要、基本。因为前者只是涉及这种实践活动本身是否可能存在的问题，而后者则涉及的是对象、事物是否客观存在的问题。显然，实践活动是特定的实践结果产生的前提条件，但对实践结果的想象往往并不要求该种实践活动一定能够现实地进行。虽可以有与实践活动直接相关的陈述、信念，但大多数信念、陈述所关涉的东西只是直接与实践结果相关的东西。如前述的"A桌子上有一个茶杯"，对该陈述的意义、所述的确定是直接与想象的实践结果相关联的。对实践结果的想象往往并不要求该种实践活动一定能够现实地进行，更进一步，这种想象的实践结果并不要求在现实中获得与之对应的实际的实践结果所应具备的各种条件（包括实践活动本身）都是具备的。这些条件皆可以在想象中具备，如我们可以设想我们现在正站在一个离地球数亿光年之遥的行星上，看到其上有许多与人类智能差不多的甚至高于人类的智能的可称为动物或外星人的东西，以此来理解、说明"在离地球数亿光年之外的X行星上现在生活着外星人"这一陈述的含义、所述，但却完全可以忽略我是否能到达特别是瞬间到达该星球这一问题，即忽略这一实践过程，而仅仅保留了与获取该实践结果的映象直接相关的实践活动即直接的观察、看、直接的经验等。再如，对于"在十万年前的M时N处正在下大雨"这样的陈述的含义也是可以通过想象来把握或说明的，其如何便是为真的，如何便是为假的也是可以理解和确定的，但这种把握、理解和确定并不依赖于我们现在是否有可能回到"十万年前的M时"这一前提条件。尽管这一条件实际上是不可能具备的或现今已成为不可能的，我们仍可以在假定其具备的前提下通过特定的想象确定该陈述的含义、所述为何，并确定其如何便是为真的，如何便是为假的。我们可以这样来理解上述陈述的含义、所述，即如果我们此时能回到"十万年前的M时"并位于N处，那么我们将看到下大雨的情景，将获得下大雨的感性经验映象，观察到下雨的情景便具有现实性等。

由上可见，一陈述的意义、所述是可以在虚构的条件下通过想象中的观察经验确立的，而这种确立同时也是对该陈述如何便为真的确立。至于对如何便为假的确立则只需对上述的想象中的观察结果加以变更、调整使其不再能被允许用该陈述表达便可。这样变更后的关于实践结果的想象可看成是对该陈述的否定式的含义、所述的一种举例说明或解释。正是通过对一信念之所信、一陈述之所述的这种与想象中的实践及其结果相关的解释说明，通过将这种所信、所述转化为想象中的观察的经验的对象等，才使实践检验该信念、陈述的真假具备了想象上的可能性，才使我们能够把握究竟要检验、判明的是与什么信念、陈述相关的真假。

在上述的讨论中看来有必要区分两类实践活动：一类是直接经验式的实践活动，另一类是为直接经验提供条件的实践活动。如前例中，要获得对遥远的X星球上现在是否存在外星人的直接经验便首先要设法飞到X星球上，并要设法瞬间到达X星球。这种实践活动显然是为另一种实践活动（直接经验活动）提供条件的实践活动。对语义、所述的确定主要是通过想象中的直接经验确立的，而与提供现实条件的实践活动并无直接关联，故可以忽略提供条件的实践活动。通过想象中的直接经验、想象中的观察使我们可以了解要检验、判明的究竟是怎样的信念、怎样的陈述，该信念之所信为何，该陈述之所述为何。这种想象中的直接经验、想象中的观察是在假定各种与直接经验、直接观察相关的条件皆可具备的前提下引出的，而不用管这些条件是否真的能够具备。

信念和陈述的真伪需要验证，更需要含义的确定，是否存在真伪问题首先依赖于意义的确定，含义和意义的确定通常依赖于意想中的实践，至于能不能够通过当下的实践进行检验，这一点则涉及相信该信念和陈述是真还是伪的标准和直接依据的问题，这是两个不同的但又有内在的联系的问题。一信念和陈述首先存在一个是否存在真伪问题的问题，如果存在，其次才有一个究竟是真是伪的问题。一信念和陈述究竟是真是伪，首先依赖于对其如何便为真、如何便为伪的认定或规定，其次才存在一个是否能够现实验证的问题，是否能够当下或者在将来验证的问题。我们发现，对于历史事件，特别是对被认定在没有任何记载的远古的"历史事件"究竟是真是伪，显然我们已经失去了对其的直接验证的时

第八章　关于认识、信念、陈述的真伪的检验问题　185

机,如果要验证,也只能通过某种间接的实践所获得的间接的证据来证明,显然这种证明的可信程度是要打折扣的。比如,某人说他小时候曾经听到奶奶对他单独说过什么话,而其奶奶早已过世,要验证此人所说的是否为真,显然,由于时过境迁已经不可能直接验证了。但是,此人所说的这句话显然是存在真伪问题的,而且显然是或真或伪的,只是我们现在已经无法直接搞清楚这句话究竟是真是伪,而只能通过对此人是否诚实可信等来间接认定此人所说的话是否为真。由上可见,一信念和陈述是否存在真伪问题关键在于对其意思的认定,对其意思的认定首先决定了其是否存在真伪问题,在此前提下并决定了其如何便为真、如何便为伪,如果不能够确定、认定一信念和陈述如何便为真、如何便为伪,这一说法也就无所谓真伪问题,如果无所谓真伪问题,也就不存在究竟是真是伪的问题了。由此可见,一信念和陈述究竟是真是伪的问题首先依赖于对一信念和陈述如何便为真、如何便为伪的认定和规定。如果不能够给出这种认定和规定,也就无所谓真伪问题,不存在对其真伪的验证的问题。由此可见,确定一信念和陈述如何便为真、如何便为伪是确定一信念和陈述究竟是真是伪的前提,没有前一项也就不存在后一项的问题。是否存在真伪问题关键在于是否能够确定或认定其如何便为真、如何便为伪,如果根本说不清楚其如何便为真、如何便为伪,其也就不存在真伪问题,更不存在究竟是真还是伪的问题。

第二节　能否检验、判明

实践虽是判明一信念、陈述的真伪的最可靠、最直接的依据、凭证,但这并不表明任何信念、陈述的真伪都可以通过实践来判明,也不表明其真伪都是可以直接检验的。

如果我们将历史是不能改变的、不可能回到过去视为是一个基本的自然规律的话,那么,看来,至少有两类涉及该规律的信念、陈述是无法通过现实的实践直接检验其真伪的,或者说对其进行直接的现实的实践检验是不具有物理上的可能性的。这就是过去式的信念、陈述和与虚拟条件相关的信念、陈述。这种过去式包括一般过去式、过去进行式和过去完成式等(过去完成式等不排除其中有一些与之相关的结果仍保留到现在而可以在一定程度上检验的可能)。严格地说，这种过去式主要是对实践检验而言的。也就是说，当我们在对一信念、陈述进行实践检验并获得结果之时该信念、陈述所断定的事件已成过去，便可看成是过去式的。这是由于实践检验往往有一个过程，在我们能获得某种直接经验之前，往往要具备某些特定的条件，而这些条件的具备往往要花费一段时间，在这一段时间里给出时是关于现在甚至是关于不远的将来的信念、陈述往往已成为关于过去的信念、陈述了。由于我们无法回到过去去观察，故对于这类陈述、信念的真伪的检验不可能是直接的。当然，这类信念、陈述所判定的事件如果留下了某种被认为是证据的东西，那么，我们至少可以通过获取证据的实践活动而间接地判定此类信念、陈述的真伪。通过这种实践活动及其结果而做出的判定显然不同于通过直接的实践检验、通过直接经验而做出的判定，其可靠性也远不如后者，且这种实践活动也不能成为检验信念、认识、陈述的真伪的标准，因为它并未将信念与其所信、陈述与其所述之事直接联结起来，它所联结的只是信念、陈述与被认为是可作为判定其真伪的证据或凭据。这种情况在司法等实践中大量存在。比如，B 人认为 A 人杀了人或盗窃等，并告到法院，法院要审理此案。而对此案的审理的关键是要确定 A 人究竟杀了人没有或盗窃过没有，或者说要确定 B 人的信念、陈述("A 人杀了 S 人""A 人曾在 M 时 N 处盗窃"等)的真伪。显然，对此信念、陈述的真伪是无法直接检验的，这种检验主要依据的是各种所谓的证据，故这种检验只是一种间接的检验。当法院认为有充足的证据表明 A 人杀了 S 人或 A 人在 M 时 N 处盗窃时，通常会判 A 人有罪；而当法院认为即使有某些证据，但不足以证明 A 人杀了人等，通常会宣布 A 人无罪(疑罪从无)。显然，法院通过某些证据认为、认定 A 人杀人、有罪，并不意味着 A 人就一定有罪、确实杀了人；反之，认为、认定其无罪、没有杀人也不意味着 A 人就一定无罪、没有杀人。可见法院所认为、认定的有罪或无罪是相对于证据而言的，而并不一定是相对于事实而言的，是以证据为根据而并非真正以事实为根据。法院对 B 人的信念、陈述的真伪的检验只能是一种间接的检验，而不可能直接检验，不可能通过直接实践、直接经验对其进行检验。由此可见，有必要区分两种不同的实践检验活动，即直接的经验检验活动与收集确定证据(通常是间接的证据)的实践检验活动。显然，后一种实践检验活动对"A 人曾在 M 时 N 处盗窃"等陈述的真伪的检验只是间接的,故不能笼统地说实践是检验认识真伪的标准。对于上述情况而言,调查取证等可以有相对于"A人曾在M时N处盗窃"等陈述的真伪的检验而言的间接程度不等的各种实践活动,这些实践活动相对于特定的决定、指令而言(比如走访邻居,寻找目击者等)是直接的实践活动,但是相对于判定"A人曾在M时N处盗窃"等陈述的真伪而言,则是间接的实践活动。这一点表明,同一种实践活动相对于不同的目的而言可以同时是直接的又是间接的。

随着科学技术的发展,现今录音和录像等技术已经得到了普及,一个城市中安装有数量众多的摄像头,一个单位,比如学校可以在每个教室中都安装摄像头和录音设备,一旦过去某时出现了某种状况需要核实,便可以调出这些视频和音频资料进行核对。尽管这些视频和音频资料有可能被人后期做手脚,但是如果能确定没有做过手脚,那么观看和听这些视频和音频资料虽然与现场目击者的实践活动相比不如后者更直接,但是由于可以反复看和听,甚至可以通过慢放和暂停等而进行认真仔细地辨认,这一点显然是直接目击者做不到的。比如,某个犯罪嫌疑人手里拿了一张上面写着许多可以作为犯罪证据的文字的纸,目击者看到该人打开匆匆看了一眼然后便将其销毁了。上面到底写了些什么?已经无法直接查证了。然而,在离此人很近的地方却有一个摄像头在该人打开那张纸的时候恰好拍到了整个过程,该摄像头像素很高,可以比较清晰地看到纸上所写的内容。显然,这种证据相对于目击者的目击而言虽然间接一些,但是其在可靠性和完整性、可重复性等方面却可能远远优于目击者所能够真正提供的证据。由此可见,随着录音和录像等技术的普及,对之前的人来说已经成为过去的东西和事件却可以通过这些视频和音频资料部分地保存下来,从而为我们提供了在一定程度上再次观察到过去发生的事情的可能和手段,从而使在过去的技术条件下无法客观还原的情景在一定程度上得到客观的还原,使这种客观的还原具备一种技术上的可能性。显然,上述情况与真正地回到过去去进行现场观察还是有区别的,但是至少为当时不在场的我们提供了一种"准"现场直观的可能。相比较而言,这些记录下过去场景、情景的可以反复展现的视频和音频资料的当场展现可以说是最接近对过去的情景的直接的现场观察的情景了。这一点表明,虽然我们不能够真正回到过去去进行现场检验,不具有这样的物理上的可能性,但是,通过某种方式,留下与过去的情景相关的可以后期展现的图像和声音资料却是具有物理上的可能性的；但是，在古代这却并不具有技术上的可能性，而随着科学技术的发展，现今早已具备了这方面的技术上的可能性。对于不远的过去的某些情景，在当时可以通过录音和录像等技术记录下来，并且通过播放设备再现出来，但是，在当时没有通过录音和录像等技术记录下来的情景，现在绝不可能再通过录音和录像等技术记录下来了，其中的理由仍旧是我们不可能真正回到过去，过去的历史是不能够改变的。

对于与虚拟条件相关的信念、陈述的真伪也是不可能直接检验的。这是由于虚拟条件本身并不是真实存在的，比如"如果我当时不是选择学琴而是选择学画，则我现在已成为一个知名的画家了"这一与虚拟条件相关的信念、陈述的真伪便是无法通过实践直接检验的，但这并不意味着该信念或陈述便无真伪可言，也不意味着我们便无法检验判定其真伪。实际上，上述信念、陈述是可以判定其真伪的，且是伪的。这是由于，学画至多只能是成为知名画家的必要条件之一，而不是其充分条件，而上述陈述所陈述的则是一种充分条件关系，由于该陈述的前后两项之间并不存在如果 P 则 Q 式的关联，故相对于对充分条件的断定而言可以看成是一个为伪的陈述。如果在后项中加入"可能"一词，使其变为"则我有可能现在已成为一个知名的画家了"；这个变换后的信念、陈述则不仅是存在真伪的，而且是为真的。这是由于前项是后项的必要条件，也就意味着如果前项成为现实则后项便有可能成为现实。显然，这里所说的真伪同前一种一样，仍旧是相对于特定的逻辑关系、逻辑规定而言的真伪。换句话说，上述两个陈述和信念只存在对逻辑规定而言的真伪，说其真，也就是说这种说法，确实是符合特定的逻辑规定的；说其伪，也就是说这种说法是不符合特定的逻辑规定的。至于对于物理世界而言，由于这个复合句式的前项本身就是虚构的，而不是对一个客观外在的事实的为真的陈述。也就是说，事实上该人当时并没有选择学画，因而"该人当时选择学画"在现在看来已经不具有物理上的可能性，更不具有技术上的可能性。显然，由若当初学画推出现在已成为一个知名画家虽然具有逻辑上的可能性，但却是不大可信的。尽管如此，此类信念、陈述中有些则很难不相信它。如"如果地球到太阳的距离比现在近 1.2 亿公里，那么，今天的地球上便不会有生命存在"；"如果我去年高考的成绩超出录取线 50 分，那么，我现在已经是一名大学生了"等。此类信念、陈述看来很难怀疑其推论的正确性、合理性。其推论为：a. 如果超出录取线十几分则一般都会被录取，成为大学生；b. 设某人的分值远超过该值；c. 则此人被录取成为大学生一般不成问题。故可以有充分的理由相信此人会被录取并成为大学生，相信上述信念、陈述为真。显然，上述两个陈述和信念的真伪可以看成是相对于充足理由律而言的，要对其真伪进行判定，关键看其理由是否充分，而对其理由是否充分的判定和认定本身就具有一定的主观色彩，因此不排除不同的人在对是否理由充分的看法上出现分歧的状况。上面的由若当初学画推出现在已成为一个知名画家的推论之所以不大可信，主要就是由于其理由很不充分。显然，上述情况归根结底涉及的只是一个虚拟世界的问题，关于虚拟世界的陈述、信念对其真伪的检验只能检验其是否符合或者违背了某项逻辑规定，是否具有充足的理由等。

除了上述两种情况外，还有一些信念、陈述也很难说可以通过实践来直接判明其真伪。但这一类信念、陈述往往被认为具有单向的性质，即或者具有判明其真的可能性（可证实性），或者具有判明其伪的可能性（可证伪性）。也就是说，有的有可能证实，有的则有可能证伪。一般说来，涉及无限时空范围的个别、具体的关于存在的陈述是不能证伪只能证实的，而涉及无限对象的全称普遍陈述或信念则是只能证伪而无法证实的。但这两类陈述有一点则是共同的，即都是可以通过实践直接检验的。尽管通过这种实践的检验最终只能单向地验证判明上述两类陈述、信念，但并不能因此就说这两类陈述、信念是无法通过实践检验的。

关于上述两类陈述的可证实性与可证伪性之说在西方现代科学哲学中有大量的论述（如波普等），但这种说法看来存在一个问题，即关于可能性的理解问题。涉及无限对象的全称普遍陈述何以便是可证伪的呢？如果某个这类的陈述实际上是为真的，那么我们还有证伪它的可能性吗？一个实际上为真的陈述也是实际上不可证伪的；同样，实际上为伪的陈述也是实际上不可证明其真的。比如"上帝是存在的""存在有外星人"这些命题、陈述或信念如果实际上是伪的，那么它就不具有可证实性。如果实际上为真的陈述、信念却是实际上不可能证实但却可以证伪的，实际上为伪的陈述、信念却是实际上不可证伪但却具有可证实性的，是可证实的，那显然是极其荒谬的。我们不排除有些实际上为真的陈述、信念无法证实这种情况，但却无法在此意义上接受这些陈述、信念却是可以证伪的这种说法。

虽然我们无法在上述意义上接受可证伪性但并不排除在其他意义上接受可证伪性的可能。实际上，波普的可证伪性不能看成是对一陈述、信念本身的真伪而言的。虽然一涉及无限对象的全称普遍陈述本身可以是为真的，或实际上就是为真的，但我们却无法知道这一点。该陈述的真伪对某些人的与之相关的主观的心理事态而言可以是确定的，即有些人会认为、相信其是为真的，而另一些人则会认为、相信其是为伪的。但对更多的崇尚理性的人的与之相关的主观心理事态而言则是不确定的，即他们既不能（更确切地说，应是"不愿"）肯定其为真也不能肯定其为伪。该陈述的真伪与前面的那些人的信念在这些人看来还是一个问题，只有当这一问题解决了之后才可能形成特定的信念。对他们来说，问题的解决与信念的确立是一致的，在问题解决之前不应有该陈述是真还是伪的信念，有的只能是该陈述可能真也可能伪的信念。这里需要强调的是，不能肯定上述类型的陈述为真也不能肯定其为伪（或者说不能否定其为真）与肯定其可能真也可能伪并不是一回事。一个真伪已经确定了的信念、陈述，已经成为真或成为伪的信念、陈述不能说是一个可能真也可能伪的信念、陈述，因为此前即使存在两种可能性但此时这两种可能性则皆已发生了转化，其中之一已转化为现实，另一种可能性则已转化为不可能。故上述所说的那些人关于该陈述可能真也可能伪的信念是站不住脚的。既然该陈述为真为伪已成为现实（对关于过去的陈述而言）或已成为必然（对关于未来或不仅涉及过去、现在还涉及未来的陈述而言）那么它便不再是可能真也可能伪的陈述。既然它已经不再是可能真也可能伪的陈述，那么它也不再是既可能证明其真也可能证明其伪的陈述。更进一步，若该陈述为真，那么就不可能真正证明其伪；若该陈述为伪，那么就不可能、不可以真正证明其真。一为真的陈述被"证明"其为伪，这种"证明"只能是一种假证明，不可能是真正的证明（一为伪的陈述被"证明"为真也是一样）。换句话说，为真的陈述不具有可证伪性，为伪的陈述也不具有可证实性。显然，这句话是相对于逻辑而言的，而我们知道，无论是逻辑经验主义的可证实性，还是波普的证伪主义的可证伪性实际上都是相对于逻辑而言的，指的是一种逻辑上的可证实性和逻辑上的可证伪性。然而通过前面的分析，这种所谓的逻辑上的可证实性和逻辑上的可证伪性其实不过是逻辑经验主义和证伪主义所分

第八章　关于认识、信念、陈述的真伪的检验问题

别持有的信念而已。我们在上面已经明确表明，相对于逻辑而言，为真的陈述是不具有逻辑上的可证伪性的，而为伪的陈述也不具有逻辑上的可证实性的。故无论是逻辑经验主义关于逻辑上的可证实性还是证伪主义关于逻辑上的可证伪性的看法都是成问题的。全称普遍陈述或命题并不一定具有（逻辑上的）可证伪性，是否具有逻辑上的可证伪性或者可证实性首先取决于该陈述命题本身究竟是真还是伪，正是陈述命题本身的真伪决定了它在逻辑上究竟具有可证实性还是可证伪性，这一点与一陈述、命题究竟是全称还是特称、个别还是一般等并不直接相关。故与其说具有逻辑上的可证实性或逻辑上的可证伪性，不如说具有逻辑上的可检验性、可验证性。由于全称命题、陈述涉及的对象可以是无限的，即使它事实上，是一个为真的陈述和命题，它也实际上不可能通过我们的有限的经验——进行检验和验证。故其不具有的恰恰是经验上的可证实性而不是逻辑上的可证实性，而如果该陈述命题事实上是一个为伪的陈述和命题，那么，通过不断的、大量的经验检验和验证便有可能证伪它。显然，这种可证伪性的逻辑前提是该陈述或命题事实上是一个为伪的陈述或命题。如果说这种可证伪性也与逻辑有关的话，其逻辑应该是：只有为伪的陈述命题才具有可证伪性，该陈述命题是为伪的陈述命题，故该陈述命题具有可证伪性。

那么，谈论包括一部分为真的陈述在内的一类陈述（如前述的涉及无限对象的全称普遍陈述）的可证伪性及谈论包括一部分为伪的陈述在内的一类陈述的可证实性就怎样的意义、相对于什么而言才能够成立、能够说得过去、说得通呢？看来，这个东西就是其他的信念和陈述。尽管某陈述、信念确实是为真的，我们仍可以认为、相信它是为伪的或说它是为伪的；尽管该信念、陈述是不可证伪的，但我们仍可能、可以说它是可证伪的，认为、相信它是可证伪的。正像普遍陈述具有可证实性是某些逻辑经验（实证）主义者的信念一样，普遍陈述具有可证伪性则是波普的信念。也就是说，这种可证实性和可证伪性能够在信念中被确立。或者说，能存在于信念之中，是我们认为、相信可证实或可证伪，并不等于逻辑上的或实际的可证实和可证伪。认为、相信普遍命题具有可证伪性，是以假定或认为普遍命题、陈述皆是一些为伪的命题、陈述为前提的；然而，认为、假定上述一切陈述皆是为伪的，这种认为则是最不可信的，这种假定也是非常不恰当的。证伪只能对本身就是为伪的

普遍命题是有效的、可能的，故所有的涉及无限对象的普遍陈述都是可证伪的这种认识、信念本身便是伪的（但这并不排除我们相信、认为上述普遍陈述或其中的某陈述具有证伪的可能性，即不排除形成、持有这种信念的可能性）。这似乎表明，只有为伪的上述陈述才是可证伪的、可判明的（不同于可检验、验证）。我们最多只能知道部分普遍陈述（为伪的普遍陈述）是为伪的，但却不能知道哪些普遍陈述是为真的（如果知道意味着有充分的证据、已被证明的话）。然而，尽管不能通过大量的检验和验证严格证明某个普遍陈述命题是为真的，但是，我们却仍旧可以相信！尽管这种相信的合理性存在一些问题，相信的理由并不是完全充分的，但是我们仍旧可以相信！

第三节　与可能性的类型相关的能否检验判明问题

　　能否检验、判明的问题与上面提到的检验、判明什么的问题既有密切的关联又有明显的不同。在前面我们说过，检验式的实践活动通常可分为两类：一类是直接经验式的实践活动，另一类是为直接经验提供条件的实践活动。对前者的想象与语义的确定和所信、所述究竟为何的确定直接相关，而通常不需要考虑为直接经验提供条件的实践活动是否具备想象之外的可能性的问题。但是对于能否检验、判明的问题我们却不能不考虑想象之外的可能性的问题。如果为直接经验提供条件的实践活动不具有想象之外的可能性，那么与此相关的直接经验式的实践活动也不具有想象之外的可能性。

　　在前面我们曾经说过，不能笼统地谈可能性。或者说，笼统地谈可能性是无意义的，只能相对于特定的意义谈可能性问题。一般说来，可以将可能性区分为一些不同的层次，其中最宽泛的可能性便是想象上的可能性。此外，还有逻辑上的可能性、物理上的可能性、技术上的可能性、现实的可能性等。能否检验、判明的问题可以依此区分为究竟是针对哪种可能性而言的能否检验、判明。我们很难想象还有比想象的可能性更宽泛的可能性，虽然可以有很多意想不到的、出乎意料的东西出现或事情发生，这只能说明我们现实的想象是有局限性的，我们可能根本

第八章 关于认识、信念、陈述的真伪的检验问题

就没有去想,没有认真想过,并不说明这些东西和事情就不具有想象上的可能性;某些人没有想到也不代表其他人没有想到;出乎某些人的意料,并不意味着出乎所有人的意料;即使出乎所有人的意料,也只能说明在现实世界中,实际的想象远没有穷尽各种想象上的可能性。就前面的讨论而言,可以看出,对检验、判明什么的问题,所信、所述的究竟是什么、究竟是什么意思的问题的回答首先依赖的是想象上的可能性。凡是人能够想出来的,无论多么奇怪,看起来多么荒诞,多么不近情理,多么异想天开,多么想入非非,多么不切实际都具有想象上的可能性,并且这些已有的想象仍旧只不过是揭示了想象上的可能性的冰山一角,而想象上的可能性是具有无限的可能的。

对于能否检验、判明的问题,首先涉及的是一个想象上的可能性的问题,如果我们能够在想象中确立、确定对一信念、陈述的真伪的检验式的实践而言首先面临的上面提到的检验、判明什么的回答,那么,对该信念、陈述的真伪的检验便是至少具有想象上的可能性的(因为这种检验是相对于想象中的实践、观察而言的,这种检验同时也是对一信念、陈述的意思、语义的意象式的把握)。这一点也表明,一信念、陈述的真伪首先取决于其意思、语义的确定,特别是对其意思、语义的意象式的把握。后者是前者的前提条件,也是现实的实践检验的前提条件。如果我们所说的某信念、陈述的意思、语义是不能确定的,谁也不清楚(包括给出该陈述的人在内)它到底是一个怎样的陈述和信念。或者说,谁也不明白该所谓的信念、陈述到底说的是什么,其所信和所述的究竟是什么,尽管该所谓的陈述、以陈述为依托的信念之中的个别词语可以形成与之相应的意象,但是就整个所谓的陈述语句而言,根本无法形成对其的一个完整的意象,那么,这个所谓的陈述和信念其实不过是一个前面曾经讨论过的假陈述、假信念(不同于为假的陈述和为假的信念);说得更明白些,它实际上根本就不是一个真正的陈述或信念,只是一个貌似的假货罢了。这一点表明,想象的可能性还是判定某个所谓的陈述和信念究竟是不是一个真正的陈述和信念的基本依据。一所谓的陈述和信念的所信和所述是可以想象的、可以通过特定的意象把握的,是其是不是一个真正的陈述和信念,是不是可以作为一个真正的陈述和信念而存在的前提;对一个其真伪需要检验的真正的陈述和信念的语义和意思的确定通常需要借助于想象中的实践(观察和实验等)来完成,后者是现

实的实践检验的前提，它规定了如何检验，检验的方式问题，规定了怎样的实践活动才能算是检验该陈述和信念的真伪的检验式的实践活动。如果一种实践活动根本不能算是对某陈述和信念的真伪的检验式的实践活动，那么，即使有这种实践活动也不能算是对该陈述和信念的真伪的检验活动。

在想象的可能性之下，还有逻辑的可能性和物理的可能性等。如前所述，这里的"物理"指前面曾经说过的"广义的物理"，包括被认为是已经被人类揭示出来的各种自然规律和尚且未被揭示出来的各种自然规律。

能否检验、判明就逻辑上的可能性而言，最主要的便是看其是否违反逻辑规律，如果违反了逻辑规律便可以认为这种检验和判明（包括检验式的实践等）不具有逻辑上的可能性。由于可以存在多种不同的逻辑（比如形式逻辑和辩证逻辑等），故是否具有逻辑上的可能性还要看究竟是针对哪一种逻辑而言的可能性。就形式逻辑而言，可以有许多的逻辑规律，其中最基本的便是我们通常所说的形式逻辑的三规律（有人认为还有充足理由律）。一陈述和信念如果违反了某种逻辑规律，特别是违反了三个基本的逻辑规律，它们在逻辑上便是不成立的，特别是包含逻辑矛盾的所谓的陈述和信念，在逻辑上是不具有真值的。或者说，该信念和陈述可以通过与逻辑规律比较而判定其是否符合逻辑规律，特别是是否违反了逻辑。符合逻辑规律不一定为真，违反逻辑规律相对于逻辑而言便是假的。也就是说，检验、判明就逻辑上的可能性而言主要采取与逻辑规律进行比较、对照的方式，凡是不具有逻辑上的必然性和逻辑上的不可能性的陈述和信念，其所信和所述的对象的存在都是具有逻辑上的可能性的（逻辑上的必然性和逻辑上的不可能性可以看成是逻辑上的可能性的两个极端）。就此类检验活动本身而言，我们发现，此类检验活动通常不受客观条件的具体限制，将特定的陈述和信念与逻辑规律进行比较、对照本身似乎不存在逻辑上的禁忌，这种检验活动所需要借助和依赖的主要是一个人的理性和逻辑的分析能力和水平，一个逻辑思维能力很强的人在从事此类的检验活动时出错的概率远远小于一个缺乏基本的逻辑知识、逻辑混乱的人的出错的概率。尽管前者在从事此类的检验活动时出错的概率较小，但也不能够保证完全不出错，问题是无论是发现错误还是改正此类错误都是在逻辑思考的范围内进行的，而不需要借

第八章 关于认识、信念、陈述的真伪的检验问题

助于客观外在的条件和环境。通过此类检验，如果发现某一陈述和信念违反了逻辑规律，特别是存在逻辑矛盾时，那么该陈述和信念的所述和所信的对象的存在便是不具有逻辑上的可能性的。

与检验、判明，能否检验判明相关的除了逻辑上的可能性之外，还存在一个物理上的可能性的问题。所谓物理上的可能性主要是相对于自然规律而言的。凡是不被自然规律所禁止的都具有物理上的可能性。问题是，被认为是人类所揭示出的各种自然规律未必一定就是真正的自然规律，这些所谓的自然规律与其说是其存在具有很高的概率，不如说是我们坚信它们是一些真正的自然规律，而所谓的"高概率"也只不过是我们相信其存在的理由、依据之一罢了。某个被认为是揭示了一个基本的自然规律的陈述和信念，其真通常被认为是确定无疑的，即使很难说是确定无疑的，其为真的概率也是超高的，然而，我们所认为的高概率事件未必真的是高概率的。这一点在波普尔的证伪主义对逻辑经验主义的批判中有过较为详细的论述，而当今学界同意波普尔的这种观点的大有人在。波普尔的证伪主义认为即使有大量的实例与某个普遍陈述和命题所断定的具体情况相一致，即使此类实例还可以不断地增加，但是，不断地增加此类实例并不能因此而提高该普遍陈述和命题为真的概率。也就是说，我们所认为的高概率事件未必真的是高概率事件。实际上，问题的关键并不在于它是不是真的高概率，而在于我们是否相信它是高概率，并以此为根据和依据而相信一陈述和命题是为真的。这一点至少表明，不能排除被我们认定的自然规律其中有一部分并非真正的自然规律的可能。另外，我们也坚信还有很多自然规律没有被揭示出来。这样一来，要谈论某事件的存在以及对某个陈述信念的真伪的检验是否具有物理上的可能性本身就具有一定的不确定性。我们只能在被人们广泛认定为是揭示了某种自然规律的陈述和信念的范围内谈论有关物理上的可能性问题。或者说，我们在此所说的物理上的可能性实际上是相对于已被揭示出的自然规律而言的，更确切地说，是相对于我们广泛认可的被认为是揭示了某种自然规律的陈述和信念构成的系统和集合而言的。

在上述前提下所谈论的物理上的可能性，与相对于真正的自然规律而言（既包括了还未被揭示出的自然规律，又剔除了那些被认为是而其实并不是自然规律的所谓的"自然规律"）的真正的物理上的可能性显然是存在出入的，但是，我们又不可能依据还未被揭示出来的自然规律来

谈论物理上的可能性问题，故我们实际上只能依据被我们广泛认可的被认为是揭示了某种自然规律的陈述和信念构成的系统和集合来谈论物理上的可能性。从某种意义上说，这也是一种无奈之举；而从另一种意义上说，这也是一种相比较而言的最可行的关于上述问题的对策和方案。

现代物理学中，有一个非常典型的事例，这就是涉及相对论等的"时空穿梭、穿越"问题。这个问题既涉及一个逻辑悖论，同时又涉及与物理上的可能性相关的被认为是最基本的一些涉及时空问题的自然规律。在被认为是人类所揭示的诸多自然规律中，关于时空，特别是时间问题有一个被认为是最基本的自然规律，这个问题与历史、历史性相关。时间是历史中最确定的、几乎不容置疑的一个基本因素。一切事物的运动、发展和变化都存在一个时间问题，这种运动、发展和变化的过程同时也就是时间延续的过程。时间是一个矢量，经常被称为"时间之矢"，时间箭头总是从过去指向现在、从现在指向未来。与之相关联的历史发展和演变虽然可以在某些方面具有一定的周期性、相似性，但是却具有不可逆性，最突出的体现为历史的不可更改性。我们不可能改变以往的历史，这可以说是人们的一个几乎不容置疑的共同信念。而时空穿梭、穿越不可避免地将会改变历史，如果不改变历史，那么实际上并没有产生真正的时空穿越。比如，爱因斯坦曾经设想过如果超越光速会出现怎么样的情况的问题。许多人认为，这将意味着历史的反转。其实不然，姑且暂时不讨论超越真空中的光速是否可能，假定其是可能的，这也仅仅意味着我们所看到的世界图景发生翻转，但我们本身并不可能因此而进入过去的历史时期之中。这就好比我们"按下电视的快退键"，从而看到人倒着走，落到地上的花瓣儿又回到了树上，倒塌的墙从一堆废墟中又重新立了起来一样。由于我们不能够真正参与其中，最多只能是一个旁观者，故我们并没有真正回到过去。如果我们真能回到过去，那么就一定能够改变过去的历史，而如果我们能够改变历史，那么，这个从当今世界回到过去的人在回到过去之前其本身是否在当今世界存在过都成了问题。假设某人驾着航时机回到了几十年前的过去，当他从悬在离地面有一定高度的出口跳出来的时候，一不小心将地面上的一个只有几岁的小孩砸死了（如果他能够真正回到过去，那么就完全有可能出现这样的状况），该人发现闯祸了，赶紧驾着航时机又回来了。回来后，此人一直惴惴不安，有一种负罪感，并向公安机关自首。令此人万万没有想到的是，那个被砸死的几岁的小孩正是他的爷爷。由于此人改变了历史，砸死了只有几岁的爷爷，于是，自然也就不存在其父亲了；没有其父亲，也就没有父母的相遇、结合，于是，也根本就不可能有他；而如果没有他，他的爷爷也不会在几岁时就被从天而降的不明之物砸死。那么试问，此人到底有没有砸死只有几岁的自己的爷爷？如果能够真正回到过去，这便是完全有可能的事，而如果他的爷爷在几岁就被他砸死了，那么又如何能够有他？我们还可以举一个更为明显的例子：假设某人在外面发现一架奇怪的装置，于是便打开门走了进去，随便按了一下一个按钮，并且同时看了一下表发现按此按钮的时间是 m 时，然后马上觉得不对劲，赶紧打开装置门从里面出来，没想到从该装置中出来后发现自己已经回到了几天以前。回到家里后，该人遇到了几天前的自己，然后他（设为 A）就与这个几天前的自己（设为 A'）攀谈起来，并告诉后者，几天后你将会在某地点发现一个奇怪的装置（可能是航时机），并且进入其内，且会在 m 时按动某个按钮，然后迅速离开该装置，便会回到相对于那时而言的几天前。且不管 A' 人对出现在自己眼前的这个和自己一模一样的 A 人如何大为惊异，反正 A' 人决计不让 A 人的预言得逞，过了几天之后他坚决不到 A 人所说的那个地点去，或者虽然去了，但他却并没有进入该装置，而是在 m 时之前把这个航时机给砸了。m 时过后，他继续进行日常的吃喝拉撒睡。试问，A 人对于几天前的自己 A' 人而言，是否意味着看到了一个自己的分身？对于 A' 人（几天前的自己）而言如何看待这个分身？一个人突然变成了两个人，而后者还比自己多了几天未来的经验、经历。由于 A' 人几天之后根本就没有上那个应该是一个航时机的装置，甚至压根儿就没有到那个地方去，那么此人到底上没上航时机？在 m 时是否驾着航时机回到了几天之前？回到过去就意味着可以和过去的自己并存，对于过去的自己而言，就相当于未来的自己回到现在一样。如果用确切的时间标示过去的某一时刻（或者时段）的话，比如 2018 年 12 月 9 日 n 时，而此人是在 2018 年 12 月 12 日 m 时通过航时机回到几天前的 2018 年 12 月 9 日 n 时的，对于此人来说，在按动按钮之前的几秒钟内，他看了一下表，并且说"现在是 2018 年 12 月 12 日 m 时差三秒"，当他回到几天前的 2018 年 12 月 9 日 n 时，则意味着"现在"是 2018 年 12 月 9 日 n 时。也就是说，回到过去意味着回到相对于那时而言的"现在"，否则此人根本不可能真正回到过去，而最多只是对过去的一个不可真正介入的旁观者而已。

可以看出,上述问题既存在一个逻辑悖论问题,又存在一个与时间相关的自然规律问题。存在逻辑悖论意味着不具有逻辑上的可能性。因此要解决上述问题,就要排除这种逻辑上的不可能性。逻辑上的必然性从某种意义上可以看成是逻辑上的可能性的极端形式（因为两者都具有肯定的形式）,而逻辑上的不可能性则是对逻辑上的可能性的直接否定。为了解决这一逻辑上的困惑,各种对穿越的设想,特别是各种穿越剧都尽量避免穿越者对历史进行较大动作的改变,比如,如果穿越者杀掉了在过去的历史中并没有被杀掉的某个人,那么,这个人应该是在各种历史典籍中都没有记载的人,是一个无名之辈。如果在某个历史穿越剧中某人回到唐朝,杀死了远在玄武门事变之前的孩童时期的李世民,这样的历史穿越剧立刻就会被人视之为胡编乱造,和历史无关,因而很难投入和沉浸于其中。然而,殊不知,许多微不足道的在历史上寂寂无名的人物很可能关系到一些重大历史事件是否能够发生。比如,朱元璋或者李自成的汉代或唐代的远祖中肯定有不少人实在微不足道,在当时看来完全是可有可无的人物,即使被杀掉,对当时的历史来说似乎丝毫不受影响,然而,先祖中的任何一环如果被穿越者漫不经心地或者只当是踩死一只蚂蚁一样地去除掉,后来的历史中就不会再有朱元璋或者李自成。

不谈穿越剧,单就打着科学的旗号的或者看似科学的对穿越的设想而言,为了克服上面谈到的逻辑矛盾和时空错乱,许多人,包括许多科学家都曾对这一问题进行过较为深入的思考,并提出许多解决的方案和尝试。这其中最出名的便是所谓的平行宇宙理论。实际上,要克服上面提到的逻辑矛盾看来绝非易事,思来想去,似乎最有希望的也正是这种所谓的"平行宇宙理论",然而,这种平行宇宙理论如果一直推下去原则上必然导致无限多个宇宙中有无限多个我并存的结论。这样一来,要冒着把一个问题无限复杂化的风险。按照奥卡姆剃刀的理论,宇宙可以是无限复杂的,但是我们的理论应该尽可能地简单,这也是大多数科学家所遵循的一个基本的原则和行为准则。搞出一个存在于无限多个平行宇宙中的无限多的我来,这样的理论实在是一个糟糕透顶的理论。可以有处在不同的时间阶段中的我,处于不同时间阶段的我实际上是同一个我,是同一个个体,而处于不同的平行宇宙中的我则是一些并存的不同的个体。对此,本人有足够的理由相信根本不可能穿越时空,不可能真正回

第八章 关于认识、信念、陈述的真伪的检验问题

到过去或者跨越未来［比如，一个人可以乘坐航时机或者打开哆啦 A 梦的方便门（类似于虫洞但又不尽相同）而直接进入 25 世纪］。这里的"不可能"包括逻辑上的不可能和物理上的不可能。或者说，时空穿越（瞬间进入遥远的过去和未来）不仅不具有逻辑上的可能性，也不具有物理上的可能性。

以往的历史是不能改变的，如果能够改变，有朝一日某个掌握了大量现代科学知识和技能的人能驾驭着航时机回到 5000 年前的中国，凭借其所掌握的大量的现代科学知识和技能，一定能够使中国在数百年时间内就实现现代化，达到或者接近当代中国社会发展的水平。然而，如果一个人能驾驭着航时机回到 5000 年前的中国，那么其他人也应该能够回到过去，如果大量的现代人或者未来人都跑到 5000 年前的中国，那么，现代化（甚至未来化）的速度将会大大加快。如果我们的设想再大胆一些，我们回到了恐龙时代……然而平行宇宙理论则告诉我们，那样的中国只存在于另一个平行宇宙之中，我们改变了历史，但是并没有改变我们这个宇宙（世界）的历史，不管有多少人跑到过去的某个历史时期，都不会影响我们这个世界的历史进程，那么这些人到底回到还是没有回到过去的某个历史时期呢（比如开元盛世时期的长安）？如果他们真的回到了开元盛世时期的长安，那么一定会改变中国的历史，这样一来，现在活着的人可能都会瞬间消失，不仅人，而且所有的建筑物和日常用品等，都会瞬间消失。如果现在就可以实现时空穿越，那么现在地球上存在的人和人造物或者会因为有某些人跑到了数千年前改变了历史而瞬间消失，或者不受这些穿越者的任何影响，一切照旧，一切仍旧正常地进行。如果是前者，实在太匪夷所思了，实在令人难以置信；而如果是后者，那么这些穿越者真的改变了历史吗？如果这些穿越者几年后又穿越回来，并告诉我们他们到了古代的某个地方，比如开元盛世时期的长安，并且做出了如此这般的一番了不起的事业。然而，我们当今的世界、地球上的人和其他东西却并没有因此而出现任何异样（比如瞬间消失等），那么，凭什么让我们相信他们改变历史呢？于是，平行宇宙理论跑出来和稀泥：一方面，这些穿越者确实改变了人类的历史；另一方面，被他们改变之后的那个历史是一个存在于另一个平行宇宙中的对我们当今世界没有丝毫影响的历史。我们不禁要问：这些平行宇宙到底在哪里？某个穿越者改变了千年前的某个重要的历史事件，由此而引出的一系列的

连锁反应使后来的人类社会的历史走向发生了改变，如果这种改变一直延续至今，那么将出现一个与我们当今的状况相比较而言的非常不同的另一种状况，然而这另一个状况究竟是存在于什么地方呢？请注意，穿越者只是改变了某个比较重要的历史事件，但是地球还在，还是同一个地球，只不过地球上有些东西出现了变化罢了，但是这种变化，一定会呈现在地球之上，于是，地球上就同时存在两种状况。此时，我们假定了作为穿越者的搅局者只是一个，如果不断有穿越者穿越到过去进行搅局，那么地球上并存的搅局后的状况原则上将可能无限多。这种并存于同一个地球上的几乎无限多的状况互相之间并不发生干涉、干扰而是各行其是，老死不相往来，存在于当今世界的我们根本不可能发现其他的平行宇宙的存在，在我们眼中仍旧只有一个我们当今的世界。对于我们来说，除了有一个现实的，当今的世界之外，还有不计其数的我们看不到的与我们平行的其他的世界的存在。显然，相信这一点比相信存在一个妖魔鬼怪的世界更加难以让人接受。要想见到其他平行宇宙（世界）中的人比见鬼还难！持有平行宇宙观点的人完全忽略了一个基本的事实，这就是如果一个穿越者穿越到过去某个历史时期而杀掉了某个当时的重要人物或者改变了当时的某个重要事件的进程，会导致一系列的连锁改变，甚至导致后来的许多被我们记录在历史典籍中的人物将不会出现，或者消失，但是，这种穿越行为却不会导致地球的消失，更不要说太阳系和银河系，不会因此而出现众多的地球、众多的太阳系等。由此可见，上述说法，一定在某些方面出现了问题和差错，那么究竟在什么地方出现了差错呢？我们发现，我们对空间特别是时间的理解看来有误。还没有搞清楚"时间"的真正含义。这个问题还与事实有关，实际上，我们在前面多次说过既往的事实是不能改变的。时间顺序的不可改变性看来很可能和事实的不可改变性密切相关，时间的不可逆性更主要是对事实而言，而不是对事物而言的。

从上面所举的例子中可以看出，时空穿越问题还与分身问题密切相关。分身问题不仅涉及逻辑上的可能性问题，甚至还涉及想象上的可能性问题。可以将一块蛋糕切割成许多块小的蛋糕，但是能够将我切割成许多个我的分身吗？一个人可以被锯掉一个胳膊或者一条腿等，但是被锯掉的胳膊或者腿只不过是原来属于他的胳膊和腿，而并不是他，此时的他是断了一条胳膊或者一条腿的他，而并不是那个断了的胳膊或者腿。

第八章　关于认识、信念、陈述的真伪的检验问题

平行宇宙理论和时空穿越问题最大的问题并不是你能不能够见到你的祖奶奶或者某个活着的历史人物，比如范仲淹、刘邦等，而是你能不能够见到处于某个时间节点上的你，比如，一个星期以前的你。当你见到一个星期以前的你并且与之对话的时候，到底是谁与谁对话？请注意，这并不是你跟自己对话，自问自答，在此实际上涉及的是你的两个不同的分身的问题，是两个不同的个体，而不是同一个个体，这两个个体互相看对方只不过是一个他，而并不是你（或者我）。那么那个处于特定的时段中的你到底是不是你？到底是你还是一个特殊的他。这样的疑问，对于那个过去的你（你回到的时间段上的那个你）来说也是一样，他（或者说那个你）也同样会有此疑问。上述的分身问题涉及究竟是两个同样的个体还是同一个个体的问题，两个看起来很像的人完全不足为怪，比如许多的双胞胎、多胞胎都是这样的，即使对于外人来说，傻傻地分不清，但他们都是一些不同的个体，而并不是同一个个体。我可以看到录像中的我，但两个有血有肉的个体却是同一个我，这一点也挑战了想象上的可能性的极限。

　　看来有必要将想象上的可能性区分成不同的类别，而不能够不加区分地笼而统之地说想象上的可能性。想象上的可能性至少可以分为毫无根据和理由的胡思乱想与具有一定的根据和理由的想象，后者将会受到其所具有的根据和理由的限制，而不是不加限制的。比如，物理学上的许多思想实验，便是有着特定的根据和理由的思想实验，因而也是受到特定的根据和理由限制的思想实验，而并不是不受任何限制的胡思乱想。

　　有一个非常重要的词语，这就是"不可思议性"，这一点实际上涉及两个密切相关但又有所不同的问题，这就是"思"的问题和"议"的问题，这两个问题是直接相关的，从上面的说法中可以看出，与我们的一切毫无理由和根据的胡思乱想直接对应的正是毫无理由和根据的胡说八道，而与有特定的理由和根据的思想实验相对应的则是有特定的理由和根据的说法，这些说法不能脱离特定的理由和根据的限制而存在，如果脱离了就不再是有特定的理由和根据的说法了。由此可见，真正的不可思议性主要是对有特定的理由和根据的想法和说法而言的，对于毫无根据和理由的胡思乱想和胡说八道，如果说也会受到某种特定的限制的话，那么这种限制便是与想和说本身的存在直接相关的物理上的可能性问题。也就是说，能不能想得出来、说得出来的问题。比如，某个人的想象中

的事情可以不受物理上的可能性乃至其他任何可能性的限制，但是想象本身作为一种人的现实的活动却不能够不受现实条件的限制，比如该人处在一种全身麻醉的状态，其想象能力便会受到物理上（广义上的）的抑制，甚至会被完全抑制（对于说写等也是一样的）。

第四节　怎样检验、判明

在搞清楚要检验、判明什么和搞清楚哪些是可以现实地通过实践检验、判明或是在某种特定的意义上（如逻辑上）可检验、判明的之后，还须搞清楚究竟如何检验、判明，怎样检验、判明，搞清检验的程序和方式。就怎样或如何检验、判明而言，涉及一般与特殊两个层面。在此分别讨论之。

一般说来，要检验一信念、陈述的真伪，首先，要搞清楚究竟要检验、判明什么，要检验的究竟是一个怎样的信念、怎样的陈述，该信念之所信为何，该陈述之所述为何等。其次，要搞清楚该信念、陈述是否可以通过实践直接进行检验，其所信、所述之事件、东西等是否可以成为直接经验的对象，若可以，它又是否可以成为现时的或将来的直接经验的对象（如果只可能成为过去某时的直接经验的对象，那么对将要进行的实践检验而言要获得关于该对象的直接经验便是不可能的，也是不现实的）。若可以，还须搞清楚对该对象的直接经验究竟是一种怎样的经验，可直接经验到什么（这一点通常是通过对其的想象、构想来完成的）及该直接经验可通过哪些或怎样的实践活动方能获得。如果有多种可能的获得方式、实践方式，还须在其中进行选择，首先，选出一些认为可行的实践方案（"可行"并不等于"可能"，前者通常还要在可能的前提下做进一步的筛选，要考虑到现实的、技术上的可能性，还要考虑到价值方面的问题，特别是关于好坏、代价的考虑，在此阶段首先要排除坏的实践方式）；其次，还要再在这些被初步认可的实践方案中选出被认为是在现有条件下最好的实践方案；再次，将最后选出的实践方案、构想转化为关于进行特定的实践的指令、决定，并将其付诸实施；最后，将通过实践所获得的直接经验与前面所提到的对要检验的信念、陈述所肯定的事件、东西的直接经验的想象、构想进行比较，看两者是否一致，

第八章 关于认识、信念、陈述的真伪的检验问题 203

从而判定该信念、陈述之真伪（也可以将关于通过实践所获得的直接经验的陈述与对要检验的信念、陈述所肯定的事件、东西的直接经验的想象、构想的陈述进行比较而判定该陈述、信念的真伪）。

显然，若一信念、陈述所信或所述的事件、东西不能成为直接经验的对象，那么，该信念、陈述便是不可通过现实的或现时的实践活动直接检验其真伪的，但这并不表明其就不能通过实践活动间接地检验其真伪。比如，某不能成为直接经验的对象的东西却有可能留下某些间接的证据，留下某些可通过它间接地推断某陈述、信念为真还是为伪的东西。获得或收集这些证据通常也需要借助于特定的实践活动，但正如前述，这种实践活动很难说是检验上述的陈述、信念的真伪的标准。这是由于尽管我们可以通过此类实践活动获得某些证据或凭据，但这些证据或凭据未必就是充分的，通过它们未必就可以充分地证明某陈述、信念是真还是伪。我们所能获得的、收集来的被我们认为是证据的东西与上述陈述、信念等的真伪之间一般并无必然联系。如一个人有作案的时间，或被某人认定是其作的案，声称自己亲眼看见此人作案，或在作案现场留下了此人的东西等皆与此人是否作案并无必然的联系。因为，此人在这一段时间里完全可以干其他的事（尽管他找不出证人证明这一点），现场留下的东西也完全可以是别人有意放置的，证人也完全可能是在说谎等。这些获得间接证据、凭证的实践活动之所以不能看成是检验上述陈述、信念的真伪的标准，这主要是由于由此获得的间接的证据、凭据与我们对该陈述的意思、意义的意象式的把握，对所述、所信的事件的想象两者之间并无直接的可比性。这些证据、凭证可以是多种多样的，其通常可以分为人证和物证两大类：权威的意见、众人的看法等皆可看成是人证，与某件事涉及的对象相关的许多东西则可看成是物证。尽管这类实践活动不能看成是对"A人曾作案"等信念、陈述的真伪的检验标准，但有一点则是清楚的，即这些间接的证据、凭据的获得或收集通常都要依赖于此类实践活动。或者说，此类实践是获取上述的证据、凭据的基本途径。

上述的实践活动不能成为检验关于"A人曾作案"的信念、陈述的真伪的标准，这并不意味着这些实践活动就不能成为检验其他的信念、陈述的真伪的标准。如果我们的信念或陈述为"'A人曾作案'是被X权威认定的（或被众人一致认定的）"，那么，对这一类信念、陈述的直接检验的标准正是那些在前例中仅仅作为获取或收集间接证据、凭据的基本途径的实践活动。可见，同样的实践活动相对于不同的陈述、信念的真伪的检验而言可以具有不同的性质。相对于 A 陈述、信念而言可以是其真伪的检验标准的实践，相对于 B 信念、陈述而言则只能看成是获取该信念、陈述为真还是为伪的间接的证据的手段和基本途径。如判明众人是否有某种看法的实践活动，既是检验"众人有 S 看法"这一陈述、信念的真伪的标准，又是获取 S 看法是真还是伪的间接证据、凭据（公众的意见）的手段和基本途径。由此可见，实践作为检验信念、认识、陈述的真伪的标准总是具体的，总是相对于特定的信念、陈述而言的，不能抽象地、笼统地说实践是检验信念、认识、陈述的真伪的标准。

就作为检验信念、陈述的真伪的标准的实践活动而言，对不同的信念、陈述的真伪的检验方式也是大不相同的。比如，我们通常认为，逻辑证明不同于也不能代替实践检验。显然，这种说法只是在一定的条件下成立的，即在逻辑证明只是为判定 S 看法是真还是伪提供间接证据、依据的条件下成立（正如前述的"公众的看法"那样）。逻辑证明在特定条件下也可以看成是一种实践检验活动。逻辑证明实则是对一类特殊的信念、陈述的真伪的实践检验。这类特殊的信念、陈述便是关于某陈述、信念是否符合逻辑、特定的逻辑规定的信念、陈述。设前一类信念、陈述为"S"，则后一类陈述等为"'S'是符合逻辑的"或"'S'是不符合（违反）逻辑规定的"等。若某陈述"S"是不符合逻辑的，我们通常可以说它相对于逻辑而言是错误的；反之则是对的、正确的。故上述陈述、信念也可表达为"'S'是错的、错误的（相对于 A 逻辑而言）"或"'S'是对的、正确的（相对于 A 逻辑而言）"。上述类型的信念、陈述显然存在一个真伪的问题。对这类陈述的真伪的实践检验正是逻辑证明本身。要判定"'S'是符合（或不符合）逻辑的"这一陈述、信念的真伪，正是通过也只能通过逻辑证明来实际地检验，而不可能通过其他的实践活动来检验。这种逻辑证明活动正是对这一类信念、陈述的真伪的实践检验活动。显然，通过逻辑证明这一特定的实践活动所能确立的只是"'S'是符合逻辑的（相对于逻辑而言是对的、正确的）"这一类陈述及相反的陈述、信念的真伪，而不是"S"本身的真伪，这是两个不同层次的真伪问题。逻辑证明可以成为检验前一类陈述、信念的真伪的标准，但却不能成为检验"S"的真伪的标准，它至多只能为相信"S"为真或为伪提供某种间接的凭据或理由（就像前面所涉及的"公众的看法"一样），故一般说来不能通过逻辑证明来直接检验"S"的真伪。

我们发现，逻辑证明虽然不能够直接证明"S"是为真的陈述、信念，但是，它却能够排除某些的陈述和信念，当我们通过逻辑证明发现某陈述是一个违反逻辑规定的陈述时，那么其所述的对象的存在便不具有逻辑上的可能性，不具有逻辑上的可能性也就不具有物理上的和技术上的可能性等，因而该陈述是一个为伪的陈述。但是，如果通过逻辑证明发现某陈述是一个符合（不违反）逻辑规定的陈述时，却并不能因此而证明该陈述"S"是一个为真陈述。理论上说，违反特定的逻辑规定的陈述是非常多的，但是，实际上，对于一个有理性的人来说，所给出的绝大多数的陈述都是符合或不违反逻辑规定的陈述，特别是在公众场合和公开发表的文章中往往很少见到这种逻辑错误，但仍旧还是会犯一些逻辑错误。因此，逻辑检验和证明是非常有必要的。对于那些绝大多数的符合或不违反逻辑规定的陈述而言，其究竟是真是伪就不能够通过逻辑来检验和证明了。因为这些陈述"S"通常并不是关于某陈述和信念是否违反逻辑规定的陈述（信念也是一样），因而需要其他的实践活动作为检验其真伪的标准并对其真伪进行检验。由此可见，通过逻辑检验和证明确实能够排除一些为伪的陈述和信念，并能够证明一些关于某陈述和信念是否违反逻辑规定的陈述的是真还是伪，并且可以在上述特定的意义上成为一种特殊的实践活动和实践检验活动，但是其作用范围是非常有限的，既不能任意夸大其在检验陈述、认识和信念中的作用，也不能否定和无视其在检验一些特殊的陈述、认识和信念的真伪中，可以作为其检验标准并对其真伪进行实际的检验的情况。

由上可见，逻辑证明与实践检验在特定的条件下可以是同一回事，它们并不总是两个不同的东西（尽管在大多数情况下两者是不同的东西），故不能笼统地说逻辑证明不同于也不能代替实践检验。

逻辑本身是一套特定的规定体系，与逻辑规定关系最为密切的便是数学规定。数学规定规定了数学概念的含义、规定了其运算的法则等。数学运算的对错是相对于这些特定的数学规定而言的。各种运算都存在一个是否正确的问题，而对是否正确或是否符合数学规定的看法、信念则存在一个真伪的问题。如"'358 乘 564 等于 36582'是正确的、对的（或错的）"这一类陈述、信念显然有一个真伪问题。对这一类陈述、信念的真伪的实践检验正式参照数学规定而进行的实际的运算本身。故数学运算本身也可以在特定的条件下成为一种实践活动及成为一种检验特定的陈述、信念的真伪的实践活动。

对错、正误等总是相对于特定的规定而言的，有多少不同类型的规定就有多少种不同类型的对错、正误。这些规定类型常见的有逻辑规定、数学规定、语言规定、法律规定、道德规定等，而关于"S"是否符合某规定，是否相对于该规定而言是错的（或对的）等陈述、信念皆有真伪的问题，其真伪只能通过将"S"与该规定加以对照、比较进行检验。故有多少种不同类型的规定，就有多少种不同类型的将"S"与其进行比照的实践检验活动。如我们判定、认为"行为 A 是违法的"，那么，对该信念、陈述的真伪的实践检验便是查阅与该行为相关的法律条文等。若我们相信、认为某语言表达式是违反语法的（相对于语法而言是错误的），那么，对其真伪的实践检验便是将其与我们所认定的语法规则加以对照、比较。若有某陈述为"A 句中的 X 字写错了"，那么，对其陈述是否为真的实践检验便是查词典等。

实践检验信念、认识、陈述的真伪的活动是一种与比较、对照相关的活动。比较、对照总是相对于两个以上的对象而言的，两个对象只有通过实践将其连接或联结在一起才能进行比较、对照。实践检验的途径方式与要比较、对照的两个以上的对象所处的位置和距离相关。或者说与其所处的时空相关；要对照、比较的东西存在于何处实践检验活动就延伸到哪里（如果可能的话）。其所处的时空不同，实践检验的途径与方式便不同，从而也就有了不同类型的实践检验活动。

实践检验活动的类型与信念、陈述的类型是相应的，有多少种类型的可用实践检验其真伪的信念、陈述就有多少种与之相应的实践检验类型。显然，有些信念、陈述的真伪是不能直接通过现实的实践活动直接检验的，或者是不能通过现实的实践活动获取充分的证据的。也就是说，有些信念、陈述是不具有与之相应的直接的实践检验方式的，其虽可以有与之相关的实践活动，但这些实践活动也至多只能提供一些间接的、不太可靠的或不充分的证据；这些证据、凭据与上述信念、陈述的真伪之间并无必然的关联，至多只具有某种盖然的关联；而这种盖然的关联有些是很难说有大小之分的，从而很难说某信念、陈述为真的可能性大还是为伪的可能性大；更进一步，即使某信念、陈述为真的可能性大，也不能就说它是为真的，因为它仍旧有可能是为伪的。也就是说，由此类实践提供的证据是不充分的。

虽然有大量信念、陈述是不可能通过实践而获取其为真或为伪的直接的充分证据的，但仍不能排除还有大量有可能通过实践获取其为伪或为真的充分证据的另一类信念、陈述的存在。不可能通过实践获取其为真为伪的充分证据的信念、陈述并不等于通过实践还未获得其为真或为伪的充分的证据的信念、陈述，也不等于还未通过实践获取其为真或为伪的充分证据的信念。后两种情况通常都是以可通过实践获得这种充分的证据为前提，只是一个还未进行实践检验，一个虽已进行但还未最后完成罢了。需要说明的是，直接的证据也并非就是绝对充分可靠的证据。比如，有这样一个信念、陈述："这笔钱数目不够"。设其数目按规定应为1万元，而这些钱皆为1元一张的钱。对上述信念或陈述的真伪的实践检验最常见的便是亲自数一数。但由于其数目太大，在数的过程中很难保证不会出错，故对上述陈述等的真伪往往不能（至少我们相信不能）通过一次实践（数一遍）便能获得关于其是伪还是真的充分可靠的证据，对此我们通常的做法是多数几遍（包括同一人连数几遍，不同的人各数一遍或各数几遍等），但这仍不能保证其证据绝对可靠，万无一失。可见，可靠性总是相对而言的。通过实践（特别是众人的反复实践）获得的证据即使是直接的也并不能保证绝对可靠，但相对于其他的证据而言这种证据则是最为可靠的、直接的，故只能以它为标准；另外，虽然实践也可能出现错误，但有可能通过实践获得这些信念、陈述的真伪的充分证据这一点则是可以肯定的。

由上可见，公众的看法，权威的意见，逻辑、数学、语言等规定在特定的条件下皆可与实践检验发生关联。其中尤以规定涉及的范围最广。由于规定的多样性，故相对于特定的规定而言的言语行为、陈述等也格外地多且复杂。就言语行为而言，可以同时涉及多重规定，如说出一句话，不仅可能同时涉及语法、语义、语用等多种语言规定，还可能涉及逻辑规定、道德规定、法律规定等。因而，由一言语陈述可以滋生出、生发出一系列的与特定的规定等相关的陈述。我们不仅可以问陈述"S"是为真的吗？还可以进一步问，"S"这一表述符合语法、语言规定吗？符合逻辑吗？是否违反纪律、道德、法律？是否为A权威确定为真？是否大家公认其为真？对这些问题的任一回答都将生发出一个与"S"相关的陈述来，而这些陈述都存在一个真伪的问题，且对这些陈述的真伪的实践检验方式也往往与对"S"的真伪的检验方式不同。这一点也表明，实践检验方式是因信念、陈述的内容的不同而异的。

第九章 信仰、宗教与迷信

信仰、宗教与迷信皆是与信念密切相关的，信仰与迷信皆可看成是一些特殊的信念，而宗教就其教义等而言也可看成是一些特殊的信念，宗教的活动则是与一些特殊的信念相关的活动。信仰、宗教与迷信就信念而言又各自有其特殊性，对信念的深入探讨不能不涉及信仰、宗教与迷信的问题，故有必要对这些问题加以讨论。

第一节 信仰与信念

信仰与信念密切相关，但又有所不同。信仰本身包含着信念，但又不同于一般的信念。从某种意义上可以说信仰是一种特殊的信念。或者说，是一种与价值追求和情感追求相关的信念。并非所有的信念都可以视为一种信仰，实际上大多数的信念并不直接涉及价值与情感追求问题；而信仰则不然，我们所信仰的东西，同时也是我们所追求的东西、珍视的东西、渴望的东西，我们的追求总是与价值密切相关的。信仰不仅包括对信仰的对象的存在的信念，还包括对该对象的价值的信念（对其价值的存在、有何价值等的信念），不仅如此，它还预设着对价值的追求。我们所信仰的东西不少是认为应该存在但还未变成现实的，而这种东西通常成为我们追求的目标，这种目标又往往被认为、相信是可以通过人的特定的努力达到或逼近的目标。比如，一个信仰存在主义的人，不仅认为存在主义的基本看法、见解（未必全部）是真的，而且认为、相信其主张是正确的、有价值的，认为、相信存在主义所描绘的社会状况、人生模式是值得追求的、应该追求的，并认为追求的目标是可以达到的等。再如，一个信仰佛教的人，他不仅认为、相信佛教的基本教义是真的、是真理，而且认为、相信佛教所描绘的各种果位是值得追求的、令人向往的，认为、相信可以通过佛教所指出的"道"达到这些果位（追求的目标）的，并进一步认为应该循此道修行，且愿意循此道修行及直接付诸实践等。

显然，一个佛教徒乐意、情愿按佛教所指出的道修行，这本身并不是信念也不是信仰，而是源于信仰的意愿、意志；付诸实践本身更不是什么信仰，但却通常是信仰的结果。信仰可看成是一种带有强烈感情色彩的信念。这种感情、情感等通过语言表达时，通常使用各种褒义词、褒义句。显然，贬义词、贬义句本身并不直接表达我们的信仰，与我们的信仰直接相关的是与这些贬义词、贬义句恰好相反的词句。但这也并不表明，这些贬义词、贬义句便与信仰无关；可以说，它们至少间接表达了我们的某种信仰。如"投敌叛国、卖国求荣是可耻的、可憎的"这种表达至少间接表明我们所褒扬的是与之相反的东西，如爱民族、爱国家等。而"我们应该爱自己的民族、国家"等便是一种对信仰的直接表达。

信仰也存在真伪问题，但这种真伪更多涉及的是"应该是什么"的真伪（当然也涉及"是什么"等问题），这是一种更为复杂的真伪问题。我们的信念大多数是中性的，而信仰则更多涉及的是那些带有褒贬义（主要是褒义）的信念，但并不是所有带有褒义的信念都直接与信仰有关。信仰至多只是带有褒义的信念的一部分，是其中最基本的或最重要的部分，正是这些东西构成了我们通常所说的信仰。这一点也表明，信仰与价值观特别是价值观念的关系密切，但信仰所涉及的至多也只是那些最基本的价值观念。与信仰有直接关联的带有褒义的信念通常是一些可以转化为我们追求的目标的信念，是被认为可以通过并希望通过我们的努力而使其所褒的东西变成现实的信念。

很难找到没有自己的信仰的人（因为信仰与一个人的生活目标、生活方式密不可分），但人们的信仰却可以有很大的差异。我们不应该笼统地赞同或反对信仰，关键要看它究竟是一种怎样的信仰。信仰是人生的支柱，没有信仰的人生是完全消极被动的人生，这种人生是难以想象的。实际上，每个人通常都有自己的信仰，区别主要在于信仰的内容及崇高与否等方面。

"信仰"与"宗教"这两个词语经常被连在一起使用，即"宗教信仰"。可见两者的关系密切，但它们也有明显的不同。信仰有群体的与个人的之分，又可以按含理性成分的多少加以区分。与宗教相关的信仰至多只是信仰的一部分，是一些特殊的信仰。

第二节　宗教是什么

宗教是人类历史上长期存在的一种社会历史现象。关于什么是宗教或宗教是什么的说法很多。在我国现今比较常见的看法是，宗教是自然和社会压迫在人们头脑中的一种虚幻的、颠倒的反映，是由对神灵的信仰和崇拜来支配人的命运的一种社会意识形式。这种对宗教的看法具有一定的合理性，但是也存在不少问题。

要回答宗教是什么、把握宗教的本质，看来，首先应从现实的宗教入手对其构成因素进行深入的剖析，只有在此基础上才能概括出宗教的本质。

宗教通常由以下的方面或因素构成。其一，任何宗教总有其信仰、崇拜的特定的对象及对该对象的特定的信仰、崇拜。其二，宗教通常总有一些基本的教义，这些教义对一些较成熟的宗教而言，往往被记载于其经典、典籍之中。其三，宗教还有一些特定的与信仰、崇拜相关的仪式及活动场所等。其四，宗教特别是一些成熟的宗教还有自己的组织、设施。其五，宗教往往有一些特定的行为规范、清规戒律等。其六，宗教往往还有一些专职人员，特别是有众多的信徒、教徒。一种较成熟的宗教大体上由上述六个方面构成。

如果我们仔细分析上述六个方面，便会发现，上述各方面往往都与其他的社会现象有着密切的联系。对此，我们可以进行较为深入的剖析。

宗教的基本教义往往与哲学有不解之缘；或者说，宗教主要是通过其基本教义与哲学结缘的。我们通常将哲学视为一种系统化、理论化的世界观，这种世界观包括对自然、社会和人生的总体的看法在内。哲学作为一种社会意识形式，与其他的社会意识形式相比较而言有一个明显的区别，这就是其他的各种社会意识大多只是涉及世界的某些特殊的方面。如道德涉及的是人的行为规范，政治法律思想涉及的是与政治、法律相关的观念、思想等，它们都不能说是一种世界观，而只是对世界的某个局部的看法。然而，在这些社会意识中有一种例外，这就是宗教。

宗教就其基本的教义、思想而言，正是某种群体的世界观、人生观的体现。就此而言，宗教与哲学是属于同一层面的，而其他的社会意识则是一些下位层面的意识，没有上升到也不可能上升到世界观这一高度。这一点表明，宗教与哲学的关系比其他的社会意识与哲学的关系更为紧密。宗教与哲学的密切关系也体现在两者的历史沿革上。哲学作为系统化、理论化的世界观，被公认产生于公元前5—6世纪。也就是说，在此之前并无真正意义上的哲学。而我们知道，宗教的产生远早于哲学，且它的基本教义、思想则是一个群体的世界观、人生观的体现。也就是说，世界观（包括人生观等）早在哲学产生之前便已经存在了，而且也有一定程度的系统化、理论化。就此而言，哲学虽不能说是直接脱胎于宗教，但哲学问题则是大多脱胎于宗教中所关涉的基本问题的。或者说是宗教中基本问题的沿革。如世界的本源是什么？世界是如何产生的、演变的？何时产生的？这个世界是由什么东西左右的？是否有一个控制者？人是什么？人生的意义何在？人从何处来又往何处去？这个世界究竟是有限的还是无限的？一切都是早已注定的还是偶然的？这个世界是否有最终的原因和归宿？等等。这些哲学问题实则早已在哲学产生之前便可以在各种宗教中找到对其回答。实际上，哲学与宗教所关注的基本的问题并无多大差异，它们的真正区别主要在于如何对这些问题做出回答，依据什么对这些问题做出回答上。由上述剖析我们不难看出宗教与哲学之间的姻缘。

宗教不仅与哲学有姻缘关系，它与艺术之间也有难解的纠葛。作为构成宗教的另一侧面的宗教仪式和活动场所等与艺术之间的关系也非同一般。艺术如果追溯其源的话，不难发现，除了其源可归于生产劳动之外，艺术至少还有一大源头可以追溯到宗教。早期的舞蹈、音乐、诗歌等往往是作为宗教仪式的一部分而出现的；宗教活动场所，如教堂、祭坛等往往是一些其当时艺术成就最高的建筑艺术作品；而雕塑、绘画等也有相当大的一部分是出于宗教的目的。宗教的仪式、活动场所、器物等中不仅生发出各种艺术的幼芽，而且长期成为各种艺术成长和发展所依赖的养分。只要我们巡视一下艺术发展的历程，便不难看出，有相当多的历代有影响的艺术作品皆取材于宗教、依托于宗教或服务于宗教的目的。

宗教与道德之间则存在一种结盟关系。宗教总有一些特定的行为规范、清规戒律，而这又与道德之间难以划清界限。道德作为调节人与人、人与社会之间的关系的特定的行为规范与宗教的教规戒律之间往往构成交叉关系。某一时代的、某一地区的、某宗教的许多教规戒律往往同时也是此时此域的道德规范。或者说，某些道德规范同时也是一些宗教规范。一般说来，道德所涉及的有效范围要比宗教广阔，某一民族、地区的道德规范往往涉及该民族、地域的几乎所有的人，而宗教的教规则主要是对教徒、信徒而言的。一个民族或地域的人并非都是某一宗教的教徒、信徒，且某国度、地域并非只能有一种宗教。宗教群体有大有小，一般说来，在一个国度或地域里其教徒只占总人口极少数宗教的教规戒律通常不能成为该国度、地域的居民所普遍认可、接受的道德规范；除非它以后者为其规范，包括后者中的某些项目在内，或与后者基本保持一致。只有那些其教徒占该地域人口大多数的宗教的教规才有可能成为该民族、地域、国度的道德规范。显然，有些大的宗教可以跨越许多国度、民族，如佛教、基督教、伊斯兰教等，这些宗教的某些教规可以成为具有相当程度的普遍性、广泛性的道德规范。确切地说，要成为一种道德规范，主要不在于某宗教传布的地域的大小或总信徒的多少，而在于在一特定的地域中信徒占总人口的比例。即使某宗教可以在全世界流布，但各地区的信徒却很少，与该地区的其他人相比在人数上只占很少的一部分，其教规戒律便无法成为该域内的道德规范。在各种宗教中，那些世界性的宗教，如伊斯兰教等相比较而言较为特殊，其不仅在众多的国度中流布，而且在众多的国度中具有占其人口绝大多数的教徒，故其教规戒律在这些国度里往往与道德规范合而为一，不仅如此，甚至还与其国家的制度法规难分彼此。

宗教与政治和法律制度、组织设施也有密切的关系。宗教有其特定的组织设施，这些组织设施是宗教活动的条件和保障，特别是保证其教规戒律制度等得以实施的条件。就此而言，这种组织设施与政治法律组织设施有类似之处。实际上，一种宗教的组织、设施等要保证宗教活动的顺利进行，必须具有与政治法律组织设施类似的职能，带有一定的强制性（这种强制性是对教规而言的）。更确切地说，教规戒律可分为两类：一类是具有强制性的，一类是靠舆论或自律等来维持的。这里涉及一个犯规后如何处罚及如何防止、减少犯规行为的问题。一般说来，越是重要的规范就越具有强制性。或者说，人们越是不能容忍被违反的规定、规范、戒律就越具有强制性。这种强制性措施本身如果与当地的政策法律相抵触，那么就难以真正实行，故也难以保证宗教活动的顺利进行。于是，一种宗教组织如果具有违反后将得到非常严厉处罚的教规，且要在有人违反后便兑现这种处罚，该宗教组织便要么成为一种黑社会组织，要么与政治法律组织联合，从而形成一种政教合一的组织体制。许多大的宗教组织、机构设施往往与国家政治组织、政府是合一的或者是联姻的，是难分彼此或互相利用的。

宗教，特别是一些比较成熟的、较大的宗教都有一些专职人员，他们专门从事宗教活动，以宗教活动为职业。而宗教的教徒、信徒则不然，绝大多数教徒、信徒都有自己的特定的职业，有自己的本职工作。教徒、信徒们不仅是从事宗教活动的活动者，更主要的是从事其他的一些活动的活动者，如做工的工人、种田的农民以及军人、学生、家庭主妇等；信徒、教徒只是他们所扮演或充当的一种角色，且不是最重要的、基本的、主要的角色。职业角色对这些人而言更为重要，这也许是人的最重要的一种社会角色了。对大多数信徒、宗教活动者而言，其职业角色并非宗教活动者、信徒这一角色（专职人员除外）。就此而言，作为宗教活动者的人也很难与作为其他活动的活动者的人严格地区分开来，我们只能在理论上、思想中加以区分，但实际上却是同一个人。

由上可见，构成宗教的上述各个方面都或多或少地与其他某些社会现象有联系、关联，从而很难从这些方面看出宗教的特色来，并将宗教与其他的东西区分开来。如我们难将宗教的基本教义与哲学划清界限，而宗教的仪式、场所、器具等又与艺术融为一体，宗教的教规戒律与道德规范绞在一起，宗教的制度、组织设施又往往与政治法律制度设施、组织合而为一，宗教的活动者、信徒同时又是其他活动的活动者，甚至更主要的是其他活动的活动者。这些方面都无法体现出宗教及宗教活动的特色来。对上述各个方面分别加以剖析，我们发现，只有上述构成宗教的方面中的第一项是很难找到与之密切相关、难分彼此的其他东西的，这便是信仰、崇拜及信仰崇拜的对象和方式。

然而，能否说宗教的本质就是信仰崇拜？看来还不能。信仰并不等于宗教，某人有了某种信仰并不意味着也就有了一种宗教。信仰与宗教的一个重要的区别在于，信仰完全可以是个人的事，而且一个人还可以有许多不同方面的信仰。宗教则不然，宗教不是个人的事，宗教总有一定数量的信徒，没有教徒、信徒的宗教是不存在的，而这些教徒和信徒并非一盘散沙，他们通常是有组织的。宗教也不是只有一个信仰，它是许多信仰（可以有一个最基本的信仰）构成的有内在联系的整体。结合上述情况，我们可以说，宗教就其本质而言是一种群体的信仰。或者说，宗教的最显著的、突出的、本质的特征是群体的有组织的信仰崇拜；显然，这也是宗教与其他社会意识相比较而言的最显著的区别。宗教的其他方面都是围绕着群体的信仰崇拜的对象及对该对象的有组织的信仰崇拜而展开的，是由此而引申出、生发出的辅助性的东西。显然，这种信仰崇拜本身还包含一种情感体验在内，这种特定的宗教情感体验也是宗教不可缺少的东西。信仰与宗教都与信念密不可分，它们都包含信念在内，涉及的是一些特殊的信念。信仰是带有情感价值色彩的信念，而宗教就其本质特征而言是一种群体的有组织的信仰。或者说，是一种群体的特殊的信念。

说到本质，有一点需要说明，即本质通常可分为要素式和系统式的两类。如果就系统式的本质而言，那么，宗教可以说是由上述的六个方面按特定的方式（如以群体的信仰为核心等）构成的整体、系统。如果从系统的角度考察宗教，那么，宗教就不仅是一种社会意识形式，它还是一种特殊的活动，一种有着特定的组织、设施和特定的活动方式、活动场所、活动内容的文化活动和社会现象。但就其最显著的、突出的本质特征（要素式的本质）而言，则是一种群体的信仰和崇拜，故我们可以以此（要素式的本质）为标准来区分宗教与其他的社会意识形式、精神现象，并以信仰的对象、内容、方式等的不同来区分各种不同的宗教。

第三节　宗教的各种历史形态

宗教不仅存在与其他的社会现象的区别问题，还存在有内部的差异，从而形成各种不同的宗教，并在时间上呈现为种种不同的历史形态。作为我们区分各种不同的宗教形态的群体的信仰崇拜既然是一种信仰、崇拜，便总有特定的信仰崇拜的对象及特定的信仰崇拜方式。我们可以根据信仰崇拜的对象和方式的不同对各种宗教进行初步的，也是最基本的划分。各种不同的宗教的最主要的区别就在于其信奉的对象及信奉的方式的不同（特别是信奉的对象的不同）。不少人认为，宗教信奉的对象是超自然的神，这种说法其实很不恰当。宗教并不局限于对神的信仰、崇拜。严格地说，宗教并不要求其信奉的对象应如何，应是怎样的对象，它所要求的只是要有一个信奉的对象，而不管该对象究竟是什么东西。无论它是什么东西，只要成为某一群体信奉的对象，便有了与之相应的特定的宗教。不同的宗教往往有不同的信奉对象及信奉方式，这也正是我们划分不同宗教的基本依据。

追溯人类历史的足迹，不难发现，早期的宗教大多是一种对特定的实物的群体的信仰、崇拜，信仰、崇拜的对象大多是一些与人们的日常生活息息相关的东西。在原始社会时期，人们过着采集渔猎的生活，那时的人所信仰崇拜的主要是对采集渔猎生活有较大影响的自然界的事物，如对日、月、水、火及对生命力、生殖等的信仰崇拜，此外还有对比当时的人在某些方面更强大优越的动物等的信仰崇拜，如凶猛的虎豹、力大非人所能及的熊、象，在天空中任意翱翔的鹰鸠等都可以成为人们信仰崇拜的对象。也可以说，是一种原始的拜物教。有些崇拜信仰的对象并非人们时时都可以见到的，于是这些东西往往被人们做成了偶像，成为这些东西的替代品，于是便有了偶像崇拜。人们对这些实物或偶像的信仰崇拜总是有功利性的，人们实则是想通过这种信仰、崇拜而从信奉对象那里获取某种好处。或者说，希望求得这些东西的保护和帮助，希望其能赐福于我们，至少不降祸于我们。然而，我们很难想象某种与我们并无亲近的关系的东西会这样做。于是，便存在一个与这些东西拉关系的问题。在各种关系中看来最亲近的关系莫过于血缘关系、亲缘关系了。于是，人们便纷纷与这些信奉的对象攀亲，这样便有了后来的图腾崇拜。作为图腾的通常是原始人认为、相信与本氏族、部落等有着亲缘关系的某种动物或自然物，且主要是某种动物。这是由于我们比较难以相信石头、树木等与我们有亲缘关系，是我们的祖先，即使我们相信这一点，也难以相信其与我们有非常近的亲缘关系；而关系太远，也就无现实意义了。这种图腾往往成为一个氏族的标志。图腾崇拜可以看成是一种早期的泛化的祖先崇拜、祖宗崇拜，这种祖宗崇拜由早期的对某动物、自然物的崇拜逐渐演化为对人的真正的祖宗即某些先人的信仰崇拜。"宗教"一词的原义即与这种对祖宗的信仰崇拜相关。

信仰之所以是信仰，是由于其既有"信"的成分，也有"仰"的成分。"仰"者，敬奉、尊崇、仰仗也。这说明被信仰的东西通常都是高高在上的。也就是说，只有那些比我们强大优越的，至少在某些方面高于我们的东西才有可能成为我们信仰的对象。由于人类社会的初期，比人在某些方面强大、有力、优越的东西很多，且与人的日常劳作生活息息相关，故有许多东西可以成为我们信仰的对象。但随着人类社会的发展、人们征服自然的能力的提高、人的力量不断地壮大，过去的一些比我们强大优越的东西便渐渐地失去了其优越性，也不再比人强大，于是人们对其信仰便产生了动摇。就像一个小孩子看大人时，会对大人的力量、知识技能等产生敬仰之情，而一旦这些孩子长大之后便会发现，原来他所信崇的那些大人们并不值得信崇，他们并不比自己强，甚至还不如自己，这样的对象如何能够再继续信仰下去呢？于是，在人类走出童年之际，在信仰的对象上也随之发生了改变。此时，人们通常采取两种改变方式：一是抛弃原先信仰的对象而改信更强大优越的对象；二是给原先所信仰的对象加上其本没有也实际上不可能有的一些优越的、令人惊异的性能。相比较而言，后一种情况要更为普遍，人们大多宁可赋予其原先信仰的对象一些新的功能，也不愿意轻易抛弃原先信仰的东西，而这些性能又大多是这些东西本身实际上无法具有的。可见，这实则是将信仰的对象神化了，这样便产生了一种造神的活动。人本身的力量的壮大和优越性能的大幅度提高，是这种造神运动的一种内在的动因。

人不可能崇拜信仰不如他的东西，随着人的力量的不断壮大、优越性能的不断提高，其所信仰的对象便被赋予了越来越大的神通，于是便产生了神教。可见，对神的信仰崇拜并不是宗教的本质特征，它只是宗教发展到一定阶段的产物，故不能用是否信仰神灵来作为判定是否为宗教的标准尺度。人类早期的宗教大多是一些不同类型的拜物教，而神教大多形成于人类由蒙昧时代向文明时代过渡的时期，这种宗教经奴隶社会晚期到封建社会并一直延续至近现代。这些宗教中影响最大的当属世界三大教，即基督教、伊斯兰教和佛教（佛教起初并不能算是一种神教）。就中国而言，最有影响的古代宗教是儒、道、释。

许多人认为，在我国历史上只有儒家、儒学而无儒教，这种看法是不妥的。根据我们对宗教的本质的界定，可以看出，确实存在有一种与儒家、儒学相应的儒教。儒教所信仰崇拜的对象是圣人，它实则是一种特殊的图腾崇拜，是早期的对祖先的崇拜的延续；这种儒教除有特定的信仰崇拜的对象之外还有大量的祭祀祖先的场所（祠堂）、仪式和作为清规戒律的祖训等。由于儒教在中国长期占统治地位，它本身又是远古的对祖先、祖宗、图腾的信仰崇拜的延革，从而使中国在向文明时代的转化中并未产生像西方那样的有影响的神教，而是将远古的图腾崇拜的对象集中在某些人身上，排除了其他的动物等与人的血缘关系。可以说，早期的图腾是一种泛化的图腾，而改造后的图腾则是一种狭义的图腾，主要是对祖先和祖宗以及某些历史上的杰出人物而言的。它实则是一种"人教"。这也许是中国的宗教与世界其他地方的宗教的一个最显著的不同。

说到宗教，大多数人便会联想到世界三大教或中国的三教，似乎非此便不是宗教。谈及近现代的宗教问题，绝大多数人便会谈论现今仍旧存在的那些由古代延续至今的宗教及一些被认为是异端的所谓邪教。似乎近现代再无产生过什么有影响的宗教了。实际上，根据宗教的本质特征，我们可以发现，近现代实际上产生了并流行着大量的不同于奴隶、封建时期的新的宗教或准宗教。近现代的宗教或准宗教大体上沿着三条道路发展。我们知道，西方的近代史肇始于文艺复兴，这三条道路恰好附着于文艺复兴所带来的三个主要成果，即科学的进步、经济的发展和对人的世界的关注之上，呈现为依此而先后产生的人们的一些相关的信仰崇拜。

科学的进步大大地拓展了人们的视野，使人们对自然界有了更为深入和广泛的了解。我们所面对的世界一下子变得比原先广阔得多、复杂得多了，于是便有了对整个自然界的信仰和崇拜（如果说有神的话，那么这个神便是自然，而不是某种人格化的上帝）。这可以看成是一种近代的宗教或者准宗教，虽然它与古代的宗教有所不同，如没有严格的宗教组织、设施、仪式，减少了盲目性，但作为一种群体的信仰崇拜，它仍旧具有宗教的本质特征。与之类似的还有其他的一些群体的信仰崇拜，如由于科学的飞速发展，人们对科学所创造的奇迹大为震惊，从而形成了对科学的信仰和崇拜。"科学是万能的、至善的"这已经成了许多近现代人的基本信念。这里的"万能的至善的科学"与过去的"万能的至善的上帝"虽有区别，但也有惊人的类似之处。对"万能的科学"的信仰和崇拜难道不是一种新的宗教或准宗教吗？我们总认为，科学与信仰是敌人，然而科学本身却又造就了另一种信仰，这难道不具有讽刺意味吗？

在近现代到处都弥漫着这种关于科学的神话。面对处于科学革命时代的今天的人类所面临的种种困境和困惑，我们还能对科学盲目地信仰和崇拜吗？在许多并不是真正懂科学的人的心目中科学不仅等同于真，而且等同于善和美乃至于圣。显然，科学并不意味着善和美，对科学的利用可以行善也可以作恶。科学虽给人类带来了以前难以想象的众多的好处，但也第一次赋予了人类瞬间自己毁灭自己和良好的自然环境的能力，使整个世界笼罩上了一层核大战的阴影。而将科学等同于真，也是对科学的一种盲目的信仰崇拜。科学不过是依赖于经验和理性对对象进行分科别类的研究的学问和活动，并不等于真。许多被称为科学的东西事后却发现是错误的、伪的，这是常有的事。科学并不能保证真，它只是在不断地开辟着通向真的道路。

　　经济的飞速发展是文艺复兴带来的又一积极的成果。文艺复兴虽然确实在许多方面复兴了古希腊的文明，但它实质上更主要是一种新的文明的振兴，这就是工业文明。正是工业文明导致了经济的飞速发展，而工业文明又是同资本主义的产生、发展同步的，它首先采取了资本主义的形式。这种与资本主义结合的工业文明的发展，给社会带来了强烈的冲击，使人的物质欲望恶性膨胀，并使人们产生了新的信仰和崇拜。如对人造物、生产的成果（主要是劳动产品和商品）的信仰崇拜，特别是对充当一般等价物的特殊商品——货币或金钱的信仰崇拜。它们实则是古代拜物教的一些新变种，即商品拜物教和金钱拜物教。相信金钱万能，有钱能使鬼推磨，金钱至上的大有人在，他们实则是金钱拜物教的信徒，这些狂热的金钱拜物教的信徒们与其他宗教信徒们又有多少本质的区别呢？相比较而言，其他的许多宗教的信仰或许要比金钱拜物教的信徒们的信仰还要高尚些。人们的信仰如果说过去还带有一些神圣光环的话，那么，现今的这种金钱拜物教则是一种地地道道的世俗的、充满铜臭的宗教或准宗教。在这种宗教或准宗教的信徒中的某些狂热分子为了金钱甚至可以不要命、不要良心、不要爱情、不要父母和国家民族，足见其对"信仰"的"执着"和"虔诚"。当然，这些宗教与古已有之的宗教还是有所不同的，它们不像过去的某些宗教那样有严密的组织，那种严密的组织在此换成了一种较为松散的联盟。这些信徒也有自己的活动场所、活动仪式等，他们与佛教徒、基督教徒等一样也有强烈的宗教情结。这种对金钱等群体的信仰崇拜体现了宗教的本质的特征，虽在一些相对次要的方面与以往的宗教有些区别，但就其本质而言，说它是一种近现代的宗教或准宗教并没有什么不恰当之处。如果承认这一点，那么，那些无神论并不意味着就没有自己的宗教，很可能他们信奉的只是与神教有所不同的其他宗教罢了。如果我们把上述群体的信仰崇拜也看成是一种宗教（至少可以看成是一种准宗教），那么，宗教就并不像许多不信基督、安拉、佛等的现代人所想的那样离我们很远，而是离我们很近。我们现代社会的许多人并不是疏远了宗教，而是疏远了那些流传已久的宗教，但却成了另一些更具近现代色彩的宗教或准宗教的信徒。

文艺复兴的第三个主要成果是把目光从神的世界转投向人的世界。人们开始更多地关注人本身、关注人生。文艺复兴时期的许多大师们都被称为人文主义者、人道主义者，他们力图用"人道"来取代"神道"，反对禁欲主义，认为人的世俗的欲求愿望是合理的，应该得到满足的。他们信仰崇尚的是一种与神相反的世俗的人和世俗的生活；世俗的人成了这一群体的信奉的对象。根据宗教的本质特征，这也可以看成是一些宗教或准宗教，这些宗教或准宗教有许多不同的种类，但有一点是共同的，即他们不再信奉神，而是信奉人。这一类宗教我们可以将其称为"人教"而与"神教"相区别。人教中除了有上述的世俗宗教派别外，还有后期的对超人、英雄的崇拜信仰、对民众的信仰崇拜，以及发展到极端的存在主义式的对自己的信仰崇拜。严格地说，最后一种说是宗教显得有些牵强，这是由于虽然可以有许多人信仰崇拜自己，但这个"自己"对不同的人而言完全是一些不同的对象。也就是说，这些人实际上并没有一个共同的信仰崇拜的对象，张三信仰的是张三，李四信仰的是李四，王五则信仰的是王五。宗教就其本质而言是一种对特定的对象群体的信仰，故与其说这是一种宗教或准宗教不如说这是一种个人的信仰更为恰当些。

显然，儒教也是一种"人教"，但它却不同于西方的那些"人教"，这种"人教"可以有一个更为恰当的称谓，即"仁教"。儒教崇拜的是祖先，但更主要是祖先中的"圣人"，这种圣人也可以说是一种超人，但却是远不同于西方世界中所说的那种超人的另一种"超人"。尽管如此，我们至少可以将儒教归为人教中的英雄、超人崇拜一类。或者说，儒教是一种信奉特定意义上的超人（圣贤）的宗教。

由上可见，宗教、信仰与信念有着密切的联系，但又各自有其特点。

一般说来，信仰、宗教中都包含着信念（但又不等同于一般的信念），而既然包含信念在内，就不能不存在一个真伪的问题。古代的宗教的各种信念大多是建立在神话传说的基础上的，而不是建立在经验、实验的基础上的，因而，这些信念的可靠性、真理性是很值得怀疑的。实际上，正是由于越来越多的人对这些信念形成的依据的可靠性产生了怀疑甚至否定，故才没有成为这些宗教的信徒。现代人更相信的是经验和理性而不是神话传说。然而，经验也是有其局限性的，实际上我们根本不能由具体的经验证明一个普遍的信念是真的。这一点休谟早已做过深入的考察，波普等又对此做了更进一步的探究。我们无法由千百年来太阳每天都从东方出来的经验必然地推出太阳明天还会从东方出来；我们也无法由我们所看到的、经验到的天鹅皆是白的必然地推出"所有天鹅都是白的"并证明这一陈述是为真的。既然如此，那些建立在经验的基础上的或者说依据于大量的经验所建立起来的对事物的普遍性状、普遍规律等的信念又如何能保证一定是为真的呢？当然，我们可以认为，相信它是真的；但含有这样的信念的信仰、宗教（主要指近代宗教）其可靠性、真性一样也是值得怀疑的。就此而言，古代的信仰宗教与近代的信仰宗教两者之间只是存在程度上的差异和依据上的不同。由于我们不能由经验中必然地获得关于事物的普遍性、普遍规律等的为真的陈述、为真的信念，但我们又常常信以为真，故这类"信"从另一个角度来看或多或少都带有一定的迷信的成分、带有一定的非理性的成分。

第四节　迷信

"迷信"与"宗教"这两个词经常被人们连在一起使用，这一点表明，迷信与宗教的关系密切，但是，两者也有不小的差异。迷信首先是一种信念，广义的迷信与我们所说的一般的信念的不同之处主要在于其产生的依据上。我们通常认为，毫无根据或依据不可靠的、本身就很值得怀疑的资料便相信某陈述是真的并相信与之对应的东西是客观存在的等便是一种迷信。或者说，迷信是一种在毫无根据或缺乏根据或缺乏可靠依据的情况下建立起来的信念；这种信念的真是很值得怀疑的。确切地说，迷信既指一种心理倾向，又指一种特定的心理事态、状态。一个迷信的人是一个具有下述心理倾向的人，这种人往往会毫无根据地相信某种事情且笃信不移。迷信还既指一种建立信念的方式又指由一种特定的方式建立起来的信念。迷信不同于轻信，轻信者虽然会轻而易举地形成某种信念，但他也可能会很快地、轻易地改变这种信念。轻信者虽可以毫无根据或依据某一不可靠的资料、方法而轻易地建立某种信念，但是，他却通常会认为可以通过对他来说是更可靠的资料、方法等来验证该信念。比如，某人听某传言说他中了大奖，他相信了此话，兴高采烈，手舞足蹈，但后来看了公布的中奖号后才发现并非如此。此人可以说是轻信了传言，但却很难说他是迷信。"迷信"与轻信的区别不仅体现在其"迷"字上，迷信的人往往是把一些大家认为不可靠的依据当成可靠的依据的人。比如，视传说比经验还要可靠，视一些无来由的设想比具有经验基础、实验基础的科学理论更可靠等。

　　迷信通常发生在经验难以把握的方面、经验难以触及的领域，特别是无法多次重复的经验及公验的领域。比如，根据某人的手相预言某人将来会做大官或将来有三个儿子，根据某人的星相预言某人三日之内无财运或有大灾等。如果该人相信了这些预言，我们便会说这是一种迷信。可见，迷信并不仅是在没有可靠的依据的前提下而相信，它还将不可靠的依据视为可靠的，将我们通常认为无必然关联的东西视为必然的等。迷信更多涉及的是两个事件之间的关联，这两个事件本身往往都是易于理解的，甚至是显而易见的，但两者的关联、联系则是难以理解的，缺乏证据，甚至是毫无根据的。迷信往往被看成是一种盲目的信崇，但它与信仰宗教还是有不小区别的，比如，从情感、价值上看，其最主要的区别在于，信仰、宗教通常带有一种敬仰之情，而一般迷信则很少有这类情感，如果有的话，也更多的是一些畏惧之情，或者说是带有负面价值的情感。

　　被我们通常认为的迷信有许多常见的类型，如看手相或面相、看风水、算卦占卜、避讳、占星术等。迷信通常都带有一种神秘的色彩，通常都相信一些神秘的东西或神秘的关联等的存在。凡是有神秘的地方大都有迷信存在，比如特异功能、穿越时空隧道等。可见，迷信并不局限于我们通常所说的那些方面。迷信通常是用一些神秘的力量、因素来解释各种现象，并相信这种解释是正确的。就此而言，盲目的信仰崇拜、宗教等也带有迷信的色彩，但不能将迷信归结为前者。迷信所涉及的范围要比信仰崇拜、宗教等的范围宽广得多。由于迷信主要是对一些神秘的东西、关系的信，而这些东西特别是关系、力量中不少是带有相当的普遍性的，甚至可以用它来解释任何问题；结果经过这种解释之后，再平常普通的事情都可以带上神秘的色彩。由于所有的迷信都存在一个"信"的问题，故可以说迷信不过是一种特殊的信念。

迷信并不是只在我们无法用其他的方式进行解释的地方出现，它对许多可以用科学等来解释的现象仍旧有自己独特的解释。由于神秘的东西本身就是缺乏根据的，即使有根据也往往是很不可靠的，故相信一些未加证实或难以证实甚至是无法证实的神秘因素、力量、关系的存在，并用其来解释与之相关的其他现象且执着地相信这种解释，这才是迷信的最本质的特征。

被认为是迷信的信念未必都是假的，它更多的是一些说不清真假、不知如何证明或很难证明其真假的信念。迷信也未必就无可信之处，神秘的东西、关联未必就是不存在的东西、关联。许多原先我们感到很神秘的东西，现在看来不仅是存在的，而且不再感到神秘了。神秘的东西一旦"揭开其神秘的面纱"，便可以转化为不再神秘的东西。比如，电磁力对古代人类来说显然是非常神秘的，对我们现代人来说则不再是神秘的了，或者更确切地说是习以为常了。电磁作用可以在我们肉眼看不到一个物体与另一个物体直接接触的情况下对另一物体起作用，我们如果在发现电磁作用以前用一种力来解释这种现象，并相信两者之间存在这样一种神秘的作用力，这在当时看来，显然是一种迷信。可见，我们并无充分的理由排斥一切被视为迷信的东西的存在。

迷信与直觉也有密切的关联。我们很难在迷信与直觉之间划出一条截然分明的界限来。直觉是未经充分考虑、未经充分论证和逻辑推理而获得的一种信念。当然，直觉通常是以已获得的知识和积累的经验为基础的，但迷信未必就一点也不依赖于曾获得的知识和积累的经验。直觉与迷信两者间主要是一种程度上的差异。当然，两者还有其他的差异，如直觉不仅是一种信念，还是一种能力，而迷信则很难说是一种能力，但却可以说是一种心理倾向。

迷信、直觉还与自信、自负的程度有密切的关系。迷信通常在两种情况下最易产生：一种情况是过分自信、自负、不相信别人甚至不相信已被公认的看法、理论等，而自以为是地对某些现象给出自己的虽无多少根据但却自认为正确、真的解释判定；另一种情况是过分地不自信，相信别人却不相信自己。一般说来，后一种人更容易产生迷信。一种迷信往往有众多的迷信者，而过分相信自己的人通常不会加入这一行列。可以将上述两种迷信分别称为个人迷信和社会迷信，我们通常所说的迷信主要是指后一种。也就是说，迷信多是与那些不自信的、无知的、人云亦云、毫无主见、易受暗示的人们有关。

第五节 对几种常见的"迷信"的剖析

迷信并非毫无可取之处，有许多被我们称为迷信的东西其实并非毫无可信之处。要说明这一点，有必要对几种有代表性的被我们通常认为是迷信的东西加以剖析。这些有代表性的被认为是迷信的东西包括看相、看风水、占星术、算卦占卜等。

一 与手相、面相相关的信念及迷信

看相主要包括看手相、面相等，它们通常被视为一种迷信活动。实际上，根据各种不同的人相而相信另一些事情并非都是迷信，即使是迷信也未必就是错的、伪的。就看手相而言，对于看手相而生的信念要区别对待，不能一概而论。比如，看手相而断定了一个人的前程、婚姻，推断吉凶祸福，其可信度是很值得怀疑的。我们很难找出两者之间有什么特定的关联，但通过一个人的手相判定其人的某些身体、生理状况似乎并不算太荒谬。一个人的手相与他的身体、生理状况甚至气质性格、生活阅历等之间存在一定程度的关联，这一点我们是很难否认的；问题在于，我们如何能知道它们究竟是怎样具体地关联着呢？相书上所说的那种关联是否真的如此呢？我们虽很难否认手相与人的上述那些方面有一定的关联，但却怀疑那些具体的说法的可靠性。如手上的某一条纹的特定的走向、形态、长短、深浅等是否就与其人的寿命的长短、吉凶祸福等相对应呢？这是非常值得怀疑的。我们可以进一步设想，如果一个人的手相确与其身体、生理状况甚至气质性格有关，那么，具有这些特定的状况的人的前程也会在一定程度上受到上述状况的影响，从而导致上述状况不同的人其前程也会有所不同。如果是这样的话，那么说一个人的手相不仅关乎其身体状况还在一定程度上间接地关乎其前程人生也

是未尝不可的，但落实到两者具体的对应上其可靠性将大打折扣。

也许有人会说，手相学的各种说法是前人经验的总结，显然，我们也不能排除这种情况，但是并不能因此就认为这些说法是为真的。很明显，对于手相与身体状况、性格气质等的关联的机制我们还不清楚，这种关联方式对我们来说具有神秘的色彩，这也正是我们将此类信念视为迷信的原因。但是，我们并不能因此就否定有这种关联的可能性。例如，我们在搞清大脑定位的情况之前，在知道身体中的某个穴位（某个点）与离它很远的身体的另一部位之间的关联之前，会认为关于此类的关联的说法是迷信，但这并不能说明它们就一定不可信。至今仍有大多数西方人士认为相信中国的中医、经络、针灸等学说是一种迷信，但这并不妨碍我们用中医、针灸治病。那么，究竟相信经络、针灸是一种迷信，还是不相信它们是愚昧无知？

相比较而言，说面相与人的各种状况有关联看来比说手相要更为可信些。这是由于，手相与人的其他事态、状况的关联的机制似乎更抽象、更为神秘些。严格地说，手相应属于面相的一部分。面相包括人体外显的各个部位及其姿态、动作、表情等。通过面相获取的关于某人的其他方面的状况情态等的信念有不少也被称为迷信。实际上，有更多的人相信某些面相与人的命运、社会经历、性格情感等有着密切的关联，我们很难说这些都是迷信。尽管我们对这些关联机制还不太清楚，这些关联还带有神秘的色彩，但有些关联则是显而易见的。一般说来，比较固定的、遗传因素占主导地位的那些面相如耳朵、眼睛的大小，脸眉的形状，个子的高低、胖瘦等与人的面相之外的其他事态如心理事态、思想状况、社会经历、地位等的关联程度是很低的，依此来判定某人的上述方面的状况带有更多的迷信色彩。但是，后天的阅历、心理状况等往往会通过某种方式反映到一个人的面相上。如果我们能够抓住这一部分面相与人的阅历等的对应关系，便可以通过面相的这一部分对某人的其他状况，特别是一些基本的状况做出较为正确的或大体正确的判断。由此而产生的信念很难说是一种迷信。这些更多地依赖于后天阅历等的面相或与心理事态相关的面相主要有表情、姿态、习惯动作、气度等。通过它们来判定一个人的其他方面这对世人来说是一种常见的方式，甚至是我们对一个陌生人最常见的判定方式。许多人在识人方面有着丰富的经验，对一个陌生人大致地视察一番，便能对其基本的状况，如社会阅历的深浅、社会地位的高低、性格如何、修养如何，甚至未来发展的基本状况等做出基本正确的、八九不离十的判定。由此而产生的信念显然不能说是迷信。如果说，这也是迷信的话，那么，什么又不是迷信呢？

人的面相蕴含着大量的其他信息，我们完全可以肯定这一点；但就像遗传物质 DNA 并非其双螺旋结构的分子链上的任一片段都蕴含特定的遗传信息（基因只是其中的有效片断）一样，并非所有的不同的面相或面相的不同部分都蕴含着其他的信息。另外，也不是所有的与该人相关的信息都可以通过面相反映出来。通过观察面相而形成的关于某人的其他方面的状况的信念大多数不能列入迷信之列。显然，通过面相识人对不同的判定者而言其正误程度差别是很大的，有些人很会看人（更确切地说是相人），有些人则水平很差，这与一个人在这方面的经验阅历等有关。这里存在一个会看还是不会看的问题。相人如相马，但要比相马复杂得多，这与人的复杂性及人可以有意识地伪装其某些方面的面相等有关。古时的伯乐、九方皋皆是相马能手，而世间也有一些相人高手、能手。相马能手已不多见，何况相人呢？俗话说，人不可貌相，但这并不表明以貌无法正确地把握一个人，而只是说，通过人之貌（面相）很难正确地把握一个人的其他方面的情况。这里存在几种不同的情况：首先，一个人的大多数其他方面的情况并未通过貌、面相反映出来；其次，即使那些确实有可能通过貌、面相反映出来的其他情况要通过貌来把握它也是很不容易的，经常会出错；最后，更重要的是人往往都会演戏、掩饰，有意识地制造假象，这更增加了相人的难度。一般说来，那些潜意识、无意识地流露出来的东西更为可信，这便需要提高我们辨别哪些是有意识表演、哪些是内心状况的直接流露的能力。由于在相人上有上述的复杂性、困难，故俗话又说，知人知面不知心。通过面相判定那些实则并不能通过该面相反映出来的其他状况可以说是一种迷信，而通过面相判定那些有可能或通常会以某种方式反映、折射在面相上的那些其他的状况，即使常常会出错，但这样产生的信念却不宜称为迷信，否则，我们会将迷信泛化。

如果以可能出错、不太可靠作为迷信的判据的话，那么，任何方式产生的信念都可以说是迷信了，也就没有什么信念不是迷信了（因为，任何信念都有可能出错）。我们不能将相面一概斥之为迷信，关键在于要能够分清究竟一个人的哪些状况会反映、折射在其面相上，哪些不能；

哪些面相或面相的哪些部分是与一个人的其他状况相关的，哪些是不相关；哪些面相或面相的哪些部分是与人的某些特定的事态、状况相关的，而不是与另一种事态、状况相关等。而要能够分清楚上述的不同，则需要我们对其进行深入的研究、考察，特别是对相关的机制更应着重考察。相比较而言，相关的机制要比相关本身带有更多的神秘色彩。古今大量的相面书籍已经有了大量的对各种相关的描述，其中有的可能是真的，但却有更多的是假的、确实存在不少问题和可疑之处的。这些相面书对某种特定的面相（主要是与先天遗传相关的面相）与何特定的东西、事件具体相关等谈得很多但对其相关的机制谈及得很少，即使谈到其相关机制，这些说法、信念比关于相关的信念来说也更成问题。相比较而言，对相关的机制的把握要比对各种相关的把握具有更为普遍的意义。

就广义的面相而言，还存在另一个层面的问题，这就是人的机体本身的生理病理层面。通过观察面相对人的生理病理状况做出某种判断或形成某种信念，其可靠性、可信性通常远高于通过观察面相对人的前程命运、吉凶祸福等做出的某种判断或形成某种预言的可靠性和可信性。当然，这里仍旧存在一个会看不会看的问题。之所以这样说，是因为面相与人的机体本身的状况的关系更为密切，这种关系涉及生理、病理、心理和精神等诸多的层面。一般说来，心理精神层面的东西通常有许多可以掩饰、做戏，而生理和病理层面的状况却更多的是一种自然的流露。对于后者，虽然不能排除掩饰的问题，但是，如果一个病人找医生去看病，他就完全没有必要掩饰自己的生理、病理状况。而对于一个医生来说，也可以通过观察人的面相等而了解人的身体状况。中医上通常讲究望闻问切，第一个便是"望"，主要是观察人的面相（包括动作、姿态、表情、神态、气韵等）。对一个中医大夫来说，这是一项基本功，一个好的中医大夫往往通过"望"就可以对一个人的身体状况、病情等有一个大致的了解和判断，且其判断的正确程度非常高，甚至八九不离十；可以说，能不能做到这一点也是一个中医大夫的医术、诊断技术是否高明、高明的程度的一个重要的判据。相信一个高明的中医大夫通过"望"而对一个人特别是病人的身体状况、病情等所作出的判断和断言，这很难说是一种迷信。显然，高明的中医大夫的这种"一望而知"的能力是通过大量的医疗经验积累和总结而形成的，这一点也充分表明"相面"并非都是一些迷信活动，相信某些人通过"相面"而做出的判断和断言也并非都是迷信。

二　几种常见的与"迷信"相关的活动及信念

与看手相，特别是看面相相比较而言，与星相相关的信念的迷信色彩要更为浓厚。我们很难想象属于同一星座的人会在其他方面也是基本类似的，而属于不同星座的人则在其他诸多方面都不相同。一个人究竟属于射手座还是金牛座，这究竟和人的其他方面有什么关联呢？属于不同星座的人显然是一年中的不同时间段出生的人，与之相应的特定时期的天上的星象也有所不同。显然，说不同的出生时段对人的其他方面一点影响也没有未免过于绝对，但这对人究竟能够有多大影响呢？真的会像星相家所说的有那么大的影响吗？显然，这比看面相等要神秘多了。不同季节出生的人，出生时的外在环境是不同的，这是不言而喻的，不仅如此，从怀胎到出生一段时间的周围环境也是有所不同的，其中最主要的是温度、营养等方面的差异（不同时期的食谱通常是有差异的）。然而，没有任何确凿的证据表明这种差异将会造成如星相家所说的那些众多的其他方面的差异。由此而形成的关于属于某星座的人将如何如何的信念可谓迷信之典范。星相与人的命运、前程、个性、思想观念、爱好、行为方式等之间的相关机制实在太神秘莫测了。

由某人的姓名笔画的数目判定一个人的上述各个方面，特别是命运、前程、吉凶等并坚信不疑，这也是一种典型的迷信。我们完全可以举出姓名笔画为任一可能的数目的有好的前程、命运的人的大量实例来，也同样可以举出与之数目字相同的有着坏的前程命运的人的大量实例来。我们可以举出某个好的典型，并说这是由于他的姓名笔画的数目是大吉大利的，但我们马上就可以发现具有这一大吉大利的数目的众多的大凶大弊的坏的典型。

不按姓名的笔画数，而按姓名本身特别是其含义判定人的其他方面却不能说一点道理也没有。特别是对那些自己给自己起新名字的人来说，由其名字来判定该人的其他某些方面并非都是迷信，这是由于这些名字往往具有特定的含义；自己给自己取名字的人有不少正是力图用该词语来概括自己的主要特征、个性、志向、价值观等。如果真是这样，那么，通过这些姓名来判定该人的其他某些方面的状况，特别是一些基本状况完全无迷信可言。因为这些名称本身就很可能或者说确有不少便是对某人的这些基本状况的概括说明。父母所起的名字往往表达了父母对子女的期望，父母通常也会按其所期望的对其子女施加影响、进行塑造。因此，通过这些名字判定某人的其他某些基本状况其正确程度也是较高的。但是，并非所有的姓名都蕴含着这些信息，实际上，大多数的名字并不蕴含这些信息，通过它们进行这方面的判定显然是一种迷信。

相信测字也是一种迷信。一个人任意说出或写出一个字来，测字先生便由此判定一个人的其他某些方面的状况，这显然是很神秘的，除非某人有意或无意地将其所关心的事用一个字概括出来，并将其说出、写出，才可能测得较准。然而，此时我们很难分清究竟是该人讲出了实情还是测字者测出来的。

相信算卦占卜也是一种迷信。虽然《周易》中对各种卦爻象都有相对确定的解释、说法（卦爻辞），但是一个人如何能在随机的投掷或对筮草的随机的分组中确定地得出特定的卦，并最终由此确定祸福吉凶呢？显然，一个人如果多次做这样的事，其结果总是相同的概率是极小的，很可能每次都得到一个不同的卦相；于是便有卦多不灵之说。那么，为什么只能以第一次为准呢？烧一个龟壳，其裂痕与人事吉凶又如何相关呢？所呈现的象又为什么这种便是吉那种便是凶呢？为什么这一爻代表父母高堂，那一爻则代表财运呢？太神秘了！对其信也是一种名副其实的迷信。

看风水或者堪舆术也被许多人视为迷信。但风水本身的存在却是不可否认的。所谓风水不过是特定的地理人文环境而已。风水主要涉及的是自然地理环境，但也涉及部分社会人文环境。地理环境对人的影响是不言而喻的。就某些特定的活动事项而言，确实存在风水好坏的问题。我们在为特定活动选择特定的活动场所时，不能不考虑到场所本身的状况及周围的环境，这不仅是无可非议的，而且是很有必要的。但传统的看风水则有所不同，风水先生所言之风水与人的活动事态等的关联往往带有神秘的色彩。我们不否认特定的活动场所必须考虑周围的环境，但环境对人的影响不是任意的，特定的环境只能对特定的事情产生特定的影响，且不是所有的环境上的差异都会造成对某种人事的显著的影响的。或者说，环境上的大多数差异所造成的对人事的影响上的差异都是可以忽略不计的。看风水之所以有迷信的成分，这是由于风水先生在一些特定的场所环境和特定的人事间建立了一种神秘的关联；而我们实在看不出两者之间有这种确定的关联。如果相信这些神秘的关联，那很难说不是一种迷信。

三 梦与释梦

释梦通常也被视为一种迷信。自古以来，我国解梦的书流传下来的有很多。对梦的大多数解释主要是判定吉凶，然后再做出其他的具体预言。如果我们相信这些预言，也就形成了关于特定的梦与特定的将来的现实状况相对应的信念，即相信这些事件会发生，对上述陈述信以为真。这样形成的与梦相关的信念确实包含着大量的迷信，大多数有理性的人很难相信这些关联，更难设想这种关联的机制。

然而，解梦并非都是迷信，相信做什么样的梦预示着将来会发生某种特定的事，这种想法并非都是荒诞不经的、荒谬绝伦的。俗话说，日有所思，夜有所梦，这句话是有一定道理的。梦可以说是在自我控制意识放松的情况下的一种心理活动。我们身体本身的健康、情绪等状况往往可以通过梦曲折地反映出来。白天当我们处于众目睽睽之下时，自我控制系统高度紧张，我们总是努力想扮演好我们想扮演的社会角色，如用理智克制情感冲动、欲求、愿望等。白天清醒时，我们的中枢神经系统高度兴奋，不停地接受和处理由外在感官等传来的各种信息，植物性神经的活动被压抑，身体内部的特定方面的信息也被压抑了，很难传导到大脑皮层引起人的注意。在睡眠时，由于与外部感官连通的神经处于休息状态，自我控制意识也得到放松，此时，由身体的其他部位形成的信息相对而言其强度大大增加，它们乘虚而入，在大脑皮层的特定部位产生兴奋点，于是产生了梦。另外，那些受自我意识所压抑的东西也乘机表现出来，各种在清醒时被压抑的情感冲动、欲求、愿望等都得以宣泄，被放任自流，一起涌现在我们的梦中。

我们现在至少可以肯定某些类型的梦与我们的身体健康、情绪等状况是有关联的。实际上，只要我们仔细回忆一下梦中的状况，便会发现，做梦与想象有一个明显的区别，这就是我们在任想象自由驰骋时，我们通常并不会将荒诞离奇的想象视为真有其事，而在梦中则不然，在梦中我们所梦见的东西、事情尽管大多数非常荒诞，但我们却认为这些都是真实的。一旦我们对这些事情的真实性产生怀疑，特别是产生否定，认为这些东西都是虚幻的时候，我们通常便会从梦中醒来（当然不排除有梦套梦的情况）。

想象中的东西、事件未必就一定不可能有真实的对应项存在，我们完全可以认为、相信与我们所想象的某东西、事件构成对应的东西、事件曾经存在或将会存在、发生。同样，梦见的东西、事件也未必就不可能有真实的、梦境之外的对应项存在。但是，这种对应项的存在往往是偶然的巧合。实际上，与梦对应的现实情况同梦之间的关系大多不是物理相似式的关联，而是一种象征式的关联。或者说，梦大多并不是直接与现实关联的，它往往是通过某些曲折的幽径与现实发生某种关联的，正因为如此，才存在解梦、释梦的问题。梦与其他状况的有些关联看来是难以否认的，如一个人多次做从高处掉下来的梦，或被什么东西压得喘不过气来的梦，往往预示着他的心脏可能会出问题或已经有些问题。一个多次梦见自己身体的某些特定的部位有各种异样的状况（并非病变）的人，其身体的这一部位或与之有内在关联的部位就很有可能将发生病变或已经开始发生病变。相信这些似乎并不能说就是迷信。心理学、生理学、病理学等方面的经验丰富的专家中也有不少人开始相信并支持这些看法。

看来，解梦是否为迷信，关键不在于可不可以解梦，而在于如何解梦。缺少经验依据的对梦与其他事物的相关的见解如果相信它，那便可说是一种迷信；而有一定的经验依据的见解则不宜轻易地冠之以迷信的头衔。弗洛伊德也是一个解梦专家，但他对梦的解析与中国人通常的解释似乎相去甚远。相信弗洛伊德关于梦的见解似乎很难说一定是迷信，但也不能说就不带一点迷信的色彩。弗氏主要是用潜意识、无意识等来解说梦的，用性欲或者说人的基本欲求来解说梦的。显然，弗氏的解说也是缺少经验依据的，这也正是弗洛伊德学说遭受众多人的非难的主要原因之一。中国人对梦的解释与弗氏相比有许多不同。首先，中国传统上对梦的解说大多都是非常具体的，如梦见狼如何，梦见虎如何，梦见虎入宅如何，梦见虎下山又如何等；而弗氏对梦的解说则更多的是一般性解释。其次，中国人对梦的解说域要比弗氏宽泛得多，更多地联系到的是人的吉凶祸福、命运前程等。这种将梦与人的吉凶祸福、命运前程等联系起来的解释大多是令人难以置信的，如果相信它，那么很难说不是迷信。尽管如此，至少有一点是清楚的，即相信某梦与某些其他的事情有关联并非全是迷信。

被我们称为迷信的东西还有很多，如相信某些避讳、巫术、相信鬼神、相信特异功能等，这些信念大多可归为迷信之列，但也不尽然。这需要具体问题具体分析，在此无须一一赘述。

第六节　迷信与科学

　　迷信通常被人们认为是与科学相对立的，其实，情况并非如此简单，迷信与科学的关系非常复杂，有必要对此进行深入的探究。

　　迷信的特征之一是在没有确凿的证据、没有可靠的依据的前提下相信某些东西、事情等。这种可靠的依据在现今主要被理解为经验和逻辑理性（特别是经验），而这两者又往往被我们视为科学的最基本的特征（特别是逻辑经验主义的关于科学的理论见解）；故也可以说，迷信通常是在缺乏科学依据的前提下相信某东西、事情。但这只是迷信的特征之一，这一点很难将迷信与轻信区别开来。迷信的另一种特征是相信有某些神秘的东西、因素存在并起作用，相信存在有某种神秘的力量、神秘的关联，并用此来解释某些特定的现象。相信神秘的东西、因素、力量、关联等通常是被认为是非科学的。相比较而言，第二个特征比第一个特征更为基本，这是由于，一方面，被我们认为是神秘的东西、关联通常都是缺乏可靠依据的东西、关联；反之则不成立（缺乏依据的东西、关联并非都是神秘的东西、关联）。另一方面，迷信并不仅发生在科学依据缺乏的地方，有些东西即使我们对其已经做出了科学的解释，但仍旧可以有人对其进行某种神秘的解释，并认为这种解释是正确的、真的、可信的。

　　由上可见，神秘主义才是迷信的最显著的特征。然而，我们发现，科学并非就不带神秘的色彩。如现代物理学、天文学等，往往具有很浓的神秘色彩，甚至有人将其与东方神秘主义联系起来，且这种看法有相当的影响力，并有众多的支持者、赞同者。看来，很多被视为科学的东西、理论似乎并不见得就很"科学"。比如现代宇宙学，由于哈勃对几十个河外星系进行了观察比较，发现除离银河系很近的极少数几个河外星系（如大小麦哲伦星云）有紫移现象外，其余的河外星系皆在红移。这种红移被解释为与多普勒效应有关，即为速度红移，并进一步将红移解释为是由于河外星系在背离我们而去。哈勃进一步发现河外星系的红移量与其距我们的距离成正比。也就是说，离我们越远的星系退行的速度就越快，因此，可以预知，红移量最大的星体距我们就最远，而至今我们发现红移量最大的是类星体，我们可以根据我们至今发现的红移量最大的类星体推算出我们所在的宇宙的大小，其大小为100多亿光年的范围，并可根据运行速度等推算出我们的宇宙的寿命有100多亿年；初始的宇宙是一个非常小的炽热火球，甚至可以是一个奇点或大黑洞，这个宇宙就是在100多亿年前由其爆炸而生的，所有的星体、星际物质都是在这一场大爆炸中产生的，迄今为止这个宇宙还残留着约有3度（K）的余热［3度（K）微波辐射］等。上述理论中显然有不少地方很成问题，如还没有发现远离银河系的星系有紫移现象，是否就不会有呢？红移难道只能用速度或引力解释吗？哈勃常数是否无论在多远的宇宙空间都是一个常数？类星体等红移量非常大的星体是否就一定比红移量小的星体离我们远？3度（K）微波辐射为何只能是大爆炸残留下来的余热？这一切主要依哈勃关系式做出的解释究竟有多大的可信度？如果我们相信它，那么是否也是一种迷信呢？难道由所观测到的星系在红移便相信曾经历了一次大爆炸，相信宇宙的寿命是一百多亿年，相信宇宙的范围是一百多亿光年等就无迷信的成分吗？相信它们之间有上述的关联就不是在相信一种神秘的关联吗？另外，如迄今为止未发现独立的夸克，于是便相信夸克具有红外奴役、渐进自由的特征，这难道不也是用一种神秘的力量解释并相信之吗？看来，很难在科学信念与迷信之间划出一条截然分明的界限，由相信科学而导致的迷信比比皆是。

这里存在一种两难的困惑。对于上述被认为是科学的理论我们究竟该不该相信它们呢？看来，信也不是，不信也不是；似乎只能是似信非信、半信半不信。而这种似信非信，半信半不信的心理状态是一种很不稳定的状态。我们很难长时间地保持这种状态，而总是趋向于两者的一方，但无论偏向哪一方，都难逃迷信之嫌。对于上述实例，相比较而言，不信（信以为假）比信（信以为真）似乎迷信色彩要淡些，这是由于，相信一种神秘的东西、因素、力量、关联等的存在正是我们前面所说的迷信的基本特征。那么，不相信似乎反倒是更倾向于科学了。但我们的前提又是，这些理论通常被认为、相信是一种科学理论，我们似乎更应该相信科学理论，于是，我们应该相信上述的说法。结果是，我们到底该不该相信这些说法、理论呢？看来，此问题转了一圈后还是没有解决。综合上述论证，看来，还是相信要好些，尽管这样会更多地带有迷信的色彩。与其无所信，还不如宁可信其有而不信其无，因为，这样至少没有堵塞发展的道路。

说到神秘，看来并不应该一概排斥。对于未知世界而言，难道不是充满了神秘的色彩吗？未知世界难道不正是一个充满神秘、神奇的世界吗？当一种东西、因素、力量、关联等刚开始进入我们的视野、若隐若现时，不都是充满了神秘的吗？当我们所认为、相信的某种东西、因素、力量、关联在还未有充分的证据，甚至我们还想不出好的办法来获取证据之前，显然也存在浓厚的神秘色彩。但在人类历史上我们可以举出大量的实例说明有相当多的以前被认为是神秘的似不可信的东西、力量、关联后来赢得了人们广泛的认可，甚至被视为科学常识，从而也就不再显得神秘了。然而，这些观点、理论在产生之初，在还没有充足证据之前，如果我们就相信它，即使其确实是正确的、为真的，也难逃迷信之嫌。由于许多被某些人称为"科学的"观点、理论本身既缺乏充分的可靠的证据，又带有神秘的色彩，故一旦我们相信它，理应称为迷信。

"称"为与"斥"为迷信不同。"迷信"这个词语通常总带有贬义，也就是说，通常我们总是将某些东西"斥"为迷信。通过上述分析看来，"迷信"似乎不应总与"斥"相连。也就是说，至少有相当一部分所谓的"迷信"是不应"斥"的。换句话说，"迷信"这个词语在不少情况下应视为一个中性词，而不总是一个贬义词。实际上，综观我们的各种信念，很难找到无一点"迷"的信。或者说，很难有无"迷"之信。我们的大多数普遍的科学命题都是通过归纳得出来的，而我们知道，通过对大量的具体实例的概括归纳并不能必然地得出为真的普遍命题、陈述，然而我们却大多会相信这些普遍命题为真、是真理等。实践在此至多只是证明了迄今为止我们还未发现反例，并未证明其普遍命题、陈述为真。我们相信其为真，这本身也是证据不太确凿的。这种相信显然也带有一定的"迷"的成分。

在所有的信念中，看来有一个非常基本的信念，即关于逻辑矛盾的信念，特别是关于矛盾律的信念。该信念排除了相互矛盾的东西同时为真的可能，即如果某个陈述是为真的，那么，与之相矛盾的陈述便是伪的。如果我们说产生 Q 的原因是 P，那么就不能说产生 Q 的原因是非 P。更进一步，如果我们相信 P，就不应该相信非 P；反之亦然。由于我们相信了燃烧的氧化理论，就不能再相信燃素说，因为两者是相矛盾的（除非承认并非所有的燃烧都是氧化,此时才不排除有些燃烧不是氧化而是与其他的因素相关的)。我们可以因为相信氧化而摒弃燃素说,也可以相反,但却不应同时相信两者。我们之所以要破除某些迷信,一个重要的原因便是因为它与我们通常称为科学的解释是相矛盾的,而我们又不愿放弃科学的解释。比如,按现今科学的理论,鬼这种既可以变化又几乎无重量、质量,但却有思想、经验、行为、行动无阻碍却又能被我们看见或忽隐忽现,并且有很大功力,可以打着我们,我们却不能打着它的东西,承认其存在是违反我们确信的自然规律的。如果我们相信它,就应该否定这些被我们认为是自然规律的东西。正因为我们不愿放弃被我们称为科学定律、定理、原理的东西,又不愿违反基本的逻辑规律,故才应否定其具有上述的性状、功能等的"鬼"的存在。

显然,迷信可以有不同的类型。有些信念与我们确信为事实、客观规律的东西是直接相悖的,对于这些信念与其相信它不如不信,因为按上述的逻辑规律,如果相信它我们就必须放弃那些被我们认为是客观规律的东西。如果我们不愿放弃被我们认为是通过科学而发现的客观规律的话,我们就应该放弃与之相悖的解释、信念。而我们在这两者之间选择时,显然应更倾向于对科学的选择。但是,并非所有的被称为迷信的东西都是与科学直接相悖的,实际上,大量的所谓的"迷信"正是出现在现今科学还不能对此给出令人满意的解释的地方。比如 UFO、金字塔之谜、气功、经络、面相与人的其他方面的相关性、某些人体的特异功能、催眠术等。显然,我们不能排除上述方面存在许多虚假的报道,特别是关于 UFO 及人体特异功能中的许多报道,可以肯定有不少是假的,但却很难说所有的所谓的特异功能、发现 UFO 的报道都是假的。实际上,可以相信,发现不明飞行物的报道有相当大的一部分是真的,问题在于这究竟是什么东西,究竟是不是天外来客的飞行器。显然,"是"的可能性很小。这是因为,虽然宇宙中其他的星球上也存在高智能动物的可能性很大,但他们能在此时多架次地飞到地球上来的可能性则非常小;更进一步,就算万一发生了这种事,他们总是躲着人类,像做贼一样,不与人正面和公开地进行交流、沟通的可能性也是非常小的。故相信 UFO 是天外来客的飞行器,实则是相信一件很不可信的事,相信一个可信度非常低的陈述。然而,由于 UFO 有许多特殊的性状,从而使不少人难以相信都是人为的或是地球上自然发生的,尽管这种可能性要大得多。

看来，还有一个问题有必要提出讨论，即科学研究的范围问题、领域问题。如前所述，迷信通常发生在经验难以把握、难以触及的领域，特别是难以甚至无法多次重复经验及公验的领域，而这些领域通常也是科学所难以解释的领域。该领域的问题非常之多，比如，屈原投江前究竟想了些什么，我养的鸟飞出去几天后又飞回来了，这几天它究竟飞到哪儿去了等。如果承认科学并非是万能的，是有局限性的，并非所有的认识、信念所涉及的问题都可以做出科学的说明，那么，就得承认存在一个相当广泛的科学无法涉足的领域，一个科学除了能说"可能"或"不可能"外剩下的便是保持沉默的领域；在此领域之内，显然难以阻止迷信、轻信的流行。

此外，科学确实还存在大量的未涉及的或虽已涉及但未进行过深入研究的领域，在这些领域中可以生长出大量的新兴的科学，也可以生出大量的迷信，并且两者在开始时往往搅在一起、难分彼此。

由上面的论述中可以看出，迷信与科学（更确切地说是科学的信念）同真伪之间并无必然的联系，不能说迷信都是为伪的信念，也不能说科学的信念都是为真的信念。两者的区别主要在于证据、根据上。同一个信念，当证据不足或几乎毫无证据时，它便被称为迷信；当有了较可靠的证据，有了一定的根据时它便变成了科学的信念；当后来又有了被认为是更为可靠的证据、更为充分的依据表明它是伪的，而我们仍旧坚持该信念时，这种坚持又变成了迷信。可见，同一信念在不同的条件下可以在迷信与科学之间进行转化，而且这种转化还可能反复进行，且这一信念并不因这种转化而影响其真伪。认识到这一点非常重要，它可以使我们科学地对待迷信，并使我们避免对科学的迷信。

第十章　信与知

在前面我们曾讨论过认识与信念的关系，并说明认识就其本质而言是信念与建立特定的信念的活动的统一。在此，将讨论另一个与认识、信念密切相关的东西，这就是"知""知道""知识"，并将着重考察它与认识N、信念的关系。

第一节　相信、认为与知道

知、知道与认识N、信念有着密切的关系，但与认识活动、认识V也是有着一定程度的关联的。认识活动如果就其动机而言，是为了获得某种为真的信念或知识；或者说，认识V是以获得某种为真的信念和知识为直接目标的。从某种意义上可以说，认识V不仅以建立某种信念为结果，同时又是以获得某些特定的知识、以求知为直接动机、目的的。但是，我们却不能说认识就是求知活动与知的统一。这是由于，我们不能将认识N就视为一种知、知道、知识。认识是认识V与认识N的统一。目的未必是能够达到的，动机未必能获得所想的、预期的结果。我们实际上能达到的首先是"认为""相信"，尽管不排除其中有不少同时也是知、知道，但毕竟有不少不能说是知、知道。

知、知道与认为、相信两者相对于认识V而言，一个是动机、目标，一个是现实结果。我们的目的并非都是能够在特定的条件下达到的，但无论达到与否，都将产生现实的结果；认识N实则是认为、相信如何如何，而这正是认识活动（V）的结果、产物，故从认识V与认识N的统一的角度看，只能说认识是信念及产生形成信念的活动的统一。

虽然我们强调活动的结果，但也不能忽视活动的动机、目的；因为人的活动最具特色的部分便是其有意识、动机、目的的活动。目的是想要得到的结果,与实际上我们所得到的结果两者的关系是主观与客观的关系。目的对活动而言是十分重要的,从某种意义上也可以说认识 V 就是以求知为目的的活动。尽管这并不适应于认识 N,但却从中可以看出知、知道与认识 N、信念之间的密切关联。两者的关系从某种意义上可以看成是动机与效果及目的、目标与现实结果之间的关系。

前面曾说过,我们有了某种认识(N)、信念,也就有了一种特定的信及所信的东西;那么,当我认为、相信如何如何时,能否就说我知道如何如何、我有了某种特定的知识呢?看来不能。认为、相信与知道是有联系的,但又是有区别的。与信念相似,知道也是由两部分构成的,即知与知道的内容(或者说"所知道的东西、事情")。知是一种心理事态,而所知道的则为"知道什么"中的"什么",或"知道 X"中的"X"。比如,我知道 S 画是梵高所画,或知道 A 桌子上有一本书,其中的"S 画是梵高所画""A 桌子上有一本书"便是我所知道的东西、事情,或者说是我知道的内容。与信念相仿,我同时也知道"S 画是梵高所画"和"A 桌子上有一本书"这两个陈述是为真的;故"'A 桌子上有一本书'这一陈述是为真的"也是我们知道的内容之一。更进一步,我还知道了与该陈述在特定意义下构成对应的存在于特定的坐标系和世界中的某事件、某件事等。总之,凡是真正能在其前加上"X 人知道"这一前缀的东西都是知道的内容和对象。设有某一种事件 S,当我知道 S 时,"S"便成为我知道的内容,而 S 本身也成为我知的对象、成为我知道的事情。在这里,我所知道的存在于特定的坐标系和世界中的某事件、某件事为 S,而这个 S 同时也是真正存在于特定的坐标系和世界中的某事件、某件事。而我所知道的内容则为打引号的 S,即"S"。对于信念而言,虽然我们也可以说 S 是我们相信、认为存在于特定的坐标系和世界中的某事件、某件事,但是却并不意味着 S 就是真正存在于特定的坐标系和世界中的某事件、某件事。这是因为,我所相信、认为的存在于特定的坐标系和世界中的某事件、某件事未必就是真正存在于该特定的坐标系和世界中的某事件、某件事,如果在该特定的坐标系和世界中根本不存在 S, S 也就不可能成为一个真正的对象性的存在。可见,在这一点上信与知是不同的。

知道的东西与所信的东西有密切的关联。一般说来,后者包括前者在内。或者说,并非所有的所信的东西都是知道的东西。能说相信、认为的未必就能说知道，而能说知道的则一定可以说认为、相信。如可以说我认为、相信 S 画是梵高所画，但却未必就能说我知道 S 画是梵高所画；而若能说我知道 S 画是梵高所画，那么就一定能说我认为、相信 S 画是梵高所画。之所以有这种区别，是由于我知道的事情都是事实，我不可能知道不是事实的东西、事实之外的东西。我知道 A 桌子上有一本书，首先意味着事实上 A 桌子上有一本书，意味着 "A 桌子上有一本书" 这一陈述是为真的，并且我也相信、认为这是一个事实，及相信、认为上述陈述是为真的。但我相信 A 桌子上有一本书是事实，相信 "A 桌子上有一本书" 是为真的，并不意味着它就是一个事实，也不意味着关于它的陈述就是为真的陈述。如果事实上 A 桌子上没有书，那么我绝不可能知道 A 桌子上有一本（或几本）书，我最多只能知道 A 桌子上没有书，但这并不妨碍我认为、相信 A 桌子上有一本书（当然，我也可以认为、相信 A 桌子上没有书）。对于 A 桌子上有没有书这个选择题，"知道" 通常至多只能选其中的一项，而 "相信" "认为" 则可以两项都选。或者说，两项之中通常只有一项是可以知道的，但两者则都是可以认为、相信的。"知道" 通常是不能在上述两项中任意选的。由此可见，认为、相信主要是由主观决定的，而 "知道" 则受到客观条件的限制，受到事实的制约。

那么，知道是否就必须同时认为、相信呢？看来，确实如此。我们不可能知道《蒙娜丽莎》是达·芬奇所画，但却不认为、不相信该画是达·芬奇所画。如果我们不相信、不认为该画是达·芬奇所画。或者说，我们认为、相信《蒙娜丽莎》不是达·芬奇所画，我们又如何能够知道《蒙娜丽莎》是达·芬奇所画的呢？可见，知道什么必定同时也认为、相信什么；反之则不成立。当然，我可以认为、相信《蒙娜丽莎》是乔托所画，认为、相信我知道《蒙娜丽莎》是乔托所画；我也可以知道我认为、相信该画为乔托所画，知道我有这种认识、信念等。但如果事实上《蒙娜丽莎》不是乔托所画而是达·芬奇所画，那么我就不可能知道《蒙娜丽莎》是乔托所画，而只能知道其为达·芬奇所画。

由上可见，"相信" "认为" 是 "知道" 的必要条件，而 "知道" 则是 "相信" "认为" 的充分条件。相比较而言，"相信" "认为" 要更为基本。没有 "相信" "认为" 就没有 "知道"，而没有 "知道" 却可以有 "相信" "认为"。在如果有 P，则有 Q 的关系中，"知道" 为 "P"，"相信""认为"为"Q"。信、相信是比知、知道更为基本的东西，而"信、相信"则是比"知、知道"更为基本的概念，实际上，信、相信、信念也是哲学的最基本的依据、前提，是其终极的预设。

知道不仅以相信、认为为必要条件，而且以事实为必要条件。认为、相信什么，并不意味着"什么"就是事实；事实上我们相信、认为什么，也只是表明我们有这种特定的认识、信念这是一个事实，而不意味着"什么"就是一个事实。这是两种不同类型的事实，两者不可混淆。

不仅知道什么意味着"什么"是一个事实，而且不知道什么，其中的"什么"也意味着一个事实。某人不知道室外正在下雨，同样意味着室外正在下雨是一个事实。无论说该人知道还是不知道室外正在下雨，都意味着室外正在下雨是一个事实。可见，无论说知道还是说不知道，都是以事实为必要的前提条件的。

某个处在室内的人不仅可以不知道室外在下雨，他还可以由不知到知。他完全有可能通过某种方式获知室外在下雨这一事实。实际上，我们不仅可以由不知到知，还可以由知重新到不知。比如，我开始不知道"Book"意指的是书，后来通过学习等知道了这一点，但再后来我又可能将其忘记了、遗忘了，当我再看到"Book"时，又不知道它意指的是什么了，这是常有的事。也就是说，我曾经知道的事情，现在未必仍旧知道。没有一劳永逸的知（信念也是一样的）。

第二节 "知"的滥用

我们有一个基本的信念，即我们确实知道不少事情，但又很难绝对保证我们究竟知道些什么。我们每个人都经常使用"知道"这个词语，其中有不少是对该词语的误用，但我们至少可以相信其中还有不少说"知道"是恰当的，是真正可以说"知道"的。

当我们说我知道地球是太阳的一颗行星、我知道 S 画是达·芬奇所画等时，它往往首先意味着我认为、相信我知道地球是太阳的一颗行星，认为、相信我知道 S 画是达·芬奇所画。真正可以确信的是某人认为、相信他知道，而他是否真正知道，是否可能知道还是问题。

前面说过，知道 S 画是达·芬奇所画等，意味着 S 画是达·芬奇所画这是一个事实，意味着"S 画是达·芬奇所画"这一陈述是真的。也就是说，只有当"S 画是达·芬奇所画"这一陈述是真的，事实上 S 画是达·芬奇所画，且某人也认为、相信这一点时，才能说"我"知道 S 画是达·芬奇所画，否则便不能这样说，便是误用了"知道"这一词语。更进一步，当某人认为、相信他知道 S 画是达·芬奇所画，而事实上、实际上 S 画并非达·芬奇所画之时，不仅他误用了"知道"这一词，而且"我知道 S 画是达·芬奇所画"这一陈述也是伪的。也就是说，"S 画是达·芬奇所画"这一陈述的伪同时意味着或直接导致"我知道 S 画是达·芬奇所画"这一陈述的伪。但"S 画是达·芬奇所画"这一陈述的伪却并不意味着"我认为、相信 S 画是达·芬奇所画"这一陈述也是伪的，此时后者完全可以是为真的。若"S 画是达·芬奇所画"这一陈述为真，并不意味着"A 人知道 S 画是达·芬奇所画"为真。不过，"我知道 S 画是达·芬奇所画"这一陈述若是为真的，则同时意味着"S 画是达·芬奇所画"这一陈述是为真的。"我知道 T"的真蕴含着"T"的真；"T"的伪蕴含着"我知道 T"的伪，前者是后者的充分条件。如果"我知道 T"是真，则"T"真；如果"T"伪，则"我知道 T"伪。

我有可能知道的，未必就一定知道；而我不可能知道的，显然不能（不应该）说我知道。由于我知道的只能是事实，不可能知道非事实，故对非事实就不能（不应该）说我知道。如果事实上 S 画不是达·芬奇所画，而是乔托所画；那么，我绝对不可能知道 S 画是达·芬奇所画，而只能知道 S 画不是达·芬奇所画，是乔托所画。如果此时我说"我知道 S 画是达·芬奇所画"显然我不仅误用了"知道"这一词语，且给出了一个为伪的陈述。值得注意的是，"A 人知道 S 画是达·芬奇所画"这一为伪的陈述的对立面，即为真的陈述并不是"A 人不知道 S 画是达·芬奇所画"，因为这仍旧是一个为伪的陈述。此时，不仅不能（不应该）说 A 人知道 S 画是达·芬奇所画，也不能（不应该）说 A 人不知道 S 画是达·芬奇所画，与之相对的可以为真的陈述是"A 人知道 S 画不是达·芬奇所画"，"A 人还不知道 S 画不是达·芬奇所画"等。显然，这里的"不能"是就规范、常规而言的"不能"，并不是就能力而言的"不能"。或者说是"不应该"意义上的"不能"。同理，与之相对的"可以"也存在一个是相对于能力而言还是相对于规范、常规和禁忌而言的问题。正是因为这里的"不能"通常不是指相对于能力而言的"不能"，所以才存在一个误用或者滥用"知道"等语词的情况,如果是相对于能力而言的"不能",也就不存在误用或者滥用的问题了。

"A 人知道 T"可以包括"我知道 T"在内,两者并不相悖,但"A 人不知道 T"却通常不包括"我不知道 T"(当然,这里的"不知道"后面跟的应是一个陈述,如果是一个问题则另当别论)。我通常不说我不知道某一事情。如果事实上 S 画是乔托所画,我可以说,A 人不知道 S 画是乔托所画,但却不说我不知道 S 画是乔托所画,最多只说我以前不知道 S 画是乔托所画(但却可以说我不认为、不相信 S 画是乔托所画)。当我说"我不知道 S 画是乔托所画"时,实际上我已经肯定了 S 画是乔托所画,肯定了事实上 S 画是乔托所画,肯定、确信 S 画是乔托所画,此时我通常不会说我不知道 S 画是乔托所画。

显然,"不知道"后面跟的应是陈述,如果是其他的东西,"我不知道 X"这种说法则是常见的,如我可以说"我不知道 S 画究竟是谁所画"或"我不知道 S 画是否为乔托所画""我不知道 S 画究竟是乔托所画还是达·芬奇所画"等。就此而言,"我知道"也可说得通。我也可以说"我知道 S 画究竟是何人所画""我知道 S 画是否为乔托所画"等。此时,我只是表明我知道其"究竟""是非",但却并未表明我知道的究竟是什么,究竟是"是"还是"非"。这种情况多见于与别人对话的场合。实际上,就"是"与"非"而言,我通常只能知道其一,而另一则是不可能知道的。如果就上述情况而言事实上是"非",那么,我绝不可能知道"是"。我虽然不可能知道"是",但却有可能认为、相信我知道"是"。认为、相信我知道"是"实则是关于"知道"的信念。就上述情况而言,我的这种信念显然是为伪、错误的信念。我相信我知道我实际上根本不可能知道的,我的这种信念必然是为伪的,但这并不意味着我不能有这样的信念。

那么,在什么情况下我们会说"我知道 T"呢?通常我认为,可以这样说、应该这样说时,我便可能会这样说,但这并不意味着确实应该这样说,可以这样说。只有当"S 画是乔托所画"等陈述是为真的,事实上 S 画是乔托所画且我也这样认为时,说"我知道 S 画是乔托所画"才可能是恰当的、正确的。我们经常使用"我知道"一词,那么,我究竟通常会在何条件下认为可以这样说呢?这便是我相信 S 画是乔托所画,相信这是一个事实,相信、认为"S 画是乔托所画"这一陈述是为真的。

此时我通常会认为可以说"我知道 S 画是乔托所画"。那么，这与认为可以说"我相信、认为 S 画是乔托所画"又有什么区别呢？看来，对我而言，说"我认为、相信 T"与说"我知道 T"似乎并无多大区别，但对别人而言，这两句话的区别是很大的。在别人看来，只有当"T"是真的时，一个人才能说"我知道 T"，否则不能这样说；但无论"T"是否是真的，一个人说"我认为、相信 T"都是可以的。"T"的真伪直接影响到"知道"一词使用的正误，但"T"的真伪并不直接影响到"认为、相信"这些词语使用的正误。无论"T"是真是伪，"我相信、认为 T"都可以是真的，"相信""认为"这些词语的使用都可以是正确的、无误的。但"T"若是伪的，那么"我知道 T"这一陈述便是伪的，且在此使用"知道"一词便是错误的、是误用的；此时，此人实际上只是认为、相信 T 或认为、相信他知道 T，而不是知道 T，此时的 T 是不可能知道的。由此可见，一个人说他知道时，他实则首先是认为他知道 T，他未必真能知道 T。即使他真的知道 T，他也一定同时认为他知道 T，他不可能同时认为他不知道 T 或认为他不可能知道 T，或不认为他知道 T。这一点表明，任何知同时是认为、相信知；但相信、认为知则未必一定能够知。可见，虽然一个人会在许多情况下使用"知道"一词，但却有大量的这样的使用是错误的、是误用的，是不可以的，尽管他本人相信、认为可以这样说。

　　如果说"知道"并不要求"T"必须是真的，那么这便与说相信并无本质的区别。因为说相信 T、认为 T，也并不意味着"T"是真的，并不要求以"T"为真为先决条件。无论"T"是否真，我们都可以相信 T、相信"T"真，并说"相信 T"。如事实上 A 桌子上没有茶杯，我仍旧可以相信 A 桌子上有一个茶杯；尽管"A 桌子上有一个茶杯"为假，但"我相信 A 桌子上有一个茶杯"则可以是真的（只要我确实相信 A 桌子上有一个茶杯）。但如果事实上 A 桌子上没有茶杯，我是否仍旧可以知道 A 桌子上有一个茶杯呢？正如前述，这显然是不能接受的。这表明我相信 T 与我知道 T 是有区别的。虽然我或某人不可能在上述情况下知道 A 桌子上有一个茶杯，但看来未必此人就不会说"我知道 A 桌子上有一个茶杯"，只是此人所说的"我知道 A 桌子上有一个茶杯"为假罢了，这一点清楚地表明相信与知道的区别。设直接的陈述为 Q、包含"知道"的陈述为 P、包含"相信"的陈述为 M；那么，如果 P 则 Q。也就是说，第一个陈述是第二个陈述的必要条件，而后者则为前者的充分条件，即 P 真则 Q 真，P 假则未必 Q 假；反之，Q 真未必 P 真，但若 Q 假则 P 必然假。M 与 Q 的关系则不同，M 真 Q 未必真，M 假 Q 也未必假；反之亦然，两者只是或然相关的，不存在谁是谁的充分条件，谁是谁的必要条件的问题。我们不能保证任何"我知道 T"之说必定真。换句话说，尽管在逻辑上并非任何"我知道 T"之说都存在为假的可能性（为真的陈述就逻辑而言不存在为假的可能），但是，就现实而言，由于我们很难保证被我们认为是为真的陈述其为真具有不容置疑性，故也不能保证某人就一定知道 T，最多意味着此人可能知道 T，且通常只意味着"我相信 T"，或"我认为我知道 T"。

知识通常通过为真的陈述表现出来，掌握了某些知识，并不是仅仅知道有这样的一些陈述存在，还应肯定这些陈述是为真的，揭示了一个事实。如果我们听某人讲了些什么，或在书报上看到些什么，我们首先可能只是知道某人讲了些什么，书报上说了些什么；但是，我们若对其所讲、所说并不相信，此时，我们至多只有关于某人讲了些什么，书报上说了些什么的知识，而并没有掌握其所说、所讲的知识。比如，我听某人或报上说 M 时 N 处有一只二十几斤重的青蛙，如果我不相信会有这样重的青蛙，那么，我最多只有某人或报上说了什么这样的知识，而不可能有存在重二十几斤的青蛙这样的知识（如果事实上在 M 时 N 处确有一只这样的青蛙的话）。可见，获得或者说有了某些知识，也就是知道了一些事实；一个人所掌握的知识越多，他所知道的事实就越多。但是，被我们称为知识的东西，实际上有不少并不是知识；因为，它们并未使我们知道更多的事实，它们实则不过是一些为伪的信念而已。说它们是知识，是对知识一词的"误用"。被我们称为知识的东西有一个真正的共同之处，该共同之处并不是它们都是知识，而是它们都是一些信念。也就是说，当我们说我们获得了某些知识时，实则首先是获得了某些信念，这些信念中可能有不少包含着知识，但也有不少不包括知识。对于后一种情况是不能说我们获得了某些知识的，我们不过是自认为获得了某种知识，说我们获得了 A 种知识是错用了"知识"一词，而"我们获得了 A 种知识"这句话也是伪的。由此可见，我们所真正获得的知识比我们所承认、认为所获得的知识要少得多。

需要说明的是，并非所有的在"T"为假的情况下说"我知道 T"都是对知、知道的滥用、误用。前面所说的对知、知道的滥用、误用只是就认知意义而言的，就其他意义而言，则并不一定要求"T"必须是为真的，因而也不能依前面所依据的准则来判定就其他意义而言的"我知道T"之说是否滥用了、误用了"知""知道"这些词语。更进一步，即使就认知意义而言，在"T"为伪的情况下也不一定就不能在特定的条件下说"我知道T"，对此我们将在后面专门进行深入的讨论。

第三节　知道与凭据

知识与为真的信念的区别在不少人看来在于其凭据，那么这是不是说为真的信念有两类：一类是有凭据、根据、依据的，另一类则无？看来，这样说并不妥当，我们很难找到毫无凭据的信念。问题的关键在于是怎样的凭据、证据，而不是有无凭据、证据、根据、凭证。这里存在一个充分、可靠与否的问题。

一　知道与证明

显然，如果根据、凭证是绝对可靠的，那么，我们只要有这些根据、凭证，我们的信念便是真的；或者说，有了这些根据、凭证便足以说明、证明信念为真。这样一来，这些凭证、根据等便与"真"成为等价的了，或者说是一致的了。设此类凭证、根据为A，我们便可以说，某信念是有A种凭证、根据的信念；同时也可以说，该信念是为真的信念；反之亦然。这样一来，真就与凭证A可以互换了。显然，这种凭证、根据A与真并不是完全一样的，凭证A只不过是足以证明、表明、确证某些陈述等是为真的，故这种互换并不意味着两者便是同一个东西。尽管如此，如果我们通过某凭证A足以证明、确证某陈述为真，那么，该陈述显然就是为真的。也就是说，能绝对无误地证明其真，那么其必为真。这样一来，真也就可以由这些凭证、根据来定义，即如果某人是有某信念（如相信T），且该信念是有上述的凭证的，那么，该信念便是真的，且该人具有这方面的知识。或者说，该人知道T。尽管如此，有一点是清楚的，正如前述，一个陈述和信念的真伪的存在是由其语义、意思确定的，它本身究竟是真是伪并不依赖于任何后来的检验、验证，依赖于我们后来的检验、验证的是关于其是真还是伪的信念的确立。证明、确证本身与检验、验证活动直接相关,且通常作为特定的检验验证活动的结果、成果而存在。正因为如此,即使真与凭证 A 可以互换,也只是说两者具有某种对应一致关系,或基本对应一致,但并不意味着两者便是同一个东西。如果我们同时规定,某陈述和信念只要具备了凭证 A 就是一个为真的陈述和信念的话,那么显然就会存在两个不同的标准和规定。当我们认为通过凭证 A 证明了某陈述为真,而凭证 A 又与语义规定不一致时,那么就会出现规定上的冲突。

如果以证明作为知的条件,那么,我若能证明某命题"T"真,也就意味着我知道 T,而若能证明命题"T"伪,则意味着我不可能知道 T,但却能知道"T"及知道"T"伪。显然,后者并不意味着我并不知道 T,因为不知道 T 本身也意味着"T"为真。只要某人认为"T"真,那么,他或者知道 T,或者不可能知道 T,或者有可能知道 T 但还不知道 T。还有一种情况,即认为"T"真且"T"确实为真,但却不可能证明"T"真。也就是说,此人此时仅有一种为真的信念,但还不能说知(确切地说,应是不可能知)。显然,这里的"知"是以证明为先决条件的。但我们现在已普遍认为对事实命题(不仅是一些普遍命题)也是不能够严格地证明其真的,或者说其真是不能严格地证实的。如果真是这样的话,那便意味着,我们实际上是不可能知道什么的(如果"知"以严格证明、断然地证实或能证明、证实为先决条件的话)。而若以断然地证伪为前提条件,则即使我们真能够断然地证伪,那么,最多也只能说我们实际上是不可能知道 T 的,但仍旧不能说我们知道什么;也许最多只能说,我知道我是不可能知道 T 的,知道我不可能知道某命题所揭示的东西的(这很像苏格拉底所说的"我知道我一无所知")。然而,断然地证伪看来也是不可能的;我们通常也无法严格地证明"T"不是真的、是伪的。也就是说,我们甚至不能说"我知道我一无所知"。可见,如果我们坚持以严格的证实(或证伪)为知的先决条件,那么很可能除了可以说知道某数学、逻辑命题的真外我们便不能说我们知道什么,甚至不能相信我知道什么。显然,这是令人难以接受的,那么,我们是否可以放宽这种条件呢?比如说,不要求严格的证实,而用某种概率来取代它?这看来确实需要进一步的探究。证伪由于不能作为我们知道什么的依据,最多只能作为我们知道我们不可能知道什么的依据,故在下面主要谈证实。

二 概率与知道

如果我们做出上述的让步，而求助于一种概率，那么，我们仍旧会陷入无知的困境。因为，即使我们可以得到一命题"T"为真的概率，我们也不能因此就知道 T。这是由于"T"为真正是我们知道 T 的前提，而"T"的概率仅仅意味着"T"可能真，或有多大可能是真的。概率高仅仅意味着为真的可能性较大，并不意味着就是为真的。即使能给出一个很高的概率值来，也不能等价于、等同于真，而只有严格地证明、证实才能与真等价。

显然，如果不认为可以严格地证明某命题、陈述真，那么严格地证明、证实也就不再是知道的必要条件了。因为，如果能够严格地证明某命题、陈述真，那么，该命题、陈述便是真的，此时若我们相信"T"真，那么也就意味着我知道 T。能严格地证明其真的命题、陈述，也就是为真的命题、陈述；但不能严格证明其真的陈述、命题则未必就不是真的。如果我们放弃了证明或严格的证实，那么，证实就与证明真成了两回事，两者至多是盖然的相关的。

就严格的证实而言，"知道"的条件可以简化为我相信认为 T 且我能够严格地证实 T（或严格地证实"T"为真），而无须再列出"T"是真的这一条件。因为，能严格地证实 T、证实"T"是真的，本身就蕴含着"T"是真的。或者说，本身就意味着"T"是为真的；故无须将"事实上、实际上'T'是为真的"独立地作为"知道"的一个必要条件。而若放弃严格的证实，那么，"'T'是真的"便成为一个独立的必要的条件；这样，知道 T 便可以不依据于严格的证实，但却要以"T"为真为前提。

如果我们放弃对"真"的严格的证实，但不放弃真，则似乎意味着此时某人知道 T 只要求在符合两个前提，即相信 T，且"T"是真的条件下还可以提供命题"T"真的概率即可。或者说提供（更确切地说，应是"拥有"）可以与真盖然地相关的证据即可。这样，知道 T 虽然仍意味着"T"是真的，但却不要求能严格地证明。由于"T"是否为真在此条件下对我们来说还是不清楚的，故我们还是不知道究竟能否对某一特定的命题、陈述"T"正确地说我知道 T。或者说，还是不知道当我说我知道 T 时，是否我真的知道 T 及我是否说错了。也就是说，还是不能确切地肯定"我知道 T"是否真。这样一来，"真"便成了可遇而不可求的东西了,而"知、知道"也成了难以说的东西了。

如果能说"知道T",但却并不保证其真。或者说,并不保证某人就一定知道T,那么说知道T与说相信T又有何区别呢?若无须严格地证实,而只要能得到某命题T为真的至多是较可靠的证据就意味着知道T,那么就意味着我们可以知道不是事实的东西;或者说,我知道T,但T却可以不是事实,且"T"也不是真的(如某人知道桌子上有一个茶杯,但实际上并非桌子上有一个茶杯)。那么,这又与某人认为、相信桌子上有一个茶杯有何区别呢?如果说知道T仅仅意味着我相信T,且我是有"T"为真的一定的证据、根据、依据的,那么又有多少信念是没有依据、证据的呢?一般说来,我们相信T通常总是有一定的根据、凭证的,对一个有理性的人来说,他通常不会毫无根据地相信什么。这样一来,知道与相信、认为便没有实质上的区别了,如果有区别的话,其区别也是与"真"无直接的关联的。这样,我们虽然保住了"知",但却改变了我们通常对"知"的理解,实际上,此时我们已经用"信、相信"取代了"知、知道",同时也取消了知、知道对为真的信念的依附。

将为真的信念与知识等同显然是令人难以接受的,而将信与知等同则更加令人难以接受了。如果不愿将知、知道与信、相信视为同一,那么,首先便得肯定知道T意味着"T"一定是真的。事实上,即使我坚持认为说"我知道T"可以不意味着"T"一定是为真的,也不意味着我事实上、实际上知道T,我也没有必要因此而否定知道T意味着"T"一定是为真的。由于我们不能排除"T"为真是我知道T的必要的前提条件,而盖然地证实并不能保证"T"为真,严格地证实、证明又做不到,故真正应该排除的看来正是那种具有相当影响力的将知道与证明、证实联结起来,用证明、证实来说明知道的见解、看法,那种用证据、凭证等来说明"知道"的方法。

排除了用证明、证实对"知道"的说明,这并不意味着证明、证实、证据、凭据等便是可有可无的,也不意味着就不能在具有一定的凭证的条件下说"我知道T"。实际上,此时我只要将知道T与可以说"我知道T"区分开来,将说明、证实事实上知道与说明在什么条件下、应具备什么条件便可以说"我知道T"区分开来便可以了。看来,确实有必要将它们加以区分,它们虽有联系但并不是一回事。实际上,关于知、知道问题的许多的困惑便是由于将上述不同的问题混为一谈了。显然,若知道 T 则可以说"我知道 T",但不知道甚至不可能知道 T 却并不意味着就不能说"我知道 T";是否知道并不依赖于任何后来的证明、证实,也不需要为此提供任何证据、理由,但要使我们认可、接受"我知道 T"之说则通常需要有一定的证据、凭证、理由。可见,凭证等主要是对认可、接受"我知道 T"而言的,而不是对现实的知道而言的。那么,如何我们便算知道 T 了呢?在何种条件下便可以说"我知道 T"呢?对此有必要分别进行深入的探讨。

第四节　知道是一种以经历为前提条件的相信

在前面我们已经否定了知道 T 对证实、证据、凭证、理由等的依赖关系,那么,如何我们便算知道 T 了呢?或者说,知道 T 的条件究竟是什么呢?在此有必要进一步地探讨。

一　经历与知道

如果一个人认为、相信 T,且 T 是一个事实或"T"是真的,并且他(或其他人)能证明"T"是真的或至少有"T"为真的确凿的证据,是否才算此人知道 T 呢?看来问题没有这么复杂,这种要求显然是太高了。这是因为,并非只有人才会"知道",其他动物也可以知道不少东西、事情,而这些动物如鸟、狗、马等显然并不会证明这一点。一只鸽子知道回家的路,它似乎并不需要有什么证明、证据;一只狗知道 A 人是经常给它食物的人,它也无须证明;不过,有一点是清楚的,即它们总是通过某种途径知道的。看来,一个人(或动物)在何种情况下就算知道了 T,对这个问题的前述提法皆是有误的。并非一个人认为相信 T 且 T 是一个事实再加上上述的某种其他的条件 X,就算此人知道 T。这里的条件 X 不是独立于相信 T、T 是一个事实的,而应看成是成为"知"的信念本身应具备的条件。也就是说,一个人(或动物)仅在 T 是一个事实这一条件下相信 T 似乎还不能说他或它知道 T;那么,究竟还须具备哪些条件方能说他知道 T 呢?或者说,一个人究竟在何种条件下相信 T,才能算是他知道 T 呢?显然,T 是一个事实,这是一个必要的条件,但这一条件仅仅能保证此人的此信念是一个为真的信念,还不能保证此人的这种信念就是一种知识;或者说,在此条件下他相信 T 还不等于他知道 T。他知道 T

实则意味着他在 X 条件下相信 T，两者是等价的。"知道"与"相信"看来并不是两种不同的心理事态。"知道"不过是在特定的条件下的一种"相信"，是信念的一部分，是一种特殊的信念。其特殊之处首先在于这种信念是为真的；其次，这种信念还须具备另一些特性。至于这些特性究竟是什么，这正是我们要深入考察的。

当 T 是一个事实时，说我们相信 T 便意味着我们知道 T 似乎还欠缺些什么，但所欠缺的条件看来并不会直接影响我们相信 T，该条件与信念是密切相关的，但又不影响信念的内容，即不影响我们信什么、不信什么。信念作为一种特定的精神心理事态、状态，不影响其状态本身的性质但又与状态密切相关的首先便是其产生的条件途径（同一状态可以有达到它的不同的途径，途径的不同并不直接影响到状态的性质、内容，但我们却可以将同样的状态按其产生途径的不同加以区分）。看来，知道 T 应具备的其他条件正是指某种特殊的途径或与之类似的东西，因为，我看不出我所相信的 T 与我所知道的 T 本身状态有什么不同。相信 T 与知道 T 在状态上并无不同，所不同的至多只是其产生的条件、途径、经历（或者说是如何产生的，在什么条件下产生的）等。比如，某产品可以被检验过，也可以没有被检验过；检验过与没有被检验过就该产品本身而言并没有发生任何变化，检验前的产品与检验后的产品仍旧是同一个产品，所不同的只是该产品经过检验之后便多了一种经历，有了先前没有的经历罢了。再如，一幅画参加过展出与没有参加过展出，对这幅画而言，本身并无变化，只不过参展之后它便多了参展这一经历，成了曾经参展的画。当 T 是一个事实时，仅仅相信 T 与知道 T 的区别就像一幅参展前后的画的区别一样。这种经历、途径上的差异并没有使相信 T 这种状态本身有什么改变（但却往往会影响到该信念的能效价值）。就一类事物而言，也存在类似的情况，比如在同样的但不是同一个机床上加工出来的同样的零件，或同一机床上先后加工出的同样的零件，我们几乎看不出它们有什么区别；如果我们当时并未给这些零件做上记号等，而是混乱地堆在一起，其后要我们指出哪个是第三个加工出的零件，哪个是第五个加工出的零件来那几乎是不可能的；然而，它们确实有这种不同的经历。

二　实例分析

看来，有必要结合某些实例来分析知道 T 究竟意味着在何种条件下相信 T。比如，我若说，我知道 2018 年世界杯足球赛的冠军是法国队，我想大概现在不会有人对此提出异议，怀疑我是否知道。但如果在此届世界杯赛开赛前，我说我知道该届世界杯的冠军是法国队，那么马上就会有人对我知道表示怀疑，并问："你是怎么、怎样知道的？"若说"我认为、我相信此届世界杯的冠军是法国队"时，人们很少会怀疑我相信，但此时人们也许会问："你凭什么相信是法国队？"看来，相信一个人知道什么比相信一个人相信什么在特定条件下要困难得多。更进一步，相信通常是要有一定的凭据的，但却几乎很少听到有人问"你凭什么知道 T？"这似乎表明，知道倒并不一定要求有什么凭据、根据、凭证。

暂且不论开赛前我能否知道本届的冠军是法国队；我们先来看我上面所说的那句话。人们对如今我说我已知道此届世界杯的冠军是法国队没有异议，或相信我知道此事，甚至还会吃惊地补充一句："你现在才知道啊，难道你生活在与世隔绝的真空之中？"然而，他们凭什么相信我知道此事呢？假定我已及时知道此届世界杯的冠军是法国队，我又是如何知道的呢？看来，我知道此事似乎是由于我看了电视的现场直播或者转播，或是由于我听人说了，或听到、看到了有关此事的其他媒体、传媒的报道，且我相信这些报道或电视转播是真实的，于是我便知道了此事，并可以说"我知道 2018 年世界杯冠军是法国队"。然而，仔细想一下，便会发现上述说法是不妥当的。其实，在上述条件下，我至多只是在某种意义上可以说"我知道 2018 年世界杯冠军是法国队"，但并不意味着我确实知道 2018 年世界杯冠军是法国队（显然，如果其他某人看了电视、报纸，网上热播或听别的人这样说后也给出与我相同的说法，我也通常可以说他知道 2018 年世界杯的冠军是法国队）。正如前述，说某人知道 T，并不要求 T 必须是一个事实，但 T 是一个事实则是某人知道 T（不是"说"知道 T）的必要条件；说某人知道 T 并不意味着某人事实上知道 T，这是两回事。我们除了可以问"你是怎么知道的？"之外，还可问"你凭什么说你知道 T 呢？"可见，"说"、给出陈述通常也要求有一定的凭据，但知道 T 却似乎并不要求有什么凭据、凭证。可见，一个人看了电视，或听别人说了等如果仅仅是有了一种凭证、证据的话，那么，是不足以说明该人知道 T 的。看电视、听广播、看报纸、上网查询、听别人说等如果意味着我或某人知道 T，那么，它们扮演、充当的绝不是证实、证明的角色，而网络、电视、广播、报纸等也不是扮演、充当证据、凭证的角色的。那么，它们在此究竟扮演、充当的是什么样的角色呢？看来，要说明这一点，首先便得肯定的是并非上述所有的看、听及看的报纸、电视节目，听的广播内容等皆与我或某人知道 T 直接相关。实际上，只有上述各项中的一部分可以意味着我或某人知道 T。那么，究竟是哪一部分呢？显然，这一部分并不取决于媒体、传媒等的形式、类型，而是取决于其某种特定的性质，该特定的性质便是其与知道的对象有一种直接或间接的实际的联结、连接。或者说，我或某人通过它直接或间接地对知道的对象有了一种经历，一种实在的接触。就前例而言，如果法国队是此届冠军这是一个事实，如果我对此事件有直接或间接的经历，且我在上述前提条件下相信法国队是此届冠军，那么，我也就知道了法国队是此届世界杯的冠军。反之，如果我对其既无直接经历也无间接经历，那么，我至多只是仅仅相信法国队是此届世界杯杯的冠军，而不能算是知道它。

上述说法似乎意味着，从信与知的关联上看，信念可分为两类：一类是以直接或间接经历为前提条件的相信；另一类是不依赖于直接或间接经历的相信。而前一类相信同时也就是知道（如果 T 是一个事实，"T"为真的话）。或者说，可以将前一类相信称为"知道"；更进一步，可以将前一类的为真的信念称为"知识"；在前一类前提下的相信 T。也就是知道 T。看来，这种说法是可以站住脚的。尽管我们在此还不能肯定这种说法是完备的，但至少有一点是明确的，即在具备上述两个条件（直接或间接经历）的前提下的相信，或者说与直接或间接的经历相应、一致的相信可以说便意味着知道。

看来，我们也可以不十分严格地说，只要某人看了电视实况转播，听了某传媒报道等或直接在现场观看了实况，且同时满足"T"是真的这一条件，及有对 T 的信念，那么此人便知道 T（如知道 2018 年世界杯的冠军是法国队，知道克罗地亚女总统也在比赛现场观看比赛等）。因为，如果某媒体、传媒的报道为"2018 年世界杯的冠军得主是法国队"，而上述陈述确实是为真的，那么，该媒体、传媒便是如实地报道了这件事。而若是如实的报道，则这种报道便一般与该事件有一种实际的关联，故我们也可以通过它对实际发生的事有一种间接的经历。

就直接经历或间接经历而言，对某些动物特别是高级的动物看来也是适用的，且这些动物也可以通过它而有自己的为真的信念，也可以知道某些事情。否认动物也有自己的经历，也可以知道某些事情是站不住脚的。我们完全可以肯定某些动物也可以知道某些事，并可以说"S 动物知道 A 事"等，但是这些动物自己却通常并不会说它知道什么。由于动物并没有发达的语言，至多只有语言的萌芽或最简单、低级的语言，故它们的与其经历相应一致的信念通常只能是以意象为依托的信念，而不是以语言、言语为依托的信念。可见，动物知道 T 的必要条件更少不了经历，且其更多地依赖的是直接的亲身经历，但它们的许多信念或"知"也是与间接经历有关的，只不过它们的间接经历远不及人的间接经历复杂罢了。

由上可见，为真的信念与知道、知识确实是有区别的，但这种区别主要在于形成的方式上。可以说，知道或知识本身就是一种特殊的为真的信念，是为真的信念的一部分，该部分为真的信念的特殊之处便在于信者与所信的东西之间有一种直接或间接的经历上的关联。故我们不应将知道、知识与为真的信念（相信、认为）之间的差异看成是两类不同的东西之间的差异，而应看成是为真的信念的内在的差异，看成是一部分为真的信念与其他部分为真的信念及与为真的信念之整体的区别、差异。换句话说，可以将"为真的信念"看成是"知"的最近的属，或将为真的信念区分为作为知识的为真的信念与不能或还不能说是知识的为真的信念。这样，我们就可以在为真的信念的范围内讨论"知道""知识"的问题，而不是在其外寻求一种与其不同的被说成是"知道""知识"的东西。

第五节　与经历相关的几个问题

这里看来至少还有以下几个问题需要澄清，这便是经历与经验的关系问题，经历与真、事实的关系问题以及间接经历的不同的含义的问题，经历与逻辑推理，直接经历与间接经历的关系问题等，下面分述之。

一　经历与经验

首先，我们在此说"经历"而一般不说"经验"，这是由于"经验"不仅有"经"的意思，而且有"验"的意思，是两者的综合。就"验"而言，显然有检验、验证的意思，而我们在前面已经说过，不仅真伪不依赖于后来的检验而存在,而且知、知道也一般不依赖于后来的检验、验证而存在(受后来的检验、验证的制约、影响的是对"真"的信念的产生和改变)。就知、知道而言,与真略有不同,这是因为知、知道是以信、相信为前提的,没有信、相信也就没有知、知道。但知、知道如果已成为事实,那么,它显然不是通过后来的对其检验、验证才成为事实的。知道是一种以经历为前提条件的相信,而不是以后来的检验、验证为前提条件的相信。除非我们将经历本身也看成是一种"验",是一种即时的"验"。也就是说,"经"本身就是一种"验"。如果是这样的话,那么,等于取消了经、经历,而这显然是不能被人接受的。之所以不能接受,一个重要的原因便是,这实则已经排除了"经""经历"的日常用法。将经与验混为一谈、用验来替换经,在众人看来这无异于偷换概念。当然,我们也可以在一定意义上认可某人有这种权利,但这至多只能在私下语、黑话的意义上认可这种说法。就常规而言,将经说成是一种验,或说成是一种特殊的验显然是不妥当的。正因为如此,我们在此说知、知道是一种以经历为前提条件的信、相信,而一般不说是以经验为前提条件的。

  有必要说明的是,尽管我们在此问题上一般不说经验而说经历,但并不意味着就一定不能说经验。这是由于并非在任何情况下说知道依赖于后来的检验、验证都是不能接受的。看来,至少就一种猜测、预言或一种想当然的并无经历作为其前提条件的信念向知识转化而言,说需要通过检验、验证似乎并没有什么不妥。或者说,如果信、相信等在知、知道之前产生而不是与之同时产生的话,那么,由信、相信到知、知道(与前述的信、相信所拥有的条件不同的另一种信、相信)的转化可以不太严格地说需要通过检验、验证。显然,在此我们同时也可以说需要有直接或间接的经历,但这与说检验、验证看来并非说的就是同一回事。显然,这种检验、验证主要是对猜测、尚无经历的(甚至不可能经历的)信念而言的,对其检验、验证往往同时伴随着一种经历,但却通常是另一种经历。也就是说,对其检验、验证通常导致的是对说"我知道 T"的认可、接受或否定,而不一定会导致我确实知道 T。只有我真正有了对猜测及上述所说的信念所断定的事的直接或间接的经历,我的这种信念才确定无疑地转化为一种知、知识,而那些我们根本不可能对其所断定的东西有任何除意想、幻想等之外的可能的经历的信念,显然是不可能直接转化为知、知识的。由此可见，只有当检验、验证同时伴随着一种经历。或者说，一种经历确实依托于一种检验、验证而成为现实时，说知、知道要通过这种检验、验证而成为现实才在此特定的意义上是可以认可或接受的。故我们有时也可以不太严格地在涉及知、知道、知识的存在时使用"经验"一词，因为，这一术语要更为通俗一些，但由于使用该词语时很容易将一些不同的问题搞混，故我们在此最好不说"经验"而说"经历"。

二　经历、知与真、事实等的关系

经历与真、事实是密切相关的。一般说来，凡经历了的事都是事实上存在的事，我们不可能对根本不存在的东西有什么经历。我们对某陈述、信念等所断定的事有了一种特定的经历。也就是说，事实上存在有该陈述所断定的事，且同时也意味着该陈述是一个为真的陈述。

显然，并非所有的为真的陈述、信念所断定的事都是可被或已被人们经历了的事，就像并非所有的为真的陈述、信念都是知识一样。如前所述，只有以经历为前提条件的信、相信、信念才算知、知道、知识。

如果某陈述、信念所断定的事是可知的，那么，它也就是可以经历的。不存在可知但不可经历的事，也不存在知道了但却未有经历的事；然而，反过来说却有所不同，虽然原则上可以说可经历的也是可知的，但却不能说有了一种经历便一定有了一种相应的知。有许多经历了的事并不意味着一定知，这是由于知必须信，如果我们并没有与某种经历了的事相应的信念，那么，我们便还未有与之相应的知。实际上，我们对大多数我们所经历的事是没有知的。或者说，我们并不知道大多数我们所经历过的事。这是由于大多数我们所经历的事并未进入我们意识活动的领域，并未引起我们的注意。如我在走路时踩死了一只蚂蚁，这显然是我的一种经历，但我一般是不会因我的这种经历而知道这些我并不在意的事的，因为我一般不会由这种经历而产生"我在刚才走路时踩死了一只蚂蚁"这种相应的信念。这样的事例多得不胜枚举，这足以说明有了一种经历并不意味着便有了一种知、知识。

看来，还有一个重要的问题需要深入讨论，这就是可知的是否一定就是可经历的？在前面我们曾说过，可知的也是可经历的，但这种说法的恰当性却看起来不仅不是显而易见的，反而是十分可疑的。这主要是由于许多为真的陈述、信念所断定的事看来似乎很难说是可经历的，而我们通常却认为世界是可知的，这当然也意味着没有什么为真的陈述、信念所断定的事是不可知的。上面所说的这些为真的陈述、信念最主要的便是关于本质属性、共性、一般规律的陈述、信念。对这些为真的陈述、信念所断定的事人们通常都认为它们是理性把握的对象而不是能够仅仅通过感性经验把握的，而这也是我们之所以说很难说这些事是可经历的主要原因。实际上，之所以会有上述困难，主要是由于很容易将经历与我们通常所说的经验混同。故解决此问题的关键便是搞清楚经历与上述那些事究竟是怎样关联的，而这也是我们要在此着重讨论的问题。

经历与我们通常所说的经验是不同的，我们通常所说的经验往往更侧重于"验"侧重于检验、验证。"验"、检验、验证与经历的要求是不同的，比如，对"所有的S都是P"这一陈述的真伪的验证，就证实而言，需要对所有的S一一进行考察，看其是否都具有这种属性；如果S的数量是无限的，那么，上述陈述即使是为真的也是在原则上不可严格地证实的。然而，对于经历则不同，我们对上述陈述所断言的事只要有对S_1是P，S_2是P（S_1、S_2等是某些具体的S）等具体事件的经历，我们也就对"所有的S都是P"这一陈述、信念所断言的事有了经历，至少有了间接的经历。这是由于，如果"所有的S是P"这一陈述是为真的陈述，陈述了一个普遍的事实，那么，也就意味着S_1是P，S_2是P等皆是一些具体的事实，我们经历了后者也就间接地经历了前者，经历了部分也就间接地经历了整体。又如，我们经常说看到了某人及看到了某人在做某事，而很少说看到了某人的外表，后一种说法听起来十分别扭。然而，严格地说，我们直接看到的、经历到的却正是该人的外表，且通常只是其外表的某一部分、侧面；但正是由于我们看到了、经历到了该人的外表的某一部分、侧面，我们也因此而对该人的存在及该人做某事有了一种特定的经历，即有了"看到"这种经历（严格地说，是对某人的存在、某人在做某事等事件有了经历）。可见，对一个整体的经历并不以对其所有的部分、侧面、层面的经历为前提条件，实际上，对该整体的任一部分、侧面、层面的经历都同时是对该整体的经历。也就是说，如果某一对象、事物、事件被看成是另一对象、事物、事件的某一部分、侧面、层面的话，那么，对前者的经历同时也就是对后者的经历。显然，上述关系反过来是不成立的，对一个整体的经历并不意味着同时也是对其各个部分、侧面、层面等的经历。比如，在夜晚的天空中我们看到了木星，我们对木星有了一个整体的经历，但是如果不借助于望远镜的话，木星的局部细节是通过肉眼根本看不到的，因而我们不能说对木星的局部细节也有了一种经历。这种关系看来与证实关系恰好相反，对一个整体存在的证实，也同时意味着对作为该整体存在的必要条件的部分、侧面、层面、构成元素、成员等的存在的证实；而对作为某整体存在的必要条件的部分、侧面、层面等存在的证实，并不意味着对其整体的存在的证实。

整体可以有系统式整体与类整体之分，而系统式整体又可以有由同一类（指由"该系统的构成部分、因素"这一特性所决定的那种特殊的类之外的其他类）的东西、事件或这类东西、事件的一部分按某种方式构成的系统与由非同类的东西、事件等按一定的方式构成的系统之分。对这些不同的整体的经历或实际的接触虽有所不同，但就上述情况而言则是一致的。比如，摸到了一个人的手或头等也就摸到了这个人，并对这个人的存在有了某种特定的经历；看到了位于某个森林中的眼前的树，也就对该森林的存在有了一种经历。与之类似，对"所有 S 都是 P"这一为真的普遍的陈述所断定的事的经历也只需要对这个 S 是 P，那个 S 是 P 这些具体的、个别的事有某种特定的经历就可以了。这是因为所有 S 是 P 本身就蕴含着这个 S 是 P，那个 S 也是 P 等。如果事实上所有 S 都是 P，那么对这个 S 是 P，那个 S 是 P 等子事件的经历同时也就是对所有 S 是 P 这一事件的经历，至少是对其一种间接的经历；但如果事实上并非所有的 S 是 P，则不存在上述的那种关联。

需要说明的是，与类整体相关的关系通常被认为是一般与特殊、个别的关系；这一点表明它与系统式的整体与作为其存在的必要条件的部分、侧面、层面的关系是有所不同的；但这种不同仅仅是整体与局部的关系的内在的不同、差异，而不是整体与局部的关系同非整体与局部的关系之间的不同、差异。就类整体而言，整体所具有的性质同时也是其局部和作为其成员的个体所具有的性质；反之则不然。系统式整体则有所不同，其整体所具有的性质并非作为该整体的局部、部分、要素、侧面等也具有。就经历而言，显然并不直接涉及上述的差异问题，它仅仅涉及这样一个问题，即如果我们对某事件或对具有某种性质、关系的东西等的存在有一种经历，如果这种个别的、具体的存在是某种整体的存在的一个部分、侧面，是该整体存在的局部显现的话，那么，是否便意味着我们对该整体也至少有一种间接的经历？

三 直接经历和间接经历及与之相应的知道

经历可以有直接与间接之分，与之相应，知道也可以有直接知道与间接知道之分。要搞清楚直接知道、间接知道及两者的关系，首先便要搞清楚直接经历、间接经历及其关系，故我们在此着重讨论经历的直接性与间接性的问题。显然，如果前述对构成一整体的必要条件的部分、侧面、层面、子系统等的经历是一种直接的经历的话，那么，对该整体的经历即使不是一种直接的经历，也至少可看成是对其的一种间接的经历。然而，前一种经历并非一定就是直接的，而间接的经历也远不止一种，故有必要对此进行深入的分析。

实际上，直接经历与间接经历的区分是相对的。看来，对自己的意象等的存在的意识可以看成是与知、知道密切相关的最直接的经历了（与潜意识特别是无意识的活动相关的经历虽也是非常直接的，但却通常并不会直接上升为知、知道）。对自己的意象、意想等的存在的意识式的经历一般可以区分为对感官映象和对直接的感官映象之外的其他意想式意象（如想象之象、梦中之象等）的存在的意识式经历两类。而涉外的感官映象又与通过感官直接观察接触到的外在的现象之间有直接的现实的关联，故通过感官活动对这些个别的现象的存在的经历相比较而言也可以说是一种很直接的经历。我们一般认为，事物由现象与本质两个方面构成，故上述的对外在的现象的较直接的经历同时也可以看成是对外在的事物、事件的间接的经历。如果我们不仅有了上述的经历，而且有与之相应的、一致的信念，那么，我们也就有了与之相应的直接的知、知道、知识及间接的知、知道、知识。

看来，间接的经历、知道等并不止这些，我们至少还可以有以下几种不同的间接经历、知道。一种是在前面的实例分析中所提到的通过各种与直接经历相关的媒体、传媒而获得的间接经历，这种间接经历相对于与特定的媒体、传媒相连接的直接经历及其对象而言是间接的，但对于媒体、传媒本身及其特定的报道的存在而言则通常是一种直接的经历。此外，还有一种间接经历，这种间接经历并不是相对于与之通过特定的传媒相关的直接经历而言的，而是相对于直接的感官的观察等而言的。有许多东西、事件的存在是可以通过直接的感官的观察获知的，但也有许多的东西、事件的存在是不可能通过感官直接观察到的，如距离我们非常遥远的宇宙中的某些事件及微观世界中的特定的东西、事件的存在等。一般说来，我们用肉眼根本不可能直接观察到细胞（蛋之类的除外）、细菌等，也不可能直接观察到遥远的类星体、几千万光年之遥的河外星系，但我们却可以通过显微镜和天文望远镜观察到它们。显然，这种观察相对于直接的肉眼观察而言是间接的，这种借助于显微镜、望远镜等而获得的对这些东西的存在的经历相对于通过肉眼直接观察而获得的而言显然可以说是一种比较间接经历。实际上，我们对许多的东西、事件的存在的知正是通过这种间接的经历而获得的。显然，与这种间接的经历相应一致的间接知道同通过前述的传媒而间接知道是有明显的不同的，前者所涉及的主要是一个知识、信念增长的问题，而后者则涉及的是一个知识、信念流传的问题。就人类知识的总量而言，无论流传的范围有多么广，流传的范围如何扩展，一般并不会直接影响其总量的大小，不会因此而直接导致其总量的变化（虽然关于某传媒说了什么、某人因此而知道了什么之类的特殊的知识可以在这种流传中增长，但这种增长实则是依赖于对这些传媒等的存在的直接经历），而通过望远镜、显微镜、云雾室、声呐等认识工具、手段而产生的间接的知、知识则直接增加了人类的知识的总量和视域。可以说，两者之间存在一种"源"与"流"的关系。这一点也进一步表明，并非只有直接经历才可以是"源"，也并非间接经历就一定是"流"。实际上，许多经历很难笼统地说是"源"还是"流"，这要看它究竟是对关于什么的知、知道而言的；如对前述的传媒的经历，就对该传媒所陈述的事情本身的存在的知、知道而言，该经历显然是一种间接的经历，但对该传媒究竟说了些什么等的知、知道而言，则又可以是一种直接的经历。可见，不能抽象地、绝对地说一种经历究竟是直接的经历还是间接的经历。

在此，还有一个与上述问题密切相关的问题需要讨论，这就是经历、知道与逻辑推论的关系问题。显然，知道还与以直接或间接的经历为前提条件的逻辑推论相关，然而，这又是一种怎样的关系呢？如果我们有了某种以特定的经历为前提条件的逻辑推论"T"，那么，就此逻辑推论"T"而言，是否也意味着我们间接地知道 T 呢？看来，这样说是成问题的，这是由于逻辑推论本身如果是必然的，则并不能使我们增加知识；如果是或然的，那么又不能保证其推论的真（如归纳、类比推理的结论），不能保证其推论揭示了一个事实。虽然通过以直接或间接的经历为前提条件的逻辑推论使我们有可能获得某种为真的信念，但即使通过它获得了某种为真的信念也不意味着就一定获得了某种知、知识。那么，这是不是说我们就不可能有对某逻辑推论"T"所断定的事的至少是间接的知、知识呢？看来，并非如此。就归纳推理而言，如果我们的以某种特定的具体的经历为前提条件的归纳推论"所有 S 都是 P"（一种特定的"T"）为真，那么，我们实际上已经有了对其所断定的事情的间接的经历，如果此时还有与之相应的、一致的信念，那么，我们实际上已经知道所有的 S 都是 P。或者说，这实际上已经意味着我们知道所有的 S 都是 P 了（这种情况看来并不适合类比推理，因为类比推理中的两个对象之间并非整体与部分、集体与个体的关系）。由此可见，我们确实可以有对某逻辑推论"T"所断定的事的知、知识，但（就上例而言）必须在确实有对这个 S 是 P，那个 S 也是 P 等若干事的存在的经历的前提下同时保证"所有的 S 都是 P"为真，方才意味着我们知道所有的 S 都是 P。很明显，"所有的 S 都是 P"这一普遍陈述并非只能是一种逻辑的推论，它完全可以不依赖于逻辑推理而产生，逻辑推理至多只是导向这一普遍陈述的途径之一罢了；故上述的普遍陈述与经历、知道等的关系问题，也完全可以是一个与逻辑推论无关的问题（就像我们在前面曾讨论过的那样）。

　　经历、知道与逻辑推论的关系问题中还有一个重要的问题，即我们是否可以由逻辑直接推知呢？显然，对上例中的逻辑推论所断定的事的存在的知并不是由逻辑推理直接推知的，而是由于我们对其实际上已经有了间接的经历，并且有与之相应一致的信念。那么，在何种情况下可以说是通过逻辑推理直接推知了呢？看来，只有一种情况，即若能够通过逻辑推理直接证明上述推论揭示了一个事实的话，那么便意味着可以由逻辑推理直接推知。然而，我们在前面已经说过，通过逻辑推理是不能够证明一个事实的，故我们实际上是不能通过逻辑推理直接推知的（但这却并不意味着我们就不可以知道某些逻辑推论所断定的事的存在）。值得注意的是，虽然我们不能由逻辑推理直接推知，但有些知、知道却是因"推"而后才有的，这是由于不少与我们的特定的知、知道实际相关的为真的普遍的陈述正是通过"推"而给出的（尽管它完全有可能不借助于"推"而给出）。

第六节 在何种条件下可以说"我知道"

前面我们讨论了如何便意味着我知道 T 的问题,这一问题与说"我知道 T"的问题既密切相关又有许多重要的不同。当我们或某些人说"我知道 T"时,我们或他们可能有各自不同的理由、目的,那么,究竟是什么使我们可以认可、接受这些说法呢?认为这些说法是正确的、恰当的呢?对此问题我们虽在前面也曾多次提及,但并未进行深入的探讨,在此,我们将专门讨论这一问题。

一 两种意义上的对知、知道的认可和接受

一个人在怎样的条件下才能知道 T、怎样才算知道 T 这个问题与一个人在怎样的条件下便可以说"我知道 T"并非一致,但两者又密切相关。一般说来,一个人知道 T,他便可以说"我知道 T",但并不尽然,这要看他说此话的目的是什么。他绝不是只有在知道 T 的情况下才可以说"我知道 T"的,而完全可以在其他众多的意义上说"我知道 T"。比如某人如果是练习发音,那么,他完全可以说"我知道 T"。此时,说"我知道 T"既不要求他必须相信 T,或相信"T"是真的,也不要求"T"必须是真的,T 是一个事实。某人学别人说话,开玩笑等都不必符合上述的要求。

看来,一个人可以在两种意义上认可自己说"我知道 T":一是就真假、认知意义而言的认可;二是就真假之外的其他意义而言的认可。就真伪意义上的认可而言,只要某人认为、相信他知道 T,那么,他就会认可自己说"我知道 T",就会认为他说"我知道 T"是可以认可的,是正当的、可以这样说的。而就真假之外的意义而言,一个人未必一定要首先认为、相信自己知道 T,然后才会认可自己说"我知道 T",才会认为自己说"我知道 T"是可以甚至是应该认可的,是正当的。若此人有某种其他的目的,如为保全自己的面子,掩盖自己的无知,或为了引起别人特定的反应,特别是为了做一件对别人有益的或相比较而言利大于弊的事,或出于某种善意等,他也可能会认可自己说"我知道 T",甚至会认为这样说是正当的,认为可以这样说。此时,他完全可以认为他实际上是不可能知道 T 的,或 T 实际上是不可能知道的(如果他认为"T"不

是真的的话)。也就是说，在上述情况下，某人可以就真假意义而言认为不可以说"我知道 T"，但却仍可以就其他意义而言认为可以说"我知道 T"（他也完全可以对"T"不置可否，既不肯定其真，也不肯定其假），而这完全是在两种不同的意义上所说的"我知道 T"。可见，可不可以说"我知道 T"的问题实际上通常涉及两种不同的意义层面，故不能笼统地回答是否可以说"我知道 T"这一问题。

我们在此可将真伪义称为"意义 1"，将其他义称为"意义 2"。意义 1 比较单纯，而意义 2 则比较复杂，它本身又可以含有多重意义，如我们在前面曾提到，说出"我知道 T"可以是练发音，可以是开玩笑，可以是为了附和别人的说法，为了与某人保持一致或不至于被人另眼看待，为了提供一种保证，为了使别人相信 T（尽管自己可以并不相信 T），为了使别人解除某种疑惑、烦恼等。一般说来，只要他认为这样说是有价值的，或利大于弊，那么，他就会认为可以这样说甚至应该这样说（对别人的说法的认可也是一样的，区别只在于立场不同罢了）。可见，意义 2 主要是出于价值方面的考虑。尽管意义 2 可以细分为多种次一级的意义，但这些意义通常都与价值相关。故不太严格地说，也可以将上述的意义 1 与意义 2 分别称为"真假义"（或"真伪义"）与"价值义"（严格地说，意义 1 也存在价值的问题，但比较特殊，有必要将它与其他的意义加以区别）。由于就价值义而言的说知道并不是我们在此重点关注的问题，故我们在下面主要讨论与真假义相关的说知道的问题。

二 就真假义而言的对"我知道 T"的认可、接受

就真假义而言，仍可以在许多不同的情况下说"我知道 T"。但至少有一点是清楚的，即当我知道 T 时，我可以且应该说"我知道 T"。就此而言，"我知道 T"的说法与我事实上知道 T 是一致的。但是，知道 T 意味着"T"是为真的且我对 T 有直接或间接的经历，而如果某人拿不出证据来我会认可他的这种说法吗？另外，如果我拿不出证据来别人会认可、接受我的这种说法吗？显然，要求我或某个说上述话者能够严格地证实或证明 T 等是不切实际的。但如果我们既无法严格地证实"T"为真，又无法严格地证实我们实际上已经有了对 T 存在的间接的经历的话，那么，即使我们实际上已经知道 T。或者说，实际上已经意味着我们知道 T 了我也是拿不出"我知道 T"之说为真的充分的证据、凭证的。

尽管如此，有一点却是清楚的，即我们完全可以在没有充分的证据、

凭证的情况下相信此时我们已经知道 T，相信我们已经对 T 的存在有了某种经历等。值得注意的是，虽然我知道 T 则我必定相信、认为 T，但此时我却未必相信我知道 T。这是因为我相信"T"为真，并不意味着我便同时相信"我对 T 有一种直接或间接的经历"为真，而若不相信后者为真，那么，我通常也不会相信"我知道 T"为真，从而也不知道我知道 T（如果此时我确实已经知道 T 的话）。尽管如此，只要我们相信自己或别人知道 T，那么，我们对"我知道 T"之说的认可、接受（就真假义而言）便是自然而然的事。同样，当一个人认为、相信他或我们知道 T 时，他通常也会认为他或我们说"我知道 T"不仅是可以接受的而且是理所当然的。

然而，要我们相信自己（特别是别人）知道 T 也并非都是件轻而易举的事，这比要我们相信自己（特别是别人）相信什么困难得多。我们相信自己相信什么可以说是一种最直接的相信了，而相信别人相信什么也一般并不需要此人能够提供充分的证据；但若要我们相信自己知道什么就没有那么容易了，特别是要我们相信别人知道什么就更困难了，此时，我们不仅要求此人应提供一定的证据，且要求此人能够提供尽可能充分的证据。虽然知道本身并不依赖于证据、凭证（不像相信那样通常要求有一定的证据、凭证），但相信或"说"知道却比相信或"说"相信对证据、凭证的要求严格得多，它要求有尽可能充分可靠的证据（在此，我们应特别注意不要将实际上知道或意味着知道与相信或"说"知道混为一谈）。显然，这种要求仅仅是对在何种情况下可以相信特别是说"S 知道 T"（就真假义而言）的要求。我们虽不能绝对地保证事实上 S 知道 T，也不能绝对地保证事实上 T 是真的，但在相信 T 及说"我知道 T""S 知道 T"时，应尽可能地保证"S 知道 T"及"T"为真。

从上面的讨论中可以看出，就真假义而言，说"S 知道 T"通常依赖于相信 S 知道 T。如果我们相信、认为 S 知道 T，那么，对"S 知道 T"之说法便会认可、接受。可见，问题的关键在于相信、认为知道；也就是说，上述说法能否被认可、接受的问题关键在于人们是否相信、认为 S 知道 T。更进一步，我或某人事实上知道 T 与说"我知道 T""S 人知道 T"（就真假义而言）的最重要的区别就在于后者实则依据的是我或某人对自己或别人是否知道 T 的信念。或者说，后者真正依据的是相信、认为 S 知道 T，而不是事实上 S 知道 T。实际上，也正是由于信与真、事实常常是不一致的，才使可以说"S知道T"（在真假义上）与事实上S知道T有所不同。故要搞清楚如何才能说及认可"我知道T"的问题，首先就要搞清楚我、我们特别是众人如何才该相信、认为S人知道T的问题，搞清楚此类信念究竟应如何确立的问题。

三 认可、接受的依据、凭证与理由

就上述的关于知道的信念应如何确立而言，最基本的要求便是应有证据、凭证、理由等。但是，我们似乎很难找到没有任何理由、依据、证据的信念、认识，也无法找到具有绝对可靠的理由、依据、证据的信念。那么，我们的理由、依凭、证据等究竟达到什么程度或具有怎样的理由、根据、依据等就可以说"我知道T"（就其真假义而言）了？

一般说来，直接的凭据被认为是很可靠的，如看到、听到、想到（对自己的心理事态而言）等，我们通常在相信我们直接看到、听到、摸到了什么及意识到某种内心事态时，便会相信自己知道了什么，从而也会认可我们在此时说知道什么。但直接的凭证所涉及的范围是很有限的，且这种凭据通常也是拿不出手的；如果别人问我要凭据，那么，我通常很难将上述凭据展示出来，而通常只是说"因为我看到了""因为我有直接的、亲身的经历"等。可见，这一类凭据对相信自己知道T而言确实是够充分的了，但对相信别人知道T而言则显得很不充分，故我们不应将相信我们特别是别人知道的凭据、证据、理由等局限于直接的范围内。

实际上，我们的绝大多数被认为是知识的东西是来自书本、别人的陈述、电视、网络等。或者说，是通过某种媒体、传媒而获得的；通过这些媒体我知道了很多的东西。但如果我无论看到某书上或听到某人及广播电台等上说了什么、有某陈述，便相信我知道什么并说我知道了什么的话，那也未免太轻率了。如果是这样的话，我便可以说我知道鬼神是存在的，知道后羿曾射下了九个太阳，知道弗兰西斯·培根就是莎士比亚，知道尼斯湖怪已经被捕获等。因为，种种上述情况都可以是据说的（根据某媒体的说法），我们的这些信念也是有凭证、根据的，其凭证、根据便是某些媒体、传媒的说法等。显然，尽管这样说未免太轻率，还是有不少人正是依此而相信他知道什么并说他知道什么的。在此，我们应注意将某人实际上是在怎样的情况下说他知道与在怎样的条件下才应该或可以允许、接受他说他知道区分开来。一个人在何种情况下有可能说他知道什么，这本身并不是我们真正要讨论的问题（实际上也无须

讨论），我们在此要讨论的且真正值得讨论的是如何才应该、可以允许、接受这样说的问题。

为了不过于轻率地相信间接知道并说间接知道，看来，对所依据的媒介、传媒本身就应有一定的限制。一般说来，媒体、传媒所传达的信念等所断定的事至少在我们看来应该是原则上可以经历到的。也就是说，我们至少应相信对某些媒体、传媒（如电视、网站、书报等）的直接经历同时也是对某一些东西的间接经历，且相信这种媒体如实地传达了关于另一些东西的信息。或者说，如实地传达了对另一些东西的经历的信息。如果该媒体、传媒真具有这样的性质，那么我显然可以说我间接地通过这些媒体而知道了。然而，我们又凭什么来保证媒体、传媒确实如实地反映了对另一些事情的经历呢？

看来，要保证媒体在传达信息时尽可能不走样，就应对媒体、媒介的可靠性做出要求，比如，首选正规的实况报道及被认为是经过检验核对后的调查研究文献资料等。尽管这仍不能保证这些媒体就反映了或能够绝对无误地如实地反映经历特别是直接经历的信息，但依此而说"我知道T"至少不像前面所说的对媒体、传媒及其可靠性不加任何要求地说"我知道T"那样轻率了（尽管理由还不算充分）。

对媒体加以限制看来很不容易，这是由于任何媒体都可能有失真的报道或有不真实的记载、陈述。我们至多只能对特定的出版社、编导、作者、期刊、电台等的可信程度、信誉度给出一个评级、排序，但也不能因此就保证某排序在前的出版社或电台等出版的书刊、发出的报道中的每一段都一定是真实可信的，而排序在最后的报道、陈述就一定不可信、不真实的。我们至多只能说，某些媒体很少有不真实的报道、陈述，有些则不真实的报道、陈述较多，甚至有些无良媒体（特别是网络媒体、网站）标题党横行，故意用危言耸听、华而不实、夸张扭曲、触目惊心、震撼劲爆的标题等吸引眼球、骗取点击率等。显然，这种对媒体的限制取决于对各种媒体的不同的信赖程度，但这并不能保证每一报道、陈述都是真实、可信的。

看来，我们还需要有另一些保障措施，如还需要对具体的陈述、报道加以限定等。比如，不光是一种媒体、传媒有某报道，而是众多媒体、传媒皆有与之基本一致的某种报道、记载、陈述，且无与之相悖的、对其否定的报道等。然而，这样一来，便得增加我们更多的观察、经历。

此时，我并不是仅凭某媒体的某报道、陈述就说我知道 T，而是凭多种媒体的同样的报道、陈述才说我知道 T。显然，这些同样的报道还应尽可能是相对独立的，而不是对某一报道的一连串的转载、转报，这样才可以更好地保证其真实性；然而，这样一来，我们又得对它们是否相对独立等加以考察。可以看出，这实际上涉及一个多方的证据、凭证的问题。如果我仅仅通过道听途说的"T"而相信知道 T，并认可自己说"我知道 T"，这种认可显然带有很浓的非理性色彩；如果我通过某一被公认的、权威的或值得信赖的媒体获得某报道、陈述"T"，我便相信我知道 T，并认可自己说"我知道 T"，则这种认可至少比前者多了些理性的成分；而如果我们通过某种值得信赖的媒体获得了某种报道、陈述"T"等，且获得了其他的同样值得信赖的媒体、传媒的某些与之相互一致、相互印证的报道、陈述等的支持，此时认可自己说"我知道 T"的理由虽还不能说就是充分的，但至少可以说是正当的。显然，如果我们在上述前提下还能对上述媒体等所述或所断定的事件 T 有直接的经历（如果真存在 T 的话），且我的以直接经历为前提条件的信念也与众媒体、传媒的报道等一致，那么，我认可、接受及采纳上述的"我知道 T"之说法的理由便显得相当充分了。然而，此时我已经不再是间接知道而是直接知道了。看来，如果我们不想禁止说间接知道即禁止自己或某人在未与某媒体所断定的事直接接触之前说知道它的话，那么，最多只要求在说"我知道 T"时有上面所说的那种正当的理由就可以了。显然，上述的正当的理由并未保证"我知道 T"真及"T"真，它至多只意味着在此条件下认可或接受上述说法的来自媒体方面的证据已经足够了，意味着这种认可、接受与媒体相关的理由是正当的。

实际上，认可、接受"我知道 T"的理由并不是仅仅来自与媒体相关的方面，许多"我知道 T"之说本身并不直接与媒体相关；即使与媒体相关，仅依据上述理由也是不够的。要有足够的理由，就不能仅对媒体及其报道加以限制，还应有来自媒体之外的其他的理由。这里至少还有一个基本的要求，即我们虽不能严格地证实一报道是为真的，但至少要求应该不认为它是假的或必假的。或者说，至少应认为它是可能为真的，我们有可能通过它而知道 T，否则我们认可自己或别人说"我知道 T"便仍旧是不合理的。

我们在前面曾说过，说"我知道 T"通常以相信自己知道 T 为前提条件，显然，这并不是一种非常严格的说法。这是由于人们并不是必须相信自己或别人知道 T，才能合理地认可说"我知道 T"。看来，这种对合理性的要求过于苛刻了，我们有必要放宽这种要求。实际上，当说"我知道 T"时，我们只要相信、认为我们至少有可能知道 T，这种说法便至少在最低限度上是合理的。也就是说，说"我知道 T"至少应以相信、认为有可能知道 T 为前提条件；而如果认为"T"假或必假，那么，就不应相信、认为自己可能知道 T，从而也不能合理地认可自己说"我知道 T"。一般说来，如果要相信、认为我或别人有可能知道 T，应满足两个条件：其一，我们至少应相信、认为"T"有可能是真的，不是必假的，有可能揭示了一个事实；其二，应相信、认为我或别人有可能通过某种途径知道 T。也就是说，有可能通过某种途径与 T 发生实际的接触、关联，对 T 有某种直接或间接的经历并从而知道 T。

如果一个人相信"T"有可能是真的，那么，他至少可以在最低限度上合理地允许自己说"我知道 T"（但这并不保证他实际上知道 T，及能知道 T）。如果此人根本不相信 T 或"T"有可能为真，那么，他说他知道 T，这必定是假话或谎话（但这并不意味着"T"便一定是为假的，而只是说，"我知道 T"这一陈述为假，而且是必假的）。显然，此人在这种情况下说"我知道 T"并非就一定是不能被认可的，但这种认可完全是在另一种意义上的认可。

一般说来，若按常规被人们通常认为是必假的陈述"T"，说"知道 T"通常是不能被普遍认可的。但人们并非因相信、认为"T"可能是真的及相信、认为某人有可能知道 T，便一定会允许某人说"我知道 T"，因为这里还涉及一个可能性大小的问题。如果认为可能性很小，人们一般也不会轻易认可某人说"我知道 T"的。通常，大多数人会在认为某陈述为真的可能性至少不比为假的可能性小时，才会认可某人说"我知道 T"。这与人们通常认可自己说"我知道 T"不完全相同，人们一般在相信、认为"T"是真的，而不是可能是真的，或真的可能性比假的可能性大时，才会认为自己可以说"我知道 T"。可以认可某人说"我知道 T"并不意味着"T"是真的，即使"T"是真的，也不意味着此人事实上就知道 T，某人对自己在何种情况下可以说知道 T，与对别人在何种情况下可以说知道 T 的要求也是不一样的。我们不能禁止说我们认为有可能为假的话，我们最多只能禁止说必假的话、给出必定假的陈述。

那么，凭证、理由究竟达到怎样的程度便可以认可说"知道 T"？可以说"知"与不可以说"知"两者之间的界限何在呢？看来，这两者之间并不存在一个截然分明的界限。我们如果否定了、放弃了两极，那么，便有必要引入牵强度的概念。也就是说，我们虽可以承认我们可以说知道 T（就其真伪义而言），但在凭证、理由不同的情况下说"我知道 T"却存在一个牵强度的问题，在某些条件下说"我知道 T"的牵强度可以远小于在另一种条件下的牵强度（关于牵强度可参见前章）。当牵强度小于等于 0.5 时，一种说法是可以接受的，而当牵强度大于 0.5 时，其可接受性较差，但仍旧可以在一定程度上认可它。这里的"一定程度的认可"是与牵强度的大小恰好相反的。比如说，某说法的牵强度为 4/5，或 80%；那么，其认可度则为 1 – 4/5 = 1/5（或 20%）。也就是说，该说法只具有 20% 的认可度。

看来，可以用"认可度"（设为 R）来区别各种情况。认可度可取值为 0 到 1，若认可度远小于 0.5，则只能在一定程度上认可，但却很难说就可以接受；当认可度在 0.5 左右，则可以接受，也可以不接受；认可度大于 0.5 时，接受比不接受更为合理；认可度接近 1 时，则不仅是可以接受的，而且是可以采纳的、采用的。

第十一章　信念与价值

信念与价值之间有复杂的关系，由于价值问题本身非常复杂，在此章中我们并不打算涉及有关价值的大多数重要问题，而只是讨论与信念相关的价值问题。这一类价值问题主要涉及两个方面：一方面是关于价值的信念，另一方面是信念本身的价值。这两个方面又分别引发出另一些与信念和价值两者皆相关的问题，如评价问题、价值真理及真理的价值问题等。

第一节　评价与关于价值的认识、信念

我们的认识、信念涉及世界的众多方面，据此可以将认识、信念分为不同的类型。在第三章中我们分别讨论了众多的不同形式的信念也曾提及关于价值的信念，但并未展开深入的讨论。不过有一点在前面已经提及，即存在有大量的与对象的价值相关的信念，其主要包括对对象有无价值、有何价值、有多大价值、哪个对象更有价值等的信念。

评价也涉及对对象的价值的看法，涉及对对象有无价值、有何价值、有多大价值、谁更有价值等一系列问题的回答，涉及对上述问题的看法、态度等。就此而言，评价与认识、信念有一致之处，特别是与关于对象的价值的信念密切相关，但评价并不等于后者。

评价本身有两种基本的形式、存在形态，即内心的和外在的形式、存在形态。这两种存在形态并非总是一致的。外在的语言、言语可以表达我们对某一对象的价值的看法，但它并非一定要表达这种看法；实际上，经常会出现心口不一的情况。当两者不一致时，通常应以内心的看法为主、为准，此时的言语陈述并非真心话。我们虽原则上能够想怎么说就怎么说，但却不一定怎么说就怎么看。评价虽应以内心的看法为主、

为准，但对于外界、他人直接产生影响的则主要是外显的言语评价。也就是说，就一个人究竟是如何看待某对象的价值而言，应侧重于其内心的看法；就社会影响等而言，则应侧重于其外显的言语陈述等。这是评价与关于价值的认识、信念的一个重要的区别。一般说来，一个人对某一对象的价值的认识、信念与对其的表达应该一致，如果不一致，其外在的言语陈述便并没有真正表达该人的内心的看法。当意识到两者不一致时，此人通常会认为其表述有误、应该改正；但对于评价则不然，一个人经常会默认自己所说的那些言不由衷的话，他甚至会认为在许多情况下不讲出真心话要更为可取。之所以如此，是由于评价与关于价值的认识、信念的侧重点有所不同，这可以看成是评价与认识的更深层次上的区别。

评价与关于价值的认识、信念一样，都是有真伪之分的，但前者的侧重点通常并不在于求真，不在于满足于追求一种为真的信念、对价值的正确认识。评价包含对价值的信念、认识在内，但它并不局限于此，它还包含着对该对象的态度、情感，并直接影响着与该对象相关的行为等。故不能将评价简单地归结为对价值的认识。

评价本身通常包含一种建议和祈使。从语言的角度看，评价语句是一种有意味的陈述句，一种具有祈使句功能的陈述句，一种关于特定的应该如何的陈述句。当我们说"做A事是好的"时，它通常意味着应该、最好做A事，做A事是应该赞扬的。也就是说，上述评价语句与"应该做A事""做A事应该赞扬""请做A事！"等语句之间存在某种程度的对应关系。"做A事是好的""我们应该做A事"这些陈述句与"请做A事！"这一祈使句的主要区别只是在语言形式上，就其意义而言则是基本一致的。当然，并非所有的评价都有比较明确的上述对应句式的存在，这至少说明，评价与对价值的认识、信念是有质的区别的，评价更侧重于"意味"其次才是"真伪"。

评价与关于价值的信念的区别还在于前者通常与情感直接相关，这是评价语句的另一意味；即它通常还直接表达了评价者对其所评的对象的好恶等情感。如"B是好的（或美的、善的等）"这一评价语句与"我喜欢B""B引发我良好的情绪反应"等一类陈述句之间也有对应一致的关系。由于评价语句通常都同时至少带有这两种"意味"，故不能将评价归结为对对象的价值的认识，归结为关于对象的价值的信念。

评价所带有的上述两种"意味"不仅冲淡了关于某对象的价值的认识、信念的真伪问题，而且在许多情况下对这种"意味"的追求往往压过了对某对象的价值的认识的"真"的追求。也正因为如此，评价不像认识、信念那样，它不仅在许多情况下允许、认可心口不一，甚至还有意识地、别有用心地这样做。

第二节 关于真理的价值及价值真理

信念是有真伪之分的，为真的认识、信念是包含真理性的信念。或者说，真理是为真的信念所具有的内容。真理作为与客观事物及其规律对应一致的陈述，作为正确地揭示了某种特定的事实的陈述具有双重的价值，即追求价值和能效价值，而后者最主要的便是指导实践的价值。实践价值不等于能效价值，真理的能效价值是多方面的，除了能够指导实践外，所获得的真理性的认识本身还可以对人直接产生作用，引起人的一系列的精神心理反应，引发人们的情感、情绪等反应，并进而引发相应的生理反应。由于真理本身是有价值的东西，故它还具有交流、存储等价值。

求知欲是人的基本的欲求之一，获得真理本身就是对人的求知欲的满足，就此而言，真理具有认识、追求价值，它是作为一种特殊的实践活动的认识活动（认识V）所追求的对象和想要达到的目标。人的欲求、需要是多样的，人的求知欲并不是孤立的，它总是与其他的欲求、需要联系在一起的。人对真理的追求和把握不仅是为了满足求知欲，更重要的是为了通过所获得的这些具有真理性的认识、信念来指导实践、改造世界，达到人们的其他目的。可见，真理既是目的又是手段，它主要是一种手段、工具，是正确指导实践的工具。也就是说，真理的价值更主要的是其指导实践的价值而不是认识价值。认识世界的更深层的目的是改造世界，但获取正确的认识、信念本身又是正确指导实践的逻辑前提。

价值真理与对价值的正确认识和评价密切相关，对价值的正确认识与正确评价也密切相关，但又有区别（后者包括前者在内）。价值认识、关于价值的信念只涉及对对象有无价值、有何价值等的认识或信念这一层面，而不直接涉及评价的其他层面。任何认识、信念都有真伪之分，对价值的认识。或者说，关于价值的信念也不例外。对价值的正确认识也同样是包含真理性的认识，故也可以说是包含价值真理的认识、信念。许多人不承认有价值真理，其主要理由是，同一对象对不同的人及对不同处境中的同一人而言其价值可以是不同的甚至是相反的，同一对象的价值是因人而异的，对其的评价也是因人而异的，故无价值真理可言。显然，这种说法是不妥当的，同一对象的价值因人而异，这只是表明，对价值的认识本身是包括对参照系的确立在内的。A人说"S是好的"，B人则说"S是坏的"，表面上看起来这两种说法是矛盾的、相悖的，其实它们不过是一种省略表达。A人的说法通常可以详述为"S对A而言是好的"，而B人的说法则为"S相对于B而言是坏的"。"S是好的"与"S是坏的（不好的）"这两个表面上看起来是相悖的陈述，只要补上省略掉的成分，就可以看出两者并不是相悖的，它们分别断定的是不同的事。两者都能成立并不意味着我们对同一事件的两个相悖的断言都是真的。上述的省略表达式恰好是将不同的地方省略掉了，故表面上看起来成了两个相悖的陈述。严格地说，"S相对于A而言是好的"中的"A"还可以更具体地指明是处于何种条件下的A，是A的哪个方面等。S对处在不同内外条件下的A、对A的不同方面而言，其价值也可以是有异的，但这仍是一些不同的事件。在上述条件皆同的情况下，对价值的正确判定是一元的，而不是多元的，故存在价值真理。

第三节　与参照系相关的信念

说A人的陈述"S是好的"通常是相对于A人自身而言的，并不意味着此话只能相对于他自身而言，参照系只能是他自身。一个人时常是以自身为参照系来认识和评价某对象的价值的，由于作为参照系的每个人都有不同的经历、社会地位、心理生理状况、处境等，故都是一些不同的参照系。由于参照系的不同、具有多样性，故对价值的认识、关于价值的信念也有不同或具有多样性，这是正常的。但参照系并非只是个别的、特殊的，还可以有更为一般的参照系。实际上，以个人及其利弊得失为参照系的对价值的认识、关于价值的信念只是关于价值的认识、信念的低级的、个别的形式；还可以有以某个群体、社会乃至全人类的共同的利弊得失等为参照系的关于价值的认识、信念，这才是关于价值的信念的高级的、普遍的形式。参照系越是普遍、一般，相对于该参照系而言的关于价值的认识、信念就越具有普遍意义。上述的 A 人所说的"S 是好的"中的"好"也完全有可能是相对于某一群体、民族乃至全人类而言的"好"，是以特定的群体为参照系，故不能想当然地将参照系视为此人自身。显然，相对于上述参照系而言的"S 是好的"是比相对于 A 人自身而言的"S 是好的"更具普遍意义的陈述、判断、信念。

由上可见，关于某一对象的价值的认识、判断、信念与其说是因人而异的，不如说是因参照系而异的。在特定的条件下，就同一参照系而言，价值真理不仅存在，而且只有一个，并不是多元的。如果事实上 S 对 A 人而言是好的，那么，无论谁说"S 是好的"或说"S 是坏的"，只要说者指定的参照系是 A 人，是同一个参照系，那么，其正确的认识、信念都是一样的。比如，上述的 B 人所说"S 是坏的"所指定的参照系如果是 B 人自身，且实际上 S 相对于 B 人而言是坏的，那么，该陈述便是为真的；但若 B 人指定的参照系不是自己，而是 A 人，那么，在此条件下，B 人所说的"S 是坏的"便是伪的。可见，形式相同的话如果指定的参照系不同，其真伪是不一样的，就某参照系而言是真的，就另一参照系而言则可以是伪的。这里的参照系不仅可以是不同的人，还可以是不同的规定、规范等。

关于价值的信念的真伪与参照系的选取密切相关，但并不能说这就是关于价值的信念与关于其他对象的信念的区别特征。实际上，不仅关于价值的认识、信念存在一个参照系的问题，对一切对象的一切方面或关系等的认识、信念，即我们通常所说的对事实的认识都存在一个参照系的问题；只是对其他对象的认识的参照系往往具有高度的一致性，以致我们通常忽略了它的存在。但这种高度的一致性并不意味着就没有差别，如伽利略、洛克等就曾区分过第一性的质与第二性的质。人们通常认为，其中第二性的质是因人、因参照系而异的（比如色、味等），而第一性的质通常并不以人或参照系的不同而有什么差异。伽利略就曾明确表示物理学研究的对象是事物的第一性的质。实际上，之所以会有这种区分，一个重要的原因便是混淆了人和参照系。事物的有些性质看起来是不因人而异的，但这并不意味着其不因参照系的不同而异。实际上，对事物的某些性质而言，不同的人是一些不同的参照系；但对事物的另一些性质而言，不同的人则可以属于同一个参照系。对某些所谓的第一性的质而言，实则是由于人们有同一的参照系或差异小得可以忽略或非常难以察觉其不同的一些参照系使然；但这并不表明，对事物的这些性质的把握人们总是处于同一参照系中。比如，处在两个相对运动的宇宙飞船中的人，或一个处在飞速运动的飞船上的人和一个处在地面上的人相对于事物的某些所谓的第一性的质而言便是分属两个不同的参照系的。对事物的这些性状的认识、信念便会因参照系的不同而异。

由参照系的不同而导致的对"同一对象"的认识、信念的矛盾、相悖只是一种表面上的矛盾、相悖，这是由于忽略了参照系而使然的。如果考虑到不同的参照系，那么，它们便是一些关于不同的事件的认识、信念，并不存在真正的冲突，并不意味着对同一事件可以有相悖但都是正确的认识、信念，也不会导致真理多元论。由于任何认识、信念都存在一个所依据的参照系的问题，故不能说，参照系问题是关于价值的认识、信念所独有的。但有一点是清楚的，即关于价值的认识、信念的参照系问题更为突出，且与关于其他事实的认识所依据的参照系是有很大区别的。关于其他事件的认识、信念所依据的参照系和关于价值的认识、信念所依据的参照系虽都可以是某个特定的人，但两者所依据的方面却有所不同，前者主要与人的感官及与对象相对而言的运动状态、作用方式等的特异性有关，后者则与人的情感、欲求、愿望、需要等的特异性有关。与人的感官等的特异性相关的认识、信念关涉到前面所说的对象事物的第二性的质，而和人与认识对象的相对而言的运动状态、作用方式途径等外在关系的特异性相关的认识、信念则涉及众多的第一性的质上的差异。就此而言，与价值等相关的认识、信念可以说是关涉对象、事物的第三类的质。它们虽然有所不同，但就都是相对于参照系而言的这一点来说，它们又有一致之处、相通之处。关于价值的认识、信念可以看成是一种与特定的参照系相关的认识、信念，即与人的情感、欲求、愿望、需要等参照系相关的认识、信念。这种认识、信念正如前述，并不仅是以个人的、私人的情感、欲求、愿望、需要等为参照系的，这种情感、欲求、愿望、需要等更主要的是群体的、民族的乃至全人类的。以后者为参照系的关于价值的信念、认识不仅具有普遍意义，从社会整体的角度而言，也具有更为重要的意义，是更值得我们关注的认识、信念。参照系涉及的范围越广，与之相关的信念被社会认同的程度就越高，社会化程度也就越高，就越具有普适性。不同的群体、阶层、民族等由于其对某些对象的认识、信念所依据的参照系与其他群体、阶层等不同，而同一群体成员所依据的却是同一的或基本相同的参照系，故才有基本一致的信念，特别是关于价值的基本一致的信念。

第四节　参照系与坐标系、立场

参照系与坐标系、立场有一致之处。可以说，后者是一种特殊的参照系。参照系大多是可以轻而易举地选取的，但坐标系则不然，它涉及一个人的立场问题。立场通常是受其他因素制约的，是比较稳定的，轻易不会发生变化的。一个人可以相对于不同的参照系而说不同的话，但其立场、坐标系却是很难改变的，其改变要依赖于其他一些因素的改变，如一个人的社会地位、社会关系、经验阅历、学识能力等；而这些方面的质的变化不是轻而易举的事。A 人不仅可以以自身为参照系而断言 S 对他而言是好的，他也可以比较容易地换上另一个参照系，如他同时也可以断言，S 相对于 B 人而言是坏的；或者说："若以 B 人为参照系，那么，S 是坏的"。但是，他通常在后一种情况下不会省略对参照系的说明而直截了当地说"S 是坏的（或好的）"。即使 A 人明白 S 对 B 人而言是坏的，他通常也不会因此而排斥 S。对参照系的选择与拒斥或接纳并不直接关联，但立场、坐标系则与这种拒斥或接纳、追求直接相关。正如前述，"S 相对于我而言是好的"与"我喜欢 S""我应该接纳、追求 S"等语句之间有内在的关联；而"S 对 B 人而言是坏的"则与"B 人不喜欢 S""B 人不希望获得 S""B 人拒绝接纳、追求 S"等有内在的关联。我不能因 B 人不喜欢、拒斥 S 便也跟着不喜欢、拒斥 S。如果 S 真的对我而言是好的，那么，我一般不会因为 B 人与我在看法、情感、态度等上的不同而去迁就他；我照样会喜欢 S，希望获得 S、接纳 S 等。也就是说，尽管我可以理解、可以认为 S 对 B 人而言是坏的，但我通常却会坚持自己的立场（不排除迁就别人的情况）；因为，这种立场主要不是与认识、信念相关的。我可以以别人的立场、坐标系为参照系而增进对别人的理解，但我却很难放弃自己的立场、坐标系而站在与我相对的人的立场上说话特别是办事。这是由于，我的立场与我的利弊得失等是密切相关的，如果我站在与我相对的人的立场上，那么，我实际上是自己反对自己。

由上可见，立场通常是比较牢固的，难以改变的，如果单就认识、理解而言，我可以通过改变参照系而对别人加以认识、理解，参照系可以变来变去；但如果目的不在于认知、理解，而在于表达自己的情感、向自己发出指令、提供行动方案等，那么，与这些事件相关的参照系则是不会轻易改变的。也就是说，立场、坐标系是不能随意改变的参照系。可见，与认识、信念、理解相关的参照系通常可以随意改变、换取，但与价值取向、追求相关的参照系则是不能随便换的，故可以说立场、坐标系主要是与价值取向、追求相关的不可以随便更换的参照系。

立场、坐标系本身也是一种参照系，但又有自己的特殊之处，它与其他参照系的不同不仅在于其不能随意更换，且在于这种参照系通常并不是自觉地选取的，而是自发地或习惯式地具有的。换句话说，它可以看成是一种"惯性系"。不同的人可以是一些不同的惯性系。要从一种惯性系转变为另一种惯性系，此人本身必须发生重大的变化，这种变化包括内在的变化和与外界的关系的变化，其主要涉及一个人的性情、意志、欲求、愿望、经验阅历、社会地位（包括经济、政治、学术等方面的地位）以及社会关系等方面的重大变化、质变。这些重大的变化涉及心理、生理、行为方式、处境、社会关系、外在环境等诸多方面。如果在这些方面仅有一般的量的变化，而无质变，那么，该人仍旧处于原有的惯性系之中。立场的改变是困难的，但并不是不能改变的；立场也不仅仅与个人有关，可以有某个集团、阶级、民族乃至全人类的各种不同层次的立场。

立场、坐标系在所有的参照系中具有优先的地位。比如，我国与别国进行足球比赛，尽管我们可以相对于不同的参照系来探讨谁胜谁败的好与坏的问题，如我们可以确信，相对于我国人这一参照系而言，我国赢别国输是好的；而若要以别国人为参照系，那么，我们输他们赢则是好的。尽管如此，我还是希望我国赢。尽管别国赢我国输对别国人而言是好的，尽管我可以以别国人为参照系谈讨好与坏，但我却通常不会站在别国人的立场上。因为，我方赢他方输确实对我而言是好的，他方赢我方输对我而言是坏的，我一般总会希望好事发生，而不希望坏事落到我头上。如果一个人总希望对他而言的坏事发生，那实在是荒谬可笑的。在此，我之所以会选我方为参照系，并不就说明我方赢他方输无论对谁而言都是好的，而是由于它对"我""我们"而言是好的。这似乎表明我（包括"小我"和"大我"）是比他（"小他"与"大他"）在价值上优先的参照系。尽管他方赢我方输对他、他们而言是好的，但对在价值上优先的参照系即"我"而言是坏的。我、我们虽不能说是一个在认知上具有优先性的参照系，但却常常被看成是一个在价值上具有优先性的参照系。

一般说来，如果我仅仅是要搞清"S是好的"这句话相对于何参照系而言是真的，相对于何参照系而言则是伪的，那么，我可以选取各种不同的参照系；但如果我还想要搞清楚"S是好的"对我而言是否为真，此时，我已经将参照系定为我了。这里存在两个不同的问题：一个是参照系的变换、选取的问题，另一个是某特定的参照系自身的变化问题。或者说，一个是相对于某特定的参照系而言有无价值、有何价值（正与负等）、有多大价值的问题，另一个是相对于作为特定的参照系的事物（主要是特定的人）本身而言，是否可以从一种特定的参照系变为另一种参照系的问题。立场、坐标系问题看来更主要的是一个与人的行为相关联的参照系的问题。某人选了什么样的参照系，并不意味着他就具有了特定的立场，处于特定的坐标系之中。比如，A人可以说"相对于B人的参照系而言S是坏的"，但这种对S坏的断定并不会因此便导致A人做出与坏相应的反应行动（所谓相应的反应即是指趋利除弊、求好弃坏等）。只有当一个人所选取的或依据的参照系是其自身时，即相对于A人自身而言S是坏的，该人通常才会采取相应的行为。也就是说，一个人的相应的行为与其立场密切相关，与立场直接相关的评价特别是内心的评价密切相关。

我做不做M事，主要取决于以我自己为参照系做M事好还是不好，但也不尽然，这里涉及一个利己与利他的问题；不过，利己、利他的选择最终也是由我自己做出的、决定的。更进一步，以我之外的其他的参照系为参照系，这本身也是我认为的、确信为其他的参照系的参照系。我认为是站在其他人的立场、角度上看问题，但并非其他人真的就是这样看的。比如，我认为某人现在需要某种帮助，并因此而去"帮助"此人，但此人很可能并不需要这种所谓的帮助，此人并不认为这样做便是好的，他可能会认为我的所谓的"帮助"实则是帮倒忙，对他是有损的等。可见，所谓的以其他人等为参照系，实则首先是以我所认为的是其他人的参照系为参照系的，在此，首先依据的仍是我的信念。我所认为的是，某人的参照系并非就一定是该人的参照系，但也不排除我的这种认识、信念是为真的。如果是为真的，那么，我所认为的是该人的参照系（更确切地说，应是立场、坐标系）便与该人实际上所依据的参照系（立场、坐标系）是一致的、同一的。可见，这种同一性只是或然的，两者之间并非是必然同一的。换句话说，一个人的关于何为 A 人（一个特定的他人）的立场、坐标系等的认识、信念不仅有可能是错的、伪的，而且带有相当程度的想当然的成分。

第五节　真理、信念与功用

关于真理与有用、功效的关系问题，是哲学界争议较多的问题。这一问题既涉及认识问题又涉及价值问题，也是认识与价值的关系问题中的一个突出的问题。下面拟就此问题进行深入的探讨。

一　观念、信念与效用

有用、功效可以视为一种特殊的价值。与之相关的认识、信念也存在一个真伪的问题，真理的问题。说观念、信念等的真伪也就是其实用、效用意义上的真伪，这显然是不妥的。但如果我们不排除还有其他意义上的真伪的话，上述对观念、信念等的真伪的看法至少在实用、效用意义上还是可以说得通的。将真伪、真理与实用价值、功效联系起来考察是实用主义的一大特色，我们不排除有些实用主义者确实有将真理与价值、有用混同，视为同一的情况（这是令人难以接受的），但如果将实用主义所说的真理理解为一种特殊的真理，即价值真理、实用真理则是具有合理性的。严格地说，一观念的可以预期、想到的效用、效果与关于某东西（如某观念）的效用、效果的观念、信念是有区别的。一观念、信念本身是否具有某种效用、效果并不依赖于我们是否相信这一点。一种有用的观念、信念本身并不能说就是真理，就是真的；它可以是为真的，也可以是为伪的；即使它是为真的，也不能说就是价值真理、实用真理。价值真理、实用真理是相对于关于某东西是否具有某效用、价值的观念、认识、信念等而言的，它也包括关于观念、信念的效用、价值的认识、信念。关于某观念是否具有某效用、价值的认识、信念只是关于某对象（不一定是观念、信念，还可以是其他的东西）的效用、价值的认识、信念的一部分。故与前者相关的真理也只是价值真理的一部分。

就关于某观念、信念的效用、价值的认识、观念、信念而言，确实存在真伪的问题，且这一真伪问题也确实与效用、价值等相关。对一观念的价值的认识往往也就是对其有用性、实用功能的认识（对其他东西的价值的认识则不能说仅仅是对其有用性、实用性的认识）。如果该观念确实具有人们所认为、相信的那种功效、效用的话，那么，对这一观念、信念的价值与上述一致的认识、信念便是真的，否则便是伪的、假的。而如果我们认为、相信某观念、命题、信念等具有某种预期的、可想到的实用的、经验的意义，但实际上它的这种预期的效用、效应却是不可兑现的。或者说，实际上它并不具有这种实用、经验的意义，那么，在此意义上它就是伪的；反之，则至少在这种实用意义上是真的。

需要说明的是，这里涉及至少两种不同的真伪问题：一是某信念、观念本身的真伪问题，二是关于该信念是否有用、有效的观念、信念的真伪问题。设前一信念、观念为 A，后一信念、观念为 A′。显然，A 的真伪并不是由其是否有用规定的。A 是有用的，并不说明 A 就是真的，无实际效用的也不说明其就是假的、伪的。A 的真伪与其是否有实际效用等并不直接相关。与 A 是否有用直接相关的是 A′，更确切地说，是关于 A 是有用的、有效的断言、认识、信念。正是"A 是有用的、有效的"（即 A′）这一信念、陈述的真伪是与 A 事实上是否有用直接相关的。如果事实上 A 是有用、有效的，则 A′（即"A 是有用的、有效的"）是真的；如果 A′是真的，那么，A 便是有用、有效的，两者是一致的。此时，说 A 是有用的也可以说 A′是真的，说 A′是真的。也就是说，A 是有用。但这决不等于"A 是有用，故 A 是真的；A 是真的，故 A 是有用"。因为，A 和 A′是两个不同层次的观念、信念，不可混为一谈。如果关于 A 是否有用的信念为"A 是无用的"（A′是一个否定式的陈述、信念或者观念），那么，情况恰好相反：若 A 是有用的，则 A′便是伪的；若 A′是真的，则 A 是无用的。

由上可见，只是在很有限的范围内才涉及真与有用的关系问题。只有关于 A 是否有用的断言、认识、信念的真伪才与 A 实际上是否有用直接相关，才存在前者（A′）的真与后者（A 是有用）两者是一致的，具有一致性的状况。显然，在此是 A′的真与 A 是有用两者是一致的，具有一致性，而不是 A 的真与 A 是有用两者是一致的，具有一致性。A′ 与 A 是两个层次不同的陈述、信念和观念，不能将两者混为一谈。显然，如果 A 指的不只是特定的观念、信念，而是指其他的对象，如桌子、电视机等（A 完全可以用来指其他的东西，而不仅仅局限于陈述、信念和观念），那么，关于桌子、电视机是否有用的观念、信念的真伪也是与桌子、电视机等是否有用直接相关的，具有一致性的。但桌子、电视机本身是实在的物质性的东西，而不是观念、信念，故其本身并不存在真伪问题、真理问题。桌子（A）无论是有用的还是无用的都不可能成为真理，只有"桌子是有用的"的断言、信念等才存在真伪问题、真理问题。但若 A 指的是特定的观念、信念，那么，不仅"A 是有用的"这一观念、信念存在真伪问题、真理问题，且 A 本身也存在真伪问题、真理问题。

二　好的、有用的真理

我们虽不能同意有用即真理，但却不能否定还有一些非真理性的有用的观念、论断、信念。此外，我们通常总是说，真理是有用的，但有用未必就是真理。这似乎表明，凡真理、为真的观念、信念都是有用的，似乎真理与有用的观念之间存在蕴含关系，真理蕴含着有用的观念、信念，是真理必然有用；反之则不然，看来这种说法还需深究。首先，凡真理都是有用的吗？看来，我们确实很难说某东西是真理但却是没有任何用处的，但对有用、有效至少可以做以下的分析：有用、有效首先可以有泛指的与特指的之分：就泛指的有用、有效而言，似乎很难说有某真理但却是没有用的，无任何效用的；但就特指的有用、有效而言，则存在有某真理但却无某特定的效用、实用价值的情况。比如，效用、功效可以有正负之分，还可以有大小强弱、轻重缓急之分；真理的效用、效应还可以有现实的与可能的之分；可能的效用、效应又可以有当下的可能性、技术上的可能性、逻辑上的可能性等之分。这些不同的效用、功效对我们来说，其重要性显然是不同的。也就是说，不同的真理、为真的认识、观念、信念等的地位并不是平等的，这些真理和为真的观念、信念对我们来说不可能都是同样重要的，我们不可能不分主次、轻重、缓急地皆去追求之。对我们来说，真正值得追求的是那些对我们而言是有用的真理、为真的观念、信念。如果我们漫无目地地为获取为真的观念、真理而获取它，并非就是一件有益的事。我们首先要获取的是能解决我们所面临的重大的实际问题的或对解决这些问题有帮助的真理、为真的信念，而不是获取那些能解决某些无聊的问题、对我们来说根本不值得去解决的那些问题的真理、为真的信念、观念。实际上确实有许多所谓的真理，许多为真的信念、观念只与解决某些无关紧要的问题乃至是无聊乏味的问题相关，甚至还有一些为真的信念、真理主要对做坏事、丑事、恶事等有帮助，是其帮凶。

实际上，对于绝大多数人来说智商是差不多的，那么为什么有些人可以干出一番大事业来，而有更多的人一辈子则是平庸无奇、碌碌无为呢？虽然原因很多，但是一个重要的，甚至是根本性的原因便是后者把绝大多数的精力花费在了一些世俗的事情上，甚至是乏味无聊的事情上，这些人中不乏聪明伶俐之人，喜欢思考问题和发表自己的意见和见解的人，然而他们所关注的大多数都是一些对社会人生而言都不具有重大意义、无关紧要的事，甚至大多是一些乏味无聊的事。有些人整天泡在网上、网吧中但并不是在通过网络学习一些对社会人生有重要意义的知识和技能等，而是在关注关于某些明星等的绯闻轶事、打游戏、淘宝购物、网上聊天等。这些人中也有不少人关心国家国际大事，甚至不时地还发表些自己的意见和看法，或者对其他的评论点赞或进行批判等，但其行为对国家国际大事的进展和改变等却没有丝毫的影响，许多辛辛苦苦写出来的自认为是表达了自己的某种真知灼见的帖子还会不停地遭到被网管删帖的待遇。实际上，一个人醒来后到下一次睡觉期间，几乎不停点地处于认知和思考之中，这对任何一个人而言都是一样的，区别主要在于认识和思考的都是些什么东西？对于时间而言，上帝是公平的，如果不出现夭折的情况，大多数人的寿命相差不多，每天从事认知和思考的时间也差不多，问题的关键在于在此期间认识和思考的都是些什么东西？就真、为真的认识信念、真理或者说观念而言，在此期间每个人所获得的就数量而言差不了多少，关键是某些人的所获中包含有大量的对社会人生等具有重要意义和价值的为真的认识信念、真理或者说观念（并不全是，只要有相当的一部分就行了），而对于大多数人而言，其所获中几乎没有对社会人生等具有重要意义和价值的为真的认识信念、真理或观念，除了无关紧要，便是乏味无聊。正因为如此，对我们来说，确实存在一个应该追求哪些真理，哪些为真的观念、信念，哪些观念的问题。虽然真理、为真的信念、观念等本身通常并不直接包含好坏、善恶，但就其功效而言，在特定的条件下，确实与这些问题相关，且与双方相关的程度是不相等的。有些真理、为真的陈述和信念在特定的条件下与好、善、美等在相关度远大于与坏、恶、丑的相关度，有些则恰好相反；有些真理、为真的信念、观念关涉人类社会所面临的一些重大的、必须解决甚至亟待解决的问题，有些则关涉人们所遇到的一些无足轻重，甚至是乏味无聊的问题。正因为如此，我们不应对所有的真理、信念、观念一视同仁，我们不是不加选择地去追求所谓的真理、为真的观念和信念，而是要去追求那些能够给我们带来更高的价值的、更有用的，特别是具有正面价值的真理、为真的信念、观念。或者说，我们应该追求好的或更好的真理、为真的信念、观念。尽管我们很难找到没有任何泛指的功效、效用的真理、为真的信念、观念，但我们却可以找出大量的不具有我们所特指的好的、重要的功效、效用的所谓真理和为真的信念、观念。这后一种真理、为真的信念，虽然我们很难说它们不是真理、不具有真理性、不是为真的信念，但却至少可以说它们中的绝大多数实在有些不配被称为真理，或我们实在有些不齿于将其称为真理。我们不排除一真理可以同时具有好的效用和坏的效用，或更一般地说同时具有正面价值和负面价值，但就其整体而言，确实存在一个总的说来为正还是为负的问题（因为其正负两方面的价值往往是不对称的）。如果正远大于负，那么就其总体而言便为正；如果负远大于正，那么则刚好相反。如果正负两方面的价值难分伯仲，则就其总体而言该真理对价值而言基本保持中立，具有中性价值。需要注意的是，价值的大小与价值的正负是两个不同的问题，保持价值中立是相对于价值的正负而言的，中性价值并不是没有价值，而是就总体而言很难说偏向于正还是偏向于负的价值。

我们通常认为真理是保持价值中性的，这种根深蒂固的认识、信念看来是成问题的。由上述分析可见，并非所有真理都是价值中立的。实际上，很少有对价值而言完全保持中立的真理。换句话说，确实有大量的真理不是保持价值中立的，确实存在大量的就其总体而言价值为正或为负的真理，即好的真理和坏的真理。一种有用的东西，往往既能用其来做善事，又能用其来做恶事，因而一般很难说它本身到底是善的还是善的。但是确实有不少的东西主要是用来做善事的或者主要是用来做恶事的。我们不管做什么事情都需要借助于一些特定的工具和手段等，其中有些工具和手段等往往是做某些事的专用工具和手段，这样一来，如果该事本身是一种恶事，那么这些专用工具和手段等实际上便成了"帮凶",于是也因此而有了善恶之分,或者带有善恶的色彩。如果这些工具和手段通常主要是用来做某种恶事,但有时候或者偶尔还可以用来做其他的一些事,比如一些善事;此时这些工具和手段虽然并非做恶事之专用(除了做上述事之外别无所用),那么,至少其就总体而言是带有比较明显的倾向性,或者倾向于善或者倾向于恶,故至少就总体而言可以有价值为正或为负之分,这一点也适用于真理、观念和信念等。做一种事通常需要借助于一些特定的工具和手段,这些特定的工具和手段有些具有通用性(它们还可以成为做其他一些事情甚至很多事情的工具和手段),有些具有明显的价值倾向性(通常或主要是用来做某种事,有时候偶尔也可以用来做另一种事,特别是与前述的事情性质相反的事),有些却具有专用性(除了做某种特定的事之外别无所用)。这些工具和手段等还可以有物质的和精神的之分。一般说来,物质的工具和手段大多具有通用性(相对于价值的正负而言),但是有些也具有明显的价值倾向性,通常很少有只能用于做某种特定的事情(特定的善事或者恶事)的专用工具和手段等;对于精神性的工具和手段也可以有上述的类似的划分,比如我们所掌握的一般的知识和技能便具有通用性,可以看成是一些具有通用性的工具和手段;但是与做某种特定的事相关的知识和技能却可以带有明显的价值倾向性(比如关于如何制造毒品的知识和技能,关于如何造假的知识和技能等),这些特殊的知识和技能也可以看成是一些带有比较明显的倾向性的工具和手段;如果我们要做的事情是一件比较复杂的事情,那么通常还需要有与之相应的周密的、详细的计划和活动方案等,这些计划、活动方案等通常以特定的陈述、信念和观念的形式呈现,它们本身就是专门为做某种特定的事情而准备的,可以看成是用来做此事的精神性的工具和手段,由于它们本身就是专门为做上述特定的事情而准备的,因而除了做此事之外别无他用,故这些计划和活动方案等不仅是做此事的精神性的工具和手段,而且是专用工具和手段。故不仅存在具有善恶倾向性的工具和手段,还可以存在做特定的善事和恶事的专用或者独门的工具和手段,存在具有善性或恶性的真理、观念和信念,存在好的真理和坏的真理以及好的和坏的信念和观念。

在此需要特别说明的是,"好的真理"中的"好"并不仅仅是相对于伦理或美学等价值的价值属性(正负而言的),它同时还是对价值的大小而言的。比如,我们常说:勿以恶小而为之,勿以善小而不为。显然,价值有大小之分、重要程度之分，就重要程度而言，价值越大意味着越重要，越小则意味着越不重要，甚至无足轻重、可有可无。就此而言，真理也可以有重要的真理和无聊琐碎的真理之分。相对于重要的真理而言，那些无聊琐碎的"真理"实在难说其"好"。故"好"的真理最理想的应该是具有正面价值且有很大（重要）价值的真理。显然，价值的正负和价值的大小并非只有上面那种理想化的组合方式。除此之外，至少还有三种情况，即正且小、负且大、负且小（上述的理想化的组合则为正且大）。不仅如此，这里还存在一个程度的问题，比如就大小而言，可以有无穷大、巨大、重大、很大、比较大、比较小、很小、微小、无穷小等之分。就正负而言，乏味无聊通常趋向于价值中立，很难说是善还是恶。或者说，无所谓善恶。而就价值大小而言，无足轻重、鸡毛蒜皮、可有可无则通常意味着价值很小，甚至可以忽略不计。或者说，几乎没有什么价值，以致可以在忽略不计的情况下直截了当地说：无所谓价值、没有价值。尽管我们可以笼统地说勿以善小而不为，但如果"善"（甚至包括"恶"）小到完全无足轻重、微不足道、可有可无甚至已经无所谓善恶的程度的时候，我们将时间全部耽搁在这些鸡毛蒜皮的事情上，显然不能说"好"。对于负且大的情况而言，此类"真理"、观念、认识和信念不仅不能说是好的，而且是典型的甚至是具有危险性的坏的"真理"、观念和信念。比如，关于如何才能够不用大费周章便能够从银行的金库里盗取珍宝并且不被别人发现以及如何才能够杀掉某人并且不会让公安部门等怀疑到自己而免受法律制裁的观念和信念，这些观念和信念首先是对盗贼、谋杀犯而言的有用的而且是有大用的观念和信念，如果说它还具有一定的正面的意义的话，那主要是对刑侦人员而言的，对刑侦人员而言知道罪犯如何作案，有可能想出怎样的方式作案，显然对破案是有用的、是好的。但是，如果没有罪犯想出这样的诡异的招式作案，对刑侦人员而言也就没有必要搞清楚这些无用的知识和技能。

由上可见，当我们说到是否有用时，总存在一个有什么用的问题，即存在一个具体的用途的问题，当我们将有用与效用联系起来时，总存在一个大小有无和好坏的问题。如果我们不仅强调真理的有用性，而且强调"好"的话（上面所说的"正且大"），那么在此意义上可以说我们主要追求的应该是好的真理。显然上述说法与实用主义的说法有明显的区别，而本人也无意于在此对实用主义到底说了些什么，到底说的是什么意思给出自己对其的诠释，只是上面的讨论在许多方面涉及了实用主义也特别关注的一些问题罢了。

三 好的、有用的信念、观念

尽管我们可以把我们所追求的真理理解为好的、有用的信念、观念，但这并不意味着好的、有用的观念、信念就是真理。这是因为，完全可以有大量的好的、有用的但却不具有真理性的观念、信念。

我们不排除从价值甚至仅从正面价值方面对真理加以理解，但这种理解显然是不完备的，因为，价值最多只能成为真理存在的必要条件，而不是其存在的充分条件或充要条件。也就是说，上述关于真理的说法并不是真理的定义。我们很难说有用的、好的信念、观念就是真理，因为我们不仅无法排除有用的但却不是真理、不具真理性的信念、论断、观念的存在，也不能全盘否定人们对这些有用的、好的信念、观念的追求，至少不能否定人们有权利追求和持有它们（如果这一种追求和持有能给追求、持有者带来他所期待的效果的话）。由此便引发了另一个重要的问题，即我们究竟要追求什么样的观念、信念？是仅仅为真的观念、信念呢？还是有用的、可以产生预期效果或作为产生某预期效果的工具和手段的、好的观念、信念？

看来，我们并非仅仅追求为真的观念、信念。一切有用的、好的信念、观念都可以成为我们所追求的对象。更确切地说，我们真正追求的首先是有用的、好的信念、观念，而对许多信念、观念不必过分在意其是否具有真理性，至少不应该在一些鸡毛蒜皮的和无足轻重的问题上过于较真。由于一方面，具有真理性但却是无用的或是坏的观念、信念通常不应在我们的追求之列；另一方面，其他的无用的、坏的观念、信念也不应在我们的追求之列。这样一来，应在我们追求之列的便是有用的、好的、具有和不具有真理性的信念、观念。既然无论具有还是不具有真理性，有用的、好的信念、观念都在追求之列，那么，这实际上是说，我们应该追求的是有用的、好的信念、观念。如果说，这两种有用、好的信念、观念还是有差别的话，那么，一般说来，同时还具有真理性的有用的、好的信念、观念要比不具有真理性的有用的、好的信念、观念更好些。可见，前述的两者就"好"而言只存在程度上和范围上的差异（前者是具有双重意义的好）。这样一来，一个新的问题又出现了，即我们通常都认为我们所追求的是真理，如果真是这样的话，我们同时承认我们追求的应是有用的、好的信念,那么,便存在一个两难的抉择,即要么我们承认我们追求的是有用的、好的信念、观念,而不是真理或不是所有的真理,要么我们仍旧承认我们应追求的是真理,而不是所有的有用的、好的观念、信念。如果我们既肯定我们追求的是真理,又肯定我们追求的是有用的、好的观念、信念,两者都不想放弃,那么,我们似乎只有一种选择,即将两者视为同一。有用即真理,真理即有用的观念、信念,两者是一回事(詹姆士看来便是这样论证的)。实际上,我们并没有必要一定要同时坚持上述两种说法而都不放弃,但如果放弃则通常有两种方法:或者放弃前者,或者放弃后者(也有可能两者都放弃,但这种可能性不大)。一般说来,人们通常宁愿放弃后者而不放弃前者,即认为真理才是我们真正追求的对象;我倒认为,放弃前者,取后者似乎更为恰当一些、更好一些。也就是说,我们追求的真正对象是有用的好的信念、观念,而不是所有的真理;我们也追求部分真理,即追求那些有用的特别是好的真理。相比较而言,有用的、好的,并且具有真理性的、为真的观念、信念一般说来比仅是有用的、好的但不是真的观念、信念更具价值,更值得我们追求,它们是我们追求的更高的层次,或是我们更高层次的追求对象。实际上,即使承认所有的真理都是有用的、好的(观念、信念),也不能将真理等同于有用的、好的信念、观念。实际上,上面的说法只是对在上述问题上只能有一种选择而言的,其实完全可以有另外一种选择,这就是两者都选,但并不将两者视为同一的。我们为什么不可以既肯定我们追求的是真理,又肯定我们追求的是有用的、好的观念、信念呢?

显然,同时承认我们既追求真理又追求有用的、好的信念、观念,也是可以说得通的。我们可以将我们的追求划分为不同的等级、层次。承认我们也应当追求有用的、好的信念、观念与承认我们应追求真理并不冲突,只有当我们承认唯有真理才是我们所求且同时承认我们还可以追求有用的、好的信念、观念,这两者才是冲突的、矛盾的。此时,只有一种情况可以使之不发生矛盾,即视真理与有用的好的观念、信念为同一个东西,是同义的,两者不过是对同一对象的两种不同的说法罢了。这也许正是詹姆士所想表达的真正意思,是"它是真的,因为它是有用;它是有用的,因为它是真的,两者是一回事"之说的由来。

如前所述,无论我们承认唯真理是我们之所求,还是承认所有真理皆我们之所求都是成问题的。相比较而言,既承认并非只有真理才是我们之所求,又承认并非所有真理皆我们之所求看来更为恰当些。这样,一方面,我们无须将真理与有用、好画等号,避免有用即真理,真理即有用之说;另一方面,又使我们的追求对象既不局限于真理,又不无原则地不分好坏、轻重缓急、青红皂白地任意扩大为所有的真理。实际上,根据我们前面关于真理的区分,我们主要肯定了三个层次的真理,而并没有将普通的、单个的,具体的为真的陈述归入真理之列,而在上面几节中,特别是涉及与实用主义相关的"真理"问题时,这里所说的"真理"与我们在前章中的说法并非一致,这实际上是一种泛化的对真理的说法,将"真理"等同于所有的为真的陈述了,因而才会产生上述的歧义。

第六节　信念与当真

信念通常都是自以为真的,但却在许多情况下我们很难相信某陈述一定是真的,至多只能相信其可能是真的,或相信其很可能是真的。显然,有许多特定的有一定凭据的陈述我们往往更倾向于相信其真而不是相信其伪;虽然我们更倾向于相信其真,但也并不因此就相信、认为它就是为真的,通常也不会因此而导致我们产生与相信它真密切相关的某些其他的行为。因为,我们完全可以抱一种侥幸的心理,而不采取与之相关的行为。也就是说,此时我们并未将其当真。如果我们将其当真,那么,通常便会引发与之相关的行为。值得注意的是,"当真"并不一定要求更倾向于相信其真而不是倾向于相信其伪。即使我们更倾向于相信其伪、假,也可以将其当真。"当真"主要是对相应的行为而言的,是否当真与某陈述所关涉的事件的价值密切相关。一般说来,某陈述所关涉的事对我们来说越是重要,该陈述被当真或当假的可能性就越大,就越容易被当真或当假。

当真与相信、认为真,当假与相信、认为假是有所不同的,但也有共同之处。如果我们将某陈述 T 当真,那么,我们也将会有与其真相关的行为 A,就此而言,两者有一致之处,该一致之处主要是其功效上的一致。正如前述,将某陈述 T 当真并不要求我们一定要相信、认为其真,甚至也不要求我们更倾向于相信、认为其真（而不是其伪），即使我们更倾向于相信陈述 T 假，我们仍旧可以将其当真，这一点表明，当真与倾向于相信某陈述、信念等真是不同的。所谓当真，即是将某陈述等作为为真的陈述来处理。或者说，权且将其作为、当作为真的陈述对待、处理，给予其为真的陈述的待遇。显然，我们不仅可以将某些陈述、话当真，也可以将某些话、陈述当假，即将其作为为假的陈述处理，将其按为假的陈述来对待。

可见，当真与相信其真、信以为真就其功效的价值而言是基本一致的，但当真却未必一定要有关于陈述 T 为真的信念，当假也不一定要有关于陈述 T 为假的信念。显然，当真通常可以伴随有另一些信念，如关于 T 有可能真、很可能真及真的可能性大小的信念等。一般说来，如果我们认为、相信"T"真，则无须再将其当真，"当真"通常是在对其真有一定程度的怀疑时的行为状态。当没有十分的把握断定某陈述真时，方才存在当真的问题，存在将其当成真的来处理的问题。可见，"当真"首先是对做什么、怎样做而言的，而"认真"、相信其真则首先是对"是什么"而言的。但"当真"又与"是什么"密切相关，它虽然通常并不一定肯定相信是什么，但却可以将其当成是什么来处理。

显然，这种"当真"与实用是有着密切的关联的。我们可以提出这样的问题：如果陈述 T 是为真的，那么，我们将做什么、怎样做？同样，我们也可以问：如果我们将陈述 T 当成是真的，那么我们将做什么、怎样做？我们发现，就我们该做什么、怎样做而言，T 是为真的、相信 T 是为真的、将 T 当成真的并无多大区别，特别是后两者更是没有原则上的区别。

"当真"并不要求必须相信其真，更不要求其一定是为真的。"当真"大多不会相信某陈述 T 为假；如果相信、认为 T 假，那么，一般不会将其当真。但也不尽然，如在艺术表演中就可能存在相信其假，但却将其当真、将其当成真的、作为真的那样处理的情况。不过，这种"当真"与我们在日常生活中的"当真"及我们在此要着重讨论的"当真"显然是有较大区别的，这种表演意义上的"当真"、艺术创作上的"当真"只是做给别人看的、欣赏的。这种艺术表演意义上的"当真"只是众多的在信以为假的情况下的"当真"的一种特殊的情况，且并不是我们在此主要讨论的问题。

实际上，还存在大量的在其他意义上的"当真"的问题，如在认知意义上的"当真"的问题等。这种意义上的"当真"的问题特别是在科学研究的理想化方法中有着充分的体现。如物理学中的刚体、质点等，尽管我们通常并不相信现实中存在这样的理想的刚体、质点，但我们却可以将其权且当作是真的，这样可以大大简化我们对某些问题的处理方式。实际上，"当真"在日常生活中的比较严格的、精确的表述中更是大量存在。比如说，买了1斤油、10米布等，很少有人会相信、认为他买的恰好是1斤油、10米布，丝毫不差，但他仍旧可以将其当成是真的，将其当成是1斤油、10米布。如果他相信他所买的油、布等与1斤、10米相差不大，其差值完全可以忽略不计，那么，就完全可以将"这是1斤油""这是10米布"等当成是真的。一般说来，在类似上述的情况下，只要此类陈述我们认为、相信按其意所规定的与其构成对应的对象与现实的对象的误差在我们所允许的范围内，我们就可以将该陈述当成是真的。显然，此时的"当真"是就近似意义而言的"当真"，是就认识、认知意义而言的"当真"，这不同于其上所说的就其功效意义而言的"当真"。功效意义上的当真主要考虑的是如果将某陈述T当成是真的，那么，该做什么、怎样做的问题，而认识意义上的当真则主要考虑的是"是什么"的问题，是在何种情况下可以将某陈述当成是真的的问题，可见，两者的侧重点是有所不同的。需要说明的是，侧重于"是什么"的问题，并不意味着就与做什么、怎样做无关；反之亦然。它们一个是将某一陈述当作真的来对待、看待，另一个则是将某一陈述当作真的来处理。两者的区别是"对待、看待"与"处理"的区别，而对待与处理又总是密切联系在一起的。"对待""看待"主要是一种态度、倾向，而"处理"则主要是一种与某件事相关的操作。但对待、看待通常也都有价值的考虑，之所以我们可以允许某种说法有特定的误差范围，这与该说法、陈述所关涉的事件、行为的价值是相联系的，其所关涉的事件、行为不同，可允许的误差范围也就不同。比如"现在是10点10分"这一陈述，对一个无所事事的人与一个打算乘10点15分的火车的人及一个正准备在10点10分30秒进行火箭发射而对表的工作人员来说，其所允许的误差范围显然不同。对第一种情况来说，上述说法与实际差4~5分钟，他也通常会认为是在允许的范围之内的，他仍可以将其当真；而对第二种情况，误差在1分钟左右也还是可以允许的，可以将其当成是真的；但对第三个人来说，误差在几秒，甚至几十分之一秒都是不允许的。也就是说，如果我们认为、相信上述说法可能会有 1 分钟左右的误差，那么，我们就在第三种情况下不会将"现在是 10 点 10 分"这一陈述当成是真的。可见，允许误差的范围或"当真"的范围是与某陈述所关涉的事件、行为要求具备的条件相关的。

"当真"还可以有与量有关的当真和与质有关的当真之分，前者通常涉及的是一个真的程度、范围的问题，其问题主要是"误差、偏差在多大的范围内便可以算是真的？"而后者则不然，它所涉及的是另一些类型的不确定性，是关于"是"与"否"、"有"与"无"等的不确定性。比如，"近两日内我们所居住的地区将发生强烈地震"这一陈述在我们获悉时通常是不能断定其究竟是真还是伪的，我们至多只能确定其为真的可能性的大小，虽然我既不能确信它一定真，也不能确信它一定伪，但我却不能忽视这一陈述所关涉的事件、问题，因为这实在是一个至关重要的问题，此时，我通常会在与对这一陈述的肯定或否定相关的两种不同的对策之间进行选择；若其真，那么，我将采取什么措施；若其伪，我又将如何。由于这是一件关乎性命的事，故即使我更倾向于相信其伪。或者说，我相信、认为其为伪的可能性要大得多，但我却往往会更倾向于将其当真来处理。即是说，宁可信其有，不可信其无。这是由于该陈述所指涉的东西的有与无，对我们来说其正负价值量是很不相称的，若将其当假，我有可能因此而付出生命的代价，而若将其当真，我至多不过是白折腾（如睡帐篷等）了两天罢了。正所谓不怕一万，就怕万一；如果遇到关涉此类问题的陈述，看来，最好还是将其当成是真的。反过来，如果将某陈述当假，可能付出的代价要远小于将其当真可能付出的代价时，我们则通常会倾向于将其当假，而不是当真。比如，为了不使我们做的某件重要的事功败垂成，我们虽然相信、认为我们达到目的已经十拿九稳了，但仍宁可将其当成是假的，至少不愿就将其当成是真的。可见，我们既要看到实用操作意义上的当真与认知意义上的当真的一致之处，更要看到两者的不同，特别应注意到在认知意义上被当假的在实用操作意义上却可以甚至应该当真的情况。

看来，还存在另一种情况，即有时我们并不将某些陈述当成是真的或伪的，而是将其当成是可能真也可能伪的，当然，这也主要是出于价值方面的考虑。有时候持有这样的心态要更好些，对许多陈述所言之事我们不必过分认真，但也不宜置若罔闻，应对其保持一定的戒心、忧心、担心、信心。

可以看出，信以为真、信念与当真既有联系又有区别。一般说来，前者主要是出于认知上的考虑，而后者则主要出于价值上的、实用上的、操作上的考虑。前者从某种意义上可看成是后者的一种特例。也就是说，信以为真从某种意义上可看成是一种特殊的当真，是在没有有意识地考虑某陈述等的实用价值、考虑应如何具体操作的情况下的一种当真。或者说，是在自以为是、自以为"诚"的情况下的一种当真，一种在不疑、不怀疑、一时无法怀疑、不愿或不想怀疑甚至根本就没有想到该不该怀疑的情况下、心态下的当真。

第七节 信念的价值

信念总有真伪之分，而不论是为真的还是为伪的信念通常都是有价值的。广义的价值包括正与负两个方面，但为真的信念与为伪的信念并不是分别与价值的正负相对应的，特别是为伪的信念并非只能具有负面的价值。前述的真理的价值与为真的信念的价值是基本一致的，它们皆具有追求价值和能效价值。人的求知欲的满足依赖于对为真的信念，特别是建立在特定的经历基础之上的为真的信念（知识）的获取。为真的信念是人的认识活动（认识V）所追求的目标、对象和预期的活动结果。但正如前述，并非所有的为真的信念都是我们追求的对象，它们是有好坏、轻重缓急之分的；另外，为真的信念还具有作为初始条件（不是目的、目标）的能效价值，这一类能效价值主要指指导实践的价值，但还涉及对人的其他方面所造成影响。

信念一般说来都是有价值的（广义的价值），为真的信念与为伪的信念的价值显然有所不同，但两者又有相同之处。就一般的信念而言，皆有指导实践的价值，它们是实践活动的前提条件之一。实践活动是有意识、有目的的活动，是按指（示）令、满足某要求的活动。与实践活动直接关联的是意志，是某种欲求、愿望、目的等。实践活动是执（履）行做什么、怎样做的指令、承诺的活动，而我们决定做什么、怎样做则是以某些特定的信念为前提的。比如，我决定马上把窗户打开，决定执行"马上把窗户打开"这一指令，在此前我至少应有如下的一些与之相关的信念，如"存在有 A 窗户""打开窗户是在我的能力范围之内的，或至少不是根本不可能的""我有可能马上打开它"等。如果我认为根本就不存在 A 窗子，即使有我也根本不可能打开它，即使有可能打开但也根本不能马上就将其打开等；那么，我通常都不会决定去执行这样的指令的，即我不会有此实践。上述信念是人的实践活动应首先具备的一些前提条件，或者说，是其必要条件。实际上与实践直接相关的首先是特定的信念，而不管该信念是真还是伪。比如，我们将一个做得惟妙惟肖的放置在僻静的树林里工艺品当成是一只老虎，由此便会产生与看到一只真老虎类似的、相应的、一致的（部分或完全的一致）精神、心理、生理、行为等方面的反应。这些精神、心理、生理、外显行为反应与我们所见到的究竟是不是一只真老虎并不直接相关。只要我将其视为一只老虎，视为一只不受任何束缚的凶猛的老虎，我便会产生上述特定的反应，这些反应又反过来对我自身产生种种正面或负面的影响，并可以通过我对其他人产生特定的影响。

　　实际上，对人的精神、心理、生理，特别是外显行为能产生重要影响的信念更主要、更直接的是关于价值的信念，是关于某东西、对象是否具有价值、具有什么价值、对我或他人有何作用、影响，是有利还是有弊等事实问题的信念，而不是关于其他类型的事实问题的信念。如上述例子，某人可能首先产生的是"这是一只老虎"，"这只老虎是可以自由行动的且离我很近"等信念，但这并不足以使我们产生某些特定的精神（指该信念之外的其他精神类型）、心理、生理、行为方面的反应；要产生这些反应还需借助于另一些信念，这些信念是建立在前述信念的基础之上的或与之密切相关的。上面所说的那个人可能还由前述的信念引发出或回忆起早先已有的某些与老虎相关的信念，如："老虎是能够吃人的""碰到老虎是极其危险的""这只老虎很可能会吃掉我"等；但这还不足以使此人产生恐慌、害怕、高度紧张的心理、生理反应及逃避等行为反应。要产生这种反应，他通常还要有另一些信念，如"我非常不愿意让老虎吃掉""我极可能马上就不复存在，或遭遇极大的疼痛、痛苦"等。此时，此人有一种强烈的求生欲望，并认为这只老虎很可能会使他的这一强烈的欲求、愿望破灭，故产生恐慌情绪或非常害怕；但他认为不应该就这样等死，如果采取某些措施的话或许还有一线生机，如飞快地跑掉、上树、马上寻求保护等；他在其强烈的求生欲的驱使下向自己发出逃避等指令，并立即执行此指令，如爬上一棵树或逃跑等。实际上，上述所说的一连串的事是在极短的时间内完成的。在此，至少有一点是清楚的：若没有关于价值的认识、信念，上述心理、生理、行为的反应通常便不会产生。更进一步，关于某东西的价值的信念可以有多种，且往往可以有一些截然相反的信念；而对于不同的信念便会有不同的精神、心理、生理、行为反应。若此人认为某只被他认为是老虎的东西虽具有吃人的能力，但却不会吃人或至少不会吃他，抑或他完全有能力打死老虎而不是被其吃掉，那么他就不会有上述的恐慌、逃避等反应。一个人的上述反应是受其欲求、愿望等驱使的，在此，通常有两种反应：一种是由担心求生欲不能满足而引起的恐慌、害怕等心理、生理反应；另一种是受意识支配控制的行为反应。前者通常是自发性的，而后者则一般是自觉的；前者是消极被动的，后者则通常是积极主动的。若此人认为自己最根本的欲求的实现将很可能马上变成泡影或不可能时，痛苦、恐慌等便油然而生。可见，能导致恐慌、痛苦是上述这一信念的基本的能效价值之一，而这一信念也是一个关于价值的信念。满足人的欲求、愿望本身就是人的最基本的欲求愿望，这种人的最基本的希望，希望的破灭将导致绝望。但希望又是可以从某种情感、信念中滋生的。

虽然说与人的情感、行为等直接相关的是关于某对象的价值的信念及其与其他的东西的关系的信念，但某类对象如果与这些信念之间建立了某种比较稳定的联系，那么，由事物存在等的信念就可以自动地导致某种心理、生理事态，甚至自动地导致某些相应的外在行为。显然，这种关联是"惯性"式的关联，是潜意识的关联，而不再是有意识的。比如当我相信、认为在我的面前有一只不受束缚的老虎时，我可能会马上感到非常惊恐，身体骤然感到紧张异常，这两者之间的过渡几乎是瞬间完成的，似乎看不出有价值判断等中介物的出现，但这并不说明它就不存在，而只是表明这一切是自动进行的。之所以会如此，是因为在以往的经验中已经建立起这样的关联，即一只无束缚的老虎已经与"危险！""我可能会被吃掉、生命将不会存在！"等信念内在地联通。若出现前一信念、判断，便会自动地引出后面的信念、判断，并由后者进一步自动地引出特定的情绪反应和明显的行为反应等。

可见，一关于外在于我们的某对象存在或存在某对象的判断、信念，如果曾在以往的经历中与某些与之相关的价值判断等形成较稳定的关联，这些判断、信念便可自动引发某些价值判断、信念，甚至自动地、自发地、习惯性地引起特定的情绪、行为等反应；但若其并未与这类价值判断、关于其价值的信念及特定的情绪、外显的行为之间形成某种稳定的关联，那么，要由其导致特定的情绪、行为等反应，便还须有意识地、自觉地进行与之相关的价值判断或建立与其价值相关的信念，然后方能导致某种特定的情绪反应并自觉地发出某种指令而导致特定的外显的行为反应。可见，涉及外界事物对象的存在或存在何种事物、对象等的信念可以通过两种方式与人的情感及外显行为相关联，对其产生作用、影响：一是自发地、自动地通过潜意识的甚至是无意识的活动而对其产生作用、影响；二是通过自觉的、有意识的活动而对人的情绪、外显行为等产生作用和影响。一般说来，前者是由于后者通过多次重复形成了一种稳定的内在的关联而导致的，是习惯使然的、是习惯成自然的。

第八节　涉及自我状况的信念的价值

一般说来，关于外在于人的事物存在或存在何种外在事物之类的信念，并不会直接对这些事物产生作用和影响，它通常要通过人对其进行进一步的价值判断、通过与其价值相关的信念激发我们特定的情绪反应，并通过特定指令、意志引发特定的与该事物相关的行为——特别是改造事物的活动、行为，才能最终作用、影响到该事物。可见，该类外在于我们的事物的存在或存在何种外在的事物并不直接以我们与之相关的信念为转移。也就是说，如果事实上 A 桌子上有一个苹果，那么，无论我们认为、相信 A 桌子上有一个苹果还是认为、相信 A 桌子上根本没有苹果，都不能直接影响到这一实际状况。这些事实不会因我相信它便成为事实；不相信它，它便不是事实；同样，它也不会直接因我的与之相关的欲求、愿望、希望、期盼而发生改变。

但是，上述情况对涉及自我的某些事态的信念而言，则有所不同。我们关于自身的某些事态的信念往往可以直接影响或改变这些事态，并进而影响到人的情绪、外显行为等。比如，如果我认为、相信我是一个失败者，我自身就往往会真正成为一个失败者。我认为、相信我不是做某事的材料，我也往往会因之而做不成此事。就关于我自身的信念而言，通常也可以分为两类：一类是与我的外显的行为相关的信念；另一类则是涉及我的内在的精神、心理、生理事态的信念，特别是涉及我的精神心理事态的信念。这两类信念相比较而言，后者对我的相关的事态影响更为直接，下面分述之。

  涉及我的外显行为的信念，主要包括我能（或不能）做什么、怎样做等涉及我的外显活动能力及范围、界限等的信念，这一类信念往往会直接影响到我的外显行为。这一类信念对我产生的作用、影响可以有积极的和消极的之分，其信念本身也可以有真伪之分。如并非我相信我能做什么、做到什么，我就一定能做什么、做到了什么；也并非我认为、相信我做不到什么，我也就一定做不了它。也就是说，我们的这类信念也时常会出错，其中不少是为伪的。我们都有这样的体会，我认为我能做到的、做好的事往往实际上根本做不到、做不好；而我认为、相信我根本做不到、做不好的，当我试着做时，却发现其并不像我想象、认为的那样，我完全可以做到、做好。我们也都有这样的体验，涉及我的外显行为能力等的信念，我所相信、认为如何，往往其实并不是那么回事。这一点表明，我的外显的行为特别是与我的外显的行为相关的能力确实有许多方面是不会受到我的关于它们的信念的直接影响的。也就是说，是不以我对它们的信念为转移的。尽管如此，我们还是能够发现，确实有些关于自我的信念会直接影响到我的外显的行为能力等的某些方面；例如，如果我相信、认为我具有什么能力，具有哪些与特定的外显的行为相关的品质，我能做什么、做到什么、做到什么程度、达到什么水准等，这些品质、能力等便比我不相信、不认为我具有这些品质、能力时与我有更大程度的相关性。换句话说，我的许多品质、能力、外显行为及其方式等与我的自信或自卑有着直接的关联，有很高的相关度。

  有一点是比较可信的，即一个人的潜能通常要比一个人自己所认为、相信的要大得多。一个人的潜能的发挥直接受制于其关于自我的信念。这里有一个自信与自卑的问题。从自信与自卑这一角度看，上述的说法则意味着，大多数人都有不同程度的自卑感。与自卑相对的另一极是自负，即过分地、过度地自信；自负的人则往往对其潜能有过高的估计。由于人们通常都过低地估计了自己的或他人的潜能，故往往看到或听说某些人做出了我们认为是我们自己甚至是任何人都无法做到的事时，往往认为这是不可思议的、难以置信的;我们很难相信这是真的。与此相关的问题中争议最多的也是最麻烦、最令人困惑的便是被称为特异功能的问题。被我们认为是与特异功能密切相关的东西,在西方说得最多的便是催眠术,在印度与之相关的主要是瑜伽,而在中国与这种特殊功能关系最密切的则为气功。我们显然不能一概地排斥特异功能之说,如果将特异功能看成是一般人在通常情况下所不具有的功能的话,那么,显然可以有众多的特异功能,只要是一般人在通常情况下所不具有的功能或者说超常的功能便可以算是特异功能。可见,有必要对被我们称为特异功能的各种所谓的功能加以区分,不应一概而论。由于人们所说的特异功能是一般人所不具有的超常的功能,故通常都是难以公验的,甚至是无法公验的。正因为如此,我们很难区分许多关于特异功能的说法的真伪。但有一点是清楚的,即大部分被说得神乎其神的所谓的"特异功能"是不足为信的,若信,则不是迷信便是轻信。但这并不排除某些人在实用操作意义上将其当真的情况。

  人自身的能力、功能。或者说,一个人究竟能做什么、做到些什么与其自信与否确实有一定程度的关联,但我们也不能过分夸大这种关联,这是由于一个人究竟能做什么、做到些什么更主要的取决于其身体的客观存在的结构、性能等。比如说,某人不能在 9 秒内跑完 100 米,并不是因为他不相信自己能做到这一点,他才做不到这一点;而是由于他自身的客观的结构、性能决定了他做不到这一点,或者是由于他经过多次的尝试始终做不到这一点,他才最终相信自己做不到这一点的。可见,我们既不能否定关于自我的信念对人的作用,也不能任意夸大这种作用。

  与我的心理、生理(特别是心理)事态、状况相关的信念确实有其特殊之处,其特殊之处主要在于关于自身的将来某时的心理生理事态的信念对自己所信之事可以有一定程度的影响及关于自己的当下的心理事态状况的信念与其当下的心理事态状况之间有一定程度上的互动关系。显然,这种影响及互动关系并不适应于既成事实的以往的心理事态状况,后来的信念绝不可能对其是什么、如何等产生影响而使其发生某种程度的改变,也就是说,它本身如何是不以我们的后来的信念、意志等为转移的,在这一点上它与外在于我们的其他事物、事态、状况等并没有什么不同。

  然而,某信念所断言的我自己"将来某时刻的心理事态状况"与前述情况却有所不同；虽然，我自己的将来的心理事态状况并不会因为我相信、认为是这样的它就一定是这样的，但我的未来的某些心理事态状况却有可能在我的潜意识的驱使下自动地向我的信念所断言的状态靠拢、逼近以至达到重合，从而使我的某种关于自身未来某时刻将出现何种心理事态状况的信念成真，或使我的此种断言、预言兑现、应验。也就是说，我的关于我以后某时的某些心理事态如何的信念会对该时的心理事态究竟如何产生较直接的影响。

关于当下的自身的某些（不是全部）心理生理事态状况的信念与该事态的关系则更为复杂，这种复杂性在涉及当下的想象、意想与感觉、感受的关联时表现得尤为突出。例如，我究竟是感觉或意识到我的身体的某部位不舒服或很紧张，还是我有一种关于我的身体的某部位不舒服或很紧张的想象或对这种想象的意识？在此，想象与感觉很难严格地区分开来。这里存在一个我们通常所说的心理作用问题。心理作用主要是由信念导致的，而这种信念主要是由于混淆了想象与感觉并进一步混淆了想象的世界与现实的世界所致。之所以会有这种混淆，其主要原因在于对自身的某些心理生理状况的想象与感觉本身就是难以区分的。就我们前面所举之例而言，情况很可能是这样的：我既可能由于某种难以自制的对自己的心理生理状况的想象而使我确实具有了这种状况，也可能由于我确实具有这种状况故我才有了与之相应的感觉。在此，感觉可以是对想象的结果的感觉，而想象也可以是对感觉的想象，两者本身就是交织在一起的。当我认为，我身体的某个部位紧张或不舒服时，我通常很难分清楚究竟是我的一种想象或心理作用，还是我确实有这样一种感觉、感受或我确实处于这样一种状态之中。这种想象和感觉之间通常有一种互动的关系，两者可以互相影响，从而使我难以说清我的这种信念究竟是关于我的想象的信念，还是关于我的感觉的信念，抑或是关于我的想象和感觉的综合的信念。

这种关于自身状况的信念还涉及我们通常所说的心身关系问题，我们可以通过改变我们的身体的某种状况来改变我们的心理状况，也可以通过改变我们的某种心理状况而在一定程度上改变我们的某种身体状况。我们的心身之间存在一定的对应关系，这种对应关系与想象和感觉、感知之间的互相影响、互动密切相关。虽然调节身可以相应地、自发地、自动地调节心，调节心也可以相应地、自发地、自动地调节身，但相比较而言，调节身要困难得多。一个人虽可以较为逼真地想象出他十几年前的样子，想象并努力使自己相信他现在正处于这种状态，但这并不能使他真正回到与他十几年前的身体状态一致的状态。可见，心对身的作用是不能任意夸大的，对身的调节也不是随心所欲的。实际上，我们很难逼真地想象出我们的身体在当时无法达到的状态，如当我们想象自己的头在双腿伸直的情况下触及自己的脚时，对一个未经过长期艰苦的此类训练的人来说，这种想象将会明显地受到来自自己的身体方面的强大的阻力，以致使这种逼真的想象无法进行和完成。这一点表明，我们的想象并不是随心所欲的。或者说，我们的想象并不是绝对自由的。尽管如此，我们也不能因此就忽视心对身的作用，因为经常地进行这种想象式的训练，确实可以在一定程度上改变我们的身体状况。

第九节　信念与人生

人的一生有不计其数的信念，这些信念绝大多数都是一些非常具体的、无关大局或无足轻重的信念，但也有一些信念对人的一生会产生重要的、持久的影响。这后一种信念通常都具有普遍的意义，它们通常集中体现在我们的人生观中，成为我们人生的支柱、人生的指南。

对人生具有重大影响的信念与人的基本的欲求、愿望密切相关，我们可以依据人的基本的欲求、愿望对这些信念进行划分。人的基本的欲求、愿望主要涉及生存和发展两个方面，表现为人对其生存和发展等方面的价值的渴求。与之相关的信念首先是关于怎样的人生才是有价值的人生的信念，关于一个人一生应该追求些什么的信念，其次是关于我自己一生有哪些基本的渴求、期望、心愿等的信念及关于其中的哪些是可以实现的或有可能兑现的信念。我们的基本的渴求、期望、心愿等的实现有两种基本的方式，我们可以依此将我们的这些基本的渴求、期望、心愿等区分为两类，其中一类是可以通过我们的努力实践而实现的，而另一类则是可遇而不可求的。前一类的渴求、期望、心愿等可以成为我们的实践活动的基本的目的、目标，而后一类的实现则是不取决于或主要不取决于人的活动、行为的。实际上，对于人的活动、行为来说，具有指导意义的首先是与上述的不同的期望、心愿等相关的信念，而不是事实上哪些期望、心愿、欲求等是可以实现的，哪些是不可以实现的；哪些是可遇而不可求的，哪些是可以通过我们的特定的实践活动达到或实现的。事实上如何只是决定了我们的特定的活动或行为的成败、是否恰当有效等。由此可见，我们的行为活动虽直接受制于我们与之相关的特定的信念，但成功的、恰当有效的行为活动则不可脱离客观现实，并进一步受制于人们所无法改变的那些客观的规定性。尽管如此，信念对人生的重大的影响显然是应引起我们足够的重视的。

　　就我们可以通过我们的自觉的行为活动而实现的愿望、渴求而言，我们与之相关的信念对我们的行为活动至少有以下的影响。首先，关于某种特定的欲求、愿望能否通过我们的特定的行为活动实现的信念直接影响到我们的特定的行为活动的目的、目标的确立，而一种自觉的、积极主动的行为活动的产生或进行是以特定的目的、目标的确立为先决条件的。只有我们相信、认为我们的某种欲求、愿望等是可以通过或是有可能通过我们的特定的实践活动达到或实现的，我们才可能有自觉地实现它的行为活动。如果有某个本可以通过我们的自觉的行为活动满足的欲求和实现的愿望，但我们却不相信这一点，没有这样的信念，那么，也就没有了相应的行为活动，从而也就不能真正满足这种欲求和实现这种愿望。其次，如果有某个根本不可能通过我们的特定的实践活动实现的愿望、欲求，但我们却并不这样认为。或者说，我们却相信它是可以通过我们的特定的行为活动实现的，此时，我们即使可以产生被我们认为是可以满足我们的特定的欲求、实现我们的特定的愿望的行为活动，这种行为活动也只能是一种无效的、徒劳无益的行为活动（通常会中途卡壳，不能继续进行下去，或者不能进行到底）。可见，我们不仅仅要有与特定的行为活动相关的信念，更重要的是要有一种正确的、为真的信念。

　　有了可以通过我们的某种特定的行为活动便能满足某种基本的欲求、实现某种人生的愿望、夙愿的信念，特别是有了此类为真的信念，我们便有了努力的方向、活动的目的、行动的目标。但仅仅有了方向、目的、目标还不够，因为目的、目标等只有通过特定的手段、途径才能达到。虽然途径可以不止一条，手段也可以不止一种，但并非所有的路都是可行的，都是能走得通的；也并非所有的手段都是正确的、正当的。可见，我们还应有究竟怎样做才能达到目的、具备怎样的条件才能达到目的等的信念。无论我们的这一类信念是为真的还是为伪的，只要有了这类信念，我们便可以具体地按特定的方式在特定的条件下从事此类活动。如果我们认为或相信我们达到特定的目的的条件还不成熟，还有一些条件没有现实的具备，那么，这种信念还会进一步引发我们创造相应的条件的行为活动。如果我们认为某些条件是不能由我们随意创造出的，但它却是可以或有可能具备的，只是现在还不可能具备；如果我们有了这种信念，那么，我们便会既不放弃既定的目标、不放弃希望，又不操之过急、揠苗助长，而会耐心地等待时机的成熟。如果我们有了一种强烈的欲求、热切的希望、崇高的理想，我们相信这种欲求一定能够被满足，相信希望一定能够成真，相信理想一定能够实现，那么，即使我们面对巨大的困难，面对一次又一次的挫折，我们仍不会放弃努力，仍旧会满怀希望，仍旧会继续努力。而如果我们不再相信某种强烈的欲求是可以被满足的，某种希望是能够成真的，某种理想是能够实现的，我们便会失望、绝望，从而也会放弃进一步的努力、停止进一步的尝试，最后使本可以满足的欲求变成持久的郁闷和叹息，使本可以成就的希望化为失望的泪水和绝望的苦痛，使本可以实现的理想迷失在梦幻之中、消失在虚妄沉沦之境。

有许多可以满足的基本的强烈的欲望、可以成真的希望、可以实现的理想不是可以一举成就的，要实现它们需要有不懈的努力、百折不挠的意志、非同寻常的毅力，还要有勇气、有决心且首先要有坚定的信念。如果没有坚定的信念，如果根本不相信我们可以通过特定的行为活动满足我们的某种基本的需求，使我们的希望成真、理想实现，那么，不懈的努力、百折不挠的意志、非凡的毅力、勇气、决心等皆沦为荒谬可笑。如果我们没有坚定的信念，如果我们遇到了一点困难就灰心丧气，遇到一点挫折就丧失信心，那么，我们很可能会一事无成、碌碌无为，并因而拥有一个毫无价值的人生。这是因为，越是有价值的东西越是难以得到，而越是难以得到的就越容易使人怀疑得到其的可能性，故在此，坚定的、具有正面价值的信念便显得尤为重要。

显然，坚定的信念通常应是为真的信念。因为，为伪的信念往往会将我们导入人生的误区。但这并不是说，一切为伪或含伪的基本的信念对人生都是有害的、有弊的，在前面我们就曾讨论过好的、有用的信念的问题。这些信念尽管可以是为伪的或含伪的，但却可以对人生产生某种程度的好的、有益的、积极的影响。故我们不能一概地排斥为伪的信念。

影响人生的基本的信念可以有许多，这些信念首先是关于普遍价值的信念。被人们认为具有普遍的正面的价值的东西，最常见的一种对其的概括便是将其概括为"真""善""美"。也就是说，我们一般都认为真、善、美是与人生密切相关的三种普遍的价值。显然，这种概括并不完备、完善，看来，至少还应加入"生""力""圣""爱""义"等项。我们的信念也可以依此区分为关于真的信念、关于善的信念、关于美的信念，及关于生、力、圣、爱、义等的信念。这些信念直接影响到人们对这些人生的基本价值的追求。肯定存在这些价值，肯定这些价值是人生的基本的价值，这本身就是对这些对象的自觉地追求的行为和活动产生、存在的逻辑前提。有了上述信念，我们才会自觉地求生、觅真、从善、爱美、崇力、仰圣、尚爱、取义等。在上述价值中，显然"生"是其他的一切价值的前提条件，是一种处于基础地位的价值（但却并不是最高的价值）。人生并不只是意味着生存、活着，它还意味着发展、进取，意味着"活得好"。可以说，除"生"之外的上述的其他的价值皆是与人的发展、与"活得好"相关的价值。"生命诚可贵，爱情价更高，若为自由故，二者皆可抛"，匈牙利著名的诗人裴多菲的诗句表明他相信有比生命更高的价值。即便如此，有一点是清楚的，即所有的这些更高的价值的实现皆是以"生"为前提的。即使是舍生取义，也只能在"生"的前提下舍生取义，不可能在已无生命可言的情况下舍生。"舍生"只能是"生"时的行为，尽管它很可能是生时的最后的行为。仅仅有了"生"这个前提基础显然是远远不够的，人生应有更高的追求、应有崇高的理想，而要实现这些理想就要有坚定的信念；理想越是崇高、抱负越是远大，实现它就需要有更为坚定的信念。

人们的关于生、真、善、美、力、圣、爱、义及其对立面（如伪、丑）等的信念对一个人的人生有重要的、持久而深远的影响，而对与这些信念直接相关的各种价值的追求本身就是构成人生的基本的内容。不仅如此，"生""真""善""美""力""圣""爱""义"等及与之相反对、对立的范畴也正是哲学的基本范畴，关于它们的信念也是哲学中的基本的信念；整个哲学正是建立在这些基本的信念的基础之上的；更进一步说，信念，只有信念，才是哲学研究的原始的前提和最终的产物。

第十二章 信念与世界

信念与世界存在多方面的关联。信念不仅直接涉及世界观问题，而且涉及各种不同的世界的问题；不仅涉及对世界的总体的看法，而且涉及对存在于世界之中的所有进入人的视野的具体的现象和事物的具体的看法。信念可以分为信和所信两个方面，而所信又有所信的内容和所信的对象之分，所信的内容涉及我们所信的到底是什么的问题，而所信的对象则直接涉及一个对象的世界，这个所信的对象的世界是一个无所不包的世界，而我们真正面对的正是这样的一个世界，是一个信念的世界。

第一节 作为世界观的信念

说到世界观，人们一般马上会联想到哲学。也就是说，人们通常首先将哲学视为是一种关于世界观的学问、学说。因而在讨论世界观的问题时、讨论与世界观相关的信念问题时，就不能不谈及关于哲学的哲学的问题，或者说，元哲学的问题。

关于哲学是什么的说法常见的有：哲学是世界观；哲学是系统化理论化的世界观和方法论；哲学是自然科学和社会科学的概括和总结；哲学是关于自然社会和人类思维的一般规律的学说；哲学是关于智慧的学问；哲学是本体论、认识论和语言逻辑相统一的理论；哲学是时代精神的精华；哲学是语言分析等。尽管关于哲学是什么的看法、说法多种多样、莫衷一是，难以给出一个能够被人们普遍认可、接受和采纳的标准的说法，但是，相比较而言，哲学首先可以看成是一种世界观，一种理论化、系统化的世界观。这种看法和说法或许可以说是认可、接受和采纳的程度最高和范围最广的一种了，故我们在此主要就上述看法和说法的意义上讨论哲学，特别是讨论信念与哲学的关系。

哲学作为一种世界观，通常认为除了对世界的总体的看法之外，还应包括价值观和人生观等。相比较而言，哲学首先涉及的是对世界的总体的、一般的看法。或者说，在最高层次上涉及的是关于世界的总体的、一般的看法和学说。也就是说，与其他的特殊的、具体的理论学说相比较而言，哲学关注的是整个世界，而其他理论学说主要关注的是世界的某个或某些特殊的、具体的方面和层面。

就关于世界的总体的、一般的看法和学说而言，很难说是一种知识体系，但却可以说是一套基本的信念体系。我们在前面曾经专门讨论过信念和知识的关系问题，说明被我们通常称为知识的东西未必真的就是知识，但却至少可以说是一种信念，知识以为真的信念为基础和前提，但是我们很难保证被我们称为"知识"的东西一定是真的，特别是关于世界的基本的、普遍的和一般的被称为"知识"的东西就更难保证其为真了，但是，信念则不然，它并非一定要保证其为真或者完全真。正因为如此，这种关于世界的总体的、一般的看法和学说与其说是一种知识体系，不如说是一种信念体系。

构成哲学，特别是作为世界观的哲学的信念体系涉及的是由一些有着内在的逻辑关联的基本的、具有普遍性和一般性的信念。最基本的信念的不同导致了哲学上的最基本的派系的划分。在哲学上最常见的派系划分首推唯物主义和唯心主义。或者说，物质主义和观念主义；这种划分主要是就本体论进行的划分，也是作为世界观的哲学的一种最基本的划分。除此之外，从方法论上进行的哲学派系的划分主要有辩证法和形而上学；由于马克思的哲学从最基本的层面来看首先是辩证唯物主义，就方法论而言通常称为唯物辩证法。这种哲学与其他的辩证法以及形而上学等存在一个显著的不同，该哲学认为世界观和方法论是统一的，有什么样的世界观就有什么样的方法论，故认为辩证法并不仅仅是一种方法论，同时也是一种世界观。也就是说，世间的万事万物虽然各具特色和个性，但它们之间也存在普遍的和一般的联系，物质不仅是运动的，而且是发展和变化的，物质的存在、运动、发展和变化是有规律可循的，而其中最基本的规律便是辩证法，特别是唯物辩证法所揭示的规律。也就是说，唯物辩证法同时也是世界本身的存在、运动和发展变化的基本规律的体现，它同时既是客观辩证法，又是主观辩证法。作为客观辩证法涉及对世界的基本规律的基本看法和观点，可以说是一种世界观，或者更确切地说，是构成世界观的一部分：作为主观辩证法则是一种方法论，是一种与世界观相一致的方法论。而对于其他的辩证法以及形而上学来说，通常都是认为其是一种方法论，而一般不认为这种方法论是一种与世界观相一致的方法论。或者说，同时还是一种世界观。比如，古代西方辩证法通常都指的是一种主观辩证法，形而上学依托于形式逻辑，但形式逻辑本身却通常并不认为自己同时是一种世界观，而认为形式逻辑揭示的主要是一种思维的规律，是一种形式化的思维方法，故最多可以看成是一种方法论；形而上学则不然，可以说是一种将形式逻辑世界观化的哲学派系。唯物辩证法认为形而上学是一种孤立、静止、片面看问题的方法，同时也是一种错误的世界观（显然，这本身就是一种信念）。

　　唯物论和唯心论涉及对于世界本源的看法，而物质和精神、物与心则分别涉及两个不同的世界。唯物与唯心之争从这一方面来看也就是上述两个世界哪个更为基本的问题之争。这种争论在西方哲学界表现得尤为突出。在唯物论看来，物质是本源，物质决定精神意识，物质是第一性的这是唯物论的基本观点，是对两个世界的关系的真实表述，而唯心论则是一种对世界的本源的一种错误的看法，是对两个世界的关系的虚假表述。然而，在唯心论看来似乎情况刚好相反。我们经常说，真理往往掌握在少数人的手里，尽管如此，按常规说来，一个为真的陈述和理论最终总是会被人们普遍认可、接受和采纳的，特别是那些关涉几乎所有人的普遍的、一般的陈述和理论。然而，对于上述被认为是"为真的陈述和理论"而言似乎并不符合上面所说的常规。从真正系统化的哲学产生以来，这种争论已经延续了2000多年，仍旧没有争出个所以然来。如果从还没有被系统化和理论化的包含比较深刻的哲理的和对世界的基本看法算起，其时间还可以进一步上溯原始社会末期。也就是说，起码可以上溯四五千年以前。

　　我们知道，具有较大规模的宗教产生于原始社会末后期，而最早的相对成型的世界观正是出现在原始宗教之中。哲学中所讨论的基本的问题实际上早在原始宗教中就已经被提出并且讨论过了。哲学从某种意义上来说可以说是脱胎于宗教、脱胎于原始宗教。哲学与宗教的最大区别并不在于是否形成了某种世界观，而在对关于世界问题（包括本源问题等）的回答方式特别是给出答案的依据的不同。宗教借助于神话传说和

第十二章 信念与世界

比较盲目的信仰崇拜而对上述问题给出了初步的回答,而哲学则借助于经验和理性对上述问题给出了自己的解答。正是由于哲学需要借助于经验和理性(这两者同时也是科学的两个本质特征)才能给出对上述问题的回答,所以,真正的哲学的产生也依赖于上述两个基本的支撑。也就是说,只有当人类的经验积累到了相当的程度,理性思维能力发展到了一定的水平和高度之后才会有真正的哲学产生。实际上,经验和理性两者是密切相关的,经验积累的程度直接影响到理性的发展,前面所说的理性的发展到了一定的水平和高度,主要是指理性思维能力开始以逻辑的形式逐步展现出来的时期。也就是说,主要是指各种逻辑(主要是辩证逻辑和形式逻辑)逐渐成形期。从某种意义上来说,正是由于经验积累到了必须由比较成型的逻辑对其进行概括、归纳和梳理的程度,与之相应的理性思维能力也就发展到逻辑理论的初创期的水平和高度。这一时期从历史上看出现在公元前五六世纪,正是在这一时期出现了被历史典籍记录在册的有名有姓的哲学家及关于其哲学的只言片语和断章残篇。如果对上述关于世界及其本源等问题的回答从原始社会末期的原始宗教开始算起,对于上述问题的有争议的回答一直延续到了现当代社会,横跨东西方、纵延五千年,一个最基本的真理仍旧不能得到人们的普遍认可、接受和采纳,这实在是一件太令人唏嘘的事了。从历史上看,人类社会从原始社会末期经过漫长的发展演变已经发展到了现当代社会,从时间上看至少四五千年过去了,这时间还难道还不够吗?一个真理被普遍认可和接受难道真的有这么难吗?

关于上述两个哲学上的最基本的派系关于世界及其本源的说法究竟谁对谁错、谁真谁伪至今仍旧各执一词。我们知道,唯物主义到近代的马克思已经发展到了一个新的高度,然而马克思之后的西方现当代哲学通常被认为其主流仍旧是唯心主义的。这一点表明,上述两个派系之争很难说是真理与谬误之争,其实所谓真理不过是被我们认为、相信其是真理罢了,而与此同时还有相当多的人并不这样认为。我们在前面多次说过,"认为"和"相信"是表示信念的标志性词语,故显然上述之争实则是关于世界及其本源的信念之争,不同的世界观实则是关于世界及其本源的不同的信念体系。之所以上述问题能够争论了几千年,首先是因为谁也无法充分证明自己的观点是正确的,自己的说法是为真的。我们在前面说过,对于知道、知识来说我们通常只要求对方给出知道的途径便可以了，而信念则不然，它通常会要求对方给出相应的理由和证据来。如果能够给出充分的理由和证据，摆事实讲道理，对于有理性的人来说又有几个人能够昧着本心而拒绝真理的召唤呢？

就中国当今社会特别是当今学界而言，唯物主义特别是辩证唯物主义占据主导的地位，因而上述问题对于主流学界来说便成了为何在我国学界，特别是哲学界占主导地位的唯物主义在西方现当代哲学中看来并非如此？这个问题与唯心主义为何能够产生、存在甚至在不少方面具有相当的市场的根源问题直接相关。我国学界对其的通常解释主要归结为三个方面，即社会历史根源、认识根源和阶级（阶层）根源。换句话说，认可接受某种理论观点不仅是一个认识程度和水平问题，此外还受到社会历史条件的限制以及所处的阶级阶层等的限制。我们对于世界的总体看法从社会历史根源上来看，很难对这种基本的分歧进行解释，这个从原始社会直到现当代社会跨越了多个漫长的历史阶段的分歧还没有得到妥善的解决，达成普遍的一致，将其归结为社会历史根源显然是说不过去的。至于阶级阶层根源，特别是阶级根源这种说法现在已经很少见了，但与之相关的问题并没有因此而消失。该问题实际上涉及的主要是一个利益关系的问题，不同的利益集团可能会为了自身的利益而拒绝承认某种理论观点等，这也是常见的事，而问题在于，我们实在看不出来这种对于世界的总体的看法和我们之间到底有多少利益关系，特别是利害关系，以致有些人为了某些利益而坚持认可接受它，另一些人为了自己的切身利益而坚决不认可接受它。显然，在对世界的整体的看法或者说世界观问题，实际上，对绝大多数人而言认可接受某个派系的理论观点的最根本的理由、凭据和凭证仍旧来自认识论方面，而不是出于认识论之外的某种利益关系等。只要某方能够提供其理论观点为真的充分的理由、凭据和凭证，人们便会认可、接受甚至采纳它。

唯物和唯心作为在世界观问题上的两个基本的派系，似乎都认为自己已经为其理论观点为真和对方的理论观点为假提供了充分的理由、凭据和凭证，然而事实并非如此，无论是从历史还是从现状上来看，都表明证明自己的理论观点为真和对方的理论观点为假的理由、凭据和凭证并不充分（否则在当今世界就不会再有其中的一方了），上述"认为"都不过是各自派系的自己的信念罢了。尽管如此，有一点是清楚的，这就是和唯物唯心相关的问题与方面有很多，至少可以比较充分地证明其中的某些观点或者某些方面确实是错误的或者站不住脚的。比如，某些人认为在人类出现之前不可能存在任何其他的事物，某个股民认为他穿红衣服还是绿衣服或者他的电脑桌面图像是红色基调为主还是绿色基调为主直接会影响到股市的涨落，特别是会直接影响到他自己所持有的股票的涨跌；如果这些便是我们所说的唯心主义的一些表现形式的话，那么可以基本确定上述的"认为"确实是错误的和为假的。而如果进一步认为这就是唯心主义，唯心主义指的就是上述的理论观点，那么，这样的唯心主义显然是站不住脚的。然而，被我们认为主要是唯心主义的西方现当代哲学家会犯连我们常人都很少犯的如此低级的错误实在令人难以置信。如果这些哲学家的理论观点可以归为唯心主义的话，那么这种唯心主义显然不是我们上面所说的那种低级的唯心主义。换句话说，唯心主义显然完全还可以有另一些表现方式和形式，甚至是一些更为高级的表现方式和形式。

　　那么唯心和唯物关于世界和世界的本源之争究竟是一种真伪之争、事实之争，还是一种其他方面的争论，比如语词之争、价值之争等，抑或两方面皆有之？对于此问题，如果要深究将会占用大量的篇幅，而这并不是我们在此所要讨论的主题，故我们在此只能作一个简略的回答（关于上述问题的深入讨论本人将在其他专著中展开说明，在此不做展开）。首先应该肯定，唯物和唯心的问题确实包括上述两个方面，而且从侧重点上来看应该更侧重于后一个方面。唯物和唯心的问题实际上在多数情况下并不是对同一问题的真伪的两种针锋相对的理论观点（比如上面的例子中的某个小散股民的衣服颜色和电脑桌面图像，甚至仅仅是一种想法是否会直接影响到股市的近日的涨跌乃至长期趋势的问题）。首先，两者对"本源"，更确切地说"本原"的意思的认定在许多情况下并不相同。这里的"本原"通常可以理解为最根本的前提条件，然而，这种最根本的前提或者前提条件到底是什么双方通常有不同的认定。唯物论更强调的是历史前提，而唯心论则更强调的是逻辑前提或者语言前提。这完全是两种不同的前提，针对两种不同的前提可以有两种对本原的基本看法，两者之间似乎并不存在真正的矛盾。换句话说，唯物主义和唯心主义在很多情况下说的根本就不是同一个问题，只是表面上看起来似乎存在一种矛盾冲突，而其实不过是各说各的，针对的并不是同一个问题，说的也根本就不是同一个意思。另外，唯物主义和唯心主义关于世界及其本原、本源（前者的概括程度更高，后者可以看成是前者的一部分或某个方面）的基本看法还涉及价值问题特别是价值取向问题，它不仅是一种事实认定和判断，同时还是一种价值认定和判断。当将这种认定和判断与向前追溯其原因和前提联系起来时，它主要是一种对事实的认定和判断；当将这种认定和判断与继后的与之相关的行为活动联系起来时，它主要是一种对价值的认定和判断。正因为存在上述复杂的关系问题，因而才不能够简单地说谁是谁非，而必须针对具体问题进行具体分析。尽管唯物和唯心在涉及世界及其本原、本源的问题上存在不同的说法，尽管存在上述复杂的情况，但是，这一切都涉及信念问题，都可以看成是一些不同方面和种类的信念之争。这种信念之争不仅关涉到真伪和价值问题，还关涉到语言逻辑问题，更进一步，甚至与一个人的性格气质等也有密切的关联。一个十分注重自己的主观能动性、出了问题偏向于找主观原因的人似乎更接近唯心论者，而一个比较消极被动的人、出了问题总习惯找客观方面的原因、喜欢推卸责任的人则似乎更接近通常所说的唯物论者（不是辩证唯物论）。

总之，哲学上的世界观之争首先是一种基本的信念之争，不同的世界观实际上是不同的关于世界的信念及其展示，哲学依赖于基本的信念而存在，更确切地说，不同的哲学实则是一些不同的信念体系。

第二节 信念是哲学建构的前提基础和最终归宿

信念不仅有作为世界观的信念，各种哲学体系从根本上看也都是一些基本的信念体系；进一步，所有的其他学科都首先是一些特殊的信念的体系；更进一步，我们所写的文章、书籍乃至所说的一切话，无论是书面语还是口语只要是一些陈述，只要不是口是心非、不是违心的或者有意说谎，那么都是该人的信念的表达，或者说都表达了该人的某种信念。信念具有一个庞大的家族，不仅有主观和客观之分、内在与外在之分、意象与言语之分、口语与书面语之分、一般与特殊之分、整体与部分之分、具体与抽象之分、现象与本质之分、条件与因果之分、可能与必然之分、是与相似之分、形式与内容之分等，按其内容来看还可以涉及与之相关的操作和言说等行为的对错之分，涉及相关的操作和言说等行为的结果、成品（既定的言语陈述等）的真假、真伪之分。

在信念的大家族中，还存在一些作为科学和哲学等研究的大前提、初始条件的信念。这些信念往往与一些最基本的规定有关，是关于这些最基本的规定的信念（并非都是）。在被西方誉为科学之父的亚里士多德看来，任何一门严谨的学科通常都是一套演绎体系，是一种依据一些最基本的原理而构建起来的演绎体系。这些最基本的原理亚里士多德将其称为"第一原理"，并认为每一门独特的学科都有其特殊的第一原理，而所有学科还存在共同的第一原理，这就是逻辑规则，特别是基本的逻辑规律。每一门学科的第一原理并非只有一个，而往往是一组，其中包括数目不等的一些原理。每一门学科所包含的第一原理不能过多，过多的也就无所谓第一原理了，第一原理应该尽可能少，除非离开它便无法说明该理论学科本应该说明的某一大类的问题，无法使该理论能够自圆其说等，否则不宜引入新的第一原理。这些第一原理通常都表征为特定的陈述语句，它与明确的规定有所不同。比如，关于某门学科的最基本概念范畴的语义规定等，这些规定往往在表述其的语句中会直接出现"规定"的字样，往往以"某某规定如何"或者"某某规定如下"的形式出现。规定本身无所谓真伪，但对规定的陈述却是存在真伪的。比如，当我们说某个学科中有如此这般的一个规定时，该学科中是否有这样的规定，是否是这样规定的显然是一个问题。如果该学科中根本就没有此类规定或者有此类规定但是却与我们所陈述的不一样，那么我们的关于该规定的陈述便是为假的陈述；反之便是为真的陈述；如果我们给出的陈述表达了我们的相应的信念，这些信念也存在相应的真伪问题。因而要特别注意不要把规定（或者约定）与关于该规定如何的陈述和信念混同。

第一原理通常不同于我们前面所说的规定，它实则是一种特定的陈述和信念，因为它存在真假问题、真伪问题。在亚里士多德看来，第一原理具有几个非常重要的性质，首先，第一原理是为真的，其次还有第一原理是不能证明，是不证自明的，第一原理与结论之间有着因果式的联系等。由上可见，第一原理存在真伪问题，但是第一原理通常具有一种自明的真，并不需要对其进行证明，实际上也是不能够证明的。

这样一来，被我们认为是第一原理的陈述和信念是否真在很大程度上取决于其是否具有自明性。自明性在此成了第一原理为真的唯一保障。

也就是说，某个被我们认为是第一原理的命题和陈述只有当我们对其自明性产生怀疑的时候，它是否可以真正作为第一原理而存在才是值得怀疑的。比如说，欧基里得几何学中五个公设自古以来通常就被学界视为是欧氏几何的第一原理。这个问题直到非欧几何学的出现才在第五公设上打开了几乎一成不变的僵局。显然，所谓"自明性"实则是一种不容置疑性，或者更确切地说是一种不能（无法）质疑性。任何一个人即使绞尽脑汁也实在想不出来如何才能够否定它，因为它实在是太清楚、明白了，我们对其的所有的解释和说明都只能是把原来清楚明白的东西搞得不清不楚、不明不白，而不是相反。这一点与我们对其他的概念陈述等的解释说明大不相同，我们所给出的任何定义都是为了说明某个概念和术语等，由于这些概念和术语对许多接触到这些概念和术语的人来说对其真正的、恰当的意思是不太清楚的，甚至根本不知道其究竟是什么意思，因而才需要对其进行进一步的解释和说明，而定义通常也被认为是一种用于明确概念的最常见的逻辑语言手法。也就是说，只有对某些人而言是不明的才需要解释说明，如果本来就明白，也就无须再解释说明，解释说明甚至成了一种多此一举之事。而具有自明性的第一原理就更无须多说了，因为比较明白还可以通过进一步的解释说明而变得更加明白，而"自明性"意味着最清楚、明白不过了，因而任何对其的所谓的解释和说明不仅无法使其变得更加明白，而且还很有可能适得其反。正因为第一原理被肯定为真，所以，第一原理不同于本身无所谓真伪的规定，而是一种最基本的信念。某门特定的学科的第一原理是由该学科中具有全局性影响的为数不多的几个基本的信念所构成的，这些信念同时也成为从事该学科研究的大前提和初始条件。

　　上述对于"第一原理"的论述也同样适用于哲学学科，但是，哲学学科不同于其他的特殊的和具体的学科，哲学学科从某种意义上来说位于各学科的顶层，而从另一种意义上来说又是其他学科的初始基础（基石）和前提。就前一种意义而言，哲学位于统揽全局、俯瞰整体的最高的层面；就后一种意义而言，哲学又可以成为其他具体学科的具有前提基础和初始条件意义上的共同的第一原理。我们知道，在人们早先的对世界的研究中并没有分化出可以相对独立的各种具体学科（特别是自然科学学科），那时对世界的研究可以看成是一种笼而统之的哲学研究。从这种意义上说，后来出现的各种特殊和专门的具体学科可以看成是从早先的笼而统之的哲学研究中孕育和分化出来，从这种意义上说，爱因斯坦所说的"哲学是科学之母"显然是可以成立的。就此而言，其他学科的共同的第一原理看来除了逻辑语言之外按理说还应该有哲学。然而哲学和逻辑的命运看来并不相同，在形式逻辑的创始人亚里士多德看来，各种特殊的和具体的学科共同的第一原理即是其所创立的形式逻辑的基本规律和原理，这一点对于后来相对独立出现的各种具体学科而言似乎并无太大的争议，而在西方即使早有不同于形式逻辑的辩证逻辑等，但是这种辩证逻辑在西方历史上长期处于边缘化的地位，在当时以及后期历史的大部分时期并不构成对形式逻辑的地位的威胁，很难说是一个旗鼓相当的竞争对手。然而，哲学却不然，从一开始形成比较系统化和理论化的世界观的时候开始就一直存在两种互相争执不休的最基本的派系，这就是唯物主义和唯心主义。虽然唯物论和唯心论在不同历史时期和不同地域有的前者占上风，有的后者占上风，但就总体而言基本上旗鼓相当。由于上述两个派系（除此之外，还有许多相对次一级的派系）始终存在争执，存在矛盾和冲突（尽管某些矛盾和冲突很多只是看起来或者说表面上表现为一种矛盾和冲突，其实并不构成真正的矛盾和冲突），因此对于各种具体学科而言便显得有些无所适从，因而其共同的第一原理的地位始终难以确定和确立（但这并不排除哲学对于其他学科的指导意义）。

上述对于"第一原理"的论述对于哲学学科本身而言也同样适用。哲学研究相对于其他特殊的和具体的学科而言处于最高的层次，其对其他具体学科的研究具有指导意义，但是就哲学本身而言，与之相关的大量的各种信念的地位和层次也是有所不同的。对各种哲学本身而言，其中也有为数有限的一些由特定的陈述展现的基本的原理可以看成是哲学本身的第一原理。这些第一原理首当其冲的便是关于世界及其本源的基本看法或者信念，以及关于世间的事物究竟是如何产生和存在、如何运动变化、如何发展、衰退和消亡的基本看法或者信念，此外还有与上述问题密切相关的与逻辑和语言问题相关的基本的看法和信念。而令人遗憾的是，对于上述问题的基本的看法和见解很难取得广泛的一致和达成某种"共识"和"共信"，正因为如此，这种"第一原理"看来只能说是相对于某一特定的哲学体系而言的"第一原理"，这些第一原理我们可以说大致应该涉及哪些方面的原理，但是，对于不同的哲学和哲学家而言虽然给出的第一原理在涉及的领域上基本相同（虽然可以有所侧重），但具体是何原理却可以有非常大的差异。由此可见，虽然每一种不同的哲学都可以有与之相关的第一原理（一些最基本的信念），虽然按理说哲学也应该具有所有具体学科的共同的第一原理的地位、功能和作用，然而由于各种不同的哲学派系之间一直争执不休，无法协调一致，从而也无法真正发挥出共同的第一原理的功能和作用，各自哲学的第一原理也因此无法取得各门学科的共同的第一原理的地位，而最多只是对各种具体学科具有某种指导意义罢了。结果只能是，各种不同的哲学实际上不过是在向这个世界展示着一些各自不同的关于这个世界的基本信念。

　　显然，凡真正称得上有自己的"哲学"的哲学家，其哲学皆不是无源之水、无本之木，即使是被许多人认为是最具怀疑精神的笛卡尔也最终立足于"我思故我在"这样的前提基础之上。不能不怀疑一个没有诸如此类的"前提基础"的哲学家、思想家可以是一个真正的哲学家、思想家；甚至不能不怀疑一个没有诸如此类的"前提基础"的人可以是一个真正的思想健全的人。可以看出，这些"前提基础"虽然各不相同、各异其趣，但却有一个共同的"属"，这就是"信念"。进一步可以发现，"信念"的疆域竟是如此的广阔、深邃和高远，层层叠叠、铺天盖地、事无巨细皆与之有缘。"信念"不仅涉足于所有的学科，更与日常生活朝夕相伴。

　　如果我们透过哲学的视窗窥探特定的信念，我们所关注的首先显然是那些普遍的、一般的、基本的、贯穿整体的信念；如果我们要探究关于信念的哲学问题，那自然不应局限于某些个别、具体的信念（不是关于个别事物本身的信念），而应关注各种信念所共有的、一般的、普遍的、广泛存在的问题。显然，对这些问题的回答又构成我们的另一些普遍的、一般的、基本的信念。这里有两类普遍的、一般的、基本的信念：一类是关于事物、对象的普遍的、一般的、基本的性质和关系等的信念；另一类则是关于信念的普遍的、一般的、基本的性状、关系等的信念，即关于信念的信念。与哲学相关的信念至少涉及上述的两类信念及问题。

　　实际上，任何研究在思想的领域中都是始于信念而终于信念的，但对不同的人、不同的思想者来说，起始的信念往往不同，终结的信念也常常有异。一般说来，对一个具体的思考过程而言，起始的信念通常是关于问题的信念，是关于不确定性的信念；而终结的信念则是关于答案、结论的信念，是关于确定性、关于不确定性的减少或消除的信念。在所有的关于问题的信念中，与哲学相关的主要是那些关涉一般的、普遍的、根本性、整体性等问题的信念。在此，我们首先应确立哪些问题是一般的、普遍的、带有根本性的问题，即要有关于何为哲学问题、哪些属于哲学问题、哪些是最基本的哲学问题等的信念。如果某人要建立一套令人较为满意的哲学理论，他通常首先要有怎样的理论才是一个较令人满意的哲学理论的信念。在此，我们通常有一个基本的信念，即一个较令人满意的哲学理论应是一个系统化的、将涉及最普遍、一般、根本的问题的正确的、为真的看法、见解有机地统合在一起的理论；而这样的一个理论通常应是一个具有演绎性质的理论，即是由最基本的、极少的几个"第一原理"通过演绎而构建出的体系。这些"第一原理"包括诸如"存在先于本质""我思故我在""世界的本原是物质""世界统一于精神"等。显然，上述这些"第一原理"即使不能仅仅看成是信念，但它至少同时也是我们的一些最基本的信念。

如果我们持有上述的关于何为令人满意的哲学理论的信念，如果我们持有这样的一个哲学理论应有一个"基始点"、演绎的"出发点"（第一原理便是这样的基始点、出发点）的信念，那么"哲学理论系统构建的起始点、立足点、出发点究竟应为何的问题是一个至关重要的哲学问题"便成了一个由上述问题引申出的一个基本的哲学信念。如前所述，按照哲学史上的通常的看法，作为出发点、基始点、立足点的"第一原理"（在一定意义上也可以说是"公理"）等应是真的，但又是不可证明的和不证自明的。显然，这种自明性是相对于信念而言的。也就是说，应以自明的、一般的、普遍的信念为出发点、基始点、立足点；或者说，应以无可置疑的信念为出发点、基始点、立足点等（这本身也是一个基本的信念）。

笛卡尔的努力可看成是对上述信念的一种有代表性的诠释，在笛卡尔看来，最不容置疑的便是"我在怀疑""我思故我在"，整个哲学的理论体系的构建应以此为出发点、基始点、立足点。那么，诸如"存在有一个外在于我的、不以我及他人的意志为转移的物质世界"之类的信念是否就不是自明的呢？或不像"我思故我在"那样清楚明白呢？这确实是一个问题。不过,有一点是清楚的,就我们前面谈到的哲学上的两大基本的派系,即唯物论和唯心论而言,如果我们承认、相信真有唯心论的话,承认、相信"唯心论"并不是一个虚构的话,那么,至少表明唯物论的上述基本信念并不是自明的(唯心论也是一样的),至少不是对每个人来说都是清楚明白的,否则,便不会有真正的唯心论者。

实际上,"我思故我在"也不能说就是无可置疑;因为,"我"总是相对于"非我"而言的,"我"与"非我"总是同时确立的,在未确立"非我"之前,"我"的存在也是不能确立的(又一个基本的信念!)。相信、认为"我思""我在"并不比相信、认为"非我"的存在,如相信、认为他人、物质世界或精神世界的存在更基本或更可靠。这样看来,最基本的信念至少有两个,即"我在"和"非我在"。而"非我"又可分为非我的物质世界和非我的精神世界的存在。至于"非我"的精神世界,又可分为他人的精神世界、"神"的精神的世界和非人格化的精神世界等。就后面的这三类信念而言,"存在有他人的精神世界"这一信念相比较而言似乎更无可置疑;而后两种信念则与我们通常所说的"客观唯心主义"有密切的关联,它们可以说是客观唯心主义产生和形成的前提基础。需要说明的是,仅仅承认其存在并非就是客观唯心主义,并非就一定会导致客观唯心主义。同样,肯定"我"的存在也不必然地导致主观唯心主义、唯我论等,但却是后者产生和形成的前提基础。

相信、认为我、他人、物质世界和精神世界的存在,这是一些最基本的信念,而相信上述东西的存在,也就是相信、认为"我存在""他人存在""物质世界存在"等陈述是为真的陈述,是与事实相符的陈述。故上述信念同时又是关于基本的事实的信念和关于上述基本的陈述、认识为真的信念。就此而言,相信、认为可以有不少符合事实的或为真的陈述、认识、信念存在,且其中有一些是最基本的、符合最基本的事实的为真的陈述、认识、信念,这本身也是一个基本的信念。显然,此类信念与前述的信念不是同一层面的信念,前述的信念可以说是一些与我们通常所说的本体论相关的信念,而后一类信念则通常是与哲学上所说的认识论等相关的信念。此外,我们还有与逻辑相关的信念,如相信、认为以那些最基本的为真的陈述为前提的符合逻辑的演绎推论也是为真的等。

更进一步,相信、认为某陈述是为真的、符合事实的,又是以相信、认为某些特定的音形等的组合是一个语句、一个陈述语句、一个有特定的含义、意思的陈述语句、一个可以表达特定的信念的陈述语句等为前提的。如果相信"我存在""物质世界存在""存在一个外在于我的世界"等是为真的，那么首先就得肯定特定的音形等的组合的存在、肯定特定的语词、语句及其特定的含义、意思、意义的存在，肯定这些陈述是符合特定的语言规定的正确的陈述等。故相信符号语言、语言规定及特定的含义和意思的存在，相信某些语言表达式可以正确地表达我们的为真的信念，可以正确地陈述、描述某些事件等也是我们的一些基本的信念。这些信念与前述的两类信念虽密切相关但又有很大的不同，它们是属于语言层面的信念。

信念问题之所以讨论起来异常困难，一个基本的难题便是我们无法跳出信念的圈子来讨论信念。因为我们的各种观点和见解虽然不能仅仅视为是一个信念的问题，但它首先便以信念的方式呈现（此话本身也表达了我自己的一个信念！）。信念存在一个"层层叠加、环环相套"的问题（又一个信念！），首先是关于其他的对象、事物的信念，其次是关于这些信念的信念，乃至关于这些信念的信念的信念……如此不断叠加，层出不穷。在此，我们不得不注意本书（可以是任何一本书）之中的每一个陈述，并时时注意刚刚给出的新的陈述，特别是后续给出的关于该陈述的陈述，关于该陈述的陈述的陈述（主要包括对前面的陈述的解释说明式的陈述，以及对这些解释说明式的陈述的进一步的解释说明的陈述等），只有这样方可领悟什么叫作信念的层层叠加和环环相套。由于信念存在一个层层叠加和环环相套的问题，以致使我们根本无法跳出信念的圈子来谈论任何事情，自然也无法跳出信念的圈子来谈论任何哲学思想和观点等。

任何系统化的哲学理论的建立都首先要确立一些最基本的信念，并在此前提基础上才能构建出一个比较系统化的哲学理论来，而整个哲学的理论本身首先就是一套特定的信念系统。从关于问题的信念到关于答案的信念，虽然可以有许多中间环节，但是在整个哲学研究的过程中在头脑中呈现出的首先是一种信念的不断更替、不断积累、不断叠加、不断演进、不断显隐和生灭的信念流（类似于意识流、恒常思量等），不仅如此，在此过程中我们还不断地在各种信念之中兜圈子，各种相关的信念构成了一个大的内在循环的系统，虽然信念体系本身并不是一个孤立的和封闭的系统，而是一个与外界存在种种关联的开放系统，但是就哲学研究而言，信念不仅是哲学研究的终极前提基础，整个研究过程中贯穿着各种信念构成的信念流，而且研究的成果本身就是一些新生的信念或者是一个新的信念体系。哲学研究与许多具体的科学技术研究等不同，它本身主要是一种理论研究，研究的成果也就是新的理论观点本身，而许多具体的科学技术研究特别是应用研究，其研究的成果往往是某种物质性的产品，比如，能够快速充电的锂电池、集更多功能于一身的手机等。正因为如此，理论研究（不仅仅是哲学研究）自始至终都与信念直接相关，信念贯穿于其始终。

信念不仅贯穿于单方面的陈述表白中，也贯穿于人们的相互交流沟通中。我所说的表达我的某种信念的话你可以相信或者同意我的说法，也可以不相信或者不同意我的说法，但无论你相信还是不相信、同意还是不同意都形成了你的一个与此相关的信念；你可以对此表示沉默，但这仅仅只是意味着你不打算对此说些什么，并不表明你没有形成与之相关的信念；你可以对此不置可否，一时拿不定主意到底是相信同意还是不相信不同意，此时你已经有了关于我的上述说法是一个一时还不能决定相信同意还是不相信不同意的说法的信念；你完全可以对我所表达的某种信念不是简单地表示相信或同意，完全可以对我所说的表达我的某种信念的话给出更为详细具体的评判、发表你对此的不同的意见和看法等，从而表达出与此相关的更多的信念。除非你对我的上述说法没有任何态度（不置可否也是一种态度），而这种情况通常意味着你对我的上述话语根本没有听到，或者根本就没有听清楚我到底说了些什么，或者根本没有引起你的注意等。显然，上面的"你"和"我"相互对调上述说法仍旧成立。

总之，如果我们真想断定些什么，而不是如坠烟雾、陷入混沌的话；如果我们不愿面对一片空白、思想极度混乱，而想寻求一个立身之所的话，那么，只能立足于信念。由此可见，信念，也只有信念，才是哲学思考的最初的前提，同时，它也是哲学思考最终的结论。可以说，构成哲学，特别是哲学基础理论的不可轻易动摇的硬核的便是信念，是一些最基本的信念！对哲学，特别是对哲学基础理论的研究首先的和基本的便是对与之相关的信念的研究。

第三节　与世界的三种基本的质相关的信念

在哲学上通常将世界的性质分为两种，即第一性的质和第二性的质。这种区分，可以追溯到古希腊的德谟克利特，其后有许多著名的科学家和哲学家都有对其的专门论述，包括伽利略、笛卡尔和洛克等。其中洛克关于两种质的论述最具影响力，一般一提到第一性的质和第二性的质的说法，人们首先想到的便是洛克。

第一性的质通常被认为是存在于外在世界之中的物体所固有的性质，是与物体不可分的性质，是客观的，这种性质主要包括固体、广延、大小、形状、体积、数目、位置、结构、组织、运动和静止等。而第二性的质并不是物体本身所固有的质，而是物体借助于第一性的质而使人产生各种感觉的能力，其主要包括颜色、声音、气味和滋味等。这两种质的一个重要的区别便是我们对前者的感觉映象与这些性质之间存在一种物理上的相似性、一致性，而后者则不具有这种相似性、一致性，尽管如此，后者与物体之间还是存在有某种客观的对应和契合关系。第二性的质虽然不同于第一性的质，但是却可以还原成为第一性的质。

显然，关于第一性的质和第二性的质的看法可以看成是哲学上的一些基本的信念。这些信念主要包括"存在一个外在的世界""外在的世界中存在各种物体""物体有两种基本的性质，即第一性的质和第二性的质""与第一性的质相关的感觉映象与这些性质之间存在一种物理上的相似性、一致性""第二性的质由于不具有上述的物理上的相似性、一致性，故第二性的质只能看成是物体的一种特定的能力，即物体能够使人产生特定的感觉的能力"等。在这些信念中，最核心的是上述的第二个信念，即"外在的世界中存在各种不同的物体"，而其中最核心的概念便是"物体"。那么什么是物体呢？我们发现，"物体"在此正是通过第一性的质来规定的。物体可以看成是一切具有"物体性"的特定对象的总和，所谓"物体性"也就是一特定对象可以看成是一个物体而应具备的充要条件。也就是说，具备了这些条件便可以看成是一个物体；不具备这些条件，便不能算是一个物体。这些条件如果仅仅是充分条件，那么至少可以判定具备了这些条件的就是物体，但还不能说不具备这些条件的就不是物体。显然这些条件是一系列相关的条件的组合，这种组合通常采取一种"交"的形式。即 A 且 B 且 C 且 D 且 E……那么这些条件都是些什么呢？可以看出，正是上面所说的第一性的质，即固体、广延、大小、形状、体积、数目、位置、结构、组织、运动和静止等。上述性质的组合、"交"规定了一特定的对象是不是物体，正是这种特定的性质的组合、"交"构成了所谓的"物体性"。在此，存在一个与物体密切相关的概念，这就是"个体"。"个体"可以看成是"物体"的上属概念。也就是说，物体首先是一种特殊的个体，但并非所有的个体都能够称为"物体"。那么对照上面的各种第一性的质，又有哪些不适合所有的个体呢？或者说，哪些是关于非物体的个体的限制性条件呢？我们发现广延、大小、形状、体积、数目、位置、运动、静止乃至结构和组织等同时也是对个体的规定性条件，而正是"固体"这个看起来表达不太严谨、不太像是第一性的质的性质才是对非物体的个体的限制性条件。"固体性"并不等于"刚性"，它可以发生一定的形变，但是仍旧能够保持自身的封闭性或者闭合性等拓扑性质不变，仍旧可以"自成一体"，这一点与通常被认为是并非自成一体的液体有比较明显的不同。液体的形状通常随着容器的形状的变化而变化，古语所说的"兵无常势，水无常形"正是指作为液体的水所具有的上述性质。固体存在一个非常重要的性质，这就是要导致其发生比较明显的形变通常必须对其施加特定强度的力，要搬动、移动它（改变其原有的位置）也需要用一定的力，更进一步，固体之所以能够保持其特定的形状也与其自身的聚合力和张力等有关。可以看出，正是这个"力"区分了物体和非物体的个体。实际上，在特殊的条件下液体也可以自成一体，比如树叶上的露珠，天上掉下的雨滴等。也就是说，它们在特殊的条件下也可以看成是一些特殊的物体。由于在伽利略和洛克时期许多与科学特别是物理学和化学相关的概念并不十分严谨，洛克在此使用"固体"一词也就无可厚非了。

从洛克所列举出来的第二性的质来看，似乎只是与视觉、听觉、味觉乃至嗅觉相关，而并没有将身体觉（包括触觉、平衡觉等）列入其中，而我们发现与这种"力"密切相关的正是通常只有通过触压、通过身体觉才能够获知的"力感"，而"固体"的概念实则暗含着机械力的概念。这一点也表明，与体觉（不是对体的感觉）相关的力学性质才是区分物体和非物体的个体的一个基本的限制性条件，而主要与视觉相关的空间性质如广延、大小、形状、体积、数目、位置、运动、静止等主要是规定个体的，可以看成是"个体性"的构成要件。由于存在不同的个体，于是"数目"也是其中的一个要件（个体具有可数性）。如果单就"体"性而言，整体性（个体本身相对于其部分而言也是一个相对独立的整体）、相对分立性、封闭性和闭合性也可以看成是"体"性的构成要件。洛克的第二性的质只是相对于上面提到的那些感官而言的，与之相关的观念（"观念"这个词看来很容易造成歧义），或者更确切地说，与之相关的感觉映象中的对确定一个对象是不是物体并非必需的那些性质便被归入第二性的质。实际上，这些第二性的质对于确定不同的物体，或者确定物体的特定方面的其他性质也是具有很重要的作用的。问题是，为什么一个特定的物体，比如一株草本身不能是绿色的呢？一个苹果本身不存在甜不甜的问题呢？这些显然是特定的物体的一些重要的区别特征，我们通过这些区别特征可以将一些同是物体的东西有效地区分开来。

我们发现，关于第一性的质和第二性的质的区分主要是相对于特定的感觉而言的。我们存在两种不同的感觉：一种是对物体本身的感觉；另一种是对物体的特定的功能作用的感觉，对物体的这些特定的功能作用的感觉与对物体本身的感觉是不一样的，对物体本身的感觉直接规定的是物体本身，它们和物体本身具有物理上的相似性，而对物体的这些特定的功能作用的感觉与物体本身并不具有物理上的相似性。在此，存在一个非常基本的但又仔细想来非常值得怀疑的信念，这就是对物体本身的感觉与物体本身具有物理上的相似性。对于这个基本的信念看来后面应该打上"！?"这两个标点符号，即感叹号和问号，于是上面的表述应该为：对物体本身的感觉与物体本身具有物理上的相似性！?

这确实是一个令人惊异的信念，也是一个令人充满狐疑的信念。然而我们发现，有这个信念与没有这个信念相比较而言，似乎承认这个信念更为恰当些。这是因为，如果不承认这个信念，那么我们将面对的是一个无底的黑洞，将会陷入一种被神秘主义裹挟的境况。将会消解"物体"这个基本的概念，"物体"将成为一种完全不可想象的东西，而整个世界也会因此变成了一个完全不可想象的、不可企及的彼岸的世界。我们在此姑且先不谈这令人困惑的问题，而权当确实存在这种与我们的感觉映象、印象只有物理上的相似的物体。我们在此要说的是，如果这个世界可以分为与物体本身直接相关的第一性的质和与物体本身并不直接相关的第二性的质的话，那么，这个世界，特别是世界中的物体实际上还可以至少存在与之相关的第三性的质，这种第三性的质便是与我们的感受乃至欲求、愿望、意志等密切相关的质。

第二性的质主要是对我们特定的感官的感觉而言的，比如颜色、气味、滋味、冷热等，这些性质还有一个非常重要的特点，这就是它们往往是因人而异的。尽管许多人对某种颜色、气味、滋味等有基本一致的感觉，但是，并不排除还有不少人可以对此有着不同的感觉，甚至有完全相反的感觉。比如，对于色盲的人来说，他们所看到的被认为是物体本身的颜色与我们大多数人所看到的就可以存在很大的差异，况且还可以有各种不同类型的色盲，因而这种感觉的差异性还可以分出许多。再比如，对某种气味，一些人觉得很好闻，是一种好闻的气味，而另一些人则可能觉得一点也不好闻，是一种不好闻的甚至是难闻的气味。我们发现，对于与视觉相关的颜色上的差异通常可以看成是一种感觉上的差异，但是对于第二例所说的情况来说已经不能够完全说是一种感觉上的差异了，与其说是一种感觉上的差异不如说是一种感受上的差异。感觉与感受两者之间是有着明显的区别的，但是两者之间又不存在一个截然分明的界限。一般的感觉通常不包括我们的机体本身的与此相关的明显的反应，如果我们的机体本身同时产生与此相关的明显的反应，这种感觉实际上已经是对外在对象的感觉和对自身机体的明显的反应的感觉的一种叠加式的感觉。这种叠加式的感觉，与其说是一种感觉不如说是一种感受。

正是这种感受开启了第三性的质的大门，这种第三性的质从感受开始，继而形成与特定的感受相关的欲求、愿望、喜好、意念、冲动、决定乃至与之相关的行为活动等。从某种意义上可以说，这是一种与物、物体的价值相关的质。实际上我们可以将各种与外界相关的价值归属于某些特定的物和物体，但必须清楚的是，这些被归属于特定的物的价值，实际上应该看成是物和物体的第三性的质。这种第三性的质是一种与价值主体不可分的性质，虽然我们经常说某东西具有某种价值，比如说，红薯具有很高的营养价值，某件艺术品具有很高的审美价值；或者说，诚信是一种好的品格，说谎是一种坏的行为，张三是一个值得尊重的人，李四是一个小人等。可以看出，上述说法，实际上都存在一个相对于谁而言的问题，或者相对于哪个坐标系或者参照系而言的问题。设某一特定的物或者说价值客体为 x，设某一特定的人等或者说价值主体为 y，那么，虽然我们可以说 x 的价值，但是，更严格地说，应该是 x 对 y 而言的价值。这里的"y"不仅可以指任意一个特定的个人，也可以指某个特定的群体，还可以指某些其他的坐标系和参照系，比如某种特定的价值观念、认定标准、风俗习惯等，甚至还可以指人之外的其他动物特别是一些高级的动物。由此可见，物和物体，不仅具有第一性的质和第二性的质，而且具有第三性的质，这种第三性的质与第二性的质相比较而言同物体本身更难说有什么物理上的相似性，然而它们确实可以看成是特定的物和物体的一种能力，或者是一种潜能。就物和物体的这种能力或者潜能而言，我们确实可以说红薯是具有很高的营养价值的，毕加索的《格尔尼卡》是具有很高的审美价值的等，我们确实可以将这些价值不太严格地归属于特定的物和物体，但是，必须清楚，这些价值同时也是相对于特定的人或特定的坐标系和参照系而言的，甚至更主要的是相对于特定的人或特定的坐标系和参照系而言的。我们不能够因为物和物体的这些能力和潜能总是相对于特定的人或特定的坐标系和参照系而言便不将其看成是物和物体的能力和潜能；更不能因为将这些性质归属于物和物体的能力和潜能便忽略了它们实际上总是相对于特定的人或特定的坐标系和参照系而言的能力和潜能。

显然，对于上述的第三性的质，在此实际上不过是一种笼而统之的划分，如果细分的话，上述的第三性的质甚至还可以分出第四性的质、第五性的质等。这样一来，问题就显得复杂化了，我们可以采取一种折中的办法，比如，可以承认确实还可以进一步细分，但是，可以将这些细分的结果看成是第三性的质的内部划分，是一些存在次一级的质上的差异的各种不同类型的第三性的质。关于第三性的质本人不打算在此进行更深入的分析，笔者将会在其他的论著或者论文中另行展开分析。

通过上面的分析可以看出，物和物体的世界存在三种不同的质，针对这三种不同的质而言可以有与之相关的三种不同类型的信念。就此而言，可以说我们所面对的物和物体的世界实则是一个存在有三种基本的性质的世界。

第四节 我们真正面对的是一个信念的世界

我们先来看一些看似随机给出的说法：关羽在华容道放走了曹操；博尔特曾多次成为世界短跑冠军；这是一只斗牛犬；那桌子上有一个茶杯，a 同学是我们学校最漂亮的女生，王五认为 a 同学是我们学校最漂亮的女生，河豚是有毒的搞不好会吃死人的，南迦巴瓦峰是世界最高峰，白炽灯是爱迪生发明的，我希望明天是一个大晴天，我打算今年 10 月去新疆旅游，我梦见了一个小时候的玩伴，我要求 a 同学把窗户打开，尼日利亚位于南美洲，张三丰活了 200 多岁，今天的气温高达 40 摄氏度以上，我捡到的一块石头上有一个很像仙鹤的图案，所有的 a 都是 b，如果 p 则 q，368 乘 256 等于 94208，252×365 等于 86380，这种说法存在逻辑矛盾，上帝用了 6 天创造了万事万物，宋江爱上了李诗诗，哈利波特是魔法学院的学生，帝国时代中防御力最高的是条顿武士，以往的历史是不能改变的，运动是物质的存在方式，生产力决定生产关系，汤姆总是被杰瑞戏弄，网红脸的鼻祖是葫芦娃中的蛇精，灰太狼的夫人是绿太狼，蜀道之难，难于上青天等。那么它们都是些什么呢？

对于上述各项，首先可以被认为是一些陈述、一些特定的陈述语句，看来这是没有问题的。进一步，我们还可以在这些陈述前面加上一些特定的限定词语或者前缀，比如，"我（或某人、某些人，下同）相信"，"我认为"等。我们发现，除了上述陈述中以"我希望""我打算""我要求"等开头的几个陈述语句之外，其他的陈述之前都可以直接加上"我（或某人、某些人，下同）相信"，"我认为"等从而构成一个新的陈述且不会造成理解上的困难。对于那些以"我希望""我打算""我要求"打头的陈述，在前面直接加上"我相信""我认为"会有点儿费解，这是因为两个"我如何"并在一起意味着我同时在做两件事，一心二用。我可以一边走路一边唱歌甚至同时还用手打着拍子，这些活动可以分别由中枢神经的不同部位或者说由一些不同的神经中枢分管，因而不会产生太大的困难；但是，如果通过同一个神经中枢同时想两个问题就非常困难了，长此以往甚至会造成精神分裂。实际上，两件事情通常是交错进行的，两者间隔的时间差可以非常小，猛一看像是同时进行的一样，从而会感到比较费解，而如果将第一个"我"换成"某人""某些人"，或者将第二个"我"换成"他""a 人"，看起来就不那么费解了。总之，在上面陈述句前面都可以直接加上特定的人（我、他、a 人等）"认为""相信"这些词语。这一点表明，上述陈述句也可以看成是一个省略了上述前缀的陈述句；而我们在前面曾经说过，"认为""相信"正是标示信念的标志性词语。由此可见，上述的各项同时也可以看成是一些省略了标志性词语的以陈述为载体依托的信念。实际上，我们并不需要真的在前面加上上述限定词或前缀，这样说只不过是表明可以或者能够这样做罢了。可以加上了上述限定词或前缀其实不过是表明，我们可以将上述陈述句进一步认定为是一些表达或者描述了某种特定的信念的陈述，或者说，是一些以特定的陈述语句为载体依托的信念。也就是说，我们不仅可以认为上述各项可以看成是一些特定的陈述语句，而且还可以进一步认为它们同时还可以看成是一些以特定的陈述语句为载体依托的信念。实际上，从某种意义上来说，所谓的陈述实际上可以看成是一些无主的以陈述句式为载体依托的信念，或者是一些说不清、无法搞清楚、无须搞清楚、没有必要搞清楚其信主到底是谁的以陈述句式为载体依托的信念；也就是说，是一些不大清楚到底该加上前面所说的哪个限定词和前缀才算合适的陈述句式。

显然，我们还可以进一步认为这些陈述和信念是有特定的所述和所信的。就所述和所信而言，又可以分为所述和所信的内容以及所述和所信的对象。实际上，在我们认为、相信上述各项是一些特定的陈述语句之前，我们首先能够确认的只是一些特定的音形或者特定的音形组合式。在此，由于我们所直接面对的是特定的页面，故我们所能看到的只能是呈现于特定的白色页面上的一些特定的黑色的形或特定的黑色的形的组合式，其主要是一些特定颜色的线条和线条的组合式。显然，这些东西也可以以特定的声音的形式呈现，呈现为特定的声音和声音的组合式，呈现为一组特定的、连续变化的声音序列。当我们将上述的线条组合式和声音的组合式认定为是一些特定的语句（在此为一些特定的陈述句）时，前者便成为一些特定的书面语和口语。故即使在该页面上并没有直接呈现出特定的声音来，我们也可以将其统称为特定的音形或者特定的音形组合式。显然，这些特定的音形或者特定的音形组合式正是特定的语句和陈述赖以存在的形式，或者说是这些特定的语句和陈述所具有的形式，这些形式既可以呈现在书面和呈现为客观外在的特定的声音组合序列（可以通过特定的感官如果眼睛和耳朵直接感觉到），又可以直接呈现在头脑之中（想出这些特定的音形组合式）。显然，将这些特定的音形组合式认定为是一些特定的陈述语句，并不是一步完成的，我们可以先将一些特定的音形组合式认定为是一些特定的语词，再将若干语词构成的序列认定为是一个特定的语句，然后将这些特定的语句认为是一些特定的陈述语句。显然，这一系列认定虽然是一些不同的认定，但它们可以看成是同一种类型的认定，即对语言形式的认定，故在此不再做更细致的划分。

我们可以将存在于特定的坐标系和世界中的上述特定的音形组合式记为 S；将与之相应的特定的陈述语句记为 S^1；将以该特定的陈述语句为载体依托的信念记为 S^{11}；将陈述和信念的内容或者说所述和所信的内容的记作 S^2；将所述和所信的对象记作 S^3。需要说明的是，S^1 和 S^{11} 所述和所信的内容为 S^2，但是，如果要进一步加以区分的话，还可以将前者表示为 S^{21}，将后者表示为 S^{22}，两者在内容上通常是一致的，但如果我们分别或者单独说到陈述所述的内容和信念所信的内容时，可以用 S^{21} 和 S^{22} 分别表示之。由于陈述和信念是有真伪之分的，陈述和信念的真伪主要是相对于其内容而言的（内容为真），故可以将为真的陈述和信念分别记为 S^{211} 和 S^{221}；而为假（伪）的陈述和信念（内容为假、为伪）则可以记为或表述为 S^{210} 和 S^{220}。这里的 1 表示存在、真实，0 表示不存在、非真实（虚假）。由于 S^3 通常总被断定、认定为是存在于特定的坐标系和世界中的东西、事件，而被断定、认定为是存在于特定的坐标系和世界中的东西、事件未必真的存在，故将被断定、认定为在特定的坐标系和世界中存在的并且确实存在的 S^3 记作或者表示为 S^{31}，并非真实存在的记作 S^{30}。显然，S^{31} 是被认定为存在于特定的坐标系和世界中的而且确实如此的东西和事件，所有可能的 S^{31} 的集合 $\sum S^{31}$ 构成了上述坐标系和世界本身的内容（不是陈述和信念本身的内容），而这些坐标系和世界也就是 S^{31} 的世界，这同时是一个为真的陈述和信念 S^{211} 和 S^{221} 所述和所信的世界。显然，S 只是一个具有 S 形式的音形组合式，它可以由人给出（写出、说出和想出等），也可以通过某种特殊的方式产生（如前面曾提到过的蚯蚓爬过的痕迹，一个婴儿在电脑的打字键盘上乱按的结果，奇石上偶然出现的特定的纹理等）；显然，这些特定的音形组合式本身存在一个构成其的质料的问题，我们可以将构成其的质料记为 S^0。S^1 是一个真的陈述句，即是确实有所述的。并非所有的 S 都可以被认定为是 S^1，其中有一些 S 不过是貌似 S^1 罢了，但只要被认定为 S^1，它就变成了一个有意义的陈述句，就像某块奇石上的某些特殊的纹理由于很像某些文字而被我们认定为或者当成是该文字一样。由于所信和所述的对象通常是同一个对象，故记作 S^3，由于为假（伪）的陈述和信念也是有所述和所信，至少就所述和所信而言是存在的，它们存在于虚构、虚假的世界中，故就整个世界而言（包括虚构、虚假的世界在内）应该是一个 S^3 的世界。由于 S 只是一个具有 S 形式的音形组合式，而仅就音形组合式而言，它也是一种存在于 S^3 世界中的东西，这种特定的音形组合式通常存在于人的内心世界和外在世界之中；而 S^1 和 S^{11} 即具有特定的形式的陈述和信念也是存在于 S^3 世界中的东西；作为陈述和信念的特定的内容的 S^2 通常需要通过特定的意象来把握，故其内容通常存在于精神和心理的世界之中，但陈述和信念的形式 S 却可以同时存在于内心世界和客观外在世界之中。由于 S 本身还存在一个构成其的质料的问题，即 S^0，更确切地说，S^0 应该包括构成 S 的质料和构成 S 的背景的质料，S 正是通过构成 S 的质料和构成 S 的背景的质料两者的对比而显现、呈现出来的，因而它也是构成 S^3 的世界的一部分。之所以 S^0、S、S^1、S^{11} 以及 S^2（包括 S^{21}、S^{22} 以及 S^{211}、S^{221} 乃至 S^{210} 和 S^{220}）都存在于 S^3 的世界之中，是因为它们都可以成为特定的陈述和信念的所述和所信的对象，而 S^3 的世界便是一个陈述和信念的所述和所信的对象的世界。

那么，存在于 S^3 的世界特别是 S^{31} 的世界中的东西都是些什么呢？它们都可以归为什么呢？换句话说，它们是否有一个通用名、通名？如果有，那这个通用名、通名应该是什么？

仔细想来，看来 S^{31} 确实存在一个比较通俗的可以表述或者说在不太严格的意义上可以替换其的语词或者通名，该语词便是"事实"。只要我们将前面列出的众多图形组合式（在书面上通常不能直接发出声音来，无法显示声音的组合序列，故只能是一些图形组合式）认定为都是一些特定的陈述句，特别是，进而认定为是一些以言语陈述为载体依托的信念，而不是一些无意义的线条的组合，即不是一些假陈述、假信念，貌似陈述和信念其实并不是真正的陈述和信念的东西；那么，就可以在陈述和信念的意义上谈论上面所给定的众多的图形组合式。显然，如果要将其视为一个陈述语句，首先就要将前后排列的各种有一定间隔的图形认定为是一些特定的语词，并将前后排列的一些语词的组合式认定为是一个语句，特别是一个陈述语句；进而还可以将其认定为是一个表达的特定的信念的陈述，或者是一个以特定的陈述句为载体依托的信念。在上述前提下，可以进一步认定，陈述和信念的所述和所信；并进一步认定所述和所信的内容（语义、意思等）和对象（所述和所信的东西）；然后再将所述和所信的东西、对象（S^3）区分为事实（S^{31}）和非事实（S^{30}）两大类。由此可见，"事实"和"非事实"可以看成是对所述和所信的东西、对象（S^3）最接近的、最通俗易懂的概念和术语，其中"事实"是指被认定为是存在于特定的坐标系和世界中且确实存在于其中的所述和所信的东西、对象，而"非事实"是指被认定为是存在于特定的坐标系和世界中但却并非存在于其中的所述和所信的东西、对象（这些所述和所信的东西、对象事实上是存在于一个虚拟、虚构的世界之中的东西、对象）。可以看出，"事实"基本等价于S^{31}，而"非事实"则基本等价于S^{30}。

　　需要说明的是，之所以说"基本等价于"是由于"事实"是一个与陈述和信念，特别是其所述和所信的对象直接相关的概念和术语，不能脱离对陈述和信念的所述和所信的对象的存在的坐标系或世界的指定而抽象地、孤立地谈"事实"。一句话，不存在特定的陈述、认识和信念，也就不存在与之相应的特定的事实。简略地说，事实是相对于陈述、认识和信念而言的，特别是相对于其真伪而言的，不存在真伪问题，也就不存在事实非事实的问题。存在于某个特定的世界（比如客观的世界、内心世界等）中的东西、事情、事物及其运动变化等都不等于事实本身，只有相对于关于它们的特定的陈述和信念等而言特别是相对于其真伪而言，才存在是不是事实的问题。而S^3特别是S^{31}则是对一切有可能形成的陈述和信念而言的。所以，才有"基本等价于"之说。

　　由上可见，我们人类实际上真正面对的世界首先是一个S^3的世界，这是一个包括一切S^0、S、S^1、S^{11}、S^2、S^{21}、S^{22}、S^{211}、S^{221}、S^{210}、S^{220}乃至包括S^{31}、S^{30}在内的世界。由于任何所谓的陈述之所以会有真伪，其实都是由于我们将其认定为是一个无主的信念或者是一个不清楚是谁也无须追究到底是谁给出的一个以言语陈述为载体依托的信念的缘故，故两者相比较而言，说这是一个所信的对象的世界比说这是一个所述的对象的世界要更为恰当些,而所信的对象本身虽然存在于信之外,但信念本身则包括信与所信两个方面,所信的内容通常存在于头脑之中,而所信的对象却通常存在于头脑之外,所信的对象虽不能看成是信念本身,但它却是信念所关涉的对象,信念所关涉的(所信的)对象的世界(S^3的世界)是一个与信念直接相关的世界,而这个世界本身并不仅仅是一个真实的世界(S^{31}的世界),它还同时涉及一个虚拟或虚构的世界(S^{30}的世界),我们人类真正面对的实际上是将上述两个世界叠加在一起的世界,并且经常傻傻地分不清在这个叠加的世界中到底哪些是S^{31}哪些是S^{30};故这个S^3的世界在不至于产生误会的情况下也可以简略地说是一个信念的世界。

后 记

《信念的世界》是作者长期从事哲学基础理论研究的重要理论成果之一，是一部在哲学基础理论层面上有着众多的原创性和开拓性的学术研究专著。该书从信念入手，一步步引申和推演出与信念直接相关的各种重要的哲学基础理论问题，并对这些问题给出了作者建立在长期思考基础上的解答，而这些解答同时也直接表达了作者在此方面的一系列哲学信念。

本书能够出版发行与西安交通大学人文社会科学学院特别是本人所在的哲学系的大力支持和资助是分不开的，其中邱根江老师还专为此书的出版做了不少工作，故在此表示诚挚的谢意！

本书能够顺利出版也与出版社编辑老师的辛勤付出是分不开的。本书作为一部纯理论性的、涉及哲学基础理论层面诸多复杂关系的论著，其中的诸多语句由于涉及前述的复杂的关系，因而往往句子较长，特别是其中还有不少语句涉及连环套的关系，这给校对和编辑工作带来了不小的麻烦。然而，负责编辑、校对和修订的老师却体现出很高的专业水准和一丝不苟的敬业精神。在此书的出版过程中，中国社会科学出版社的侯苗苗老师付出最多，故在此一并表示谢意！

张 帆

2019 年 6 月